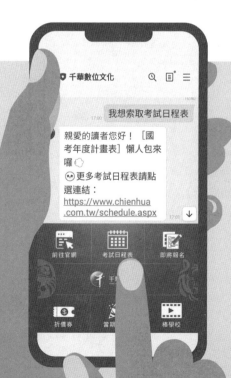

公務人員
「高等考試三級」應試類科及科目表

高普考專業輔考小組◎整理

完整考試資訊

http://goo.gl/LaOCq4

★普通科目

　1.國文◎（作文80%、測驗20%）

　2.法學知識與英文※（中華民國憲法30%、法學緒論30%、英文40%）

★專業科目

類科	專業科目		
一般行政	一、行政法◎　　　二、行政學◎　　　三、政治學 四、公共政策		
一般民政	一、行政法◎　　　二、行政學◎　　　三、政治學 四、地方政府與政治		
社會行政	一、行政法◎　　　二、社會福利服務　　三、社會學 四、社會政策與社會立法　五、社會研究法　六、社會工作		
人事行政	一、行政法◎　　　二、行政學◎　　　三、現行考銓制度 四、公共人力資源管理		
勞工行政	一、行政法◎　　　二、勞資關係　　　三、就業安全制度 四、勞工行政與勞工立法		
戶　　政	一、行政法◎ 二、國籍與戶政法規（包括國籍法、戶籍法、姓名條例及涉外民事法律適用法） 三、民法總則、親屬與繼承編 四、人口政策與人口統計		
教育行政	一、行政法◎　　　二、教育行政學　　三、教育心理學 四、教育哲學　　　五、比較教育　　　六、教育測驗與統計		
財稅行政	一、財政學◎　　　二、會計學◎　　　三、稅務法規◎ 四、民法◎		
金融保險	一、會計學◎　　　二、經濟學◎　　　三、貨幣銀行學 四、保險學　　　　五、財務管理與投資學		
統　　計	一、統計學　　　二、經濟學◎　　　三、資料處理 四、抽樣方法與迴歸分析		
會　　計	一、財政學◎　　　二、會計審計法規◎　三、中級會計學◎ 四、政府會計◎		
法　　制	一、民法◎　　　二、立法程序與技術　三、行政法◎ 四、刑法　　　　五、民事訴訟法與刑事訴訟法		

法律廉政	一、行政法◎　　二、行政學◎ 三、公務員法（包括任用、服務、保障、考績、懲戒、交代、行政中立、利益衝突 　　迴避與財產申報） 四、刑法與刑事訴訟法
財經廉政	一、行政法◎　　二、經濟學與財政學概論◎ 三、公務員法（包括任用、服務、保障、考績、懲戒、交代、行政中立、利益衝突 　　迴避與財產申報） 四、心理學
交通行政	一、運輸規劃學　二、運輸學　　　　　　三、運輸經濟學 四、交通政策與交通行政
土木工程	一、材料力學　　二、土壤力學　　　　　三、測量學 四、結構學　　　五、鋼筋混凝土學與設計 六、營建管理與工程材料
水利工程	一、流體力學　　二、水文學　　　　　　三、渠道水力學 四、水利工程　　五、土壤力學
水土保持 工程	一、坡地保育規劃與設計（包括沖蝕原理） 二、集水區經營與水文學 三、水土保持工程（包括植生工法） 四、坡地穩定與崩塌地治理工程
文化行政	一、文化行政與文化法規　　　　　　　　二、本國文學概論 三、藝術概論 四、文化人類學
機械工程	一、熱力學　　　二、流體力學與工程力學　三、機械設計 四、機械製造學

註：應試科目後加註◎者採申論式與測驗式之混合式試題(占分比重各占50%)，應試
　　科目後加註※者採測驗式試題，其餘採申論式試題。

各項考試資訊，以考選部正式公告為準。

 千華數位文化股份有限公司
新北市中和區中山路三段136巷10弄17號
TEL: 02-22289070　FAX: 02-22289076

公務人員
「普通考試」應試類科及科目表

高普考專業輔考小組◎整理

完整考試資訊

http://goo.gl/7X4ebR

✪普通科目
1.國文◎（作文80%、測驗20%）
2.法學知識與英文※（中華民國憲法30%、法學緒論30%、英文40%）

✪專業科目

一般行政	一、行政法概要※ 三、政治學概要◎	二、行政學概要※
一般民政	一、行政法概要※ 三、地方自治概要◎	二、行政學概要※
教育行政	一、行政法概要※ 三、教育行政學概要	二、教育概要
社會行政	一、行政法概要※ 三、社會政策與社會立法概要◎	二、社會工作概要◎
人事行政	一、行政法概要※ 三、公共人力資源管理	二、行政學概要※
戶　　政	一、行政法概要※ 二、國籍與戶政法規概要◎（包括國籍法、戶籍法、姓名條例及涉外民事法律適用法） 三、民法總則、親屬與繼承編概要	
財稅行政	一、財政學概要◎ 三、民法概要◎	二、稅務法規概要◎
會　　計	一、會計學概要◎ 三、政府會計概要◎	二、會計法規概要◎
交通行政	一、運輸經濟學概要 三、交通管理與行政概要	二、運輸學概要
土木工程	一、材料力學 三、土木施工學概要	二、測量學概要 四、結構學概要與鋼筋混凝土學概要
水利工程	一、水文學概要 三、水利工程概要	二、流體力學概要

水土保持工程	一、水土保持（包括植生工法）概要 二、集水區經營與水文學概要 三、坡地保育（包括沖蝕原理）概要
文化行政	一、本國文學概要　　　　　　二、文化行政概要 三、藝術概要
機械工程	一、機械力學概要　　　　　　二、機械設計概要 三、機械製造學概要
法律廉政	一、行政法概要※ 二、公務員法概要（包括任用、服務、保障、考績、懲戒、交代、行政中立、利益衝突迴避與財產申報） 三、刑法與刑事訴訟法概要
財經廉政	一、行政法概要※ 二、公務員法概要（包括任用、服務、保障、考績、懲戒、交代、行政中立、利益衝突迴避與財產申報） 三、財政學與經濟學概要

註：應試科目後加註◎者採申論式與測驗式之混合式試題(占分比重各占50%)，
　　應試科目後加註※者採測驗式試題，其餘採申論式試題。

各項考試資訊，以考選部正式公告為準。

千華數位文化股份有限公司
新北市中和區中山路三段136巷10弄17號
TEL: 02-22289070　FAX: 02-22289076

目次

第 1 章　教育心理學概論

第 2 章　發展理論

第 3 章　學習理論與應用

編寫特色

國家考試教育行政類組的重要考科「教育心理與測驗統計」包含兩個關鍵科目—「教育心理學」與「教育測驗與統計」，其中「教育心理學」的部分，考試的難度有愈來愈深的趨勢。因此，內容採全方位設計編寫，兼顧教育相關科系考生的加深加廣，以及非教育相關科系考生能重頭學起且紮穩實力。為此，配合考題趨勢，每一章節輔以學習地圖、名師導讀、考題焦點先覽與重點掃描，讓考生熟悉各章考題類型與方向，每節之後搭配考題自我評量，每章之後並編入本章答題範例、名詞解釋與重點整理，讓你通古貫今，熟能生巧。

有鑑於各位準備此科的難度與需要，特別以初學者的角度編撰本書，只要你依序精讀學習，熟悉書本的內容與方向，定能讓你由淺入深、循序漸進地強化應考能力，高分上榜。特色如下：

一、**考題完全命中**：自104年出版以來，囊括該年度所有考題內容，百分百命中，所向披靡。

二、**內容多元豐富**：內容涵蓋所有出題重點，各類考題無一疏漏。

三、**敘述精簡扼要**：對於各項概念的說明，用詞精要，直指答題核心。

四、**圖表精美完備**：突破篇幅限制，繪製各種圖表，全書達兩百餘幅，並輔以文字說明，可深化學習成效。

五、**概念完整掃描**：各章精編「學習地圖」，勾勒章節常考概念之輪廓；彙整「考題焦點先覽」，瞭解本章過去考題型態；提供「名師導讀」與「考點提示」，說明該章研讀要領與重要考點。

六、**例題重點呈現**：每章精編答題範例，題題詳解，各位可從中印證章節內容與概念，並從舒老師的答題架構與技巧中，培養厚實的答題能力。

七、**點明考題出處**：於內文中如遇過去考題出處時，隨時以括弧標示出題年度，方便各位瞭解考題分布概況，優先研讀熟悉。

八、**名師觀念叮嚀**：針對概念內容或解題技巧於書中一隅加入「名師叮嚀」，以明白點出解題關鍵與各位需注意之處，深化解題實力。

九、**資料新穎詳盡**：內容涵蓋最新教育時事與發展趨勢，囊括近年（2013年後）各校教育系或教育相關研究所最新研究主題與方向（詳見第10章），都是目前極為新穎重要的考點內容。

十、**名詞重點整理**：每章之末編列「重要名詞解釋」與「本章重點整理」，幫助各位完全掌握解釋名詞題型，方便考前快速瀏覽與複習。

十一、**編排清晰美觀**：編輯排版重視讀者的閱讀感受，加強圖表文字的清晰，版面配置的美化，務期讓讀者充分享受閱讀與學習的愉悅。

十二、**最新考題詳解**：書末針對107年～112年近年考題，提供題題詳解與解題觀念分析，並提供考生未來準備相關概念的建議。

內容雖是編者嘔心瀝血之作，但疏漏之處在所難免，敬祈各方先進不吝指正，並希望能帶給你最大的幫助與收穫。

舒懷　謹誌
2023年11月

「教育心理學」試題分析與準備之道

所謂「知己知彼，百戰百勝」，要戰勝國家考試的關鍵科目，必須先對考題內容與章節分布加以分析，才能快速掌握考題重點與方向，理出準備的頭緒。

壹、近年教育心理學試題出處與本書章節分配

依據近年（106~112年）高考、地方政府特考、原住民特考、身心障礙特考，以及各項升等考試有關教育心理學的考題，並配合本書的章節內容加以整理，如下表1：

表1　近年教育心理學試題出處、出題數與本書章節分配

章名	106年	107年	108年	109年	110年	111年	112年	合計
第1章 教育心理學概論	1	1	0	0	0	0	0	2
第2章 發展理論	2	3	0	3	5	3	1	17
第3章 學習理論與應用	6	0	3	3	3	1	1	17
第4章 訊息處理、記憶與遺忘	4	0	1	1	1	1	0	8
第5章 動機、行為與學習	2	4	1	3	1	5	1	17
第6章 智能、思考與創造	0	2	0	1	0	3	2	8
第7章 學校社會歷程與學生差異	2	1	0	1	1	0	1	6

第8章 學習評量與測驗	1	1	0	0	0	2	2	6
第9章 教師教學、班級經營與心理衛生	1	1	2	0	1	1	0	6
第10章 教育心理學最新重要議題	1	0	1	0	0	0	0	2

註：本表112年度僅計算高考三級與身心障礙特考三等兩份試題，至截稿為止（112年8月），其他考試尚未登場。

由上表可知，近年考題分布的重要章節，依出題數多寡的前五名，分別為3、2、5、6、4等五個章節；然而，近三年考題趨勢慢慢傾向於集中在第2、5、6、8章，考生若準備時間較為不足，前述這幾個章節，千萬不能遺漏，必須好好用心準備。此外，對於最新的教育心理學議題，未來仍有命題的可能，考生斷不能錯過。

貳、準備心態

古書有云：「涉淺水者見蝦，其頗深者察魚鱉，其尤甚者觀蛟龍。」讀書的層次不同，心得也相異。書讀愈多，見識愈廣，體會愈深，思想的層面自然與眾不同。這也就是為什麼同樣一篇文章，有人用字淺顯但情感深刻，有人卻艱澀難懂且無病呻吟。

下筆為文的基本要求是行文流暢、語句優美、架構平穩，尋常人不難做到，但若要內容言之有物，論述具獨到觀點，就得靠「多讀、多寫、多體會」。書讀萬卷，下筆有神，讀書是基本條件；另外，生活處處是文章，生命時時有顏色，能用心體會，才能寫得深刻有情；最後，當然是熟能生巧，尤其在國家考試的筆試現場，在緊張壓迫的氣氛中，又必須在短時間內完成一道問題的論述，實在有賴一次又一次的紮實訓練才能做到。因此，有心公職考試一途的各位先進們，答題是決定勝負的關鍵，希望能以不同凡響的思維深度與人生閱歷，寫出「有內涵、有觀點、能感動、能關懷」的好答案，創造筆試的好成績。

準備的第一步，就是先確定考試科目所涵蓋的領域——即可能出題的範圍。
瀏覽與考試科目同名的書籍，再加上考古的工夫，就是確立科目涵蓋領域的
最佳捷徑。至於研讀時，一定要為自己建立「前導組體」，也就是說先要掌
握課程的綱要架構，然後「漸進分化」，再「統整融合」，最後再發抒自己
的「評論心得」。

參、準備心法

一、平時準備心態

(一) **上課聽講**：不論是學校旁聽或上補習班，上課做筆記是認識教育心理
學的最快的捷徑。

(二) **組成合作小組**：除了分工蒐集資訊和考古題之外，還可相互問難砥礪。

(三) **知己知彼**：每個月利用兩三天進駐圖書館和社資中心，瀏覽相關領域
的專業期刊（如教育研究資訊雙月刊、諮商與輔導、課程與教學等
等）、各系所相關出版物，了解教授研究興趣的動態。

(四) **注意新近重大的教育議題**：諸如：數位教學與學習、生生用平板、修
法通過禁止師生戀、代理教師可領全年薪、15至30歲年輕族群心理健
康支持方案、校園提供免費生理用品、幼兒園調降師生比、《國民教
育法》修正、《校園霸凌防治準則》修正……等。。

二、應考必備書籍

書不在多，精讀即可。建議可精讀下列三本書，尤其是筆者所著教育心理
學一書，內容詳盡，百分之百命中每年考題，值得擁有。

(一)舒懷（2023）。教育心理學。台北：千華。

(二)舒懷（2023）。教育測驗與統計（含概要）。台北：千華。

(三)張春興（2006）。教育心理學—三化取向的理論與實際。台北：東華。

三、參考書籍

(一)張春興（1990）：張氏心理學辭典。台北：東華。

(二)張春興、林清山（1981）：教育心理學。台北：東華。

(三)陳李綢、郭妙雪（1997）：教育心理學。台北：五南。

(四)朱敬先（1997）：教育心理學。台北：五南。

肆、應試策略

等待許久決戰的日子終於來臨，養兵千日用在今朝，書讀萬卷就看此役。筆者以過往在考場上的經驗分享給各位，在模擬作答或模擬考時，可以照著依樣練習看看，練習久了，自然成答題習慣，在考試現場就能運用自如。

一、解釋名詞作答技巧

解釋名詞相當於小型問答題，其作答技巧在於只呈現主要的概念結構，不作鋪陳。基本元素為：定義型或操作型定義、功能、種類、特色、原則、應用方向等，可用另一個相反的名詞來對照會更清楚。人名或專有名詞的原文，考生必須有十分的把握才寫，否則在專業的學者面前，原文寫錯是無所遁形且會暴露缺點，要是因此被扣分，就得不償失囉！

二、申論題作答技巧

Step 1　掌握時間，均勻分配

拿到試題紙，先看題目有幾題及答題說明，每題要答幾分鐘。筆試時間除以筆試題數就是每題完成的時間，建議將每題視為同等重要，因此時間的分配最好相等。可以從最熟悉或占分最重的題目下手。

Step 2　仔細審題，構思擬稿

動筆之前對題意進行認真研究與領會的過程，就叫審題。此時要針對考題內容，初步圈出問題主要概念或關鍵字，進行破題，答題架構要完整，思考範圍要全面。

Step 3　慎選用筆，下筆有神

挑一組好筆，最好粗細都有（線上閱卷專用筆使用0.5～0.7mm黑色原子筆或鋼筆作答），在考前30天開始練寫，挑出最能寫出速度和字體的筆型。目前考選部正推動試務e化改革，自101年正式啟用國家考試線上閱卷作業，迄今已辦理許多項考試，未來是個趨勢。

Step 4　提前到場，人筆合一

考試當天要提早到場的目的在熱身，將筆練順，將手練熱。如果能進去考試座位上練，那是最理想，如果進不去（有些縣市考前無法進考場），您一定要找一張跟您的考試桌椅接近的桌椅坐下練習，通常甄試地點都在學校，要找到並不困難。

Step 5　熟悉架構，切忌八股

教育類的問題，大致的架構都是前言、定義、問題分析、具體做法、結語，雖然不能說錯，但如果每個人都這樣做，其實創意就顯不足。尤其架構是死的，人是活的，雖然前述的架構包含起承轉合、有頭有尾，較易取得他人信服，但若能加些不同於他人的獨特想法，而又不會格格不入甚或有為改而改的怪異之處，也不失為是一種創新，且有加分效果。

Step 6　針對題意，言之有物

答題千萬不能離題，所以審題的步驟非常重要。評分教授要看幾千份卷子，如果千篇一律，難分軒輊，大家的分數一定不高，但若能看到一份言之有物、見解獨到且架構鮮明的答卷，那必定印象深刻，得分必高。另外，如果遇到不熟悉的題目，這時千萬不要空白！繳白卷等於宣布投降。不要慌，一樣先審題，抓出關鍵字，然後發揮你的想像力，盡量望文生義，多補充你會的相關知識，「字海戰術」有時也能多些分數。

Step 7　層層佈局，前後呼應

前言破題後，要像剝洋蔥一般，一層一層進入問題核心，讓評分委員的眼睛捨不得離開您的答卷，因為，處處有驚奇，字字是珠璣。這些佈局方式可以包括：前言、法令、意義、內涵、功能、基本概念、學說理論、現況分析、關鍵能力、具體策略、條件限制、優缺點、改善之道、國內外比較、啟示與發展、建議、結語……等。

Step 8 圖文並茂，一目了然

有很多教育專業理論是可以圖像化的，對圖像的瞭解能力比文字快是人類共通的天賦，尤其評分委員要看不少試卷，如能將理論、實務作法或概念比較題，整理成圖或表，一方面清晰了然，另一方面，也有強迫評分教授優先看到的目的。

Step 9 專業導向，標題清楚

評分委員看試卷的速度很快，他們第一個掌握的就是架構，因此，標題要認真下，最好切中評分教授的胃口。下標題，教育專業名詞要多用，例如：教學績效不如寫成「教學效能」，學習成果不如寫成「學習成就」。

Step 10 策略獨到，創新作為

理論與實務作法兼具之後，實際策略與作為要屢有創新之舉。例如：「建立校園危機診斷系統」、「加強危機處理防護訓練」……等。也就是說，雖然是一樣的做法，但是在您的筆下，卻彷彿換了新衣，欣賞之後，會發現巧妙真有不同。

綜合以上，對於想換跑道、領高薪、享終身俸、工作穩定，但卻工作繁重、家事繁忙、沒錢補習、沒時間念書、非本科系的考生們……請注意！千萬別再找理由！你和我一樣平凡，在短時間內準備考試的致勝之道，只有「用巧勁K書」＋「找對方法與書本」－「懶惰找藉口」一條路。

最後，謹以南朝劉勰在《文心雕龍》的一席話，與考生共勉：

> 凡操千曲而後曉聲，觀百劍而後識器，
> 書讀破萬卷，下筆自有神！

敬祝
　決心種下處　金榜題名時

編者　舒懷　謹誌
2023年11月

第*1*章 教育心理學概論

[名師導讀]

教育心理學係研究教育領域人類心智學習歷程與行為。本章針對教育心理學與心理學的相關概念做一簡要介紹，包括教育心理學的內涵與發展，以及教育心理學的研究典範與方法，都是考生必須掌握的重點。

命題焦點就看這裡 [考題先覽]

1. 試述現代教育心理學的**研究內容**與**特色**。（102身三）

2. 近代教育心理學的主要**發展趨勢**為何？（98身三）

3. 請就心理學研究方法中的「**相關法**」及「**實驗法**」說明兩者有何不同，以及這兩種研究方法各有何優點與限制？（94地三）

4. 教育心理學是心理學的一個支派，心理學應用自然科學的研究方法探究行為現象（含心智過程）有何**困境**？教育心理學**如何超越這些困境**？（94身三）

5. 何謂**典範**？**學習理論**可分成哪些典範？各自的思想淵源及重點如何？試一併分述之。（92高考）

6. 基本上，心理學致力於研究人類心智系統，為了探索這個心智系統心理學家採用了**自然觀察法**、**相關法**及**實驗法**，請你說明這三種方法的概念是甚麼？如果這三種方法的目的乃在收集資料來回答問題，請問這三種方法各欲回答何種問題？（92普考）

7. 解釋名詞：**臨床法**（clinical method）與**臨界試探法**（method of critical exploration）（92身三）

8. 教育心理學的研究方法近年來逐漸趨向**統合的研究典範**（paradigm of holistic approach），試述其主要觀點？（88薦升）

9. 對**班級教學歷程**（classroom process）從事科學的研究，常遵循哪幾種模式？試分別舉述之。（88高考）

10. 解釋名詞：**完形心理學**（Gestalt psychology）（88身三）

學習地圖

理論派別
1. 結構主義（鐵欽納）
2. 功能主義
   （詹姆斯、杜威）
3. 行為主義（華森）
4. 完形心理學
   （魏特莫）
5. 精神分析
   （弗洛伊德）
6. 人本心理學
   （馬斯洛、羅杰斯）
7. 認知心理學
   （布魯納、蓋聶）
8. 神經心理學（鮑林）

現代心理學

沃爾夫	官能心理學
康德	理性主義
洛克	經驗主義
桑代克	四大勢力

教育
心理學

超個人心理學

正向心理學

發展演變
官能訓練階段
（17～18世紀）

教育哲學階段
（18世紀中～19世紀末）

教育科學階段
（19世紀末～20世紀中）

教育心理學階段
（1950～）

教學心理學階段
（1970～）

現代教育心理學階段
（1980～）

21世紀教育心理學
（2000～）

研究取向與變項
1. 研究目的教育化、
   對象全人化、方法本土化
2. 基本變項與統計變項

內涵	功能
1. 研究方法與理論	1. 形成教育目標
2. 個體身心發展	2. 瞭解教育歷程
3. 個體學習	3. 建立教育方法
4. 官能發展	4. 組織教育內容
5. 個別差異與教學	5. 營造良性互動
6. 學習評量	6. 協助良師典範
7. 教師教學	
8. 學校心理衛生	

研究典範	類型	研究方法		
● 科學典範 ┬1.量化 ● 社會典範 ┤2.質性 └3.混合	1.橫斷研究 2.縱貫研究 3.序列研究	**量化** 1.調查法 2.相關法 3.實驗法 4.準實驗法	**質性** 1.觀察法 2.俗民誌 3.事後回溯 4.個案法 5.臨床法 6.臨界試探法	**混合** 1.內容分析 2.後設分析 3.行動研究

第一節 心理學與教育心理學

(1)心理學與教育心理學的重要學派。
(2)教育心理學與心理學的關係，是重要的考題焦點。

壹、舊瓶新酒的現代心理學

　　心理學與教育心理學均源於西方哲學，心理學主要探討人性本質與「心」的問題，**教育心理學**則探討教育場域中有關人性本質與「心」的改變。**起源於德國心理學家沃爾夫**（C. Wolff，1679～1754）的**「官能心理學」**（faculty psychology）（82轉任），是心理學上盛行許久的觀念。其觀點認為，人類的心係由各自分立的意識、感情、知覺、想像、記憶、推理、注意等許多官能所組成，各種本來各自獨立的官能如加以訓練，便能彼此配合產生各種心理活動。因此，教育學者運用此一觀念，認為**學校教材必須重視官能訓練的操作，不需考慮實用價值，此即教育上「形式訓練」**（formal discipline）**的由來**（張春興，2004）。

　　17世紀洛克（J. Locke，1632～1704）提倡經驗主義（empiricism），認為「人的內心有如一張白紙或一塊白板」，強調人類一切知識均來自後天經驗，18世紀德國哲學家康德（I. Kant，1724～1804）提倡理性主義（rationalism），認為人類先天即具有理性，與笛卡爾（R. Descartes，1596～1650）相呼應，主張心為身之主，身體的一切活動，係由天生理性的心所控制，這些理論都對心理學發展產生決定性的影響。

　　到了19世紀末葉，心理學受到「生物科學」與「行為學派」主張的影響而走向科學化，成為獨立科學，**教育心理學**亦於此時期**由霍普金斯**（L. P. Hopkins，1844～1889）**於1886年的著作《教育心理學》一書打開序幕，正式成為獨立的一門學科**。1903年，桑代克（E. L. Thorndike，1874～1949）出版《教育心理學》一書，提出學習三定律（練習、準備、效果律），成為教育心理學上解釋學生學習成效的重要理論根據。

　　進入20世紀，科學心理學成就輝煌。美國心理學家華森（Watson）於1913年創設**行為學派，認為行為是制約反應的結果，是心理學第一勢力**（the first force），建立心理學的基本架構；**第二勢力**（the second force）**是**1896

年弗洛依德（Freud）創始的**精神分析學派**，強調內在心理對人格與行為的影響；**第三大勢力是**馬斯洛（Maslow）和羅杰斯（Rogers）於1950年代所創立的**人本論**，重視自我的價值與自我實現；**第四勢力即「超個人心理學」**（transpersonal psychology），由人本主義延伸，在人性觀中加入靈性層次，積極追尋自我生命的意義與價值，如圖1-1所示。

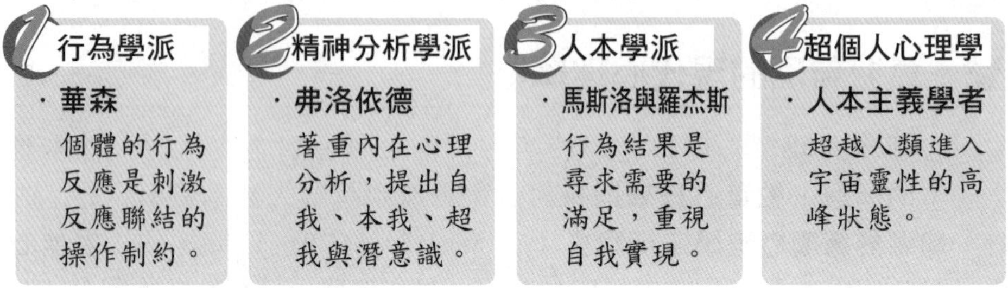

1 行為學派
・華森
個體的行為反應是刺激反應聯結的操作制約。

2 精神分析學派
・弗洛依德
著重內在心理分析，提出自我、本我、超我與潛意識。

3 人本學派
・馬斯洛與羅杰斯
行為結果是尋求需要的滿足，重視自我實現。

4 超個人心理學
・人本主義學者
超越人類進入宇宙靈性的高峰狀態。

圖1-1　心理學的四大勢力

貳、教育心理學與現代心理學

　　由於人的問題及生活上的需要，加上各領域研究問題的深入與擴增，現代心理學應用至各領域後，逐漸又各自形成一門甚至數門獨立的學門或學科。例如：教育心理學、工業心理學、社會心理學、管理心理學等應用心理學科。其中教育心理學就是心理學應用於教育領域所產生的學門。

　　教育心理學濫觴於1886年霍普金斯出版的《教育心理學》一書，將普通心理學中的原理原則應用在教育上，據以解決教育上有關心理與學習的問題。然而，教育問題經緯萬端，況且學生個別差異與教學活動的多元與複雜，加上教學過程涉及師生間的人際交感歷程，因此，普通心理學的理論與原則似乎尚不足以完全解決教育上的所有問題，於是「教育心理學」正式誕生，且發展日新月異。

參、現代心理學與教育心理學的理論派別

　　教育心理學的主要派別源自現代心理學。心理學在科學心理學的初期可謂學派林立，重要的學說包括結構主義、功能主義、行為主義、完形心理學、精神分析論、人本心理學、認知心理學與神經心理學等，如圖1-2，並分述如下。

一、結構主義（structuralism）：英籍美國心理學家**鐵欽納**（E. B. Titchener，1867～1927）所主張，認為**外在刺激引發的主觀經驗，靠內省**（introspection）**可以分析出意識內容**。鐵欽納修正其恩師馮特（Wundt）的情感三維論，包含感覺、思想與情感三元素，是科學心理學誕生後的第一個門派。

二、功能主義（functionalism）：美國心理學家**詹姆斯**（W. James，1842～1910）**與杜威**（J. Dewey）所創，主張**心理學應研究個體適應環境的心理歷程**，不能只分析意識的元素。

三、行為主義（behaviorism）：美國心理學家**華森**（J. B. Watson，1878～1958）於1913年創立，個體行為受遺傳與環境因素的影響，個體對外在刺激的反應是行為的結果。因此，**研究重點聚焦於外顯行為，分析外在刺激與行為反應間的聯結關係**，偏重在學習、動機、社會行為、行為異常方面的研究與應用（100身三）。

增廣見聞▶ 新行為主義學派

1930年起出現了新行為主義理論，新行為主義者修正了華森的極端觀點，強調個體在刺激與反應間存在動機、情緒、態度、知覺、技能等生理與心理狀態的中間變數，其中動機、情緒、態度等稱為需求變數，而知覺、技能等稱為認知變數。代表人物有羅特（Rotter）的控制信念理論（locus of control theory）、溫納（Weiner）的成敗歸因理論（success-failure attribution theory），以及米歇爾（Mischel）的認知情感系統人格理論（cognitive-affective system theory of personality）。

四、完形心理學（gestalt psychology）（88身三）**：**又稱**格式塔心理學**，由德國心理學家**魏特莫**（M. Wertheimer，1880～1943）於1912年所創立。主要研究知覺與意識的心理組織歷程，其理論核心有三：**(一)部分之合（知覺＋意識）不等於整體，整體大於部分之合**：因為整體包含知覺、意識之外，又多了一層心理組織，必大於部分之合；**(二)整體訊息**（configuration）：整體不能分割，任何現象都是有組織、無法分割的整體，心理上的整體經驗來自於整體知覺，亦即整體知覺並非由分散的部分知覺加總構成的；**(三)知覺組織原理**（perceptual organization principle）包括：接近律、相似律、封閉律、連續律、共同命運律、圖形完整性、最大可能性原則等，完形心理學為後來的認知心理學發展奠定關鍵的基礎。

五、精神分析論（psychoanalytic theory）：奧地利精神醫學家**弗洛伊德**（Freud）於1896年創立，**主張潛意識是人格動力，主宰本我、自我、超我三種人格結構**。因此，研究重點在意識、潛意識的內在驅力、衝動及早期經驗對個體心理與行為的影響，偏重在身心發展、動機與遺忘、人格發展、行為異常、心理治療等各方面的研究與應用。

增廣見聞　**新精神分析學派**

新精神分析學派主要挑戰弗洛伊德的本能決定論，代表人物有阿德勒（Adler）的個體自主心理學、榮格（Jung）的分析心理學，以及弗洛伊德的女兒安娜（Anna Freud）的人格適應發展說……。新舊精神分析學派最大的不同在於舊精神分析重視性本能（本我），而新精神分析則強調加入社會文化因素的自我。

六、人本心理學（humanistic psychology）：美國心理學家**馬斯洛**（Maslow）、**羅杰斯**（Rogers）所創立。以人的需求出發去研究人性，**認為人格發展是一種需求的滿足，人格發展過程中會逐漸形成自我概念，影響個體的行為**。因此，研究重點在人類的潛能及自我實現的心理歷程，能夠自我實現的人可以免於受威脅和焦慮的影響，使行事能與自我價值感和自我概念一致，偏重在學習、動機、人格發展、諮商與輔導以及心理治療等方面的研究與應用（100身三）。

七、認知心理學（cognitive psychology）：由多位學者創立，包括**布魯納**（Bruner）、**蓋聶**（Gagne）、**奧蘇貝爾**（Ausubel）等，主張人類的認知及心智（記憶、理解、想像、思考）是心理運作的重要歷程，並致力於人腦智慧與知識的開發。因此，**研究重點在透過行為來瞭解個體認知及心理的歷程**，偏重在學習、智力發展、情緒、心理治療等方面，以及訊息處理行為的分析與解釋（100身三）。

八、神經心理學（neuro psychology）：美國心理學家**鮑林**（E. G. Boring）提出，是從生理心理學分化出來的一個新學門。不像神經生理學只研究腦部的生理活動，也不像心理學只分析行為與心理活動，它著重大腦神經生理功能與個體行為及心理歷程之關係，從神經科學的角度來研究心理學的問題。因此，**研究重點在腦神經系統與個體身體、心理活動交互作用的歷程**，偏重在身心發展、學習、感覺、動機、情緒、行為異常等各方面的研究。

　　以上各種學派各有理論基礎與擁護者，其中**行為主義、精神分析論、人本心理學、認知心理學與神經心理學，並稱為「現代心理學的五大理論」**，對後來心理學的發展與影響甚鉅，例如：興起於20世紀60年代後期，目前還在發展中的超個人心理學即是最佳例證。超個人心理學研究的是超越自我的心理現象和超越個性的價值觀念，在中國的佛教與道教中早就有過超越自我的心境和意識的論述與實踐。

　　超個人心理學是人本心理學充分發展的結果，也可以說它是人本心理學的產物。但是包括馬斯洛（Maslow）、蘇蒂奇（Sutich）在內的人本心理學家認為，只關注個體的自我及其實現，尚不足以解釋個體的生活範圍，應該將自我與個人以外的世界和意義聯繫起來，才能追尋真我，並從小我進化到大我的靈性層次，這個領域屬於超越自我關懷的精神生活領域，且自稱這種心理學為心理學的第四勢力，又稱為超個人心理學。**超個人心理學家認為，人不僅有實現自我的潛能，還有超越自己的傾向，個人能超越自己，與更大的整體互相融匯與認同，並能透過超越自己得到美好與高尚的體驗。**因此，超個人心理學的研究範圍包括：超脫個人的成長經歷與高峰經驗（peak experience）。

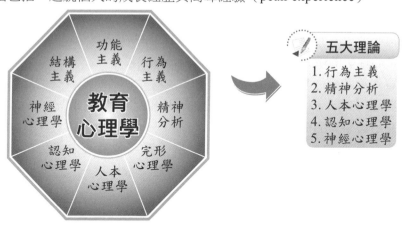

圖1-2　教育心理學的理論派別

第二節　教育心理學的內涵與發展

(1)教育心理學的內涵、發展與演變。
(2)心理學與教育心理學的研究取向，是常考焦點所在。

壹、教育心理學的內涵與功能

　　教育心理學是科學心理學的一個學門，屬於心理學的分支。它吸收了其他心理學門的理論和方法，在教育情境上以教師學生間的心理現象及交感互動為研究對象，目的在於探討環境對學習者認知結構的改變歷程，解決教學上的實際問題及建立系統的教學理論，協助教育目標的達成。在教育心理學的領域中，不論是施教者、學習者、環境、策略、制度等各個面向，都是教育心理學探討的內涵。

一、教育心理學的涵意與內容（102身三）

　　教育心理學的涵意與內容可以從以下幾個面向窺知一二，如圖1-3所示。

(一) 教育心理學的研究方法與理論

　　內容包括教育心理學與心理學的關係、教育心理學的發展與趨勢、研究的典範與方法，以及教育心理學領域相關的理論與觀點。

(二) 教育心理學與個體身心發展

　　內容包括個體的身心發展、認知發展、語言發展、人格發展、情緒發展、道德發展、社會發展與教育心理學的關係。

(三) 教育心理學與個體的學習

　　內容包括行為主義、認知主義、人本主義的學習理論與應用，以及社會學習論與自我調節理論。

(四) 教育心理學與各項官能的關係

　　內容包括記憶、遺忘、訊息處理、動機、行為、智力、思考與創造的各項理論與實務，以及在教育上的應用。

(五) 學習者的個別差異與教學

　　內容包括學生的多樣性的瞭解與探討、學習類型與認知風格的分析，以及個別、團體差異的兼顧與因材施教的策略。

(六) 學習評量與測驗

內容包括學習評量基本概念、類別、方法與應用、結果與解釋，以及多元評量理論與實務的探討。

(七) 教師的教學、領導與效能

內容包括教學理論與教師教學策略、教師領導風格與學生行為、班級的經營與管理，以及教師效能分析。

(八) 學校的社會歷程與心理衛生

內容包括學校的社會歷程、師生關係與互動歷程、學校心理衛生的涵義與教學、教師效能與學校心理健康的關係、促進教師效能與學校心理衛生的方法，以及學生同儕團體互動的基本歷程。

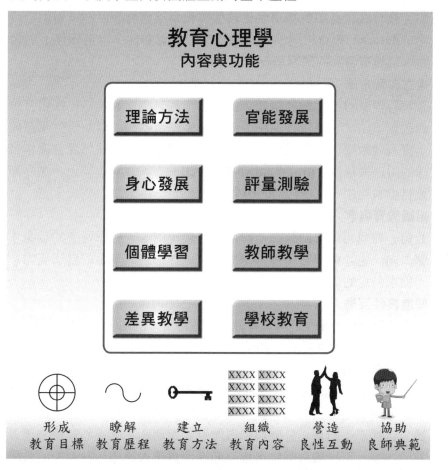

圖1-3　教育心理學的內容與功能

二、教育心理學的功能與特色（102身三）

(一) 形成教育目標

教育心理學可以幫助學校建立教育目標，就學校的教育理念與學生學習發展方向，制定學生認知發展的歷程與知識學習的面向，例如：以布魯姆（Bloom）對教育目標的分類理論，充分涵蓋以認知、情意、技能為主體的教育情境與目的。

(二) 瞭解教育歷程

透過教育心理學可以瞭解學習者的需求、學生如何學習、如何建構學習環境，以及如何針對學習者的個別差異，進行教學互動與學習活動等的安排，藉以瞭解教育的歷程，並促成課程與教學方法的革新。例如：教育歷程必須重視學生受教權與教育機會均等原則，提供符合皮特思（Peters）教育三規準（合價值性、合認知性、合自願性）的教學活動，以達真善美的學習境界。

(三) 建立教育方法

教育心理學可提供教師根據學生的個別差異與學習風格，採用合適有效的教學方法，透過設計課程，激發學生學習動機，幫助學生學習成長，落實有效教學與學習成功的雙贏局面。例如：教師採用源自操作制約原理的編序教學法（programmed instruction），以深入淺出、循序漸進的教材編製程序，以達合適的學習歷程。

(四) 組織教育內容

教育心理學可以幫助教師搜尋合適的教育內容，對學習者的教育才能抓緊方向，也才能學有所長，學能所用，並培養「學生的自學能力」以及「追求創意的熱情」。

(五) 營造良性互動

教育心理學研究學生的發展特性、心理特質、個別差異與學習類型，因此可以營造良好的學習環境與師生互動關係，促進師生身心健康與成長。

(六) 協助良師典範

優質的教師必須具備以下特質：精熟學科知識與相關教學資源、具備批判思考與問題解決能力、具備良好教學與溝通技巧、具備豐富的學生知識（包括學生的身心發展與學習歷程）與耐心。教育心理學涵蓋以上所有的內容，可以讓教師結合專科知識與專業知識應用於實際的教學活動中，成為經師與人師兼備的好老師（張春興，2004）。

貳、教育心理學的發展與演變（98身三；102地三）

教育心理學由霍普金斯（L.P. Hopkins，1844～1889）著作《教育心理學》而成為獨立學科之後，各國對教育心理學的研究與著作就如雨後春筍，蓬勃發展。教育心理學的演變史就如同人類的演變一樣，有其階段性與連續性，如圖1-4所示。

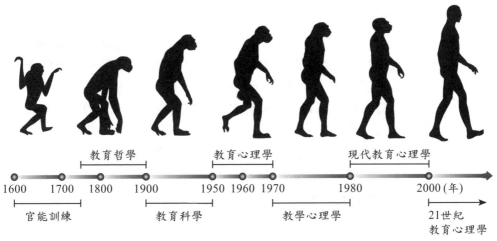

圖1-4 教育心理學的演變史

一、官能訓練階段（17世紀～18世紀中）

教育學肇始於17世紀宗教教派的學制規畫，並有許多心理學家提出不同的見解。例如：**康美紐斯**（J.A. Comenius，1592～1670）曾說：「知識的開端必須透過感官」，**認為教育的任務是依循自然適應性原則與人類發展的順序，透過感官的經驗認識事物的本質**。其中，德國心理學家**沃爾夫**（C.Wolff，1679～1754）的**「官能心理學」**（faculty psychology）影響最為深遠。他認為人的各種活動都由相應的官能所主宰，各種官能分別從事不同的活動，**通過訓練可以讓各種官能的作用提升**，因此產生「形式訓練」說，官能獲得啟發後，即會產生學習遷移的效果。

此一觀念沿用於教育，認為學校教材不必重視實用價值，只需重視配合訓練官能的形式即可。例如數學幾何可訓練人的思考推理，語文學習可訓練人的記憶；學生們只要學好具有良好形式的科目，使其官能得到良好的發展，以後自能配合運用（張春興，2004）。此階段，唯實主義（realism）與經驗主義（empiricism）瀰漫。**唯實主義者以為感官知覺到的事物是真實的存在**，人們感官所知覺到的外界實在，獨立於人們認知之外，教育的目的在求真不

在求美，認為教育就是教人知識、真知，培養人的理性和理智；而洛克（J. Locke，1632～1704）的**經驗主義認為**，透過對於外界事物的**直接觀察**遠比直覺或邏輯推理重要，教育與學習的目的即在**提供直接有效的經驗**。他強調以「經驗」作為知識的起源，在學童教養上，堅持以「陶冶」為教育原則。

二、教育哲學階段（18世紀中～19世紀末）

18世紀中期到19世紀末，哲學思潮洶湧，以盧梭（Rousseau）、康德（Kant）、裴斯塔洛齊（Pestalozzi）、赫爾巴特（Herbart）、福祿貝爾（Froebel）等幾位學者對教育心理學產生的影響較大。**此時期的教育思想受哲學影響，教育措施方面以假想的理論模式為基礎，但仍缺乏實證的研究根據。**

法國教育思想家**盧梭**（J. Rousseau，1712～1778）自然主義（naturalism）**教育的重點在於，教育者必須瞭解兒童的天生性格與天賦能力**，並且根據兒童自然本性上的個別差異，進而因材施教。他的教育主張較為消極，認為個體的教育發展以自然狀態為主，在孩子懂得理性與自我教導之前，任何知識上的訓練，都是徒勞無益的。德國著名哲學家康德（I. Kant，1724～1804）的**教育觀點著重人的培育**，雖然深受盧梭自然主義思想的影響，但是康德更**強調「文化」的陶冶、心靈與道德的教育**。因此，康德不贊成完全順應自然，而是必須經由教育的方式使兒童內在開展並學習道德規範。瑞士教育心理學家**裴斯塔洛齊**（J.H. Pestalozzi，1746～1827）也認同盧梭與康德的主張，但是裴氏最大不同處，在於**重視道德訓練與宗教陶冶，並且注意周遭環境的影響**，肯定學校教育的價值，堅持教育目的必須有助於社會進步。

德國教育心理學家**赫爾巴特**（J. Herbart，1776～1841）重視道德教育的理論對教育的影響尤為深遠。他認為，知、情、意是人類心智的三種功能與形式，**教育應以兒童興趣與道德教育為先**。在學習上，赫爾巴特重視教學程序，**倡導「階段教學法」**，強調教學過程應循著預備、提示、聯結、總合與應用等五個階段，以啟發學生的思想、增進知識與推理能力的培養，**稱為「五段教學法」**（five formal steps）。德國教育思想家**福祿貝爾**（F. Froebel，1782～1852）**主張教育即自我實現**，強調教育應該開展人類自由與創造的天性，以遊戲教學、恩物教學、創造活動、自我表現等為教育活動的方式；同時他又受裴斯塔洛齊的影響，認為直觀原理是一切教學的根本，因此，重視實物教學、適應自然、社會參與、均衡發展等教育原則，並強調家庭教育是學校教育的基礎。**福祿貝爾創設幼稚園、發明「恩物」**（gaben or gifts）**、強調遊戲的重要，因此被譽為幼教之父。**

三、教育科學階段（19世紀末～20世紀中）

　　教育哲學時期的教育措施缺乏實證的研究根據，直到19世紀末出現實驗心理學，始開啟實證研究的先端。在實驗心理學的影響下，教育心理學成為20世紀主導教育理論與實踐的顯學，主要的代表人物有馮特（Wundt）、詹姆斯（James）、桑代克（Thorndike）與杜威（Dewey）。

　　德國著名心理學家、生理學家**馮特**（W. M. Wundt，1832～1920），是實驗心理學和認知心理學的創建人，**設立心理學第一個實驗室**，同時也是社會心理學的開創性人物。其學生**鐵欽納**（Titchener）修正其情感三維論，強調「意識可以視為由成分組成的結構」，稱為「結構主義」，**主張心理學可以透過實驗方法進行研究，並將內省實驗法導入心理學研究**。美國心理學家與哲學家詹姆斯（W.James，1842～1910），是美國心理學會創始人之一，與皮爾士（C.S. Peirce，1839～1914）共同創立實用主義（pragmatism）理論，重視學生的經驗在解決問題與適應環境變化的重要性，並適時調合唯心論的理性主義與唯物論的經驗主義。1890年出版《心理學原理》，為當時實驗心理學研究成果的總括，也是實用主義思想的集合。1902年出版《宗教體驗》一書深入研究靈魂，成為後來的超個人心理學（para psychology），認為人的精神生活包括許多超心理現象，強調人類潛能的開發。

　　心理學脫離哲學範疇，逐漸走向科學取向的過程，有兩次以科學為取向的教育改革運動影響教育心理學發展甚鉅，其一是以**桑代克思想為中心的教育科學運動**（scientific movement in education）；其二是以**杜威思想為中心的進步教育運動**（progressive education movement）。美國心理學家**桑代克**（E.L. Thorndike，1874～1949）**最著名的貢獻就是「迷籠中的貓」實驗，提出操作制約聯結學習理論**。他所提倡的教育科學運動，係採實證主義（positivism）的科學取向，根據實際觀察提出研究結果。另外，美國教育心理學家**杜威**（J. Dewey，1859～1952），**是美國「進步教育運動」的主要推手，與詹姆斯（James）同為功能主義的創始人**。杜威提倡教育無目的論、教育即生長、從做中學、生活即教育、教育即生活的理念，著作《民主主義與教育》一書，認為教育應以學生為中心主體安排課程。然而，可惜的是，上述兩項改革運動均未獲致預期的成效，其結果導致許多教育心理學家放棄對人性本質的瞭解及對人性改變可能性的研究，轉而走上心理科學研究的取向。

　　1930年代以來，心理科學取向一直為極端行為主義（behaviorism）的天下，以美國心理學家斯肯納（B. F. Skinner，1904～1990）為中心人物。屬於操作制約學派的斯肯納以飢餓的白老鼠關入斯肯納箱的實驗，嘗試將刺激

與反應做連結，透過增強物的提供，強化動物的行為。然而，行為主義企圖從動物實驗中推論人類的行為反應，完全忽略人對人的教育感化，於是失去教育心理學乃在研究人與人及人與環境學習的獨特性本質。

四、教育心理學階段（1950年以後）

20世紀中葉以降，隨著工業化所帶來的政經社會急遽變遷，教育的政治、經濟、社會、文化及管理層面開始廣為人關注，促進了教育學術進一步的分化，教育社會學、教育心理學、教育經濟學、教育政治學、教育人類學、教育行政學、課程與教學、成人教育、幼兒教育、特殊教育、比較教育等，逐漸成為獨立自主的研究領域。此時期的教育心理學探討教育情境下，個體的行為及心理活動科學，正式成為獨立理論系統，將重視知的領域轉向重視人文教育及情意的教育目標上。代表人物有馬斯洛（Maslow）與羅杰斯（Rogers）。

馬斯洛（A. Maslow，1908~1970）**是美國人本主義心理學的主要發起者**，在社會心理學、人格理論家和比較心理學方面貢獻卓著，**以需求層次理論最為人熟悉，認為人類的心理活動或外顯行為，主要目的在尋求各階段需求的滿足**，需求得到適當的滿足後，較高一層的需求便會開始佔據個體的注意力和行動，於是再次進入尋求更高一層次需求滿足的過程，如此不斷爬升需求階段，**後世尊稱為「人本主義心理學之父」**。而另一位美國學者**羅杰斯**（Carl R. Rogers，1902~1987）是人本主義心理學創始人之一，人本治療學派的鼻祖，非指導式諮商理論的宗師，**創立當事人中心治療法**（person-centered therapy），是佛洛依德以後對心理治療理論影響最深貢獻最多的學者。「當事人中心治療法」**強調人的正面成長和發展，著重治療師的態度一致**（congruence）、**真誠**（genuineness）、**無條件尊重**（unconditional positive regard）和**同理心**（empathy）等，而非治療的技巧。當事人中心治療法與心理分析學派有很大的分別，當事人中心治療法強調治療應由案主自己洞察本身的問題，並非如傳統心理分析治療由治療師主導治療過程。羅杰斯也堅信人是自由的，每個人都有能力來自我引導；在教育方面，主張「自由學習」（freedom to learn）原則，在較少威脅的教育情境下且教材符合學生學習意義者才能產生學習成效。

在教育心理學階段之後，受到教育工藝學、美蘇國防競賽，以及認知心理學的影響，教育心理學又轉而發展成教學心理學取向。

五、教學心理學階段（1970年以後）

　　1970年以前的教育心理學著重以動物實驗為立論依據，並將理論應用在實際師生教學情境中，重心較偏向於「學習心理學」。然而，後來發現動物的行為結果與人類的學習歷程似乎有些差距，若將動物實驗完全應用於人類，此做法有待商榷，於是「教學心理學」（psychology of instruction）應運而生。

　　教學心理學乃直接以實際教學情境中的師生行為為研究對象，特別強調教學目標的確立、教學理論的應用、教學活動與師生行為的研究、有效教學的促進、教學模式的設計與教學評鑑的實施等，其目的在增進教學效果並達成教學目標。此時期的代表人物有格拉塞（Glaser）與梅爾（Mayer）。

　　美國教育心理學家**格拉塞**（R.Glaser，1926～）提出「**基本教學模式**」（general model of instruction，GMI），認為教學設計應包含四個基本要素：**(一)分析教學目標；(二)診斷學生起點行為；(三)設計教學流程；(四)評量學習成果**，係將認知心理學（cognitive psychology）的理論和研究，應用於實際的教學設計。另一學者**梅爾**（R.E. Mayer，1947～）在其1981年的著作《認知心理學的承諾》（The promise of cognitive psychology）一書中，**將人類認知、思考、記憶、學習、決策等內部認知過程，稱為資訊處理模式**（information processing model），認為人腦在處理訊息時與電腦處理訊息的形式有諸多類似之處，同為訊息的輸入、運算／處理、輸出，並對學習提出三種看法，認為：(一)學習是「反應的習得」；(二)學習是「知識的習得」；(三)學習是「知識的建構」，同時它也將知識分為三類，包括：(一)語意知識；(二)程序性知識；(三)策略性知識。由此可見，教學心理學主要以學校及教育情境為研究題材，重視個人的內在認知變項、認知歷程、學習策略及問題解決策略的研究。

六、現代教育心理學階段（1980年以後）

　　1980年代以後教育心理學界發展成認知論、行為主義、人文主義三足鼎立的局面。此時期的教育心理學重視學習能力不再只是靜態能力的探討，反而走向動態的教學與學習診斷。代表人物有布魯納（Bruner）、蓋聶（Gagne）、奧蘇貝爾（Ausubel）與班都拉（Bandura）。

　　過去在心理科學階段的行為主義學習論，包括華森（Watson）與斯肯納（Skinner）等學者都認為，人類的學習行為是藉由操作制約獲得經驗並產生行為反應，透過類化、辨別、削弱、自然恢復等法則，改變行為模式。但是

現代教育心理學階段不再只注意外在經驗的強化而已，其重心轉而研究內在歷程的轉變，強調內在心智架構與知識獲得的關係。

美國哈佛大學心理學教授**布魯納**（J. S. Bruner，1915～）**提出發現學習論**（learning by discovery），主張學習是一種由個體主動參與處理訊息，並將訊息加以組織、建構，進而吸收的歷程，**強調學生從變化中發現原理原則的主動探索過程**，才是構成學習的主要條件。**蓋聶**（R. M. Gagne，1916～）**提出學習條件論**（the conditions of learning），**將學習條件分成內在條件與外在條件兩類**，並主張先分析人的表現與技能的多樣性，再對學習分類並提出解釋。蓋聶（Gagne）提出**學習階層論**（learning hierarchies theory）：由簡至繁共有八種學習歷程：(一)訊號學習；(二)刺激反應聯結學習；(三)連鎖學習；(四)語文聯結；(五)多重辨別；(六)概念學習；(七)原則學習；(八)解決問題，共可獲得五類的學習結果，包括(1)語文知識、(2)心智技能、(3)動作技能、(4)態度、(5)認知策略。

另外，美國著名認知學派的教育學者**奧蘇貝爾**（D. Ausubel，1918～2008）**發展一種稱為前導組織**（advance organizers），其目的在將學生引導至即將要學習的教材，並幫助他回憶相關訊息，以便納入新訊息。他也強調，只有由學習者自行發現知識意義，這樣的學習歷程才是真正的學習，亦即「有意義的學習」，因此**提出意義學習論**（meaningful learning theory）。**班都拉**（A. Bandura，1925～）於1977年**提出社會學習論**（social learning theory），強調在社會情境中個體的行為學習乃是經由觀察學習、模仿、替代學習，從觀察到行為表現的歷程有四階段，包括：(一)注意（attention）、(二)保留（retention）、(三)動機（motivation）、(四)動作再生（reproduction）。

七、21世紀的教育心理學（2000年以後）

21世紀的人類文明已經進邁入以電腦科技與遺傳科技為主體的知識經濟時代，因此，教育心理學的發展也逐步邁入以電腦科技分析人類內在心智的學習歷程與認知，以及正向心理學的推展，用以預防憂鬱、焦慮等現代文明心理疾病的產生。此時期的代表人物有卡立費歐（Carifio）與塞利格曼（Seligman）。

美國數學家夏儂（C. E. Shannon，1916～），堪稱為「訊息理論之父」，心理學家Atkinson & Shiffrin（1968）改編了夏儂的訊息測度和理論，提出訊息處理模式，是訊息處理模式的前期代表。其基本假設為：人類記憶是動態而

複雜的訊息處理系統。而**卡立費歐**（Carifio）於1993年**提出的訊息處理理論**（information-processing theory），**解釋個體在環境中，如何經由感官察覺、注意、辨識、轉換、記憶等內在心理活動，以吸收並運用知識的歷程**，讓訊息處理理論更加完備，探討的層面更加完整，是此理論的後期代表。

曾任美國心理學會會長的**塞利格曼**（M. Seligman，1942～）堪稱當代「正向心理學之父」，於1998年正式**提出以「正向心理學」**（positive psychology）（102地三）標示這個有別於傳統心理學的新領域，他致力推動並籲請心理學界建立起一門專注於研究人類潛能、實力、優點的領域，是一門新興的學科。正向心理學採用最新的科學方法去探求「人類最佳的功能」，這門學科與發展心理學、健康心理學、臨床心理學、社會心理學、人格心理學、人本心理學等有關，並深切期盼教育人員將正向心理學應用在學生的學習上，以正向心理學的三大內涵—正向情緒、正向特質與正向環境，幫助老師與學生能夠愉悅的投入在自己所扮演的角色中，期望在學校中教學者能發揮教學最大功能，以期幫助學習者改善學習的問題並增進學習效率，因為，追求幸福與正向情緒是天賦人權。對於這新興的學科內容，本書於第十章討論。

參、教育心理學的研究與取向

基於上述教育心理學的發展與演變，可知教育心理學自從百年前隨著心理學演變逐步進入科學化導向以來，迄今仍未建立起本身的獨立系統。國內學者張春興（1999）認為，教育心理學能否建立其本身的獨立體系，關鍵在於三個條件：(一)明確的研究目的；(二)肯定的研究對象；(三)適當的研究方法。

一、研究目的教育化

學校教育的目的不僅要能配合學生的主觀需求，使其身心潛能獲得充分發展，更要能配合社會文化的客觀需求，使學生學習道德素養與生活知能。透過研究目的的確立，可以協助建立教學目標、分析學生的起點行為、設計適當的教學活動、選用有效的評鑑方法，以確保教學目標的達成。為了實踐學校教育目的，學校教育應使學生從求知中得到快樂、在學習中健康成長、在生活中準備生活。因此，教育心理學的研究乃是以瞭解人性並改變人性，從而實現教育目的為取向。

二、研究對象全人化

　　學校教育必須以學生整個人，包括學生本身能力、經驗、性格等為教育對象。因此學生的身心發展、學習心理、個別差異為學校教育上的重要問題。為了實踐學校教育全人化，必須推行全人化教學活動，教師須具備全人化取向的教師素養。因此，教育心理學研究對象全人化，是以學生整體為教育對象，要教育學生必先瞭解學生為前提。

三、研究方法本土化

　　教育心理學的研究方法須針對本土性的教育問題，選擇適當的研究方法以謀求解決。教育心理學家可與教師一同合作，選取質化、量化或合併的研究方法來落實研究方法本土化的構想。因此，教育心理學研究方法本土化，是指以本土學校教育問題為對象進行研究時，在方法選擇上所採取的一種研究取向，而非指一種方法。其目的則是經由研究的實施與結果，幫助學校解決個別的實際問題，從而實現教育目的。

自我評量　　　　　　　　　　　　　　　　　　　　　　　**歷屆試題**

1. 試述教育心理學的研究趨勢及21世紀的研究重點。（102地三）
2. 何謂正向心理學（positive psychology）？（102地三）
3. 近代教育心理學的主要發展趨勢為何？（98身三）

第三節 教育心理學的研究典範與方法

 考點提示 (1)變項的種類。(2)心理學與教育心理學的研究典範與類型。(3)心理學與教育心理學的研究方法，是必考焦點。

壹、教育心理學研究的主要變項

教育心理學的研究，必須先瞭解主要變項的種類。按照分類面向的不同，有以下幾類：

一、基本變項

教育心理學的基本變項包括：刺激變項、個體變項、反應變項與中介變項。

(一) 刺激變項（stimulus variable）： 引發個體反應的一切情境或事物，例如：刺激之類別、強度⋯⋯。

(二) 個體變項（organic variable）： 係指有關研究對象本身的一切因素或特徵，例如：性別、年齡⋯⋯。

(三) 反應變項（response variable）： 行為中的一部分活動，通常即稱為反應，例如：反應之有無、強弱以及個別差異⋯⋯。

(四) 中介變項（mediator or intervening variable）（82高檢）： 又稱中間變項，若自變項對依變項有影響效果，而此效果是透過另一變項達到影響，則此變項即為中介變項，通常用以解釋自變項是經由什麼歷程影響了依變項。**對依變項來說，中介變項是自變項；對自變項來說，中介變項為依變**項。因此，**中介變項是指介於上述刺激與反應兩變項之間的一切發生作用的因素**，也就是因外在刺激而引起的內在變化歷程。例如：教師期望之所以影響學習成就，可能是因為中介變項自我概念所造成。而自我概念即是研究想瞭解的中介變項。因此，透過中介變項的影響，可以使得自變項、中介變項與依變項三者之間產生存在強而有力的因果關係，如圖1-5所示。

(五) 調節變項（moderator or confounder variable）： 又稱干擾變項（disturbance variable），是指透過它可以將自變項切割成數個不同的子群（subgroup），以獲得各子群內自變項對依變項之最大影響，亦即依變項改變不只是自變項的關係，可能存在別的變項干擾，使其不完全是我們

所想要的自變項影響依變項的關係。例如：教師期望與學習成就間的關係，可能會受到性別（男、女）或年齡的差別而有所不同，但是，性別或年齡並非研究想要瞭解的變項，因此，性別或年齡就稱為干擾變項。因此，**調節變項與自變項、依變項之間並無因果關係，但是透過調節變項卻可以讓自變項與依變項之間的影響效果改變**，如圖1-6所示。

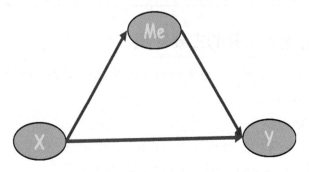

圖1-5　中介變項的效果

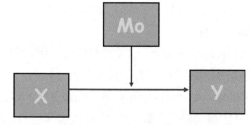

圖1-6　調節變項的效果

二、統計變項

統計學上「變項」的分類，依其面向不同而有以下幾種分類方式：

(一) 自變項與依變項

在一個研究設計之中，實驗者所操弄並加以變化的變項，稱為自變項（independent variable），而因自變項的變化而發生改變的變項，稱為依變項（dependent variable）。

(二) 連續變項與間斷變項

有許多心理特質可以用一個連續不斷的數值加以描述，這類的特質或屬性謂之連續變項（continuous variable）。例如：時間、身高、體重、智商、焦慮分數等均屬之。另外的變項一個值代表一個點，而不是一段距離，稱為間斷變項（discrete variable），又名非連續變項（discontinuous variable）。例如：每家的孩子數、學生的性別、選舉的票數等均屬之。

✡(三) 名義變項、次序變項、等距變項與比率變項

根據Stevens（1951）對數字的尺度分類，統計學一共有四種測量的尺度或是四種測量的方式，這四種測量尺度包括名義、次序、等距、比率變項。名義尺度（nominal measurements）的測量值僅有質性的敘述，並不具有量的意義；順序尺度（ordinal measurements）的值僅代表其順序；等距尺度（interval measurements）資料間的距離相等，但是無絕對的零值；比率尺度（ratio measurements）擁有絕對的零值，其資料間的距離相等，且可加以比率運算。

(四) 質的變項與量的變項

質的變項（qualitative variable）包括名義變項和次序變項。量的變項（quantitative variable）包括等距變項和比率變項。量的變項又可分為連續變項和間斷變項。

貳、教育心理學的研究典範

「研究典範」（research paradigm）指採用典範概念（paradigm concept）從事研究或分析問題與文獻。「典範」一詞見於1962年孔恩（T. Kuhn，1922～1996）之《科學革命的結構》（The Structure of Scientific Revolutions）一書。孔恩所稱之典範，係指一套建構科學理論的信念模式，植基於本體論、知識論與方法論的預設。人類的科學即是典範不斷修補取替的發展歷程。

一、科學典範與社會典範

(一) 科學典範（science paradigm）

孔恩認為，典範至少含有兩層意義：1.科學家進行科學研究所據以專業判斷的共同信念；2.是一套可以被持相同典範的科學家團體所共同接受及認定的問題解決方法或理念。**科學典範較重視一分證據說一分話，研究典範較偏向「量的研究」**。

至於科學研究的模型，美國普林斯頓大學教授司托克斯（Stokes，1997）在《巴斯德象限：基礎科學與技術創新》一書中提出的巴斯德象限模型，說明科學研究過程中，認識世界和知識應用的目的是可以並存的。他的概念模型稱為「科學研究的象限模型」，見圖1-7。此模型乃二維的座標體系，橫軸是科學研究的應用傾向，縱軸為該項研究的知識

傾向。**左上方的象限代表的是純粹由好奇心驅動的基礎研究，稱為波爾象限**（Bohr's quadrant）；**右上方的象限代表的是既受好奇心驅動又具有應用傾向的基礎研究，稱為巴斯德象限**（Pasteur's quadrant）（102地三）；**右下方的象限代表的是純粹應用傾向的研究，稱為愛迪生象限**（Edison's quadrant）；左下方代表的是既沒有探索目標也沒有應用目標的研究。

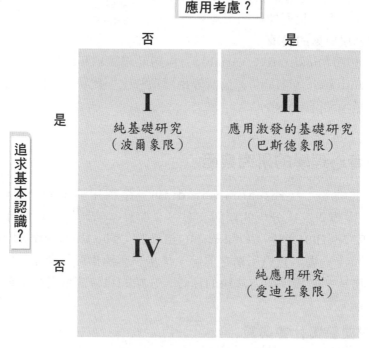

圖1-7 Stokes科學研究的象限模型
（註：I、II、III、IV僅為代號，與數學的象限定義無關）

(二) 社會典範（social paradigm）

社會科學研究學者將科學典範的概念加以擴大，將社會科學研究中的主流價值及標準、社會規範、信念和價值觀等稱為「主流社會典範」（dominant social paradigm，DSP）。DSP的倫理信念是以人類發展為最重要的前提。**社會典範強調現場觀察與記錄，主張以文字描述研究結果，較偏向「質的研究」。**

二、研究典範的類型

(一) 量化研究（quantitative research）

又稱為量的研究，量化研究典範係採取自然科學的研究模式，對研究問題進行觀察瞭解後提出研究假設，以問卷、量表、測驗或實驗儀器等作為研究工具，廣泛蒐集研究對象對問題的反應數據，此數據屬於具有數量屬性的資料，之後經由資料處理與統計分析之後，提出研究結論，藉以解答研究問題或假設的方法。

✓ 優點

(1) 適合大樣本研究。
(2) 可以在短時間內，蒐集一大群受試者的反應資料，有利於分析。
(3) 容易進行結構化、標準化的研究程序與結果解釋。

✗ 缺點

(1) 樣本的抽取必須具代表性，否則推論性不足。
(2) 研究樣本大都由母群體抽樣而來，因此將研究結果推論到母群體時，有其限制。
(3) 對於個案的差異性研究較難深入。

研究程序　理論引導 ➡ 資料蒐集 ➡ 資料分析 ➡ 結果推論。

主要研究方法　調查法、相關研究法、準實驗研究法、實驗研究法等。

(二) 質性研究（qualitative research）

又稱為質的研究，是研究者為了深入探討某個問題或深入研究個案的內在心理歷程，在自然情境下，以觀察、深入訪談、文件分析、臨床分析等方法，透過錄音機、錄影機、攝影機等工具的使用，廣泛蒐集與記錄資料，用以分析受試者的內心世界與價值觀等的研究方法。

✓ 優點

(1) 研究者親身進入實際情境，與受試者長期接觸、觀察，較能深入剖析研究問題。
(2) 研究者融入研究情境，既是研究者也是參與者，較易瞭解研究對象真實的語言與行為。
(3) 研究者將資料加以整理、歸納、分析，進而以文字說明研究發現的事實，可以詳細又真實地記錄研究的歷程與結果。

✗ 缺點

(1) 僅適用於小樣本，研究過程曠日費時，研究團隊必須極有耐心與毅力。
(2) 研究者須受過專業訓練，資料分析與解釋比較主觀，實施程序與結果解釋不易結構化與標準化。

研究程序	確定研究問題 ➡ 選擇研究場所和對象 ➡ 進入現場 ➡ 蒐集與檢核資料 ➡ 提出假設 ➡ 資料的分析與詮釋 ➡ 獲得結論。
主要研究方法	觀察研究、俗民誌研究、事後回溯、內容分析、個案研究等。

(三) 混合研究（mixed-method research）（88薦升）

混合研究是指質、量典範並重，統計與敘述並行的研究方式。依國外教育研究法學者Snyder（2006）**所發表的最新研究法概念，稱為混合法研究設計**（mixed-method research design）。過去質、量兩大典範研究法由於哲學思想的不同，是否可以於同一個研究中合用的爭論，至今仍然難休，Snyder提出混合法的研究設計旨在以研究者和參與者的角度而言，不須拘泥於何種典範，只要是能讓問題獲得更好的解決，此種研究方法就是最好的研究方法，此理論儼然將成為教育研究**除了質、量之外的「第三大典範」**。

Snyder所提出的混合法研究設計，其實都是在同一個研究當中同時使用質性與量化的研究方法。其內容約可分成三類：1.探索性研究設計（exploratory design）：採用先質後量，但以質性為主的研究方式；2.解釋性研究設計（explanatory design）：採用先量後質，但以量化為主的研究方式；3.三角驗證性研究設計（triangulation design）：質量同時並進、同時呈現，兩者比重相當。

混合研究兼具質、量典範的優點，既可推論也能就個案深入探討，是同時兼顧廣度與深度的研究典範，近年的教育研究有偏向混合研究典範的傾向。

三、典範轉移（paradigm shift）

典範轉移是一種習慣的改變、觀念的突破、價值觀的移轉，也是一種長期形成的思維軌跡及思考模式的轉變。在學術界中，常可見到因典範的不同，對於研究應如何執行以及如何判定研究品質，持有不同的看法。然而，個人所持的典範並非一成不變，近百年隨著蜂擁而現的社會思潮，社會科學研究典範已由過去的獨尊實證主義，歷經後實證主義、批判理論、結構主義等流變，演變至今日的多元典範並陳。在社會研究典範的轉移過程中，研究的決策權已由研究者轉變為研究者與參與者共同主導。**社會研究典範轉移的發展，促使過去習於量化研究的研究者，有機會將原本視為理所當然的世界觀重新加以檢視，並透過典範轉換面對改變，帶來更多的機會。**

參、教育心理學的研究方法

　　教育心理學的研究設計與研究方法，是教育心理學研究最重要的一環。以研究設計的時間分類，可分成橫斷式研究、縱貫式研究與序列式研究三類；以研究方法與工具分類，可分成屬於量化研究的調查研究法、相關研究法、準實驗研究法、實驗研究法，以及質性研究的觀察研究法、俗民誌研究、事後回溯、內容分析、個案研究、歷史研究、臨床法與臨界試探法等，如圖1-8所示。

一、研究設計的時間類型

(一) **橫斷研究法**（cross-sectional study）：在某一特定時間內針對不同年齡層的對象，進行某一特定行為的調查。

✔ 優點	✘ 缺點
(1)省時、省力、省金錢。 (2)可蒐集各年齡層中某一特定行為的典型特徵。	(1)無法解釋同一年齡層內某一特定行為的個別差異。 (2)無法解釋時間因素（例如：年齡）對研究結果的影響。

(二) **縱貫研究法**（longitudinal study）：不同的時間內對某一特定行為進行多次的調查，長時間追蹤研究。

✔ 優點	✘ 缺點
(1)可以解釋同一年齡層內的個別差異。 (2)可以解釋時間因素（例如：年齡）對研究結果的影響，據以繪製成長曲線圖。	(1)費時耗日，經費龐大且難以獨力完成。 (2)研究時間過長，樣本容易流失。 (3)累積之研究資料龐雜，處理分析不易。

(三) **序列研究法**（sequential study）：又稱為「後續擴充研究法」或「橫斷後續研究法」，係先以橫斷法為主，蒐集不同年齡組的資料後，再改以縱貫法，針對原研究對象再進行長時間數次重複式的測量，每次均加入新的研究對象，藉以比較不同時間因素對相同對象的影響。其優點為兼顧橫斷法與縱貫法的優勢，並可截長補短。

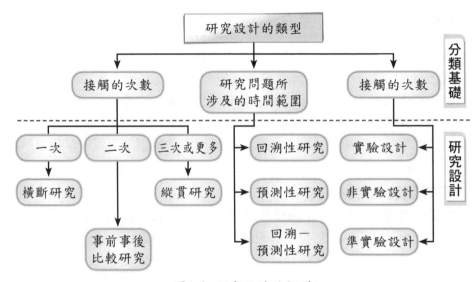

圖1-8 研究設計的類型
資料來源：王文科，教育研究法，2004。

二、教育心理學的研究方法

(一) 量化研究取向

量化研究對於變項的定義大都採用「操作型定義」，而不僅只有「概念型定義」。所謂**概念型定義**（conceptual definition），**是對某一概念採抽象文字性的描述**，例如：「智力」的概念性定義可界定為「抽象思考的能力」；而**操作型定義**（operational definition），**則是在定義中包含有可操作的測量方法與程序**，也就是如何評量方可得到資料。例如：「智力」的操作性定義可界定為「比西量表所測得的分數」。量化研究常用的研究方法如下：

1. 調查研究法（survey research）：分成問卷調查與訪問調查兩種，係事先針對研究問題設計題目，蒐集受試者的反應類型與心理趨向。

✔ 優點	✘ 缺點
省時、省力、省經費；題目易標準化；匿名填答較真實；沒有時空的限制。	樣本代表性易不足；受試者反應心向難掌控；問卷回收率常偏低。

2. 相關研究法（correlational research）（92普考；94地三）：以統計分析的相關係數（correlation coefficient），求出自變項與依變項的線性關係與相關程度。

✓ 優點

可快速蒐集大量資料；可操控多個變項；可透過迴歸分析或結構方程模式，分析變項間的預測力與影響效果。

✗ 缺點

無法確認變項間的因果關係。

3. 實驗研究法（experimental research）（83高考；86薦升；92普考；94地三）：　在自然科學的研究，幾乎全應用實驗研究法。物理、化學的研究常在特別設計的實驗室裡面，刻意操弄（manipulate）自變項（independent variable），同時注意觀察並測量依變項的結果，以釐清自變項與依變項間的因果關係。實驗研究法的研究對象取樣方法是隨機分派（random assignment），與實驗無關的變項會加以控制。

✓ 優點

可控制無關變項；可確認因果關係；可重複驗證；研究結果較準確。

✗ 缺點

研究情境不易掌控；僅限單向（自變項對依變項）因果關係的推論，情境類推性不足。

4. 準實驗研究法（quasi-experimental research）：即研究者在研究中，採用隨機取樣方法分派受試者或控制實驗情境確有困難時，使得實驗組與控制組無法完全相同，此時所使用的實驗設計即稱為準實驗研究設計。社會科學的研究對象大部分是人，較難以隨機分配，因此社會科學的實驗研究大部分屬於準實驗研究。其優缺點與實驗研究法相同。

(二) 質性研究取向

1. 觀察研究法（observational research）（92普考）：研究者根據研究探討的問題，在自然或控制的情境下，針對現象或個體的行為做有計畫、有系統的觀察並記錄，從而分析各變項間的關係，最後進行客觀性的解釋。

種類：包括在自然情境中的直接觀察，稱為「自然觀察」或「田野觀察」；在人為控制的情境下觀察，稱為「控制觀察」或「實驗觀察」；有明確的研究目的、程序與工具下觀察，稱為「結構性觀察」；在沒有明確的研究目的、程序與工具下觀察，研究過程較具彈性，稱為「非結構性觀察」；觀察者融入被觀察者的活動或生活情境中，成為該團體的一員，稱為「參與觀察」；觀察者純粹扮演觀察者的角色，不介入該團體及其任何的活動，稱為「非參與觀察」。

✓ 優點

自然情境觀察，較不易有反彈作用；可獲得完整、深入的資料；可獲得自然、真實的表現。

✗ 缺點

費時、費力；只適合小樣本，推論不易；隱私易暴露，觀察對象會產生防衛與反抗；研究結果不具普遍性。

2. 俗民誌研究（ethnography research）：又稱為人種誌、種族誌、民族誌研究，是研究受試者日常生活如何進行推理思考、尋求意義的學問，以局內人的觀點瞭解文化脈絡，以局外人觀點，客觀分析它們蒐集的資料。經由田野中長時間的參與觀察、記錄、訪談，探索受試者對生活世界的瞭解與世界觀。

研究過程：包括聚焦研究現象、確定研究主題、形成與修正假設、蒐集資料、驗證資料、綜合分析資料及形成結論，如圖1-9 所示。

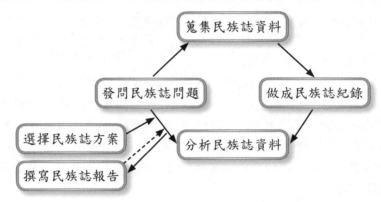

圖1-9　俗民誌的研究過程
資料來源：王文科，教育研究法，1995。

✓ 優點

長時間縱貫研究，一對一訪談，可深入問題；根據自然蒐集的資料，建立的假設切合實際。

✗ 缺點

費力費時；研究者必須經過完整訓練，具備觀察與記錄能力；資料需要三角檢核，研究者需具備相關知能；觀察者的偏見易影響研究結果；研究結果的解釋不易。

3. 事後回溯（ex post facto research）：又稱為「因果比較研究」（causal comparative research），是指事實發生過後從事探討與此一事實有關的先在因素的一種研究。當研究變項無法操控或違背研究倫理時，採用事後回溯法以補實驗研究法的不足。

✓優點

可適用於變項難以操控的實驗研究；統計分析的結果較具可靠性。

✗缺點

無法隨機取樣，研究結果難以推論；變項間的因果關係解釋困難。

4. 歷史研究（history research）：與事後回溯一樣，屬於回溯性的研究。係以系統蒐集與客觀評鑑往昔事實的資料，以考驗有關事件的因、果或趨勢，俾能提出準確的描述與解釋，進而解釋現況以及預測未來的一種歷程（王文科，2000）。

研究程序 ⟹ 界定研究問題 ➡ 蒐集與評鑑資料 ➡ 綜合資料 ➡ 分析解釋 ➡ 形成結論。

資料來源 ⟹ 包括主要史料與次要史料。
主要史料包括官方文件與紀錄、遺跡或遺物。
次要史料包括事件參與者或目擊者的口頭或文字報告等。

✓優點

經由研究的證據，建立普遍原則；不會產生干擾效應。

✗缺點

蒐集的資料難以證明其真確性；難以控制過去各種影響的因素。

5. 個案研究（case study）：在自然情境中針對特定的事實或現象，對研究對象（個人或團體）做深入的分析與探討，並重視研究對象的內在心理觀點。

✓優點

較能深入發現問題的焦點；研究歷程可隨時修改，較具彈性；成本較低。

✗缺點

適合小樣本，研究結果客觀性不足；參與者隱私問題處理不易。

6. 臨床法（clinical method）（92身三）：與實驗法相對，是屬於自然觀察的一種方式。臨床法的主要特點是對個人的行為進行觀察、訪談或實務操作的系統性綜合分析，對個體做詳盡描述，以達完整瞭解，無比較標準。

✓優點

透過詳盡的分析，有利於形成假說；可透過臨床研究，印證理論。

✗缺點

個人主觀偏見較難排除；推論性不足。

7. 臨界試探法（method of critical exploration）（92身三）：延伸臨床法的觀察與訪談，並應用皮亞傑（Piaget）的觀察法，讓受試者自由表述己見，試探自己想法的臨界點，期待產生無限可能多的方法去瞭解某個主題，此即為瞭解個體所發展的臨界試探想法（critical exploration of ideas）。

優點

自由發想，可以發現許多無限的可能；研究者採積極傾聽的方式，參與者感覺受重視。

✗ **缺點**

研究的情境較難掌控，容易離題。

(三) 質量並重取向

1. 內容分析（content analysis）：又稱為文獻分析（documentary analysis）或資訊分析（informational analysis），是透過量化的技巧及質的分析，對特定時間、特定現象，以客觀及系統的態度，對文件內容進行研究與分析，藉以推論產生該文件內容的環境背景、意義及其結果的一種研究方法。與歷史研究不同，歷史研究較著眼於過去的紀錄。

✓ **優點**

省時成本低；不會受到測量行動或被觀察者本身干擾；經常採用較大的樣本；適合研究對象已無法接觸或長期間研究的縱貫式研究分析。

✗ **缺點**

缺少非語文的行為；易產生抽樣偏差；資料容易隨時間流失；易加入個人主觀偏見。

2. 後設分析法（meta analysis）：亦即「後設分析」或「統合分析」，為對具有相同目的的多個研究結果進行定量綜合分析，亦即對過去相關主題的研究，以高度的統計技巧重新作系統化分析。因此，後設分析又可稱之為「分析的再分析」。

✓ **優點**

綜合研究的結果，提出的觀點更有說服力；以統計方法分析，可節省人力。

✗ **缺點**

只針對研究結果做結論，無法得到每個研究的原始紀錄。

3. 行動研究（action research）：是由實務工作情境中的研究者，針對情境中遭遇的問題，進行系統性的研究行動與反思。其研究步驟為：發現問題 ➡ 界定並分析問題 ➡ 草擬計畫 ➡ 閱覽文獻 ➡ 修正計畫 ➡ 實施研究 ➡ 檢討 ➡ 修正 ➡ 再實施 ➡ 結論與報告。

✓ **優點**

能幫助實務工作者確定問題及其解決之道；不斷的研究與反思，可精進研究者的實務工作能力與經驗。

✗ **缺點**

不易兼顧研究者和工作者的角色，易產生角色混淆；研究過程的分工與協調不易。

自我評量　　　　　　　　　　　　　　　　　　　　　**歷屆試題**

1. 試述現代教育心理學的研究內容與特色。（102身三）
2. 試述教育心理學的研究趨勢及21世紀的研究重點。（102地三）
3. 請就心理學研究方法中的「相關法」及「實驗法」說明兩者有何不同，以及這兩種研究方法各有何優點與限制？（94地三）
4. 教育心理學是心理學的一個支派，心理學應用自然科學的研究方法探究行為現象（含心智過程）有何困境？教育心理學如何超越這些困境？（94身三）
5. 何謂典範？學習理論可分成哪些典範？各自的思想淵源及重點如何？試一併分述之。（92高考）
6. 基本上，心理學致力於研究人類心智系統，為了探索這個心智系統心理學家採用了自然觀察法、相關法及實驗法，請你說明這三種方法的概念是甚麼？如果這三種方法的目的乃在收集資料來回答問題，請問這三種方法各欲回答何種問題？（92普考）
7. 解釋名詞：
   (1)巴斯德象限（Pasteur's Quadrant）（102地三）
   (2)臨床法（clinical method）與臨界試探法（method of critical exploration）（92身三）

第2章　發展理論

[名師導讀]

本章是教育心理學相當重要的一章，目前已成獨立學科「發展心理學」。本章內容介紹人類發展的概況及認知、語言、人格、情緒、道德與社會發展的重要理論與議題，考生對各種發展的相關理論與應用都要精讀且非常熟悉。

命題焦點就看這裡　[考題先覽]

1. 維高斯基（L. S. Vygotsky）認為語言對認知發展有那兩大功能？並比較皮亞傑（J. Piaget）和維高斯基（L. S. Vygotsky）對自我中心語言（egocentric speech）的看法有何不同以及他們的觀點在教育上的意義。（105身三）

2. 試述皮亞傑（J. Piaget）理論中的保留概念，列舉並說明三種類型之保留概念。那三項推理能力的發展對兒童獲得保留概念有最密切之關係？（104地三）

3. 試比較皮亞傑與布魯納認知發展理論的異同，並闡述其見解在**兒童教育與教學**上的涵義與應用？（102高考；87高考；84薦升）

4. 試從**訊息處理（information-processing）論**、皮亞傑（J. Piaget）的認知發展論與維高斯基（L. S. Vygotsky）的社會認知發展論的觀點來解釋學生如何建構他們的知識？（101身三）

5. 試比較皮亞傑（J. Piaget）的認知發展理論與**維果斯基（L. S. Vygotsky）的社會認知發展理論之異同**，並請分別說明各理論在教學上的應用。（93身三；99高考）

6. 試述**布魯納（Bruner，J. S.）認知表徵論**（theory of cognitive representation）的內涵及其在教育上的應用。（99地三）

7. 皮亞傑認知發展理論對於教育的啟示與貢獻為何？試述之。（98身三；91地三）

8. 請說明維果斯基（L. S. Vygotsky）認知發展的主要觀點及其在教育上的應用。（97身三）

9. 從**柯爾伯格（Lawrence Kohlberg）道德發展論**的觀點，說明品德教育如何實施教學？（96身三）

10. 為配合兒童身心發展，引導建立其道德行為，並免流於形式或泛道德化，當前**道德教育**宜如何落實到國小校園中？（88高考）

學習地圖

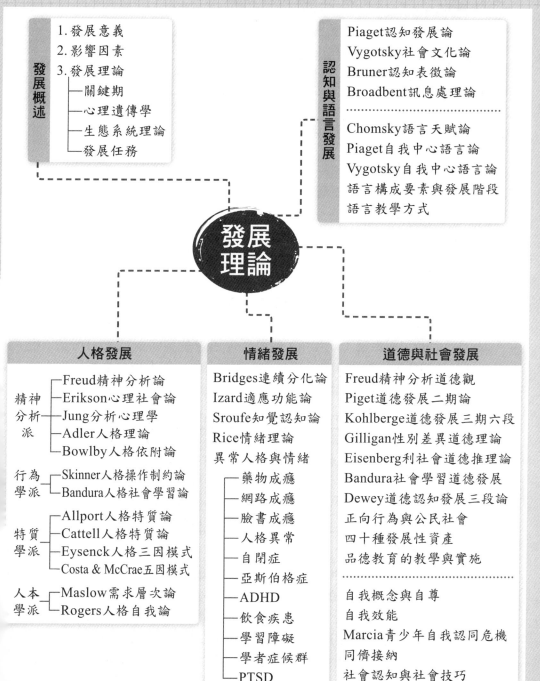

發展概述
1. 發展意義
2. 影響因素
3. 發展理論
   ── 關鍵期
   ── 心理遺傳學
   ── 生態系統理論
   ── 發展任務

認知與語言發展
Piaget認知發展論
Vygotsky社會文化論
Bruner認知表徵論
Broadbent訊息處理論
....
Chomsky語言天賦論
Piaget自我中心語言論
Vygotsky自我中心語言論
語言構成要素與發展階段
語言教學方式

發展理論

人格發展

精神分析派
── Freud精神分析論
── Erikson心理社會論
── Jung分析心理學
── Adler人格理論
── Bowlby人格依附論

行為學派
── Skinner人格操作制約論
── Bandura人格社會學習論

特質學派
── Allport人格特質論
── Cattell人格特質論
── Eysenck人格三因模式
── Costa & McCrae五因模式

人本學派
── Maslow需求層次論
── Rogers人格自我論

情緒發展
Bridges連續分化論
Izard適應功能論
Sroufe知覺認知論
Rice情緒理論
異常人格與情緒
   ── 藥物成癮
   ── 網路成癮
   ── 臉書成癮
   ── 人格異常
   ── 自閉症
   ── 亞斯伯格症
   ── ADHD
   ── 飲食疾患
   ── 學習障礙
   ── 學者症候群
   ── PTSD

道德與社會發展
Freud精神分析道德觀
Piget道德發展二期論
Kohlberge道德發展三期六段
Gilligan性別差異道德理論
Eisenberg利社會道德推理論
Bandura社會學習道德發展
Dewey道德認知發展三段論
正向行為與公民社會
四十種發展性資產
品德教育的教學與實施
....
自我概念與自尊
自我效能
Marcia青少年自我認同危機
同儕接納
社會認知與社會技巧

第一節　人類發展概述

(1)發展的意義與原則；(2)發展的影響因素；(3)海葳赫斯特的發展任務；(4)關鍵期、生態系統等發展理論，都是常考焦點。

壹、人類發展的基本原則

一、發展的意義

關於人類的發展，葛塞爾（Gesell，1952）認為發展是一種有順序、前後連貫漸進的改變；郝洛克（Hurlock，1968）認為，發展是一種內在生理狀況改變，心理狀況受到刺激產生共鳴的過程；安德森（Anderson，1960）亦強調，發展是統合個體構造與功能生長改變的複雜過程；張春興（1991）認為，發展係身心狀況因年齡與習得經驗增加所產生的順序性改變的歷程。綜合上述，**發展就是指個體自有生命開始，其生理**（身高、體重）**與心理**（認知、語言、人格、情緒、社會、道德）**各方面的改變**。發展（development）與生長（growth）的概念有 些許的不同，如表2-1所示，生長主要是量的增加，容易測量且受成熟因素的影響；而發展包括量與質的改變，不易測量且受成熟因素與後天學習的影響。

表2-1　生長與發展的比較

生長（growth）	發展（development）
1.包括量的增加：例如肌肉增長。	1.包括量的增加及質的改變（偏重於質的改變）：肌肉的增長及動作靈巧。
2.容易測量：身高體重。	2.不易測量：認知能力的發展。
3.受成熟因素影響。	3.受成熟及學習因素影響。

二、人類發展的原則

皮拉瑞（Pillari，1998）曾針對人類發展提出四個原則，包括：(一)成長的特徵有一定比率；(二)生理的成長有一定順序；(三)成長的分化有一定型態；(四)發展具有身心與社會整合的特性。葛塞爾（Gesell，1952）也提出發展的四原則有：(一)由簡單至複雜的活動；(二)由複雜至整合的動作；(三)從頭到四肢尾端；(四)由近到遠。因此，**人類的發展有其重要的原則可以遵循**，表列如2-2。

表2-2　人類發展的原則

1	早期發展為後期發展的基礎	早期發展的可塑性大,影響也大;尤其胚胎期若有藥物傷害,極可能造成一輩子的影響;小時行為的養成容易變成長大的習慣。
2	發展歷程關鍵期	個體成熟程度最適宜學習某種行為的時期,此時學習效果最佳且不易改變,錯過此學習機會,日後學習效果將大幅減少。如:語言關鍵期在幼兒。
3	發展歷程具連續性	人類發展的特徵是在可預期的順序下發生的,循序漸進且連續不斷。例如:先會爬、坐才會走路,先具體邏輯思考才會抽象的邏輯思考。
4	發展歷程具階段性	Müller在思維能力上的閾限理論與全有全無（all-or-none）法則。
5	發展歷程具相關性	身心發展會造成相互影響。例如:體重太胖、面貌不好會自卑;身高太矮會造成自信不足;智力發展會影響社會行為。

6 發展歷程具共同模式	頭足定律	頭到尾	嬰兒抬頭 ➡ 翻身 ➡ 坐 ➡ 爬 ➡ 站 ➡ 走
	近遠定律	中心 ➡ 邊緣 ➡ 軀幹 ➡ 四肢	嬰兒拿東西,抱（手臂）➡ 握（手）➡ 抓（手指）
	籠統 ➡ 分化 ➡ 統整	整體 ➡ 特殊 簡單 ➡ 複雜	全身、整體大肌肉 ➡ 局部、特殊小肌肉在後;大肌肉發展,手部動作靈活

7	共同模式下具有個別差異	因遺傳、環境不同,個體間在生理、心理的發展上均有個別差異存在。如:身高體重的不同,智力、興趣的差異。
8	發展速率不一	不同的孩童有不同的發展速率,並不是每個孩童都可以在平均年齡時達到發展的里程碑,有的會較早,有的則較晚,整個過程呈波浪狀進行。如:幼兒期身體發展迅速,兒童期趨於平穩,到青少年期又快速發展。
9	受到遺傳和環境等因素的交互影響	孩童各方面的發展皆直接或間接受到先天遺傳的影響,並非所有的遺傳特質都會在出生時就顯現出來,遺傳會藉由成熟的過程來控制孩童的成長。另外,家庭環境會影響孩童的認知能力、道德價值及社會技能。

三、影響發展的因素

　　影響人類發展的因素有遺傳（heredity）、環境（environment）、成熟（maturation）與學習（learning）等。

(一) 遺傳與環境

1. 遺傳：是指個體父母經由受精卵，將生理與心理特徵傳遞給下一代的歷程。英國心理學家**高爾頓**（S. F. Galton）的「遺傳決定論」（genetic determinism）認為，**認知發展由先天的遺傳基因所決定**，內在的遺傳因素的開展左右人類發展，環境的作用僅在於引發、促進或延緩這種過程的實現。

2. 環境：指個體生長時空中，影響其身心發展的一切事物。美國心理學家**華森**（J. B. Watson）的「環境決定論」（environment determinism）認為，**人類的發展完全是外界環境影響的被動結果**。人類的行為類似於動植物的生長變化，受環境影響甚大，如能經過環境的培養與學習，每個人都能被訓練為各種專業人才。

3. 遺傳與環境的交互作用：人類發展是遺傳與環境交互作用的結果，遺傳帶給個體潛能，而環境協助潛能發展。遺傳對身體構造、特殊才能影響較大，而環境則對語言、興趣、情緒等心理特質發展影響較大。根據行為遺傳學家**史卡爾與麥卡妮**（Scarr & McCartney，1983）研究遺傳與環境對兒童發展的影響（98地三），**曾歸納出父母教養孩童的類型有三類：(1)被動方式**（passive style）：即小孩被動在父母設計的環境中發展遺傳特質（genotype）；**(2)互動方式**（transactional style）：即小孩與父母或重要他人藉由環境與人的互動，增強小孩的遺傳特質；**(3)主動方式**（active style）：即孩子主動尋找能發展其遺傳特質的環境。因此，遺傳與環境不論是被動、互動、或主動的交互作用，個體的行為風格可以體現其遺傳特色，同時也可能被環境改變而有新的發展。

(二) 成熟與學習

1. 成熟：是個體生理與心理遺傳天賦的展現。美國心理學家葛賽爾（A. Gesell）的**「成熟優勢論」，認為兒童發展結果取決於遺傳**，強調成熟－學習原則對兒童發展的重要性，因此主張尊重每個人與生俱來的的個人特質。此理論不同於美國青少年心理學家**赫爾**（G.S.Hall）主張的**「復演論」**（recapitulation theory），**強調遺傳因素的重要，個體的發展都是在復演物種**，是發展的進化論。

2. 學習：學習為個體在後天環境影響下經由模仿、練習進而創新的行為改變歷程。透過學習的機會，將天賦潛能充分發展。

3. 成熟與學習的交互作用：成熟是學習的基礎，學習是成熟的展現。幼年時期，個體發展受成熟因素影響較大；成熟過後，受學習影響較大。

貳、發展理論、任務與相關研究

一、關鍵期（critical period）與敏感期（sensitive period）

(一) **關鍵期**：奧地利生物學家勞倫次（K. Lorenz）於1952年觀察小天鵝出生沒多久對初見的母親產生銘印（imprinting）現象以利生存，不久後即消失，這是演化論的觀點，也是本能學習的結果。銘印學習慢慢演變為關鍵期，指個體成熟程度最適宜學習某種行為的時期，此時學習效果最佳且不易改變，錯過此學習機會，日後學習效果將大幅減少。如：語言關鍵期在幼兒。個體身心發展歷程中，關鍵期對某年齡階段內某種行為的形成特別重要（94高考）。

(二) **敏感期**：敏感期是由荷蘭生物學家德弗里斯（Hugo de Vries）於1900年提出的。他觀察到有一種把卵產在樹皮或樹枝上的蝴蝶，當卵孵化而成的毛毛蟲具有對光敏感的特性，會朝有光的方向爬行，能爬到樹枝頂端吃樹梢的新嫩芽，因此，在光敏感性的協助下，得以進食嫩芽填飽肚子。但這種敏感性，只會持續一段短暫的時間，隨著毛毛蟲漸漸長大，對光敏感的特性會慢慢消失。

(三) **關鍵期與敏感期的異同**：「關鍵期」與「敏感期」都是強調在發展過程中，最合適某一項能力發展的時間有限且極短暫。但兩者不同的是，敏感期過了仍可學習，雖然可能要花雙倍的時間和心血，但是成效仍不佳；而關鍵期則是錯過此時期，往後不再有此機會。因此，Borstein（1989）指出敏感期用於描繪人類發展的過程較為理想，因其不像關鍵期那麼嚴格。

二、心理遺傳學（psychogenetics）

心理遺傳學又稱「行為遺傳學」（behavior genetics），是結合「心理學」與「遺傳學」兩門學科，透過系統研究與解釋，以瞭解個體身心發展與變化的一門科學。心理遺傳學的研究方法有三：

(一) **選擇性交配**（assortative mating）：**又稱選型交配**，是以動物為對象，研究遺傳影響行為的方法。研究係以白鼠走迷津的實驗，將白鼠分成聰明組與愚笨組，每一世代均選擇不同能力的白鼠進行交配，結果發現，聰明組的白鼠愈來愈聰明，愚笨組的白鼠愈來愈愚笨，可見，遺傳對於學習的影響重大。

(二) **收養研究**（adoption research）：是透過比較收養兒童在心理或行 特徵上與親生父母和養父母的相似程度，來說明遺傳和環境因素對兒童發展特徵的影響。研究發現，**被收養子女和親生父母在心理或行為上的相似度均高於養父母**（102普考）。

(三) **雙胞胎研究**（twins research）：透過共同生活或分開生活以探討同卵雙胞胎與異卵雙胞胎心理特質相似的程度。研究發現，無論是共同成長或分開成長，**同卵雙胞胎的相似性都高於異卵雙胞胎**（102普考）。

三、生態系統理論（99高考）

布朗芬布倫納（U. Bronfenbrenner）於1979年提出生態系統理論（ecological systems theory），說明個體發展與生態環境的關係。此理論認為個人的發展來自個體與環境的互動，互動過程在多層環境系統中交互形成。個人從出生後即受到四個系統的直接影響：

(一) **微系統**（microsystem）：孩子參與其中的直接環境。例如：托兒所、學校、家庭、保姆、同齡團體等。

(二) **中系統**（mesosystem）：指直接環境的微系統連結而成的合作關係。例如：媽媽與保姆、家庭與學校等。

(三) **外系統**（mxosystem）：指孩童未直接參與，間接對孩童發生影響的兩個或兩個以上的外部環境互動。例如：父母工作環境、學校的教育方向、社區發展方針經濟、法律、社會媒體對孩子的間接影響。

(四) **鉅系統**（macrosystem）：指社會文化、經濟、法律、社會媒體、價值觀、信念。

之後幾年，布朗芬布倫納根據研究又加入了第五個系統：

(五) **時間系統**（chronosystem）：環境事件與生活方式的改變。

四、發展任務（developmental tasks）（88薦升）

美國芝加哥大學教授海葳赫斯特（R．J．Havighurst，1952）研究人類發展學時，於1952年首先提出「發展任務」的概念，主張人類在各個時期都有該時期必須完成的任務，絕不能錯過該時機。海葳赫斯特認為個體的發展有關鍵

期存在,在某年齡階段所表現的行為若能符合社會要求,亦即能完成該階段的任務,身心就能獲致良好發展;如任務的完成超過了時間,不但影響目前任務的學習,而且會阻礙下一階段發展任務的達成,帶來不快樂的經驗。

海葳赫斯特認為,發展任務主要來自三方面:(一)生理的成熟與成長;(二)文化、社會的要求與規範;(三)個人的價值與期望。因此,發展任務可說是來自個人生理、心理和社會的種種要求或規範,必須努力達成,才能成為一個健康快樂的人。發展任務的觀念對於個人成長意義非凡。**海葳赫斯特的發展任務將人類發展分成幼兒期、兒童期、青少年期、青年期、成年期、老年期六個階段**,各階段都有其主要的發展任務待完成,如表2-3。

表2-3 海葳赫斯特的人類各階段發展任務

幼兒期 (0～6歲)	1. 學會走路、跑跳。 2. 養成大小便等生活基本能力。 3. 對簡單事理具基本辨知能力。 4. 能察言觀色,具簡單情緒表達能力。 5. 能分辨簡單對錯的基本道德觀念。
兒童期 (6～12歲) (國小)	1. 建立自己的道德觀念與價值標準。 2. 能扮演適度性別角色。 3. 能與同儕遊伴相處。 4. 學到基本的讀、寫、算能力。 5. 開始有獨立傾向。 6. 了解自己是成長的個體。 7. 能夠表現體操活動中的動作技巧。 8. 漸具民主傾向的社會態度。
青少年期 (13～18歲) (國中、高中)	1. 身體器官與情緒表達趨於成熟。 2. 能適度扮演帶有性別的社會角色。 3. 接納自己的身體容貌。 4. 能與同儕中的異性相處。 5. 情緒趨於獨立,不再事事依賴父母。 6. 學習專長做將來的就業準備。 7. 考慮選擇對象為將來的婚姻準備。 8. 在行為導向上開始有自己的價值觀念與倫理標準。

青年期 （18歲～35歲）	1.擇偶。 2.建立並經營自己的家庭。 3.學習在婚姻中與配偶共同生活。 4.養育小孩。 5.開始從事某一行業或職業。 6.尋找一個志趣相合的社交團體。 7.承擔成年人應有的公民責任。
成年期 （35歲～60歲）	1.達成成年人的公民和社會責任。 2.培養與配偶之間視如己出的感覺。 3.適應自己年老的父母。 4.發展自己的休閒活動。 5.建立和維持生活的經濟基準。 6.協助青少年期的孩子成為有責任和快樂的成年人。 7.接受並適應中年期的生理機能改變。
老年期 （60歲以上）	1.調適身體健康的衰退。 2.調適退休生活及收入的減少。 3.負起社會的及公民的應盡義務。 4.調適配偶的死亡。 5.加入自己年齡相仿的團體。 6.建立某種能滿足生理需求的生活方式。

自我評量　　　　　　　　　　　　　　　　　　　　　　　**歷屆試題**

1. 心理學家常以雙胞胎研究（twin study）和收養研究（adoption study）瞭解各項身心特徵受到遺傳和環境所影響的比例。請說明這兩種研究如何進行，以及如何解釋其結果。（102普考）

2. 試述心理學家布朗芬布倫納（U. Bronfenbrenner）的「生態系統理論」（ecolobical systems theory）之內涵、特性及其對教育的啟示。（99高考）

3. 根據Scarr & McCartney（1983）的觀點，隨著個體成長，個人發展與基因-環境的關係可分為哪幾種類型？請舉例說明。（98地三）

4. 何謂個體發展的關鍵期（critical period）？並請列舉一項有關的實驗或實例來說明關鍵期在發展過程中造成的重大影響。（94高考）

第二節　認知與語言發展

考點提示

(1)皮亞傑、維果斯基、布魯納的認知發展理論及其比較；(2)訊息處理論的內涵與發展；(3)後皮亞傑時代與皮亞傑不同看法的比較；(4)語言發展的各種理論與比較；(5)全語文教學與雙語教學；(6)萌發讀寫能力與集體獨白等重要名詞解釋，都是常考焦點。

壹、認知發展

狹義的認知發展（cognitive development）等同於人類的智力發展，但廣義的認知發展則泛指人類獲取知識的過程，包含知覺、想像、理解、記憶、思考等行為（張春興，2002）。認知發展關係人類的思維活動與學習歷程至為重要，其重要理論包括皮亞傑（Piaget）的認知發展論（發生認識論）、維果斯基（Vygotsky）的社會文化論、布魯納（Bruner）的認知表徵論，以及訊息處理論，以下分別介紹其理論內涵與特點：

一、皮亞傑的認知發展論

（91地三；92地三；94高考；97地三；98身三；99原三；99高考；100身三；101身三；102高考）

瑞士心理學家皮亞傑（J. Piaget）於1950年以質性研究的方法，透過觀察自己女兒處理事物時的行為反應，提出「認知發展論」（cognitive development theory），是發展心理學界公認最具權威的理論之一。由於**認知發展論是一種研究知識認識的結構、發生與發展過程，因此，又稱為「發生認識論」**（genetic epistemology theory）。

(一) 認知發展論的意義

認知發展理論闡述個體的認知發展乃是適應環境的知識而增加，知識的建構**受到生物、行為、社會、文化等因素的影響**，且發生於主體與客體的互動歷程中，如圖2-1所示。

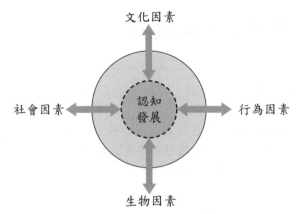

圖2-1　皮亞傑認知發展論的影響因素

(二) 認知發展論的重要概念

認知發展論主要由以下幾個重要的概念組成：

1. 基模（schema）：是人類身體感官與心理系統獲取知識的行為模式，**是個體認知結構的基本單位，可分成生理基模與心理基模兩部分**（93原三）。

2. 組織（organization）：指個體將現有的基模與較新或較複雜的身心活動、智力結構結合的歷程。

3. 適應（adaptation）：**是指個體因應環境的刺激與要求而調整認知基模的心理歷程**。適應**又包含兩種互補的作用，即同化**（assimilation）**與調適**（accommodation）。同化是個體以舊有的基模類推運用來解釋新經驗的歷程，例如：兒童知道牛是動物，將來看到豬、羊，也知道將其歸類為動物；而調適則是發現舊基模無法同化新知識時，主動修改現有的基模結構，將新知識納入已有的基模，以順應新情境並描述新經驗的歷程，因此調適又稱順應（94高考）。

4. 平衡（equilibration）：是指個體與環境之間的**新舊基模順利同化或調適**，所產生的一個認知均衡或和諧的關係，即是平衡；反之，若新舊基模產生衝突，則會發生認知失衡（diseqilibrium）。

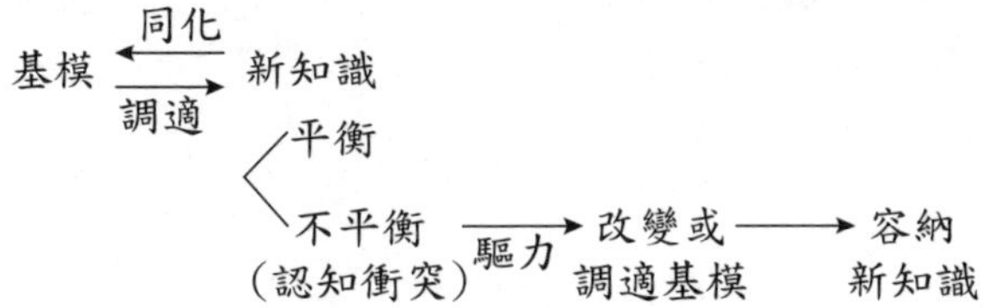

基模　$\xrightarrow[\text{調適}]{\text{同化}}$　新知識

平衡

不平衡　$\xrightarrow{\text{驅力}}$　改變或　$\longrightarrow$　容納
（認知衝突）　　　調適基模　　新知識

圖2-2 皮亞傑認知概念發展歷程

（三）認知發展論的四個階段

發展階段論是皮亞傑發生認識論的重要內涵，其發展四階段如圖2-3，並說明如下：

1 ▶ 感覺動作期（sensormotor stage）　　0～2歲　　相當於嬰兒期

此時期憑感覺與動作來認識世界並建立基模，如吸吮與抓取等反射動作，之後本能性的反射基模漸漸減少，藉由協調感官輸入與運動能力，發展為有目的性的自主行為基模。此時期嬰兒的發展特點包括：

(1) 物體恆存感（object permanence）：1歲左右出現，亦即當物體在眼前消失或無法察覺時，心中留存的心像，知道該物體仍然存在，於是產生找尋的舉動。
(2) 延後模仿（deferred imitation）：2歲左右出現，這是一種對不在場的人事物，僅憑記憶就能加以模仿複製其動作特徵的能力。

2 ▶ 運思預備期（preoperational stage）　　2～7歲　　相當於幼兒階段

此時期幼兒不再只是以感官探索世界，由於語言和影像的心理符號遽增，因此具有基本思維能力。此時期幼兒的發展特點包括：

(1) 萬物皆有靈（animism）：2～4歲的前概念期（preconceptual period），幼兒開始出現扮演遊戲，會將無生命物賦予生命，並扮演其角色
(2) 自我中心主義（egocentrism）：2～4歲的幼兒此時以自己的觀點看世界，無法考慮別人的看法。皮亞傑著名的「三山實驗」（three-mountain experiment）即證明幼兒只能見到眼前的大山，並無法見到大山後面的兩座小山。
(3) 預設因果（precausal）或橫向推理（transductive reasoning）：2～4的歲幼兒會以水平思考將事物的因果主觀設定，並以特例推理常態。
(4) 知覺集中（perceptual centration）：4～7歲「直覺期」（intuitive period）的幼兒無法見及事物全面，注意力僅及於單一向度，常導致不符邏輯的直覺反應。例如：以水位高低判斷水量多少，不管杯子大小。
(5) 缺乏保留概念（conservation）：4～7歲的幼兒無法理解物體恆定不變的屬性（83蔗升；104地三）。
(6) 缺乏可逆性（reversibility）能力：：4～7歲的幼兒認為事物是不可逆的，無法理解一個運作可以兩面進行，也缺乏將一個動作在心理上復原或取消的能力。

③ **具體運思期**（concrete-operational stage）　7～11歲　相當於小學階段

此時期的孩童能用眼睛所見的具體事物或經驗進行推理，並以符號或語言描述事物，但對抽象事物仍無法進行邏輯思考。此時期兒童的發展特點包括：

(1) 具有運思預備期缺乏的概念：此時期的孩童具有保留概念、理解守恆與可逆性，也學會分類（classification）（92身三）。
(2) 具備心理序列化（mental seriation）能力：在心理上依據某種特性進行項目高低大小排序的能力（92身三）。
(3) 具備轉換性（transitivity）概念：能描述排序中各項次間的推理與相關。例如：若a＞b且b＞c，則a＞c。
(4) 去集中化（decentration）：不再僅憑直覺或外表徵象進行思考，可以理解事物內在隱藏的實質。
(5) 類別包含（class inclusion）：能區別主類別與次類別的能力。

④ **形式運思期**（formal-operational stage）　11歲以後　相當於中學階段

此時期的青少年已具有抽象思維的能力，能按照形式邏輯的法則思考問題。此時期的發展特點包括：

(1) 假設演繹推理（hypothetico-deductive reasoning）：能按假設驗證的科學法則與心理運作解決問題，能對沒有現實依據的假設性歷程與事件進行相當的邏輯推理。
(2) 自我中心（egocentrism）：青少年的生活與思考總會以自我為中心。艾爾凱（Elkind）1978年曾提出青少年的自我中心主義的四大特徵：A.幻想的觀眾（imaginary audience）：感覺自己是被觀賞的對象，周遭每個人都關注著自己的言行舉止；B.個人神話（personal fable）：認為自己及自己的經驗是獨一無二，相信自己的與眾不同；C.假裝愚蠢（pretend stupid）：假裝自己一無所知，其實卻非常精明；D.明顯偽善（obvious hypocrisy）：虛情假意、表裡不一。
(3) 命題推理（propositional reasoning）：按照一個主題進行思考推理。
(4) 組合推理（combination reasoning）：能分析問題的個別因素，並將這些因素組合，思考問題的解決策略。

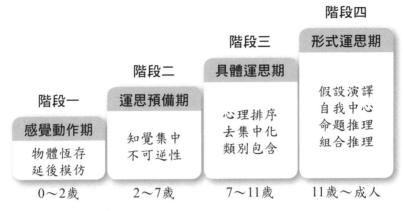

圖2-3　皮亞傑認知發展四階段

(四) 認知發展論的特點

1. 孩童是主動、積極的學習者：

   皮亞傑相信孩童不是環境刺激被動的接受者，而是主動自發的求知者，他們天生的好奇心，誘發其積極尋求訊息以幫助他們了解世界。藉由生理成熟（maturation）、自然環境（natural environment）、社會交流（social transmission）和自我協調（self-regulation）四個因素的交互作用，透過同化、調適兩個互補過程建立認知基模，獲致個體的認知發展。

2. 孩童是從經驗當中建構知識：

   孩童的知識不是有限零碎的，相反的，孩童是從自己的經驗當中匯集整合知識來建構周遭生活世界的整體觀點，所以他的理論被稱為建構主義。孩童的基模會透過經驗不斷修改，並且整合其他基模而變得更好。

3. 個體發展具有階段性與普遍性：

   每個階段都具有獨特的認知結構，個體必須在此階段經歷該階段的主要行為模式，才能完成階段發展任務。**階段的遞升代表認知結構與思維模式的改變，不表示知識的必然增加。認知發展論適用於每一個相同階段的孩童身上。**

4. 認知發展是一個連續的過程：

   前一階段為後一階段的基礎，後一階段為前一階段的延伸，其結構具有整體性。**個體發展會依順序經歷過各個階段，任何階段都無法跳過，皮亞傑稱之為「不變的發展序列」**（invariant developmental sequence）。

(五) 認知發展論的批評

1. 認為發展先於學習，缺乏積極的教育意義：

   皮亞傑從生物適應的觀點出發，認為「發展先於學習」，忽略學習對兒童認知發展的影響。

2. 過於生物化傾向，忽略社會文化對認知發展的影響：

   皮亞傑對於人類的智力發展進行研究，**太重視生物適應的機制**，因此**忽略人類的認知在社會文化環境中的實踐**，以及受到社會文化環境的影響。

3. 著重觀察現象的研究方法，**難以實證考驗，並可能錯估兒童能力**：

   皮亞傑主要觀察對象為自己女兒，就其成長過程瞭解兒童的認知發展，因而代表性受質疑。且研究方法難以實驗驗證，其結果容易產生低估兒童能力而高估青少年能力的缺憾。

(六) 後皮亞傑學派與新皮亞傑學派的觀點（97地三）

皮亞傑提出發生知識論，為激進建構主義，隨後布魯納（Bruner）及維果斯基（Vygotsky）加以補充社會文化及生活背景對認知形成的影響，屬後皮亞傑（post-Piaget）學派。**後皮亞傑學派主張，兒童的知識並非生而有之，必須經過建構知識的歷程方能得之**。之後凱斯（R. Case）、費雪（K.W. Fischer）等學者將皮亞傑理論以及訊息處理理論途徑的某些元素加以整合，成為新皮亞傑（neo-Piaget）學派。

後皮亞傑學派人士對皮亞傑發展階段論整體看法認為大致是正確無誤，也認同發展具有階段的說法，但皮亞傑忽視社會文化對兒童認知發展的影響，而且經由學習與練習，認知發展可以被加速，而且個體的知識發展未必呈階段性（順序性），個體的認知內容可以跳躍或停滯，端賴學習的結果。**而新皮亞傑學派則強調人類高層次的認知能力**，以及語言、符號等對高層次認知能力的重要性，**認為學習先於發展，隨著發展階段，兒童處理訊息的方式會變得更複雜**。在教育方面，教師必須主動促進兒童認知發展，不再只是消極等待的角色。因此，凱斯（Case）認為，兒童所能記得的訊息量有限，但經由技能的練習和經驗的累積（社會文化的互動），可以讓他們對於訊息的處理變得更快速、更熟練。表2-4列出皮亞傑與後皮亞傑理論的不同。

表2-4　皮亞傑與後皮亞傑的比較

	皮亞傑理論	後皮亞傑理論
自我中心	認為幼兒比較自我中心（低估幼兒），而青少年或成人比較理性（高估青少年與成人）。	認為每一個領域的認知發展都會以自己的速率進行，是特殊且零碎的。因此自我中心傾向未必是兒童時期最明顯，青少年或青年成人也可能具有此現象。
認知能力	採一般結構觀，認定兒童普遍缺乏邏輯思考能力，因此容易低估兒童能力而高估青少年能力。	採特殊領域觀，認定兒童能力在各個特定領域內的發展是非常不同的。
發展階段論	四個階段的發展順序固定不變，各階段的認知思維方式不同。	幼兒的各項能力，是從幼兒期就漸進發展。透過學習及訊息處理能力的提升，可以加速兒童發展。
社會文化建構	建構論：強調知識是個體外在環境互動所建構而來的，重點在操作行動的省思。	社會建構論：認為皮亞傑的建構論少了文化社會層面，以及兒童發展所扮演的角色。
	兩者皆認為：兒童必須和環境互動以建構知識，是透過成人和兒童一起共同學習的（此是皮亞傑與後皮亞傑觀點最相同的一點）。	
發展與學習	發展先於學習觀：常被用來討論兒童是否預備好了，兒童學習總是必須配合現階段發展，在教學上很難著力。	學習先於發展觀：受近側發展區影響，教師不能消極等孩子進入完備狀態才施教，而是要用各種策略為兒童搭起學習鷹架，以發展兒童潛能。

二、維果斯基的社會文化論（92普考；93身三；97身三；99高考；101身三）

　　蘇聯心理學家維果斯基（Les S. Vygotsky）研究個體的認知發展，相信成人社會透過有意義及具有挑戰性的活動可以培育兒童的認知發展，並強調**社會和文化對促進認知成長，具有關鍵的重要性**，稱為社會文化論（sociocultural theory）。

(一) 社會文化論觀點

　　皮亞傑的認知發展論主張個體的認知發展是自行成熟，屬於內部心智運作能力逐次遞升的過程。但是維果斯基的看法相反，他認為個體的認知

發展與外部環境息息相關，透過社會文化與環境的互動，個體的認知才能逐漸成熟。其重要論點如下：

1. 引導的參與（guided participation）：較年長的家庭成員或學校教師透過交予學生任務，支持並適當地提供達成任務的方法，可以幫助學生的認知發展。

2. 近側發展區（zone of proximal development）（88身三；100高考）：
   所謂近側發展區就是個體原先的能力與經過指導協助後所表現的能力之間的差距，又稱為「可能發展區」或「潛能發展區」（95高考），如圖2-4。兒童的近側發展區開始於學習及解決問題能力，維果斯基認為，兒童在他們足以獨立完成的工作上所能學到的能力非常有限，藉由較為成熟有能力的他人（包括家人、朋友與師長）指導與協助，共同合作完成任務後增進其近側區間。

   維果斯基認為，近側發展區會隨時間而改變，因此，教師或成人必須提供機會，由較有技巧的成人或同儕指導，讓學生獨自或經由小組合作，成功的完成任務。另外，**學生的近側發展區各有不同，有時需要不同的任務及作業，教師應盡可能提供個別化的指導**。

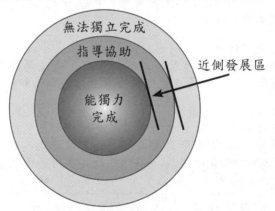

圖2-4 維果斯基的近側發展區

3. 鷹架作用（scaffolding）：
   成人或較有能力的他人為促進兒童的近側發展區，所提供的指導、支援或協助，這些方法或架構，稱為鷹架，能幫助兒童在近側發展區內完成任務，即是鷹架作用。經由教導與協助後，兒童一旦自己有能力獨自解決問題或克服困難時，鷹架就變得較不需要而應移除，並給予學習者更多的責任，此稱為隱退（fading）。

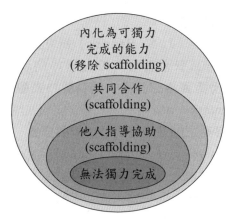

圖2-5 維果斯基的鷹架作用

4. 學徒關係（apprentice relationship）：

　　許多文化使用學徒制將成人社會的活動介紹給兒童，例如雕刻、編織、裁縫、烹飪的技巧。學生藉由師傅的示範、教導，提供了鷹架並學習如何表現任務，最後透過師生一起分析狀況、共同討論、檢討反省並發展出最佳的解決途徑。**當學生較熟練時，師傅就會提出較複雜、有挑戰性及不同的任務，讓學生不斷磨練技巧與能力。**

(二) 社會文化論的特點

1. 兒童複雜的心智歷程始於社會活動，隨著認知發展，逐漸內化並能獨立運用。
2. 思考和語言在開始的前幾年內變得逐漸互相依賴。
3. 透過正式學校教育及非正式對話，成人將其詮譯世界的方式傳遞給兒童。
4. 兒童能表現較有挑戰性的任務，乃是藉由進階的或更有能力的同儕提供協助。
5. 鷹架作用讓兒童得以跨越近側發展區，增進其潛在發展層次至更高的境界，如圖2-6。

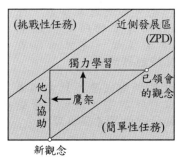

圖2-6 鷹架與ZPD的交互作用

三、布魯納的認知表徵論

美國心理學家布魯納（J. S. Bruner）研究認知發展深受皮亞傑（J. Piaget）影響，認為學習者可將外在世界的現象轉換成內在心理事件，此種**以概念代表實務的歷程，稱為認知表徵系統理論**（system of cognitive representation theory）。布魯納將認知發展分成三期，**與皮亞傑最大的不同是各期之間並沒有明顯的年齡分界。**

(一) **動作表徵期**（enactive representation stage）：指嬰幼兒靠動作瞭解周圍的世界，藉由感官接觸，在心中留下「表徵」以代表認識的事物，並以動作表徵系統獲得知識。此時期與皮亞傑的「感覺動作期」接近。

(二) **形象表徵期**（iconic representation stage）：又稱為圖像（image）表徵期或影像（portrait）表徵期。指兒童的認知方式漸漸由具體變得抽象，經由留在記憶中事物的圖形、照片、影片等心像痕跡，不需實物操作即可獲得知識。此時期接近皮亞傑的「前運思期」與「具體運思期」。

(三) **符號表徵期**（symbolic representation stage）：指學童能運用符號、語言、文字為依據進行抽象思維，不需藉助動作或圖像，即可解釋周遭事物的求知方式。此時期接近皮亞傑的「形式運思期」。

布魯納的認知表徵論與皮亞傑的認知發展論的對照與比較如表2-5，其概念發展如圖2-7。另外，布魯納在西方心理學界享有盛名，其重要學說尚有發現學習論、螺旋課程，認為「配合兒童學習心理，六歲兒童亦能學習相對論」，我們留待第三章學習理論時再詳細介紹。

表2-5 布魯納的認知表徵論與皮亞傑的認知發展論的對照（102高考）

發展分期	內容	相當於皮亞傑
動作表徵期	嬰幼兒是靠動作認識周圍世界，建立內在表徵並獲取知識經驗。	感覺動作期
形象表徵期	兒童漸長，思考由具體漸抽象，可運用感官對周遭事物所記憶的照片、圖形、影像等，建立心像表徵，不須實際動作學習。	前運思期＋具體運思期
符號表徵期	兒童思考發展漸趨成熟，兒童能運用語言、文字、數字、圖形、符號等為媒介進行邏輯思考與推理。	形式運思期

兩者理論的相同與相異處如下表：

	皮亞傑認知發展論	布魯納表徵系統論
相同點	1.兩者對於認知發展均採階段理論，皮亞傑為四階段論，布魯納為三階段論。 2.兩者皆認為認知的發展是個體與環境的交互作用所形成。 3.兩者皆強調認知發展乃循序漸進的過程。	
相異處	1.依年齡分別發展階段。 2.重視同化與調適，忽略心像的認知功能。 3.強調順其自然發展的學習預備度。 4.對學習發展採自然漸進的消極態度。	1.雖分階段，但年齡的影響較不明顯。 2.重視心像學習的表徵能力。 3.強調符號表徵早些到來的加速預備度。 4.對學習發展採加速促進的積極態度。

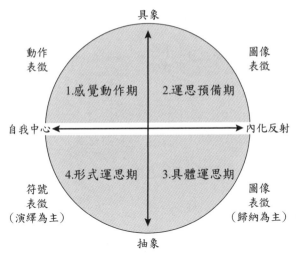

圖2-7 布魯納與皮亞傑的認知發展概念圖

四、訊息處理論的認知發展（92普考；101身三）

　　認知發展理論在20世紀70～80年代有很大的演進，訊息處理論（information-processing theory）就是其一，又稱為信息加工論，植基於認知心理學的基礎，影響至今。訊息處理論反對皮亞傑採用分離的發展階段，認為孩童應以較為平穩、漸進的方式發展其認知能力，透過人與環境的交互作用中，主動選擇並透過類似電腦輸入的方式來學習和輸出。英國學者**布羅本**（D. E. Broadbent）**於1958年首創短期記憶**（short-term memory）的觀念，**為以後認知心理學研究訊息處理模式的運作奠定基礎。**

(一) 訊息處理是一種多重複雜的歷程

訊息處理論主張人類把記憶視為一種訊息來處理，記憶並非單一歷程的運作，接收自環境的刺激或訊息係分為數個不同階段處理，**按照產生的時間先後可分為感覺記憶、短期記憶及長期記憶三類**，且各階段的記憶處理方式不盡相同，是一種多重且複雜的歷程。

(二) 訊息處理是一種內在心理運作的歷程

訊息的學習類似電腦的輸入系統（input syatem），將環境的刺激變成一種訊息輸入，進而產生感覺記憶，經過編碼（encoding）、譯碼（coding）等一連串複雜的過程，將訊息轉為抽象概念，隨後轉成短期記憶，再轉為長期記憶，中間所經歷的內在心理運作歷程就是訊息處理歷程。最後將儲存於記憶中的抽象訊息透過檢索（retrieval）進行解碼（decoding），針對外界刺激做出適當反應於外，類似於電腦的輸出系統（output system），其流程如圖2-8所示。

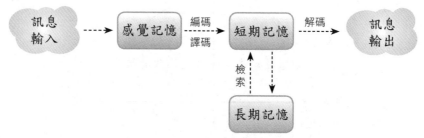

圖2-8 訊息處理流程

貳、語言發展

語言知識和技巧是個體與他人溝通的基本要素，具備大量的語彙是完全表達內心想法的關鍵，語言的發展也是人類發展中的重要特質。語言發展的理論觀點認為，語言知識是建構形成的，並非與生俱來，兒童未經有系統的教導，在語言經驗有很大的不同，語言發展有其敏感時期，同時也強調環境在語言發展上也扮演重要的角色。

一、語言的構成要素

(一) 語音（phonology）

聲音是語言發出的最原始訊號，幼兒牙牙學語就是聲音的不斷模仿過程，藉由基本語音及聲調變化的掌握，幼兒才能發展出正確的發音技巧。**語音**同時也**是語言最基本的單位，也最先學會**。

(二) 語意 (meaning)

即語言的意義，包括字、詞和句子所表達的意義。所謂詞能達意，說的便是語意的運用得當。

(三) 語法 (grammer)

就是語言的用法及規則。例如：將字、詞組成達意的句子，其中字詞的順序、時態，以及用字遣詞的選擇與擺放的位置等，最終是希望能做到古人所說「信、達、雅」的境界。

(四) 語用 (pragmatics)

亦即有效且適當的使用語言，方能達到有效溝通。

二、語言發展的階段

1	前語言期 (prelinguistic period)	幼兒自出生至發出第一個有意義的聲音，此段期間稱為「前語言期」、「準備期」或「牙牙學語期」(the babbing stage)。
2	語言發展第一期 (the first linguistic period)	大約在十至十四個月之間，幼兒說出第一個字，稱為「單字期」(the one-word stage)，此時期是語言式說話的開始。
3	語言發展第二期 (the second linguistic period)	大約自一歲半至二歲的階段，幼兒的字彙迅速增加，從單字進入雙字和多字句，但結構仍不完整，稱為「多字期」(the multi-word stage)。
4	語言發展第三期 (the third linguistic period)	大約二至二歲半階段，字彙量更多，結構較完整，像電報一樣，稱為「電報造句期」(the telegraphic stage)；加上此時期模仿性強，懂得學習成人的語音，又稱為「鸚鵡式學語期」。
5	語言發展第四期 (the forth linguistic period)	大約兩歲半至三歲左右，對不熟悉的事物喜歡打破砂鍋問到底，「為什麼？」常掛嘴邊，好奇心強又愛發問，稱之為「好問期」；此時期已懂得使用複合句，因此又稱為「複合語期」(compound-complex sentence stage)。

三、語言發展的理論

(一) 語言天賦論

語言心理學家**康姆斯基**(Noam Chomsky)從幼兒自然學會母語的普遍性，以及腦傷患者會喪失語言能力的現象，**認為語言乃天賦所得**，稱

為**語言天賦論**（nativism）。他強調，人類天生有一種類似電腦程式的「語言習得機制」（language-acquisition device），那是一種語言獲取器，會自動處理從外界看到或聽到的資訊，幫助幼兒了解語言的結構，只要語言獲取器發展成熟，不必刻意教導，個體就能自然學會語言並自行變通。語言天賦論的表現層次有二：

1. 語言能力：是先天形成的，每個人有相同的語言能力，由語言獲取器處理而來，是天賦所得的普遍性語言潛能。
2. 語言表現：是後天學習的，與周圍環境及所處時空有關，不同的時空環境，可以學習到不同的語言，其語言表現自然不同。

康姆斯基在1957年提出語法的「變換－生成」理論（transformational-generative theory）。此理論**將句子的結構分成表面結構**（surface structure）**和深層結構**（deep structure）兩個層次。表面結構是透過語音的形式表現出來，是個人講出或聽到的句子；深層結構則是指句子所要表達的意義。例如：「小明踢這隻狗」和「這隻狗被小明踢」，兩個句子聲音的組型（表面結構）不同，但是傳達的意義（深層結構）卻相同（88普考）。

(二) 皮亞傑（Piaget）自我中心語言論（105身三）

皮亞傑在1926年所著的《 *The Language and Thought of the Child* 》 一書中提出自我中心語言（egocentric speech）的概念。他**發現此時期幼童的語言發展同時擁有自我中心語言、社會性語言兩種**，此兩種語言皆須經過模仿與轉換才能習得，且受到認知發展程度的影響甚鉅。

1. 自我中心語言的特性：

   自我中心語言是指2～7歲運思預備期的幼兒對著自己說話的現象。此時期的幼兒在活動的當下，不管是否有人傾聽或有否反應，他都會為說而說，且不斷的重複某些話語，字彙有限並以第一人稱「我」為主。這是運思預備期的過渡行為，一旦進入具體運思期，透過與同儕的互動，此現象就會消失，並被社會性語言所取代。

2. 自我中心語言的分類：

   (1) 反復語（repetition）：係指幼兒說話時不斷重複學過的字詞，不再溝通，其目的只是為了感受說話的愉悅。

   (2) 獨白（monologue）：**獨白指的是對自己說話，也就是「自言自語」**。幼兒藉著邊說話邊動作的過程，以口語來協助行動，可以對活動增強並獲得感官刺激的機會。

☒(3)雙頻或集體獨白（dual or collective monologue）（101地三）：
雙頻字面上的意義是兩種不同頻率的聲音，指的是幼兒活動時，
有時跟自己說話，有時又忽而轉成跟他人說話，這種能隨時轉換說
話對象的現象，就是雙頻；集體獨白是指一群兒童在活動時，各說
各話、互不相干的情況，雖有他人在旁，但兒童間說話彼此沒有交
集，也不回應他人的話（高忠增，2004）。

3. 語言與思考的關係：
**皮亞傑認為，思考先於語言，語言是思考的反映，而認知結構是思考
的前題**。也就是說，幼兒的認知結構代表幼兒思考的類型，透過語言
將思考的歷程表現於外，因此，語言的主要功能在於表達思考。

(三) **維果斯基（Vygotsky）自我中心語言論**（105身三）
維果斯基將語言視為一種受到社會文化影響的表達工具，藉由語言的運
用發展出高層次的心理功能，因此，語言對人類的心理與認知發展以及
解決問題能力的培養，扮演相當重要的角色。

1. 語言和思考獨立發展，且會相互作用：
**皮亞傑認為語言是認知結構的反應，是表達內在思維顯現於外的工
具**，但維果斯基的看法不同，他認為兒童的語言可以幫助認知結構的
發展，兒童的自我中心語言可以調和思維與行動，因此，**維果斯基主
張語言和思考是相互作用的**。

2. 語言與心智活動之間有密切的互動關係：
每一個文化中的人類都能發展出語言，人類藉由掌握語言，協助日常
生活複雜問題的解決。幼兒時語言與思考雖然是相互獨立發展，但是
等到兒童具有控制與支配語言的能力之後，兒童的心智活動便需語言
的串連，兩者互動密切。

☒3. 語言功能的發展順序：
維果斯基將語言分成三類，出生至3歲左右，兒童會以「社會性語
言」（social speech）與他人互動、表達簡單想法並控制他人的行
為，有時社會性語言又稱為「外向語言」（outer speech）；3～7歲
左右，兒童藉由語言來引導自己的行為，做為內心與外在環境的溝通
橋樑，稱為「自我中心語言」（egocentric speech）或「自我引導語
言」；7歲以後，藉由默默無聲的私語（private speech）將語言內化
為高層次的心智運作，做為思考的基礎，稱為「內化語言」（inner
speech）。

幼兒的自我引導語言以「放聲思考」的方式表達,到了學齡階段,私語的現象會突然減少,維果斯基認為私語並未消失,只是轉換成內化語言,以無聲思考的方式來幫助自己解決問題。

(四) Piaget 和Vygotsky自我中心語言論的比較（105身三）

Piaget和Vygotsky兩人都發現幼兒有自我中心語言的現象,但是兩人看法殊異,表2-6比較兩者的論點。

表2-6 Piaget與Vygotsky自我中心語言論的比較

	Piaget	Vygotsky
與認知發展的關係	無法幫助個人認知發展,是認知發展的副產品。	與自己溝通,以達到引導自我的目的。
語言發展的歷程	隨著年紀增長而減少。	在年幼時（5~7歲）增加,接著漸由外在口語轉為內在思維。
與社會互動的關係	負向,社會與認知發展愈不成熟者,愈使用自我中心語言。	正向,自我中心語言係由與旁人的社會互動發展而來。
與環境、情境的關係	是一種自然狀態,是一種自我中心的表達,與環境情境無關。	工作難度愈高愈增加。

資料來源：修改自www3.nccu.edu.tw/～shusshen/EP/0929.ppt

四、語言教學方式

(一)「全語文」的教學理論（94薦升）

全語文教學法（whole language approach）興起於1990年代,其理念**主張語言是完整溝通的工具,強調語言學習的完整性,認為語言不應該被劃分成不同的內容和技巧進行學習**,必須透過學習者親身體驗方能完成,且語言的學習必須是在對學習者個人有意義的真實情境中進行。其特性有二:

1. 以學生為中心的教學理念

   透過生活化經驗的學習,以及以學生為中心的課程設計,沒有特定範圍和類別,自然不刻意設計聽說讀寫的順序,重視普遍性與整體性的學習。

2. 強調真實情境與師生互動

   透過真實情境的安排,鼓勵學習者與他人進行對話與互動,教師提供良好的示範及正向回饋,以多樣性的學習材料,進行跨學科的聯結教學。

✘(二) 萌發讀寫能力（101地三）

萌發讀寫能力（emergent literacy）是一種新的教育發現，指幼兒在未進入學校接受正式讀寫教育之前，已學習並吸收許多文字相關的知識，並顯露出對讀及寫的興趣及能力，因此，不需正式指導就能主動學習語言。Teale 和Sulzby（1986）認為，兒童的讀寫能力是一種自然萌發的過程，幼兒在進入小學讀書之前，透過父母、兄弟姊妹唸書給他聽，或幼兒自己拿書讀，這種豐富語文情境下的自然閱讀形式，開發了幼兒對語言及文字的興趣。

(三) 學習第二語言

兒童及青少年獲得流利的第二語言能力和他們何時開始學習有關。因此，第二語言的學習必須把握兩個重點：

1. 掌握關鍵敏感期：出生後幾年內是關鍵敏感期出現的時機，**將兒童置身於第二外語的環境是最理想的學習方式**。
2. 早期教導與學習：早期教導與學習第二語言對於正確的發音及複雜文法結構的學習較有利，也能促進學生閱讀、字彙及文法上的學業成就，學生也較具國際觀與多元文化概念。

(四) 雙語教育

成長於說兩種語言的家庭或雙語的學習環境之下，能促進學童認知及語言發展，對於複雜的認知結構表現也較佳。

1. 優點：有較好的後設語言知覺，可以提高學生互動溝通反省，了解不同語言的文化背景。
2. ✘ 語言沉浸計畫（language immersion）：以實際浸入真實情境，完全用第二語言進行聽與說的課程，可以幫助學生流利的使用第二語言。在兒童對母語已經非常熟悉的條件下，全浸入第二語言環境的教學方式，能幫助學生很快變成第二語言的專家。雙語教學在學科教導範圍內可以使用學生的母語，其他時間都用第二語言溝通和寫作，如此做法，可以提高學生的學業成就。

1. 皮亞傑（J. Piaget）與布魯納（J. S. Bruner）對於人類認知發展的觀點有那些相似與相異處？如何在教學中運用兩者的觀點？（102高考）

2. 試從訊息處理（information-processing）論、皮亞傑（J. Piaget）的認知發展論與維高斯基（L. S. Vygotsky）的社會認知發展論的觀點來解釋學生如何建構他們的知識？（101身三）

3. 解釋名詞與比較：

   (1)萌發讀寫能力（emergent literacy）。（101地三）

   (2)集體獨白（collective monologue）。（101地三）

   (3)近側發展區（the zone of proximal development）。（100高考）

   (4)基模（schema）。（93原三）

   (5)分類（classification）與序列（seriation）。（92身三）

4. 試論述少數族群（如新住民）青少年在成長發展過程中，可能發生之自我認同的危機？（100地三）

5. 試比較皮亞傑（J. Piaget）的認知發展理論與維高斯基（L. S. Vygotsky）的社會認知發展理論之異同，並請分別說明各理論在教學上的應用。（99高考）

6. 試述布魯納（J. S. Bruner）「認知表徵論」（theory of cognitive representation）的內涵及其在教育上的應用價值。（99地三）

7. 皮亞傑認知發展理論對教育的啟示與貢獻為何？試述之。（98身三）

8. 試述維果茨基（L. S. Vygotsky）的認知發展論及其在教育上的涵義。（97身三）

9. 近年來，皮亞傑（J.Piaget）理論有愈來愈多的爭議，後皮亞傑（post-Piaget）學派曾針對其自我中心觀點、階段論、認知能力及社會和文化因素提出不同的看法，試論述之。（97地三）

10. 何謂「可能發展區」（zone of proximal development，ZPD）？試從認知社會化的取向來看，那些因素會影響青少年的認知與思維發展？請分別加以探討說明之。（95高考）

11. 請說明皮亞傑（J. Piaget）之適應（adaptation）、同化（assimilation）、調適（accommodation）的概念，且針對三者間之關係加以探討。（94高考）

12. 請問斯肯納（B. F. Skinner）及詹姆斯基（Noam Chomsky）兩位學者對於人類經由何種學習歷程習得語言有何不同看法？（94地三）
13. 試分析(1)全語文教學（whole language）(2)語言沉浸計畫（language immersion）和(3)傳統英語教學法—系統化語言、單字、句型、文法教學，做為第二語言學習方式各有何長處、缺點，並根據之發表你對中小學英語教學銜接問題的看法。（94薦升）

Notes

第三節　人格與情緒發展

考點提示

(1)心理防衛機轉；(2)意識與潛意識；(3)馬斯洛需求層次論；(4)艾瑞克森心理社會發展八階段，是必考焦點。

壹、人格發展

人格是指個人在不同時間面對各種情境時，所表現出來獨特且一致的行為特徵與心理特質，也是人們適應環境的行為模式與思維方式，與性向、性格、興趣意義相近。**性向（aptitude）是一個人可能發展的潛在能力與方向；性格（character）是個性中最重要和顯著的人格與心理特徵；而興趣（habit）則是個體欣悅而樂於從事的活動**（102身三）。

美國心理學家法利（Farley，1986）曾提出人格的研究，將人的性格分成三類：(一)A型人格：好強、敵意深、易得冠狀心臟病、易成功；(二)B型人格：慢條斯理、隨和、淡泊名利；(三)T型人格：高刺激尋求、男多於女、愛冒險、不受拘束。有關人格的理論為數眾多，大致可分為精神分析學派、行為學派、特質學派與人本學派，以下詳述之。

一、精神分析學派的人格理論

精神分析學派的人格理論較著名的有弗洛依德的精神分析論、艾瑞克森的心理社會發展論、榮格的分析心理學、阿德勒的個別心理學，以及約翰鮑比的依附理論。

(一) 弗洛依德（Freud）精神分析論

奧地利精神醫學家弗洛依德（S. Freud，1856～1939）於1896年創立精神分析學派，是傳統心理學界的第二勢力（the second force）。精神分析學派認為，人格發展依循階段發展，每個階段有其必須完成的發展任務，藉以達成成熟的人格特質。**弗洛依德的人格發展理論中，每個人格階段都會以不同的性敏感部位（性感區）來追求本能的滿足，所以也被稱為「性心理發展理論」**（psychosexual theory）。

1. 人格發展五階段

　弗洛依德認為人格的發展有其階段性，共分成五階段，前面的階段是後面的基礎，發展不完全容易造成偏差行為的產生。

口腔期 （oral stage）	發生於**0～1**歲。此時期的性感區為口腔，主要靠吸吮、吞嚥等活動獲得本能快感。若過度放縱或限制造成發展不佳，則會產生「固著作用」（fixation）或稱發展遲滯，影響成年後的人格發展甚鉅。弗洛依德認為，口腔期經驗的不滿足，容易形成吸菸、酗酒、貪吃等「口腔性格」（oral character）。
肛門期 （anal stage）	發生於**1～3**歲。性感區發展至大腸與肛門，透過大小便排除緊張獲得本能快感。此時期父母訓練幼兒衛生習慣過嚴或太鬆，幼兒容易形成冷酷、頑固、剛愎、具攻擊性等自我保護的「肛門性格」（anal character）。
性器期 （phallic stage）	發生於**3～6**歲。幼兒主要靠觸摸自己的性器官獲得滿足。此時期發展不良則可能會過於自戀、傲慢。此時期已能辨別男女性，幼兒以同性為戀愛對象，因此男生產生「戀父情結」（electra complex），女生產生「戀母情結」（oedipus complex），藉由雙親的行為模仿，瞭解性別角色（sex role）與產生性別認同（gender identity）以及性別一致性（gender consistency）。
潛伏期 （latent stage）	**6～12**歲。此時期兒童活動範圍擴大，失去對「性」相關活動的興趣，也不再只愛戀父母，轉向課業、團體活動等周遭的有趣事物，是性發展的潛伏狀態。發展不良容易產生性壓抑。
生殖期 （genital stage）	發生於**12**歲以後，進入兩性關係的成熟階段。個體性器官成熟，性需求轉向相似年齡的異性，透過兩性生活與婚姻，滿足性心理與性本能。發展不良容易出現同性戀等異常現象。

2. 人格結構

本我 （id）	又稱「生物我」，趨向享樂，是人類本能與基本需求的體現，較不顧現實，只求快樂。
自我 （ego）	又稱「心理我」，趨向現實，是考量現實環境後既能實行本我，又能服從超我，將本我與超我充分調和的需求滿足。
超我 （superego）	又稱「社會我」或「道德我」，是接受社會規範、符合社會標準的理性我，對人的欲望和行為多加限制。

3. 意識層次（102身三）

意識（conscious）	是一種個體對外界的認識狀態，包含個體在當下知覺到的一切現象，是一種自我感受與自我存在感。意識的表現在注意（attention），注意才能完全覺察個人的感知、思考、記憶等心理活動。
前意識（preconscious）	是一種經驗與記憶，存在意識與潛意識之間，平時處於無意識狀態，要使用時能提取長期記憶中的訊息進入意識層面。
潛意識（subconscious）	又稱模糊意識、下意識。指潛藏在意識和前意識層面以下，受到壓抑控制的情感與慾望，因此，個體無法察覺，卻能暗中影響個體行為。潛意識是「本我」與「超我」所在之處，屬於生理原始驅力，稱為「力必多」，或稱「原慾力」（libido）。
半意識（semiconscious）	指的是半清醒狀態，或是略微注意、心不在焉、走馬看花的意識。例如：「雞尾酒會現象」（cocktail-party phenomenon），又稱雞尾酒會效應（cocktail-party effect），在人多吵雜的雞尾酒會上，個人只能接觸並獲知少數人的談話內容，對大多數人的言行舉止，可能不會留下清楚的印象。
無意識（unconscious）	無意識指確實沒有將意識放在觀察事物上，即有意識而沒有意識到，彷彿意識不存在一般，如：視而不見，聽而未聞。

下圖2-9是弗洛依德精神分析學派人格理論幾個重要概念的聯結圖。

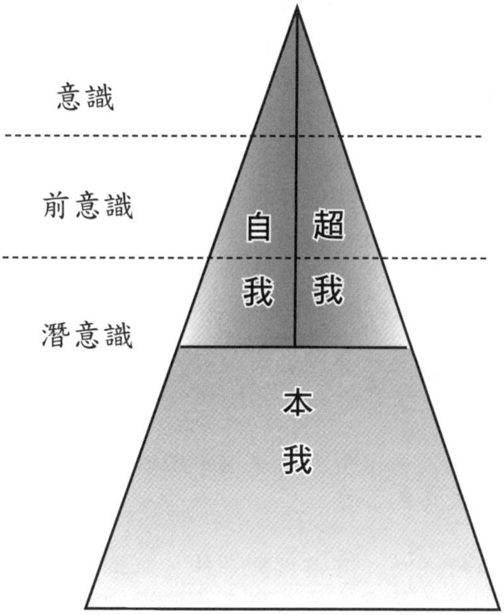

圖2-9 弗洛依德精神分析人格理論重要概念圖

4. 心理動力（96身三；93地三；91原三）

(1)心理動力論（psychodynamic theory）：美國心理學家鮑丁（Bordin）以弗洛伊德心理分析理論為基礎，於1960年代後期提出「行為是由內部力量所驅動」的心理動力論，強調個人內在動力與需要等動機因素對行為的影響。

(2)心理防衛機轉（defense mechanisms）（102身三；93原三）

弗洛伊德認為，人類遇到內心感覺焦慮、愧疚的事情時，趨樂避苦的天性會讓人們產生生一種防衛機制，以保護自我免於受傷，並減少本我與超我衝突時帶來的心理壓力，稱為心理防衛機轉。下面是十種常見的心裡防衛機制：

防衛機制	意義	舉例
壓抑（repression）	將恐懼、痛苦的想法與感覺，不自覺的從意識中加以排除。	想不起來一年前被當掉科目老師的名字。
反向作用（reaction formation）	將內心的衝動用相反的行為表現出來，以掩飾壓制內心的慾望。	一位內心軟弱的人，卻裝出冷漠強硬的姿態。

防衛機制	意義	舉例
投射 （projection）	把自己不希望的需求與特質歸諸於他人，認為別人才有那些特性。	有外遇的先生限制自己太太外出，怕紅杏出牆。
合理化 （rationalization）	製造一個自己以及社會較能接受的理由來解釋自己的行為，使它看來合乎邏輯。	面試沒通過，就說是自己不想要，沒盡力爭取。
退化 （regression）	面臨非常大的壓力時，會出現與年齡不相稱的早年階段行為。	遭遇搶劫後，變得很依賴、常哭泣、吸拇指。
替代 （displacement）	滿足動機的管道受到阻礙，乃轉換到另一較安全的目標上。	被上司罵，不敢回嘴，回家後罵小孩。
內化 （introjection）	將他人的價值與道德標準擷取並吞併成為自己的。	受虐兒長久下來也認為暴力是解決問題的唯一方法。
認同 （identification）	對於成功、有價值的事件、組織或個人的特質，使之與自己的觀念一致，以提升自己的地位。	家境貧寒，希望自己有天能跟某鉅子一樣富有。
補償 （compensation）	發展出一些積極的特質，來掩飾弱點或彌補缺陷。	對自己的外貌感到很自卑者努力健身。
昇華 （sublimation）	將性與攻擊衝動的能量，轉向其他被社會接納與讚賞的管道。	失戀後的憤怒與哀傷，轉向透過繪畫表達出來。

資料來源：王大維，十種心理防衛機轉，2014。

增廣見聞 **薩提爾的冰山理論（Satir model）**

是指人的自我就像一座冰山，能看到的只是水面外很少的一部分（行為），而更大一部分的內心世界卻藏在水底深處，看不見，恰如冰山。

增廣見聞 **弗洛依德的冰山理論**

人格結構中的意識層像海面上可見的冰山，只是一小部分，前意識層相當於漲退潮間的落差，而潛意識層則是位於深海區域，是占據整體人格最大的部分。

(二) 艾瑞克森（Erikson）心理社會發展論（101高考；99身三；95高考；95 原三）

美國著名精神病醫師**艾瑞克森**（E. H. Erikson，1902～1994）是新精神分析派（neo-psychoanalytic School）的代表人物。**他認為，人格的發展會持續一生，因遺傳決定可劃分為八個階段，後天環境決定每一階段能否順利度過，稱為心理社會發展階段論**（psychosocial developmental stage theory）。

1. 人格發展八階段

① 嬰兒期（0～1歲）　　信　　任◄────►不 信 任

嬰兒期是人類依賴父母學習的重要階段，父母的呵護與鼓勵可以增加嬰兒的信任感，讓嬰兒健康成長，具有強烈的自我力量。反之，嬰兒對父母產生畏懼和不信任，需要便無法滿足。

② 幼兒期（1～3歲）　　活潑自主◄────►害羞懷疑

幼兒期會以感官反應（如：哭鬧）來抗拒外界的控制，父母決不能放任不管，應以善意引導陪伴身旁，以賞識代替懲罰，將有利於幼兒的社會化學習。反之，過分嚴厲，將傷害兒童自主感和自律能力，使幼兒童產生懷疑，並感到害羞。

③ 學齡初期（3～6歲）　　積極主動◄────►退縮內疚

在這一時期父母若鼓勵幼兒表現出主動行為，幼兒將擁有主動性與創造力。如果成人忽視或壓抑幼兒的主動行為和想像力，幼兒就會失去自信心，變得退縮內疚。

④ 兒童期（6～12歲）　　勤奮進取◄────►自卑自貶

在學兒童若能與同學、師長發展良好的人際關係，容易養成勤奮進取的良好態度。反之，就會產生心理挫敗與自卑。

⑤ 青春期（12～18歲）　　自我統合◄────►角色混淆

青少年面臨新的社會要求和自我認同而感到困擾和混亂，所以，青少年期的主要任務是建立自我概念，統和角色扮演並確立人生目標，否則，將產生角色混淆的統合危機（100地三）。

⑥青年期（18～25歲）　親密友愛 ←──→ 疏離孤獨

青年期是發展人際關係與異性交往的關鍵時期，與朋友、同儕建立親密互動可以拓展正向的社交生活，奠定事業發展的基礎。否則，將導致疏離孤獨的心理挫敗感。

⑦青壯期（25～65歲）　精力充沛 ←──→ 停滯頹廢

青壯期是建立家庭、生兒育女的重要時期。若順利發展，家庭和樂、精力充沛，有助於家庭事業的衝刺。反之，發展若受阻，則人格必將貧乏和停滯，只關注自我，無視於他人的需要和利益（89地三）。

⑧老年期（65歲以上）　自我榮耀 ←──→ 絕望悲觀

當年老回顧過去，若此時期順利發展有成就，則心懷感恩與榮耀感；但若發展不圓滿，則可能懷著絕望走向死亡。

2. 統合危機

艾瑞克森認為，在人格發展的每個階段中，若產生適應困難，就會導致「發展危機」（developmental crisis）。例如：在青春期的人格發展階段，個體必須確立人生發展方向，建立自我概念，產生自我價值，並統合各種角色，發展獨立的人生觀。若角色統合過程無法順利度過，就會產生「統合危機」（identity crisis）。**瑪西亞**（Marcia, 1980）**延續艾瑞克森的理論，提出自我統合的四種狀態**（94地三）：

(1)定向型（identity achievement）

　　瞭解自身所處的現實環境，經歷過統合危機且達到自主定向的境界，對未來有強烈的自我承諾。

(2)未定型（identity moratorium）

　　瞭解自身所處的現實環境，但仍不覺滿意，因此，尚在尋覓人生的方向，統合危機尚存。

(3)迷失型（identity diffusion）

　　不清楚自身所處的現實環境，無所謂的過日子，隨波逐流，且對於未來不曾認真思考。

(4)早閉型（identity foreclosure）

　　不清楚現實環境也未經歷統合危機，未來方向都交由家裡父母或長輩安排，自己只照著做。

　其中僅「定向型」算統合成功，其餘「迷失型」、「未定型」、「早閉型」都屬於統合失敗。

3. 評論

(1)優點：艾瑞克森的理論注重社會文化對自我意識的影響，將人格發展定向為連續的階段，較接近常態。

(2)缺點：艾瑞克森的理論是臨床分析，缺乏科學證據。

4. 艾瑞克森與弗洛伊德理論的比較

		艾瑞克森	弗洛伊德
相同點		1.都相信「早期經驗」是影響人格發展的主因。 2.人格發展具階段性與連續性。	
相異點	人格發展需求	社會文化與環境	性驅力與潛意識
	理論階段	自出生至死亡	自出生至青春期
	解釋範圍	擴及一生的自我能力	性心理狀態

5. 教育應用

(1)適性教育：學習環境語言教學應符合兒童人格發展階段的需求。

(2)全人教育：全人教育與發展有助於兒童發展危機的解除與任務的完成。

(三) 榮格（Jung）的分析心理學

　瑞士心理學家與精神科醫師榮格（C. G. Jung，1875～1961）是分析心理學（analytic psychology）的創始者。榮格的人格理論與弗洛伊德理念不同，並針對弗洛伊德理論加以修正，提出九大論點如下。

1. 自我的功能

　榮格所指的自我（ego）並非從本我分化而來，而是個體自幼生活經驗的累積形成，具有獨立性、連續性與統合性。另外，意識與潛意識會相互調和而不衝突，幫助個體的自我正常發展。

2. 個體潛意識

　自我發展中，個體潛意識（personal subconscious）與弗洛伊德理論的潛意識相同，指的都是被壓抑的記憶，個體無法覺知。而**潛意識中的不愉快經驗，積壓一久就會成為情結（complex），對個體行為造成影響。**

3. 集體潛意識（93原三；87高考）

自我發展的另一個因素稱為**集體潛意識**（collective subconscious），**是人類種族經長期演化保留下來的原始心像**（primordial image）**與觀念，榮格稱之為原型**（archetype）。原型是人類種族共同經驗的累積，例如：對大地與山、水的敬畏，留存在同族人的集體潛意識中，成為人格結構的基礎。

4. 人格內動力

榮格認為人格是由許多兩極相對造成緊張、不安定的內動力（personality motivation）所形成，諸如：意識與潛意識、理性與非理性相對。榮格特別重視內向性格（introvert）與外向性格（extrovert）兩極相對的性格，使個體人格結構失衡的傾向。

5. 人格的發展

榮格認為人格發展並非早期經驗決定一切，是將兩極相對的內在動力呈現連續化、統合化、個別化調和的成長歷程，並逐漸偏向較成熟的一方在成長發展歷程，例如：理性漸增而非理性漸減，內在兩極相對融合的結果，個體於30歲左右的成年期臻於成熟。

6. 人格面具

個體人格中可對外公開並與他人分享，符合社會規範與眾人期待的部分，稱為人格面具（persona）。

7. 陰影

潛意識中與自我（ego）相反的性格稱為陰影（shadow）。例如：邪惡的念頭。

8. 阿尼瑪與阿尼瑪斯

男性人格中具有女性陰柔的特質，稱為陰性基質阿尼瑪（anima）；女性人格中帶有的男性陽剛的特質，稱為陽性基質阿尼瑪斯（animus）。

9. 力必多（或原慾力）

榮格認為潛意識的「力必多」（libido）或稱「原慾力」，是一切生命的根源，並非如弗洛依德所說是生理原始的驅力，或是性衝動的慾力。

(四) 阿德勒（Adler）的人格理論

奧地利心理學家與醫學博士阿德勒（A. Adler，1870～1937）是個別心理學（individual psychology）的創始者。原與弗洛依德同事，認為人類為克服自卑轉而追求卓越的積極品格、生活風格和社會動機主導個人行為，不同意弗洛依德性衝動與潛意識的說法。

1. 自卑感（inferiority）

   阿德勒因從小體弱多病，身材矮小，童年遭遇的創傷經驗使其極度自卑，因此，其人格理論認為人人生而自卑，無助的情緒令人感到失望。

2. 追求卓越（striving for superiority）

   人類與生俱來的內在動力之一就是比別人優秀，這種勝過別人的堅強意志會經由不斷的自我超越，變成生活目標與處世態度。

3. 補償作用（compresation）

   身體外表或內心感到自卑，為尋求平衡與遠離不安，會轉向其他方面（如：學業表現）的補償。如容貌平庸的女孩努力讀書，爭取好成績，就是一種補償作用。若是個人在最感自卑的領域裡，**經由加倍努力，不僅能克服缺陷，而且變得卓越非凡，就稱為「過度補償」**（supercompensation）（90薦升）。

4. 生活風格（life style）

   由於每個人追求卓越以補償自卑心態的方式不同，因此形成不同的生活模式，阿德勒描述了四種主要的生活風格。

   (1)支配統治型（dominant-ruling）：支配統治欲望強，較不顧及別人感受，甚至犧牲別人利益以達自己的目的。

   (2)索取型（getting type）：生在富裕家庭的孩子，由於物質供給寬裕，容易形成索求無度但對問題的解決相對被動的生活態度。

   (3)迴避型（avoiding type）：害怕失敗，不願面對問題、解決問題。

   (4)社會利益型（social useful type）：生於相互尊重、關懷的良好家庭，此類孩子願意與人合作，貢獻一己之力於社會。

   上述四種生活風格中，前三種是適應不良或錯誤的，只有第四種才是適當的。

5. 父母教養（parenting）

   父母的教養態度影響兒童的人格發展甚鉅。過於溺愛或姑息，兒童長大後變得自私自利，缺乏社會興趣。過於嚴厲或忽視，使兒童無法感覺自我價值，也容易引起憤怒與懷疑的情緒。發展心理學家**鮑倫德**（D. Baumrind）**認為，威信型的父母**（authoritative parent），**管教態度合情合理，訂定行為規範供子女遵循**，遇爭執時採說理方式進行雙向溝通，能讓子女表達己見，**是教養子女最佳的方式**，也是孩子人格成長最有利的幫助。

6. 創造性自我（creative self）

人類具有選擇自己生活方式與生活態度的自主性，並非只是消極接受遺傳與環境的安排，即便自卑的人透過補償作用之後，也能積極創造自我，對社會做出貢獻。

7. 阿德勒與弗洛依德人格理論的比較：

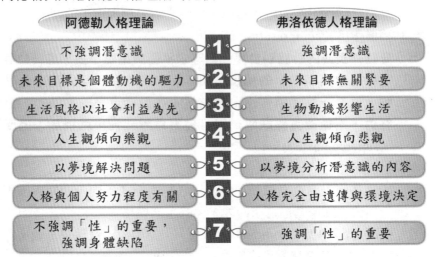

阿德勒人格理論		弗洛依德人格理論
不強調潛意識	1	強調潛意識
未來目標是個體動機的驅力	2	未來目標無關緊要
生活風格以社會利益為先	3	生物動機影響生活
人生觀傾向樂觀	4	人生觀傾向悲觀
以夢境解決問題	5	以夢境分析潛意識的內容
人格與個人努力程度有關	6	人格完全由遺傳與環境決定
不強調「性」的重要，強調身體缺陷	7	強調「性」的重要

(五) 鮑比（Bowlby）的人格依附理論

英國精神分析師**約翰鮑比**（John Bowlby，1907～1990）1958年觀察到二次世界大戰後，許多被迫與父母分離的孩子人格受到影響，因此**提出孩子親近父母以尋求安全感的心理傾向，稱為依附理論**（attachment theory）。鮑比認為，母親是人類最早的依附對象，母親在旁則感到安全，母親離開則感覺焦慮。

1. 著名實驗：恆河猴依附母親

英國比較心理學家哈利哈洛（Harry F. Harlow 1905～1981）將新生的恆河猴從母親身邊帶走，並提供了兩個代理母親人偶，一個由鐵線做成，另一個是木頭套上橡皮和毛衣做成，結果這些猴子選擇趴附柔軟衣物的人偶，因此，哈洛認為依附的產生不僅是由生物本能激發，柔軟衣物所提供的安全感更為重要。

2. 依附類型（94普考）

鮑比提出依附理論後，鮑比的學生**安士沃斯**（Ainsworth）進行後續研究，**發展出「陌生情境」**（strange situation）實驗，根據實地觀察母子進入陌生情境，隨後母親離開後又返回的期間，**嬰兒對陌生環境的反應，提出四種依附類型**（如圖2-10），使依附理論更為精進。

(1)安全型依附（secure attachment）

媽媽在身旁可以放心探索環境並與陌生人互動，媽媽離開時雖然會難過哭泣，但媽媽回來時，卻很快的靠近媽媽尋求安撫。此類型的小孩較易得到安全感，有助於社會及情緒的發展。

(2)焦慮矛盾型依附（anxious-ambivalent）

又稱為焦慮煩心型依附（anxious-preoccupied），焦慮感高，逃避性較低。母親在身旁，面對探索和陌生人會感到焦慮，母親一離開會更加沮喪，當母親回來時，孩子表現出想接近又憤怒抵抗母親的矛盾反應。此類型的小孩較缺乏安全感，感覺到母親不一致的教養態度。

(3)焦慮逃避型依附（anxious-avoidant）

又稱為逃避－不在乎型依附（dismissive-avoidant），焦慮感低，逃避性較高。母親在旁時不表注意，母親離去時亦不會痛苦哭鬧，當母親回來時也沒有喜悅的表現，對陌生人出現也無特殊反應。此類型的孩子較不受母親的重視，需求無法滿足，容易表現出退縮、孤立。

(4)紊亂型依附（disorganized attachment）

又稱為逃避——恐懼型（fearful-avoidant）依附，焦慮感高，逃避性也高，面對陌生情境沒有固定的反應方式。尤其經歷過令人畏懼的照顧者，或受其驚嚇而造成人際反應不穩定，最容易產生此類型的小孩。

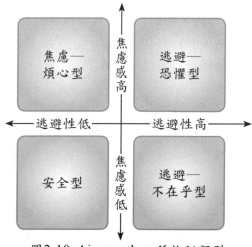

圖2-10 Ainsworth 四種依附類型

二、行為學派的人格理論

　　行為學派的人格理論主要源自其學習理論，較重要的有斯肯納的人格操作制約論，以及班都拉的人格社會學習論。此處略做概述，詳細介紹請見本書第三章學習理論。

(一) 斯肯納（Skinner）的人格操作制約論

　　斯肯納的人格操作制約論（personality operant conditioning theory）認為，**人格是人類行為的反應組型，經由環境刺激產生相對應的反應，此反應即是人格特質**。反應的結果是增強物，扮演增進或抑制行為反應的重要角色。

(二) 班都拉（Bandura）的人格社會學習論

　　班都拉的人格社會學習論（personality social learning theory）強調，**人類在身處的社會環境中，透過主動的觀察學習與楷模仿效，運用替代學習（vicarious learning）方式進行自我調節（self-regulation）**，經他人或社會的讚許獲得增強，將更強化此行為模式。

三、特質學派的人格理論

　　特質學派的人格理論較重要的有奧爾波特的人格特質論、卡特爾的人格因素論、艾森克的人格二因論，以及科斯塔和馬克雷的人格五因素模式。

(一) 奧爾波特（Allport）的人格特質論

　　美國人格心理學家**奧爾波特**（Gordon Allport，1897 ～1967）鑒於反對弗洛伊德虛幻式的人格結構，提出特質論（trait theory），**強調人格是一種恆久不變的特徵，並將人格特質分成共同特質（common trait）與個別特質（individual trait）兩部分**，又稱為傾向論（disposition theory），後人尊稱他為實驗社會心理學之父。

　1. 共同特質

　　人格形成會受到種族、社會、文化等共同因素的影響，普遍存在於每一個人身上的共同人格特質。奧爾波特提出了十四種共同的人格特質，如：外向 vs. 內向，自信 vs. 自卑……。

　2. 個別特質

　　又細分成下列三種：

　(1)首要特質

　　　所謂首要特質（cardinal trait），是一個人最重要、最典型、最具獨特性的特質。

(2)中心特質

所謂中心特質（central trait），是一個人最整體性、最適合描述此人的特質，在每個人身上大約有5～10個中心特質。

(3)次要特質

所謂次要特質（secondary trait），是個體不太重要的特質，平時大都不會表現出來，只有面對特殊情境時為了適應環境才會展現。

3. 評論

(1)奧爾波特的人格特質論重視人格的個體性，創立健康常態人格的動機功能理論，與精神分析論分庭抗禮，是人格心理學的先驅。

(2)認為動機的產生與現實有關，忽略早期經驗對人格的影響，加上其人格理論難以進行實證研究，因此遭受不少批評。

(二) 卡特爾（Cattell）的人格特質理論

美國心理學家**卡特爾**（R. B. Cattell，1905～1998）用因素分析法對人格進行分析，提出人格特質理論（personality trait theory），因其**將人格特質分成許多因素，又稱為人格因素論**（factor theory of personality）。**依外顯或內隱方式可分成表面特質和根源特質兩類。**

1. 表面特質（surface trait）

表面特質是指從外部行為就能直接觀察的特質，共有35個。

2. 根源特質（source trait）

根源特質是指隱藏在表面特質背後相互聯繫的內在行為特質，共有16個。卡特爾於1949年用因素分析法提出16種相互獨立的根源特質，並編製了《卡特爾16種人格因素問卷》（Cattell's 16 personality factor，簡稱16PF）。這16種人格特質是：樂群性、聰慧性、穩定性、支配性、興奮性、責任性、敢為性、敏感性、懷疑性、幻想性、世故性、憂慮性、實驗性、獨立性、自律性、緊張性，如下圖2-11。

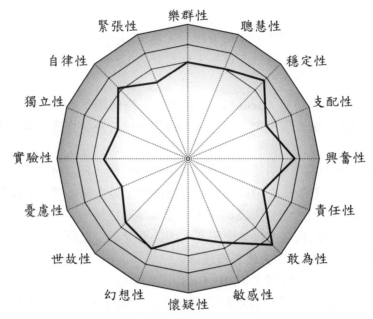

圖2-11　Cattell 16種根源特質

(三) 艾森克（Eysenck）人格三因模式

德裔英國人格心理學家**艾森克**（H. J. Eysenck，1916～1997）與卡特爾相同，用因素分析方法分析人格，**將人格分成三類，稱為人格三因模式**（three-factor model）。1964年艾森克編製人格量表（Eysenck personality inventory），包括E量表（extraversion-introversion，內外向）與N量表（neuroticism，神經質），1975年再加上P量表（psychoticism，精神病態），成為艾森克人格測驗量表（eysenck personality questionnaire，簡稱EPQ）。艾森克人格的三個因素是：

1. 外內向性（extraversion-introversion）：內、外傾向的表現。
2. 神經質（neuroticism）：情緒穩定性的表現。
3. 精神病態（psychoticism）：偏於負面人格特質的表現，如孤獨、敵視等。

(四) 科斯塔（Costa）與馬克雷（McCrae）的人格五因模式（94地三）

美國著名心理學家**科斯塔**（P. Costa）和**馬克雷**（R. McCrae）於1987年編製人格測驗量表（neo-pi five-factor inventory），運用統計學的方法，**將人格歸納出五大因素，稱為人格五因素模式**（five-factor model，

簡稱FFM），**因其每個因素包含廣泛，又稱為「大五人格結構」**（big five personality structure）。此五因素如下：

1. 神經質（neuroticism）：煩惱、緊張、情緒化、焦慮、敵對。
2. 外向性（extraversion）：健談、樂群、熱情、活躍、樂觀。
3. 開放性（openness）：好奇、興趣廣泛、有創造力、想像豐富、感性。
4. 友善性（agreeableness）：心腸軟、脾氣好、直率、利他、謙虛。
5. 謹慎性（conscientiousness）：有條理、可靠、勤奮、盡職、自律。

四、人本學派的人格理論（96身三）

　　人本學派較重要的人格理論有馬斯洛的需求層次論，以及羅杰斯的人格自我理論。

（一）馬斯洛（Maslow）需求層次論（100身三）

　　美國社會心理學家馬斯洛（A. H. Maslow，1908～1970）是人本主義心理學的發起者之一。1943年發表的《人類動機的理論》（A Theory of Human Motivation Psychological Review）一書中提出了需求層次論（need-hierachy theory），認為人格發展必須仰賴需求的滿足才能完成。

　　需求層次論主張人類有基本需求和成長需求，當中含有行為動機。人類需求層次由低而高分成生理需求、安全需求（X理論）、愛與隸屬需求、尊重需求和自我實現需求（Y理論）五類，後來又增加知識需求、審美需求，在1969年「theory Z」一文中提出超越個人與人類，並向宇宙契合以達天人合一的最高需求—「超凡需求」（transcendence need），會產生高峰經驗（peak experience）與高原經驗（plateau experience），也就是著名的Z理論，成為最完整的需求層次論，如圖2-12所示。

圖2-12　需求層次論與X、Y、Z理論

高峰經驗（peak experience）（88身三；87高檢）**指人瞬時感受到一種豁達、完美和極樂的體驗。**此是打破日常生活中的凡俗經驗，進入神聖、超越、忘我的層次，在此境界中已無時間、空間的疆界，而是超凡入聖。不過，大部分的人僅能短暫停留在此，便得回到世俗生活的日常意識中，除非經過長期而穩定的靈修體驗，而**能持續性地停留在「高峰經驗」中不墜，那麼此境界便是處於「高原經驗」**（plateau experiences）中。高原經驗有別於高峰經驗的偶發性、情緒性，高原經驗沒有所謂的觸發物，必須經由生活、學習與鍛鍊才能達到，並具備思維、認知的屬性。

因此，馬斯洛認為，人格發展奠基於各層次需求的滿足，學習不是外鑠的動力，而是內發的動機。每一個學生都具有內發成長的慾望與潛力，教師的任務就是激發學生內在的學習動機，善用內發學習的能量，從事各項學習活動。教師除了先要留意「欠缺需求」或得不到滿足的學生，隨時給予協助之外，還必須與學生建立良好的師生關係，鼓勵學生擺脫偏安於低層次需求的心理障礙，冒險追求更高層次的滿足，這是需求層次論對教育重要的啟示。

(二) 羅杰斯（Rogers）的人格自我理論

美國人格心理學家**羅杰斯**（C. R. Rogers）也是人本主義心理學的創始人之一，與馬斯洛齊名，更**是人本心理治療法的開拓者，稱為「當事人中心治療法」**（person-centered therapy）。**羅杰斯認為，「自我」**（self）**是人格的核心，對個人行為產生莫大影響，個體以自我為中心，以自己獨特的方式覺知外在的世界，並努力朝向自我實現。**其理論要義如下：

1. 人格自我論（self theory）：

   以自我為中心建立人格，認為行為產生的原因不是事件本身，而是個人對事件的知覺，以及**個人在特定時刻所經驗到的一切，稱為現象場**（phenomenal field）**經驗，集合所有經驗，形成自我概念。**

2. 自我概念（self concept）：

   個人在其所處的環境中與人、事、物互動後，所得到**對自己的綜合經驗與看法。包括個體感受的直接經驗，以及別人的評價所產生的間接經驗，**或稱評價經驗。自我概念形成的階段，首先必須經過自我辨識與認定（self-identity），瞭解自己的角色與能力，在自我理想（self-ideal）的追尋與實踐過程中，進行自我評價（self-evaluation）後，產生自己是有價值且重要的自我價值感（self-worth）與自尊（self-esteem）。

3. 無條件積極關注（unconditional positive regard）：

羅杰斯主張積極關注不能是有條件的，否則形同利益交換，容易忽視自我的經驗，只為迎同他人。唯有對別人無條件的積極關注，進行一種關懷性的讚許（prized）與好評，才可以促使別人自我概念的形成更加明確，也更有機會健康成長。

4. 自我一致（self-consistency）：

指的是個體理想我（ideal self）和真實我（real self）一致的心理健康狀態，也稱為「自我和諧」（self congruence）。個體若經常自我不和諧，便會產生自我概念內在衝突的情況，當自我應驗預言（self fulfilling prophecy）實現且與真實我產生不一致的時候，就會找藉口合理化自己的行為結果，以減輕內在衝突的痛苦。例如：明知自己的能力沒那麼好，卻考了全班第一名（產生自我衝突），就會找「運氣好」的理由，合理化自己的表現。

增廣見聞 自我應驗預言（Self-fulfilling Prophecy）

由Rosenthal及Jacobson提出，係指個人對自己或他人的心理期望，將會影響個人或他人行為，而導致預先的心理期望在個人或他人往後的行為中驗證。在教育情境上，教師對學生的教師期待，將會影響學生的自我評價，而影響學生各方面的行為表現。

貳、情緒理論與發展

情緒是個體內蘊於心而表現於外的喜、怒、哀、悲的整體心理歷程。情緒發展影響個體的行為模式與處世態度，對個人社會化的過程影響甚鉅。重要的情緒理論有以下三種：

一、布麗吉士（Bridges）的連續分化理論

加拿大女心理學家布麗吉士（Bridges）於1932年對出生到兩歲嬰兒的情緒發展進行觀察，提出「連續分化理論」（continuous differentiation theory）。她發現，初生嬰兒的情緒，是一種激動狀態（excitement），三個月後分化出痛苦（distress）與高興（delight）兩種基本情緒，而後由痛苦又分化出恐懼、厭惡、憤怒、嫉妒；由高興分化出得意、親愛、喜悅。到兩歲時，各種情緒大致分化完成，如圖2-13。

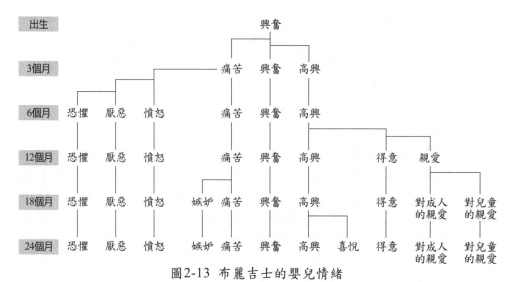

圖2-13 布麗吉士的嬰兒情緒

資料來源：本文引自陳雪麗，1997年，頁40。

二、伊札德（Izard）的適應功能理論

美國心理學家伊札德（C. E. Izard）於1978年研究嬰兒面部表情，發現嬰兒自出生即具備各種情緒，且各種情緒分別獨立，並無漸進分化的關係，情緒的出現時間隨環境適應需要而定，稱為「適應功能理論」（adaptive function theory）。伊札德認為嬰兒面部的表情具有兩種功能：(一)傳遞感覺訊息至大腦，再傳至反應器產生情緒；(二)可引起別人的注意與反應。因此，面部表情是一種社會性訊號（social signal）。因此，此理論強調，情緒具有生存適應的功能。

三、斯洛夫（Sroufe）的知覺認知理論

美國心理學家斯洛夫（L. A. Sroufe）於1979年提出異於布麗吉士和伊札德的情緒發展理論，認為情緒與嬰兒的認知知覺相關，稱為「知覺認知理論」（perceptual cognitive theory）。其理論可歸納為以下四個要點：(一)初生嬰兒已具備恐懼、憤怒、快樂三種基本情緒，情緒的表現，與嬰兒動作、知覺的發展有關；(二)情緒與認知交互作用，促成嬰兒情緒發展；(三)情緒顯於外而認知隱於內，情緒是嬰兒認知發展的外顯表徵；(四)情緒是嬰兒自我意識的表達。

☒四、瑞斯（Rice）的情緒理論（95高考）

瑞斯（Rice，1993）研究指出，個人的情緒狀態有三：(一)喜悅狀態；(二)抑制狀態；(三)敵意狀態。這其中抑制狀態的焦慮情緒產生的根源有三大原因：(一)生理剝奪；(二)情緒剝奪；(三)與環境的緊張與衝突。另外，抑制狀態的恐懼情緒則分四類：(一)對東西與自然現象的恐懼；(二)對自我有關的恐懼；(三)對社會關係的恐懼；(四)不知名的恐懼。詳細說明如下表2-7。

表2-7 瑞斯情緒的類別、焦慮根源與恐懼種類

情緒的類別	喜悅狀態	情感、愛、幸福和快樂等。
	抑制狀態	恐懼、憂鬱和焦慮等。
	敵意狀態	憤怒、生氣和憎恨等。
焦慮情緒的根源	生理剝奪	當缺乏食物、舒適、休息、身體保健時（吃不飽穿不暖）。
	情緒剝奪	缺乏愛、接納、讚賞，被拒絕或是責罵（無正向情緒）。
	與環境的緊張與衝突	外在環境因子與個體不斷的衝突，產生重複的緊張，讓人產生焦慮。其中，青少年親子間的衝突最容易導致焦慮情緒的產生。
恐懼情緒的種類	對東西與自然現象的恐懼	昆蟲、爬蟲、水、火、飛機等。
	對自我有關的恐懼	學業失敗、工作不順、受傷和脾氣差等。
	對社會關係的恐懼	與異性約會、參加聚會、人際關係不佳等。
	不知名的恐懼	難預期的未來，如地震、颱風等天災；和世界發生的重要事件，如恐怖攻擊事件等人禍。

五、情緒智力

許多學者認為，情緒是一種智力表現（intellectual performance），是社會智力的一部分，主要是個體察覺、區辨自身和他人情緒和情感訊息，並以此指引個人思考和行動的能力，稱為「情緒智力」（emotional intelligence）。其重要理論留待第六章再詳述。

參、異常人格與情緒

人格異常是指「由於體質、生理、心理或長期外在因素之影響，造成人格發展缺陷，導致生活、思考、行為表現，明顯異於同年齡者，進而造成學業、生活、人際關係、及情緒等方面的困難。」常見的異常人格有下列幾種：

一、成癮行為（addiction behavior）

世界健康組織（World Health Organization，WHO）將「成癮行為」定義為：「由於對自然或人工合成藥物的重複使用，所導致的一種週期性或慢性的著迷狀態，並引起無法控制、想再度使用的慾望。同時並會產生想要增加藥物使用量的傾向與耐受度（tolerance）、克制性（abstinence）、戒斷性（withdrawal）等現象，因而對於藥物所帶來的效果，產生心理與生理上的依賴」（周倩，1996，頁6）。

(一) 藥物成癮（drug addiction）

菸癮、酒癮或是**藥物上癮，皆起因於人體對外在化學物質或藥物產生的依賴反應**，其特徵是強迫性的藥物使用、會想盡一切辦法取得該藥物，以及停止使用該藥物後會有強烈的故態復萌（relapse）傾向，**是一種「物質性成癮」**（substance addiction）。過去二、三十年，臨床精神醫學界或心理學界對於藥物或化學物質上癮的個案，診斷界定標準一般包括下列特性：

1. 耐藥性（drug tolerence）：患者必須經由不斷重複增加藥物的使用劑量或次數，才能感受到藥效反應。

2. 依賴性（dependence）：患者有了藥物的服用經驗後，會有不斷重複性的尋藥行為（drug-seeking behavior）出現，於是對藥物產生依賴。

3. 戒斷症狀（withdrawal symptoms）：患者持續服用藥物一段時間之後，因故停止服用時，會出現情緒不安、精神不佳、食慾不振等生理和心理上的負面症狀。

4. 再發（relapse）：患者經歷一段長時間的戒斷過程後，仍會在因「癮」的感受再現，使不當的藥物服用或使用行為再次發生（Egger & Rauterberg，1996；Grilly，1998）。

(二) 網路成癮（internet addiction disorder，簡稱IAD）

1996年美國精神醫學會第104屆的年會中，Kimberly S. Young博士首次提出過度的網路使用，也會和抽煙、喝酒一樣產生病態上癮行為。像過去心理學曾研究的賭癮、厭食症、暴食症、性成癮、運動成癮、電視成癮、電玩成癮以及最近研究發現的**電腦使用成癮、網路成癮、手機成癮**

等，**這些行為並不像菸、酒、藥物等涉及某種特定物質的依賴**，但同樣造成使用者生理或心理上難以克制，甚至無法自拔的沉迷狀態，**心理學家將這類上癮行為稱之為「行為性成癮」**（behavioral addiction）（周倩，1999；Griffiths，1998）。行為性成癮與物質性成癮有其共通點與差異性，其異同比較如表2-8所示。

表2-8　物質性成癮和行為性成癮之相同點與相異點
（以毒癮和病態性賭博為例）

相同點		相異點
想停止下來卻欲罷不能	**1**	行為性成癮是隱藏性的成癮
否定	**2**	行為性成癮沒有「飽和點」
嚴重的憂鬱及情緒高低起伏	**3**	行為性成癮較不易引起財務問題
階段性的病程發展	**4**	行為成癮可能發生在工作場合
對首次喝酒及首次賭贏記憶深刻	**5**	行為性成癮沒有特定情境可測量
追逐第一次成癮經驗的刺激感	**6**	行為性成癮不包含化學物質的攝取
暫時性眼前昏暗的症狀	**7**	行為性成癮之預防易被忽略
使用該成癮行為來逃避痛苦	**8**	
全神貫注於成癮行為之中	**9**	
低自尊、高度自我中心	**10**	
導致家庭功能的失常	**11**	
成癮行為包含固定的儀式、習慣	**12**	

資料來源：亞利桑那州病態性賭博諮詢委員會。
http://www.azccg.org/about_gambling/sim_and_dif.htm

1. 網路成癮的成因：

　依國內學者謝龍卿（2003）以因素分析法的研究發現，網路成癮的形成共有七個因素：

　(1)虛擬友誼依賴與自我解禁（virtual friendship dependence & self-disinhibition）

　　虛擬友誼依賴是指過度依賴網路上之虛擬友誼所提供的情感支持，過度沉迷於網路虛擬友誼容易造成病態性的網路使用行為；**自我解**

禁行為是指上網後的自己和真實世界的自己有很大的不同，在網路上會做出許多實際生活中不會做出的行為，是一種減低公眾自我意識的產物，其結果會導致對他人的評斷漫不在乎。例如：在網路上什麼話都敢說、互相謾罵批評亦不臉紅、更開朗、更活潑、更主動表達內心的感受。

(2)重要性與耐受性（salience & tolerance）

重要性是指當事人將上網視為日常生活中非常重要的活動，而且會影響他們日常的生活作息；耐受性是指必須持續增加上網行為的時間，才能達到和之前相同的滿足效果。

(3)戒斷性與遊戲玩樂（withdraw & game playing）

當減少上網時間或停止上網時，就會產生心理不安、情緒不穩定或生理狀態的不舒服等現象，此即是戒斷症。

(4)否定與違常（denial & disorder）

「否定」是上癮者的一種自我保護作用，他們拒絕承認他們的行為失序，更不願告訴別人上癮的實情。而且因為過度沉迷於網路，引起許多日常生活上或行為上的「違常」現象。

(5)語言暴力接觸（words violence touching）

由於網路隱匿的特性，因此，很多不滿的情緒容易藉著網路宣洩，於是通常上網者很容易接觸到批評、謾罵、恐嚇、侮辱等語言暴力，進而依靠網路做為自由表達情緒的工具，而無法自拔。

(6)強迫性上網行為（compulsive internet use）

強迫性上網是只要一接近電腦，就想上網，這種渴望與衝動甚至無法自我控制，渴望能有更多的時間留在網路上。

(7)視覺暴力接觸（video violence touching）

由於真實世界中觀看暴力色情圖畫或影片，是較不被允許的行為，網路上相關的訊息很多且容易取得，尤其不易被發現的特性增加了隱密性與偷窺行為的合理化，更令網路成癮難以自拔。暴力色情接觸頻率的增加，更說明上網時間的不斷延長，成癮現象更加明顯。

2. 網路成癮的判斷標準

在判定網路成癮的標準方面，Goldberg（1995）參照DSM-IV對於病態性賭博的定義，提出「網路成癮失調症」的七點判定標準如下，只要一個人的行為在連續十二個月內，發生三項以上的下列症狀，就可被診斷為網路成癮（Goldberg，1995）：

(1)耐受性（tolerance）。

(2)戒斷或退癮症狀（withdrawal）。

(3)上網的頻率與時間愈來愈超出自己原來的預期。

(4)曾有努力想要控制或是停止網路使用行為，但卻徒勞無功。

(5)會花很多的時間在與網路相關的活動上（例如：在網路上訂書、購買網路相關書籍、測試新的瀏覽器、研究網路廠商、整理下載的檔案等等）。

(6)受上網的影響而放棄或減少重要的社交、工作或休閒娛樂活動。

(7)發覺由於網路使用所導致的各種持續或重複發生的有關生理、心理、社交、工作方面的問題（例如：睡眠減少、婚姻問題、晨間約會因晚起而遲到、怠忽職守、或是身旁重要的人有被遺棄的感覺），即使如此仍持續使用網路，無法停止。

國外學者Davis（2001）也曾經針對病態的網路使用行為的判定標準，提出以下九個主要的病徵：

(1)無法減少或停止網路使用行為。

(2)克制使用網路的慾望、衝動的能力降低。

(3)感覺網路是自己唯一真心的朋友。

(4)離線時仍不斷想著網路上的一切。

(5)經常挪用未來網路使用的時間來上網。

(6)網路環境是唯一讓個人感到自己是優秀、有價值的地方。

(7)花費許多的時間和金錢在網路的使用上。

(8)網路使用者有病態網路使用行為出現時，對過去感到有趣的事物上花費的時間將更少。

(9)病態的網路使用者會試著去隱瞞自己實際上網的時數。

(三) 臉書成癮（facebook addiction）

臉書（facebook），又稱「非試不可」，是目前社交網站中使用人數最多也最流行的網站之一。臉書使用者喜歡使用臉書來維繫與認識朋友間的友誼可以用關係維繫（relational maintenance，RM）理論加以說明。RM理論提到，**一個人為了與朋友維持穩定友好且令人滿意的關係存在時，往往會主動找尋可以保持溝通的理想方式與工具，以避免情感發生問題導致關係瓦解**（Wright，2004）。

1. 新成癮症（neo-addiction）

   Karaiskos（2012）因研究一個24歲女生的臨床診斷表示，因為臉書的過度使用，使得案主的生活受到嚴重的干擾而出現上癮現象，因此，他認為，臉書成癮應可視為具有強迫成分的「慾望驅動的障礙」（urge-driven disorder），是必須加以重視的新成癮症。

2. 臉書成癮量表

   挪威卑爾根（Bergen）大學的Andreassen、Torsheim、Brunborg 和 Pallesen（2012）發展出全世界第一份臉書成癮量表，稱為卑爾根臉書成癮量表（bergen facebook addiction scale，BFAS），並針對423位大學生進行臉書成癮現象的研究發現，量表分數愈高的人，通常愈傾向晚睡晚起，而神經質（neuroticism）、外向性（extraversion）與臉書成癮呈正相關，責任感（conscientiousness）與臉書成癮呈負相關，亦即**愈神經質與愈外向的臉書使用者其臉書成癮傾向較高，而愈盡責的使用者愈不容易臉書成癮**。卑爾根臉書成癮量表共有18題，經實際施測因素分析後共包含六個核心因素，包括重要性（salience）、情緒調適（moodmodification）、耐受性（tolerance）、戒斷性（withdrawal）、衝突（conflict）、病情復發（relapse）。

   國內學者**謝龍卿**（2012）亦**發展出國內第一份臉書成癮量表**，他亦認同臉書成癮係指過度使用臉書後，對於臉書產生心理依賴的一種衝動控制失序行為，並伴隨和玩臉書有關的耐受性、戒斷、否定、強迫性行為，以及生活相關問題，在概念上應屬網路成癮的一種。他以自編的「青少年臉書成癮量表」，測量受試者的臉書成癮傾向。經項目分析、因素分析與Rasch模式**分析結果得到五個因素，分別為「自我解禁」、「重要與強迫」、「耐受與戒斷」、「否定與違常」、「虛擬友誼依賴」**，此結果與上述的卑爾根臉書成癮量表有些差異。

3. 網路心理學（cyber psychology）

   網路心理學還是一個年輕的學門，它是對於人類在網路上所展現的行為現象進行探討，與其行為理論的建立，目前都仍處於探索階段，尤其關於網路為何會使人上癮的原理機制，也還有待研究建立。綜觀目前大多數的學者對於網路成癮多是以一種負面的評價看待，認為網路沉迷者是因為無法面對與解決現實生活中的困境，例如寂寞、人際關係技巧不好等，才會選擇以網路作為逃避的手段，利用網路的匿名特性來獲得現實生活中所不能被滿足的部分。但是否真是如此，亦或是學者的偏見，還有待更多的實證研究加以證明。

二、人格障礙（personality disorder）（93身三）

人格異常或人格障礙包括A、B、C三群，共有十種類型，分述如下：

(一) A群—屬於古怪或偏離常態者（odd/eccentric）

1. 妄想型（paranoid personality disorder）

   妄想型人格異常（paranoid personality disorder）：對人、事、物高度猜疑，不信任人，因此，對別人無意中的一舉一動視為敵意或陰謀，導致容易回絕別人。

2. 類精神分裂型（schizoid personality disorder）

   內向冷漠、遠離人群、臉無表情，活動或工作都獨來獨往，沒有親近的朋友，既不需要亦不能享受親密關係。**但與真正的精神分裂不同的是，沒有出現幻覺與妄想，因此無法診斷為精神分裂。**

3. 精神分裂型（schizotypal personality disorder）

   有特殊信仰或怪異思維（認為自己有超能力），出現異常知覺或幻覺，像是對某人身體的想法扭曲，有特殊的說話模式，疑神疑鬼或妄想。

(二) B群—戲劇化、不穩定（dramatic/erratic）

1. 反社會型（antisocial personality disorder）（100高考）

   反社會人格異常，係指患者經常違反社會法律規範、傷害別人而不覺愧疚。

2. 邊緣型（borderline personality disorder）

   邊緣性人格障礙症（簡稱BPD），係患者處於精神病及精神官能症的邊緣地帶，主要以情緒、人際關係、自我形象、行為的不穩定性，並且伴隨多種衝動行為的特徵。

3. 戲劇型（histrionic personality disorder）

   戲劇型人格異常者喜歡他人注意、讚美，不當的在外貌與行為上流露性誘惑力，情緒不穩定，過度關心外貌，以自我為中心。

4. 自戀型（narcissistic personality disorder）

   自戀型人格異常者誇大自己的重要性，偏執於成功、權力、才智、美貌，相信自己的問題是別人沒有的，只有更獨特的人才能知道，要求他人持續的注意與讚美，要求差別待遇、特權，佔人便宜，缺乏同理心，嫉妒他人，態度傲慢

(三) C群—焦慮／害怕（anxious/inhibited）

1. 迴避型（avoidant personality disorder）

   患者自卑、渴望他人的關愛和接納，害怕被拒絕、拋棄、羞辱而不敢與人來往，總是迴避深入的人際接觸。

2. 依賴型（dependent personality disorder）

   基本需求方面強烈仰賴他人，並依賴他人的批准行事，無法好好的照顧自己。因害怕分離，表現過度服從及依附行為以獲取他人的照顧。

3. 強迫型（obsessive-compulsive personality disorder）

   強迫型人格異常（簡稱OCPD），這類人通常具有追求規則和控制、完美主義的特徵，例如：過份守時、凡事要求精確、一板一眼。

三、自閉症（autism）

　　自閉症是一種腦部功能異常而引起的發展障礙，其病因通常是遺傳、病毒感染、新陳代謝問題與腦部受傷所致。自閉症患者從小開始便表現出語言溝通的障礙，語言理解和表達的困難，以及人際關係的障礙，難與身旁的人建立情感，並且**出現行為同一性**，對各種感官刺激的異常反應及一成不變的行為等，和一般兒童不同。其治療原則必須朝消除不適當的行為與促進正常的發展兩方面著手，例如：建立適合矯治的家庭環境與學習氣氛、對生活常規進行反覆練習且安排多變多樣化的生活型態，再來是必須正確的用藥。

四、亞斯伯格症（Asperger syndrome）

　　亞斯柏格症兒童有很多特徵**和自閉症兒童雷同，唯一不同的是，亞斯柏格症兒童並沒有明顯的語言發展遲緩的現象**。因此，1944年亞斯伯格（Asperger）提出「自閉性人格違常」的概念，又稱為亞斯伯格症候群。根據DSM-Ⅳ-TR（美國精神醫學協會診斷標準），自閉症與亞斯伯格症之差異有二：(一)自閉症之語言有嚴重遲緩，亞斯伯格症則較無顯著的障礙；(二)自閉症之認知、與年齡相稱之自我協助技能、適應性行為有顯著遲緩，**亞斯伯格症則除社會互動之外，無明顯遲緩**。教導亞斯伯格症的小孩，可以由增進社會互動的活動以及人際關係的增進兩方面著手。表2-9整理有關自閉症與亞斯伯格症的教育策略：

表2-9 亞斯伯格症與自閉症的教育策略

	亞斯伯格症	自閉症
學習策略	建立學習內容的自我認知與認同,監控其情緒變化與動作技巧。	以具體操作代替抽象思考,引起其學習動機與興趣。
語言表達	加強社會性語言的理解,以合適的環境與互動改善人際關係。	多給予表達的機會,增進口語表達的句子結構與流暢度。
社會情緒	運用堅定、直接可預測的指令與詞彙描述要學生展現的行為,並透過認知行為改變技術改正其行動或態度。	多練習社會技巧,減少人際孤立並加強與他人的互動,培養同儕共享的樂趣。

五、注意力不足過動症(簡稱ADHD)

注意力不足過動症(attention deficit hyperactivity disorder,ADHD)**是一種因神經傳導物質異常、遺傳及腦傷等因素造成的慢性長期的神經生理疾病**,主要症狀包括:不專心、過動及衝動、坐不住、情緒和動作的控制失調,以及組織計畫的能力不佳等問題。因對於學習造成影響,所以他們的學業成績多半不理想,又因為不易控制自己的情緒及反應,導致人際關係也不好,進而影響自我概念和成就水平,這些狀況如果交織延續到青春期甚至成年,即可能造成許多家庭及社會問題。ADHD的症狀通常開始出現在童年早期,半數以上會持續到成年以後。最好的治療方式是同時採用藥物和行為治療。

六、飲食疾患(94普考)

飲食疾患的特徵就是在飲食行為上是極端的,例如:極端減少食物的攝取或極端暴飲暴食。因此,**飲食疾患可分成兩類:厭食症**(anorexia nervosa)**與暴食症**(bulimia nervosa)。飲食疾患常出現於青少年女性,此與社會環境與人們對「美」的標準有關,目前醫藥與心理治療(如:認知行為治療、家族治療以及人際關係治療等)對飲食疾患已具有相當的效用。

七、學習障礙

Kirk、Gallagher 和Anastasiow(2000)依據近年來各領域對學習障礙的研究結果,將學習障礙區分成發展性學習障礙與學業性學習障礙。發展性學習障礙一般與學習上的預備技能欠缺有關,又分為原始性缺陷(如注意力缺陷、記憶力缺陷、視覺動作協調缺陷、知覺能力缺陷等)和衍生性缺陷(如思考力、語言能力)兩類。而學業性學習障礙可分為閱讀障礙、數學障礙、書寫障礙與非語文學習障礙四類。

(一) 閱讀障礙

兒童因遺傳的原因，在語音解碼方面有特別的發展性缺陷，無法將文字轉換為語音。因為人類的短期記憶主要以聲音訊息處理，因此視覺文字必須轉為聽覺形式，閱讀才會產生意義。若無法轉換，則會出現閱讀的困難，又稱失讀症（dyslexia）。

(二) 數學障礙

數學障礙學生可能的缺陷包括：語文能力、知覺能力、記憶力、注意力、數學能力、符號閱讀困難、空間、序列、順序概念困難、語文閱讀困難、處理歷程速度太慢、視知覺或視動協調問題、缺乏數學學習策略、書寫障礙等。

(三) 書寫障礙

書寫障礙大多與其他學習障礙類型有關，純粹書寫障礙則甚少。書寫障礙包括：寫字障礙（握筆困難、字跡潦草、字體寫錯）和寫作障礙（語句過短、文法及標點錯誤、文章組織拙劣、詞不達意）。

(四) 非語文學習障礙

右半腦神經心理上的缺陷，出現語言和認知的困難，導致社會、人際交往上顯著適應不良，不懂得察言觀色，對於非語文符號和線索的辨識，以及人際溝通訊息有理解上的困難，產生社交障礙。

✄八、學者症候群（savant-syndrome）

學者症候群（savant-syndrome）的IQ大部分低於70，雖具有認知障礙，但在演奏樂器、繪畫、記憶、計算或日曆運算能力等藝術或學術方面，卻有超乎常人的能力的人，例如美國電影《雨人》（Rain Man）中的「雨人」記憶力超強且對數字計算能力展現驚人天賦，就是一個典型的學者症候群，俗稱「白痴天才」（idiot savant）。

✄九、創傷後壓力障礙症（簡稱PTSD）（92普考）

創傷後壓力障礙症（post-traumatic stress disorder，PTSD）是指遭遇重大創傷事件或壓力事件，超越人類平常生活經驗的極限，隨後產生的焦慮情緒與感受。對當事者而言，容易伴隨創傷侵入反應（intrusive reaction）、逃避／退縮反應（avoidance & withdrawal reactions）與生理激發反應（physical arousal reactions）。例如：經歷破壞性大災難後，容易產生「災難症候群」（disaster syndrome）的創傷後壓力疾患（89地三）。

十、一般性焦慮症（generalized anxiety disorder）

指的是患者會出現沒有一定的對象、沒有特別的理由，卻過度且持續不斷擔心莫名事物的症狀，又稱廣泛性焦慮症（98普考）。

十一、強迫症（obsessive compulsive disorder，OCD）

焦慮症的一種，是一種神經官能症，又稱「強迫性神經症」。患有此病的患者總是被一種強迫思維所困擾，陷入一種無意義、令人沮喪，且反覆出現的想法與行為。患者雖自知沒有必要，甚至很痛苦，但卻一直無法擺脫此困擾（98普考）。

自我評量 .... **歷屆試題**

1. 解釋名詞：
   (1) 自我防衛機轉（102身三）
   (2) 意識與潛意識（102身三）
   (3) 性向、性格與興趣（102身三）
   (4) 反社會人格（antisocial personality）（100高考）
   (5) 飲食疾患（eating disorders）（94普考）
   (6) 依附型態（attachment styles）（94普考）
   (7) 集體潛意識（collective unconscious）（93原三）
   (8) 防衛機制（defense mechanism）（93原三）
   (9) 創傷後壓力症候群（92普考）
   (10) 心理動力說（psychodynamic theory）（91原三）
   (11) 過度補償（supercompensation）（90薦升）
2. 試述E. Erikson的社會心理發展8階段理論中，第三階和第四階的內容重點和對教養工作的啟示。（101高考）
3. 試說明馬斯洛（A. Maslow）的動機需求論的七種需求？並說明那些是匱乏需求？那些是成長需求？（100身三）
4. 試論述少數族群（如新住民）青少年在成長發展過程中，可能發生之自我認同的危機？（100地三）

5. 根據艾里克森（E. H. Erikson）的「心理社會發展論」（psychosocial developmental theory），國小學童及中學生在自我發展上的主要任務分別為何？教師應如何協助這些處於不同發展階段的學生有正向的自我發展？請分項說明之。（99身三）

6. 比較一般性焦慮症（generalized anxiety disorder）與強迫症（Obsessive compulsive disorder）的差異。（98普考）

7. 請比較說明「心理動力論」與「人本論」對人格的觀點與主張？（96身三）

8. 根據瑞斯（Rice，1993）的相關研究指出，焦慮情緒的產生有那三大根源？請據此來說明學生在教室的學習過程中，所可能會有的焦慮情緒？並請分別舉例探討之。（95高考）

9. 青春期在艾力克遜（E. H. Erikson）的心理社會論中，是屬於那一個心理社會危機階段？其發展重點為何？請詳細加以說明之。（95高考）

10. 試述艾瑞克森（Erikson）的人類生命週期的八個階段理論。（95原三）

11. 在人格的五因素模式（the five-facter model）中，人格包含哪五個向度？（94地三）

12. 請說明瑪西亞（James Marcia）將年輕人在自我統合（認同）（identity）的過程中所能達到的統合狀態（identity status）分成哪幾類？並說明其在教育上的意義。（94地三）

13. 何謂人格障礙（personality disorders）？並請舉例說明人格障礙有哪些重要的種類？又造成人格障礙的可能病因為何？（93身三）

14. 請定義「人格」（personality），並說明特質論（trait theory）與動力論（dynamic）兩種人格理論各有什麼核心論點？（93地三）

第四節　道德與社會發展

考點提示

(1)多階段理論；(2)Kohlberge道德發展三期六段論；(3)Bandura社會學習論的道德發展；(4)品德教育的教學與實施；(5)自我概念與自我價值；(6)自我效能；(7)同儕接納與社會技巧，是必考焦點。

壹、道德發展

　　學校不只是學生學習讀、寫、算的地方，其亦對學生多方面的發展有所貢獻，如學生對自己能力的信念、尋求與他人相處的合適策略和學習對與錯之間的不同觀點。換句話說，學校促進學生社會與道德的發展，其與學業發展同時並進。

　　皮亞傑在「兒童道德判斷」曾討論道德推理過程，強調兒童一開始只以行為客觀結果來判斷對錯，例如「打破碗的孩子就是不乖」；發展的下一個階段，則依意圖來判斷對錯，例如小孩子故意打破碗，他就是不乖，但假如是不小心的，就不會有負向的判斷。在皮亞傑的基礎上，柯伯格將道德發展做延伸，強調道德發展的功能著重於「道德思考或推理」及「道德行為」，特別是「正向社會行為」，即能使社會受益的行為。

　　在心理學上用以解釋心理歷程的理論，大多立基於多個階段或時期的變化歷程的多階段理論（multistage theories）（100高考；95高考）。最典型的多階段理論包括：弗洛伊德將人格發展分為口腔期、肛門期、性器期、潛伏期的性心理發展論；皮亞傑將認知發展分為感覺運動期、前運思期、具體運思期、形式運思期的認知發展理論；認知心理學的訊息處理理論中，將記憶過程分為感官記憶、短期記憶、長期記憶等不同階段；以及本節所要介紹的將道德發展分為前習俗道德期、習俗道德期、後習俗道德期的柯伯格道德發展階段論，以及將道德分成他律和自律的皮亞傑道德發展二期論。以下就道德發展理論、正向行為與公民社會，以及道德教育的實施等議題加以探討。

一、道德發展相關理論

(一) 精神分析論（the psychoanalytic theory）的道德觀

　　此理論是由弗洛依德（Sigmund Freud）提出，同時也是道德發展最廣博的理論方法。他主張道德觀念是發展出來的，而非與生俱有，並提出三

個觀點分別為：1.與生俱來，尋求生存滿足本能性衝動的本我（id）、2.經學習而得，在現實環境中尋求個體需求滿足的自我（ego）及3.經由社會化過程被塑造且用來管制本我衝動的超我（superego），他認為當本我及自我衝突時，其超我將會出來協調及整合，使人們做出符合道德或不道德之行為（洪致遠、曾慶裕、張芳文，2010）。

(二) 皮亞傑（Piaget）道德發展二期論

皮亞傑道德推理過程認為，0～4歲的嬰幼兒一開始的無律階段（nuonomous stage）尚無道德規範的概念，只有他律、自律才是道德發展的兩個階段，如表2-10。

1. 道德他律期（4～8歲左右）：**道德他律期（heteronomous stage）的兒童對道德的看法是遵守規範及服從權威**才是對的、好的。幼兒認為規則是萬能的、不變的，無法理解規則是由人創造的，因此，總是以極端態度來評定行為的好壞，亦即不是好的，便是壞的，這些兒童對行為的對錯或好壞的判斷標準，只重視行為結果而不重視行為動機，**故又稱為道德的現實主義（moral realism）**。

2. 道德自律期（8歲以上）：**道德自律期（autonomous stage）的兒童才能根據情境因素及個人內在動機來判斷道德行為之對錯**。此時期的兒童經由質疑及挑戰，在權威的服從及他律行為中，發展出更高階段的道德推理能力及養成自律的行為，**又稱為道德的相對主義（moral ralativism）**。

表2-10　皮亞傑兒童道德發展二期論

階段	說明
道德無律期（the stage of anomy）	本階段的兒童，尚未產生道德意識，亦不明白道德規範的意義，所以無道德價值的判斷。也可說是「無規範」或「零規範」。
道德他律期（the stage of heteronomy）	此階段的兒童行為，是從道德無律，逐漸意識到父母兄長的權威和限制，也意識到學校、社會的禮俗與道德規範，但由於道德意識尚未發展成熟，故無法做獨立的道德判斷。
道德自律期（the stage of autonomy）	兒童於8、9歲後，不肯再盲目或被動接受他律的規範，而開始利用自身創立的道德價值，對其行為的善惡做獨立判斷，其道德行為由避免懲罰，變為履行道德義務；由權威制約轉為合作的要求。此為道德的成熟期。

資料來源：沈六，道德發展與行為之研究，1986；
張宏明，大專體育學刊，2000，頁49。

(三) 柯伯格（Kohlberge）道德發展三期六段論（100高考；100身三；96身三）

美國心理學家柯伯格（L. Kohlberg，1927～1987）道德推理發展理論藉著提出「道德兩難」的問題，來評定不同年齡的人所具有不同的道德推理層次，提出其道德推理發展理論。下表2-11即為柯伯格的三期六段道德推理論，配合柯伯格自己提倡的「加一原則」進行道德與品格教學，效果頗佳。

表2-11　柯伯格的三期六段道德推理論

三個時期	年齡範圍	六個階段	道德推理
道德成規前期（preconventional mority）	約0~9歲左右	避罰服從（punishment avoidance and obedience）	1. 以「對切身有利」為判斷的依據。 2. 遵守規範以避免懲罰，行為之善惡取決於具體的後果。
		相對功利（exchange of favor）	1. 以行為後果作為對錯的依據。 2. 以個人需求決定是非對錯，一切好惡遵循禮尚往來的互惠原則。
道德成規期（conventional mority）	約9~20歲左右	尋求認可（good boy/good girl）	1. 以「人際關係」為取向，在乎他人對自己的觀點。 2. 希望得到讚許，表現好男好女的從眾行為。
		順從權威（law and order）	1. 以整體社會為考量，以評斷對錯。 2. 法律是絕對的權威，必須受尊重。
道德成規後期（postconventional mority）	約20歲以後的少數成人	法制規範（social contract）	1. 原則係代表人們對於適切行為的一致性認定。 2. 道德判斷決定於社會公認的人權標準，是非判斷亦基於理性思考。法律可以修改，決不盲從。
		普遍倫理（universal ehical principle）	1. 依據抽象普世的道德原則。 2. 善惡決定於個人良心，並涵蓋人類尊嚴、正義、公平等抽象概念，道德推理基於邏輯思考。

資料來源：Ormrod, 2003.

(四) 季麗根（Gilligan）的性別差異道德理論

柯伯格在哈佛大學任教的女學生季麗根（C. Gilligan，1936～）認為，柯氏的道德發展理論大都是以男孩為測驗對象，且評分方法皆以男生較熟悉的原則思維，而非女孩擅長的人際關係情感。因此，**季麗根認為，**

男女在道德推理上存在著性別差異：男性著重法理層面，道德判斷以私利為主；**而女性則重視情理**，會在自我與他人的利益尋求平衡。季麗根主張的女性道德發展分為三個階段：

1. 個人生存的道德：
   以利己為考量，較自我本位，認為對的事情應是有利於自己的，較不重視別人的需求。
2. 自我犧牲的道德：
   此時期女性開始意識到個人利益與責任義務間的差異，懂得為人著想，關心他人需求，也願意犧牲個人的需求，以滿足他人的需求。
3. 均等的道德：
   此時期的女性不再一味犧牲，轉變成積極參與並客觀判斷如何做才能讓自己與他人的傷害最小，兼重自己與他人，認為自己的需求與他人的需求同樣重要，沒有人應該受到傷害。

季麗根是標準的女性主義者，提倡的倫理學說、關懷倫理學，其理論的立場是立足於女性觀點的道德發展。其女性觀點的道德發展更重視他人的福祉，主張溫暖、熱情與關懷才是人性的光輝。因此，其道德理論偏向女性主義倫理學，與諾丁（N. Noddings）的主張呼應，強調過去在學術上受到壓抑的女性特質（feminine）思維，而以情意作為道德的基礎。在教育上的主張，首重情感的接受與回應，又稱為「關懷倫理學」（ethics of care）。

(五) 艾森柏格（N. Eisenberg）利社會道德推理五階段論

艾森柏格認為隨著年齡的增長，多數的孩子會表現出更正向的道德行為。而其道德推理劃分為五個不同的層次：由「自私與自我中心導向」而「粗淺的他人需要導向」，進而「尋求認同導向」而「具有同情的導向」，最後為「內化價值導向」，此稱為「利社會道德推理五階段論」（five levels of prosocial reasoning），如表2-12所示。艾森柏格強調，在行為決定的過程中，感情因素也會影響判斷，當有許多預想方案等待決定時，往往最後是情感因素決定行為的表現。

表2-12 艾森柏格的利社會道德推理五階段論

階段	年齡	內容
1 自私與自我中心導向（selfish and self-centered orientation）	多數學前及小學低年級	在喜歡對方並認為會獲得回報的情形下而協助他人。

粗淺的他人需要導向 (superficial needs of others orientation)	一些學前孩子及多數小學生	對他人身體及情緒上表示關心,然缺乏真正的瞭解。
尋求認同導向／好男孩好女孩 (ayproval and stereotypic good boy / girl orientation)	部分小學及國中學生	學生表現出正向的社會行為,是基於認為所做的那件事是受到肯定的。
同理心 (empathic orientation)	少數小學及多數國中學生	學生能夠「感同身受」,協助他人出於真正的同理心。
內化價值導向 (internalized values orientation)	少數高中學生	學生將協助他人轉化成一種內化的價值。

資料來源:Ormrod, 2003.

(六) 班都拉(A. Bandura)社會學習論的道德發展(98高考)

班都拉社會學習論認為,道德行為是個人在生活的社會中,受環境因素的影響,經由學習的歷程而建立的。班都拉道德學習的三個重要階段如下:

1. 抗拒誘惑:

   強調此階段主要採用了聯結論中古典制約與操作制約的兩種學習原理,而特別強調操作制約學習中增強作用,以建立兒童抗拒外界誘惑的道德行為。

2. 賞罰控制:

   班都拉進行兒童觀看電影的實驗,經由三組觀賞相同題材但結局不同的電影,其結果發現,結局受懲罰組表現的粗暴行為最少,而結局受獎勵組表現的粗暴行為最多,因此認為,經由觀察與賞罰,可以控制兒童的暴力行為學習結果。

3. 楷模學習(觀察學習)與替身效應:

   藉由直接模仿(direct modeling)、綜合模仿(synthesized modeling)、象徵模仿(symbolic modeling)或抽象模仿(abstract modeling)楷模的合宜行為,兒童可以表現出合於社會規範的行為。而最能引起兒童模仿的楷模包括:(1)心目中最重要的人;(2)同性別的人;(3)獲有榮譽、出身高且富有家庭的兒童;(4)同年齡同社會階層出身的兒童;(5)有獨特且吸引人行為的兒童。

另外，班都拉也提出觀察學習必須經過(1)注意（attentional）；(2)保持（retention）；(3)再生（reproduction）；(4)動機（motivational）四個階段，才能在適當的時機將學得的行為表現出來。除此之外，班都拉提出了以社會學習理論為基礎的「交互決定論」（reciprocal determinism），強調行為、個人與環境三者，是互相影響、彼此聯結的決定因素，因而也被稱為「三元學習論」（triadic theory of learing）。這些因素的相對影響力，視情境和行為的性質而有所不同。有時候，環境的影響力足以箝制行為，有時候則環境會深受人為因素的影響。經由自我觀察（self-observation）、自我評價（self-evaluation）與自我強化（self-reinforcement），學生可以養成自律的行為。

(七) 杜威的道德認知發展三層次論

杜威（Dewey）從心理學的觀點將道德發展區分為三個層次，如表2-13。

1. **道德前期：屬於本能和基本需求的道德**，行為動機來自生理衝動，行為目的可能是道德的，但表現方式卻可能是不道德的。
2. **道德成規期：屬於社會標準和禮俗的道德**，受社會標準和禮俗的制約，不加思索的遵守社會規範。
3. **道德自律期：屬於良心和反省的道德**，批判既有規範，再加以遵循，由個體理性、善意和良心所控制的道德行為。

表2-13　杜威（Dewey）道德發展三層次論

道德前期	本能和基本需求層次（the conduct arising from instincts and fundamental need）	此層行動起源於為滿足本能和基本需求，且此行為如果純粹為本能的活動，則無道德之分。
道德成規期	社會標準或禮俗層次（the level of standards of society or the level of custom）	此層行動受社會標準的制約。它包含從衝動經過慾望轉變到意志的歷程。
道德自律期	良心和反省的層次（the level of conscience）	為最高之層次，個人經反省思考後表現出正確的行為，而且重視個人自己的行為，並把其行為當作個人自己可以盡力而為的行為。

資料來源：沈六，道德發展與行為之研究，1986；
張宏明，大專體育學刊，2000，頁49。

二、正向行為與公民社會

有良好道德發展的人，其行動與思考都有助於加強公民社會。戴蒙（W. Damon）建立了美國與世界的青少年章程（youth charter），使青少年處於一個關懷及有助於發展的社區，可以促進他們的道德發展，並對公民社會有所貢獻。**班森（P. L. Benson）和他「Search Institute」的同事也認為，有效運用四十種發展性資產（developmental assets），將有助於學童的正向道德發展**，如表2-14。

表2-14　「Search Institute」四十種發展性資產

20種外在資產

支持
1. 家庭支持：家庭提供愛與支持。
2. 正向的家庭溝通：親子間能正向溝通，且青少年願意尋求父母的意見。
3. 與其他成人的關係：除了父母之外，青少年能接受另外三位成人的意見。
4. 關懷的鄰居：擁有互相關懷、照顧的鄰居。
5. 關懷的學校氣氛：學校提供關懷、激勵性的環境。
6. 父母的學校參與：父母主動參與，幫忙青少年在學校成功。

賦權
7. 重視青少年的社區：青少年在社區中能感受到成人對之的重視。
8. 青少年被視為資源：青少年在社區中被賦予重要的角色。
9. 服務他人：青少年每週在社區中服務一小時以上。
10. 安全：青少年在家、學校、社區都能感到安全。

界線與期望
11. 家庭管教：家庭有清楚的規定和行為後果，並掌握青少年的行蹤。
12. 學校管教：學校提供清楚的規定和行為後果
13. 鄰居管教：鄰居能協助掌握青少年的行為。
14. 成人角色楷模：父母與其他成人提供正向、負責任的楷模。
15. 正向的同儕影響：青少年的好友能提供正向的楷模。
16. 高度期望：父母與師長鼓勵青少年。

有建設性的使用時間
17. 創造性活動：青少年每週花三小時以上的時間在課業上、音樂、戲劇或其他藝術上。
18. 青少年方案：青少年每週花三小時以上在運動、社會或其他學校、社區組織。
19. 宗教性社區：青少年每週花一小時以上在宗教組織上。
20. 在家時間：青少年每週低於兩次進行與朋友無所事事的外出。

```
┌─────────────────────────────────────────┐
│  ●        20種內在資產        ●          │
└────────────────────┬────────────────────┘
                     ▼
```

對學習全心全意投入	㉑ 成就動機：青少年在學校中有表現良好的動機。
	㉒ 學校參與：青少年主動參與學習。
	㉓ 家庭功課：青少年放學後至少花一小時做功課。
	㉔ 與學校之連結：青少年關心其學校。
	㉕ 為樂趣而閱讀：青少年每週至少因樂趣而閱讀三次以上。
正向價值觀	㉖ 關懷：青少年重視幫助別人。
	㉗ 公平與社會正義：青少年重視公平及減少飢餓與貧窮等社會議題。
	㉘ 正直：青少年能捍衛自身的信念
	㉙ 誠實：青少年盡可能說實話。
	㉚ 負責任：青少年接受個人責任。
	㉛ 克制：青少年相信不從事性行為，或不使用酒精、毒品是重要的。
社會能力	㉜ 計畫與決定：青少年知道如何去計畫與做決定。
	㉝ 人際能力：青少年有同情心、同理心和友誼技巧。
	㉞ 文化能力：青少年知道如何與不同文化、種族、民族背景的人相處。
	㉟ 拒絕的技巧：青少年能拒絕負面的同儕壓力和危險的情況。
	㊱ 和平的衝突解決：青少年能尋求非暴力的衝突解決方案。
正向自我辨識	㊲ 個人力量：青少年感覺他能控制發生於他身上的事件。
	㊳ 自尊：青少年能有高度自尊。
	㊴ 目標感：青少年認為自己的生活有目標。
	㊵ 個人未來的正向感：青少年對於個人未來抱持樂觀態度。

資料來源：謝龍卿，青少年發展資產的發展與應用，2010。

另外，Benson、Leffert、Luster與McAdoo也認為，**連結家庭和社區以促進公民社會，有助於促進青少年正向道德發展**，如圖2-14的模式。而且，如果方案是有效的，在孩子身上應該可以看到數個發展結果。這些結果可歸結為五C：能力（competence）、連結（connection）、品格（character）、自信（confidence）、關懷（caring）或同情心（compassion）。

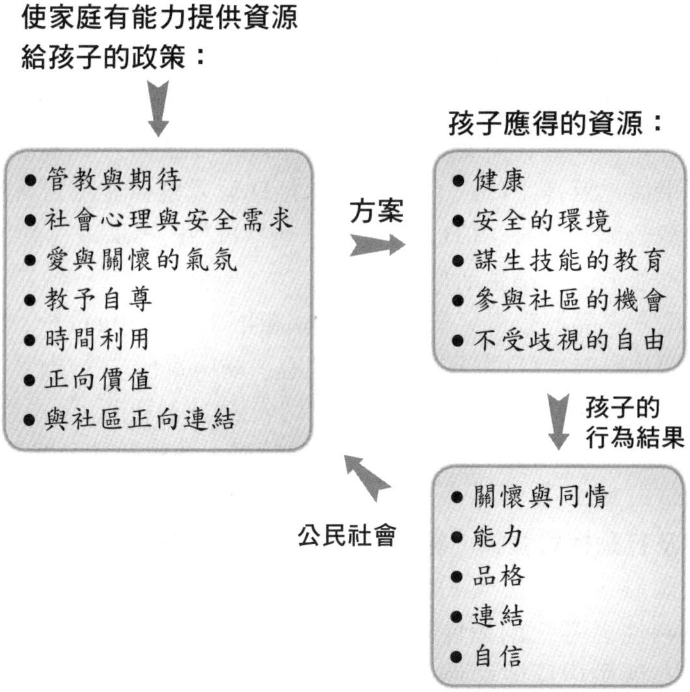

使家庭有能力提供資源給孩子的政策：

- 管教與期待
- 社會心理與安全需求
- 愛與關懷的氣氛
- 教予自尊
- 時間利用
- 正向價值
- 與社區正向連結

方案

孩子應得的資源：

- 健康
- 安全的環境
- 謀生技能的教育
- 參與社區的機會
- 不受歧視的自由

孩子的行為結果

- 關懷與同情
- 能力
- 品格
- 連結
- 自信

公民社會

圖2-14　整合家庭、兒童和社會的模式有利兒童道德發展
資料來源：黃德祥等，2006。

三、品德教育的教學與實施（98高考；88高考）

(一) 品德教育之教學模式

品德教育之教學方法甚多，但依其特性約可歸納為五種教學模式（李琪明，2004）：

1. 道德認知發展模式

道德認知發展理論，源自美國經驗主義學派學者杜威（J. Dewey），強調教育是發展與動態之歷程，提出道德發展三層次論。瑞士心理學家皮亞傑（J. Piaget）亦認為認知發展為一種「無律」到「他律」再到「自律」的歷程。柯伯格（L. Kohlberg）運用縱貫性以及跨文化研究，發展出道德認知發展之「三期六段論」。道德認知發展理論之運用約為兩面向：一是運用道德認知判斷評量工具，瞭解學生或受教育者道德發展狀況，第二個面向是運用在教學上，亦即「道德兩難」之討論，藉以提升學生道德發展之層次。

2. 價值澄清與關懷模式

品德教育之第二種教學模式為價值澄清與關懷，**瑞旭（L. Rath）等人所提出之「價值澄清法」教學歷程包括三個策略七個步驟：**(1)「選擇」—包括A.自由地選擇、B.從各種方案中選擇、C.深思熟慮各種方案後果後之選擇；(2)「珍視」—包括D.珍愛選擇並感到高興、E.肯定並願意公開其選擇；(3)「行動」—包括F.為選擇採取行動，以及G.重複行動並形成一種生活型態。

關懷取向之品德教育另一主張者為季麗根（C. Gilligan），其主張的品德教學重點為：(1)強調尊重、同理心、愛與責任之重要性；(2)教師要接納各種學生，並引發其情感之適切表達；(3)教師可藉由經驗分享、生活體驗、角色扮演等方法進行品德教學，並提升其發展階段。

3. 參與及行動模式

參與及行動模式強調「經驗教育」與「做中學」。藉由參觀、合作學習、體驗、角色扮演、戲劇、藝術欣賞等多元方式進行，使學生發展批判性思考、創造性思考、溝通、問題解決、設計方案等技能，並能在活動中反省與修正自我之品德。近年來風行的「服務學習」（service learning）是參與及行動之最佳示例。

4. 德目教學模式

美國學者**李科納（T. Lickona）認為，德目包含了道德認知、道德情感以及道德實踐等三層面**，如圖2-15。其中道德認知包括道德議題的察覺、理解與推理；道德情感包括良心、同情、自我控制與謙遜等；道德行動則是實踐德行之能力。

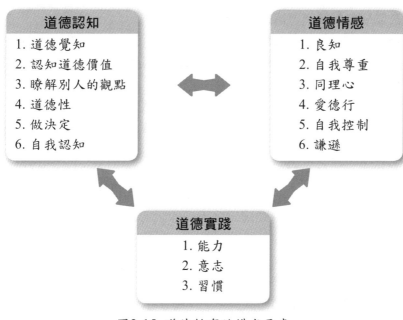

圖2-15　道德教育的構成要素

資料來源：楊素英，2002；Lickona，1991。

5. 道德社群模式

道德社群模式就是一種所謂「校園文化營造」之概念，指藉由公民社會和社區總體營造之意涵，建造學校成為一個倫理或道德社群之思潮。**李科納**（T. Lickona）**提出道德發展之「正義社群」**（justice community）**概念，強調學校之道德教育是學生、教師與行政人員共同決策、遵守與維護**，進而營造學校道德氣氛，有利個人道德發展。

(二) 品德教育的實施策略

班級或學校品德教育的實施策略如下：

1. 適時給予增強

教師在學生表現出道德行為時，便給予增強，例如，口頭的讚美、精神的鼓勵或加以表揚，來肯定學生的行為。

2. 提供道德行為的楷模

當兒童或青少年常看到或接觸到他人道德行為時，他們也較易表現出道德行為。

3. **鼓勵學生討論道德議題或兩難問題**

　　柯伯格提出兒童在探討道德兩難問題時，可增進兒童的道德判斷。透過課堂的討論，亦可呈現各人不同的觀點，促進對他人道德思考的了解。

4. **加一原則**

　　道德判斷的發展是循序漸進的，前一階段的道德發展層次是後一階段的基礎。教師在提供道德教學時應注意學生的道德發展期，教材符合兒童年齡與心理特徵。

5. **教師鷹架引導學習**

　　學生在教室的學習，教師扮演重要的角色。道德議題無一定的對錯，身為教師應鼓勵學生踴躍討論不同的道德議題，其首要條件便應先營造一個信任且沒有威脅的教室氣氛，讓學生能自由表達意見與看法。

6. **理解學生情緒並加以描述**

　　身為教師，應該注意觀察學生的情緒變化，正確的掌握學生的情緒狀態，以便在適當的情緒狀態下，引導學生道德行為的發展。

7. **角色扮演活動**

　　角色扮演的活動，可以讓扮演者實際去揣擬特定角色的行為舉止、心理歷程等，能有效增進對特定角色的了解。

貳、社會發展

一、自我意識的發展

(一) 自我概念（self-concept）

　　「自我概念」或稱「自我觀念」（93高考；93身三），**是個體對自我、人格、優缺點各方面的整體知覺或信念**。哈特（S. Harter）從三個不同的觀點來看自我概念：1.認知能力：對學業能力的一般信念；2.社會能力：關於人們（特別是同儕）的一般信念；3.身體能力：對於參與身體活動的一般信念。**高自我概念的人會有高度的自我價值感**（self-worth）（93身三），個體能感受到存在的權利，有活著的價值。換言之，個體會相信自我存在的價值與權利，並保持肯定的態度。美國教育心理學家**卡芬頓**（M. V. Covington）**提出學習動機的自我價值論**（self-worth theory），**認為個人追求成功的內在動力源自內心自我價值感的維持狀態**。當個體發現成功難追求時，會改以逃避失敗來維持自我價值。**自我概念可以分成四個維度：實際自我、私人自我、社會自我與理想自我**，如圖2-16。

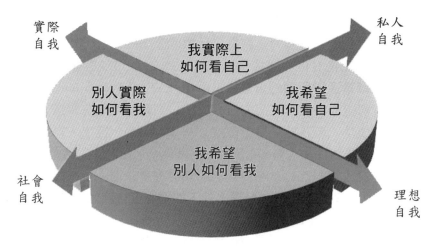

圖2-16　自我概念的維度

(二) 自尊 （self-esteem）

自尊是人格自我調節結構的心理成分，是對於自己價值的判斷和感覺，也就是「自我能力和自我喜愛程度」，即自我肯定。根據美國心理學家馬斯洛 （A. Maslow） 的需求層次論 （hierarchy of needs） ，自尊的需求是第四個層次，居於生理的需求、安全的需求、被接納與愛的需求之後，自尊感是影響學習、社交和應付生活挑戰的主要元素。美國教育家**寶帕 （M. Borba） 提出「自尊五感理論」**，強調建立自尊感的元素包括以下五點：

1. 安全感 （security） ：即身心、情感都感到舒服，以及有受保護的感覺，能夠信賴別人，而且不會對將來發生的事感到憂慮。

2. 獨特感 （selfhood） ：感到自我是獨特的，而且知道個人價值，清楚知道自己在現實中的特性、角色等。

3. 聯繫感 （affiliation） ：即社交能力，在人際關係方面感到被接納、認同、欣賞及尊重，並有歸屬感。

4. 能力感 （competence） ：對於自己能完成重要的事情感到自豪，並有成功感，覺得自己有效率及有能力。知道自己的強項之餘，也接納自己的弱項。

5. 方向感 （mission） ：人生的方向，有生命的目標及推動力，由定下實際、可達的目標而建立自信，同時亦為個人決定引致的後果負責。

(三) 自我效能（self-efficacy）（101高考）

個體對於自我是否有能力達到特定目標或產出的信念，也就是人們對自身能否利用所擁有的技能去完成某項工作行為的自信程度。**高自我效能的表現就是通常所謂的自信**（assertive 或self-confidence）（101高考）。實際上學生若有正面的自我看法，則較有可能在學業、社會和身體上獲得成功。自我效能是班都拉（A. Bandura）提出，以自我調適為核心的社會學習理論（social learning theory）說明自我效能，並強調增強無法引發人類的行為，除非透過認知過程產生個人可以達成特定任務的信念，如圖2-17。Bandura提出以下四種影響自我效能的因素：

1. 過去成就表現（performance accomplishments）

親身經歷的成敗經驗自我效能感的形成影響最大，成功的經驗可以提高自我效能感，多次的失敗會降低對自己能力的評估。

2. 替代的經驗（vicarious experience）

替代性經驗是指透過觀察與自己水平差不多的他人獲得成功時，能夠提高自我效能判斷；相反的，若付出努力仍遭失敗，就會降低自我效能感。

3. 言語上的說服（verbal persuasion）

他人的鼓勵、評價、建議、勸告可以加強人們認為自己擁有的能力信念，較容易增強其自我效能。

4. 情緒上的影響（emotional arousal）

生理上的疲勞、疼痛和強烈的情緒反應，容易影響個體對自我能力的判斷，降低自我效能感。

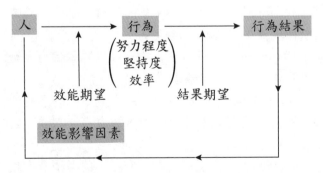

圖2-17 班都拉自我效能理論

二、自我意識發展的影響因素

(一) 先前的行為和表現

學生的自我概念受其行為影響，學生的自我評價受早期經驗的影響。例如：有數學成功的經驗，認為自己具有高的數學能力。

(二) 他人的行為

他人行為影響學生的自我覺知表現在二方面：(一)學生會依據和別人的比較來評價自己的表現；(二)受他人如何評價的影響。如學生問問題時受到否定與責備，則會導致低自尊；受到期望、鼓勵挑戰則能增進自我概念和自信。

三、自我意識發展的改變歷程

(一) 兒童期

在學前或小學時，兒童們傾向具體、固化的思考，有著易觀察的特徵和行為，對於自己的形容也傾向具體。許多學前的學童有正向的自我概念和高自尊，相信自己很有能力，且過度自信。而當其上了小學，這種自信便慢慢消失，根源於在學業成績上有機會和同儕的比較，他們的自我評價變得較實際。

(二) 青少年早期

此時的青少年對於抽象思考的能力增加，在形容自己時開始會描述一些特質，像是聰明、友善等。在意是否被社會接受，覺得生理的外表比學業更重要。這時青少年對自我覺知有些特徵，如下：

1. **想像的聽眾**（imaginary audience）：**想像大家都注意著自己，是大眾的焦點。**
2. **個人神化**（personal fable）：**認為自己是獨特的，沒有人和自己是一樣的。**
3. **自我中心主義**（egocentrism）：**凡事以自我為中心思考，較不顧及旁人感受。**

(三) 青少年晚期

在青少年的晚期，學生有足夠的能力從青春期與變動的環境中恢復，能發展正向的自我概念和一般的生理健康。此時的自我概念包含「自我認同」（self-identity）。為了尋找自我認同，青少年尋求與特定的同儕團體產生強烈的聯結，例如：以特定的髮型或服飾表現出來。所謂的自我認同是指，個體對自己是誰、什麼事是重要的、生命中應達到的特定目

標的一種自我建構的解釋。青少年若無法順利的發展自我認同意識，就會產生認同危機。

青少年的認同危機是一種積極的探尋自我價值以及做人生決定的過程。青少年面對自己的認同危機有幾種可能的結果，包括「達到認同」、「延遲認同」、「過早認同」、以及「混淆」等四種。以下提出Marcia和Erikson二位學者的理論如下：

1. 瑪西亞（Marcia）青少年自我認同危機

從「心理社會危機感的探索」和「自我承諾的有無」二維度來判定學生的自我認同危機共有四種類型：

迷失型（identity diffusion）	有自我探索，無自我承諾。
早閉型（foreclosure）	已自我承諾，但無自我探索。
未定型（moratorium）	正在自我探索中，但尚無自我承諾。
定向型（identity achievement）	經自我探索後，產生自我承諾。

2. 艾瑞克森（Erikson）心理社會發展八階段

1 嬰兒期（0～1歲）　　信　任←→不信任

2 幼兒期（1～3歲）　　活潑自主←→害羞懷疑

3 學齡初期（3～6歲）　積極主動←→退縮內疚

4 兒童期（6～12歲）　勤奮進取←→自卑自貶

5 青春期（12～18歲）　自我統合←→角色混淆

6 青年期（18～25歲）　親密友愛←→疏離孤獨

7 青壯期（25～65歲）　精力充沛←→停滯頹廢

8 老年期（65歲以上）　自我榮耀←→絕望悲觀

四、正向自我認同的增進

(一) 對學生的表現保持合理的高度期望，教師期望可以提高學生的自我效能感。

(二) 給予正面的回饋，負面的回饋應包含在正向回饋中，學生由回饋中建立自信。

(三) 由衷的關心學生的權益，可以使學生明瞭教師的用心與關懷，提高其自尊感。

(四) 給學生機會去試著扮演多種成人角色，學生可以更清楚成人世界的社會規範並表現正向的社會行為。

五、社會的發展

當學生年齡愈來愈大時，他們應該獲得更多與同學相處上的有效策略，和諧的同儕關係可以促進學生的社會技巧與社會互動，產生更好的社會認知。

(一) **同儕接納**（peer acceptance）（98地三；96身三；95原三）

同儕接納的關係增進人格與社會發展。

1. **同儕互動提供學習與練習社會技巧的環境**

由於同儕之間是處於平等的地位，因此提供學生發展溝通、說服、合作、妥協與衝突解決的能力技巧。

2. **同儕接納提供社會性與情緒上的支持**

當學生在青春期時，他們更需要同儕情意上的支持，被接納者顯示出高自尊、少情緒問題與高課業成就。此外，青少年在分享彼此的想法感覺後，發現自己並不獨特，才放棄「個人神話」的想法。

3. **同儕關係是具有影響力的社會化媒介**

同儕之間會互相影響，因此他們具有一致被認可的語言、行為與喜好，他們會互相強化相同的行為思想，此時，青少年與同儕之間有強烈的情感上的聯繫，他們反而與家人處不好。青少年尤其在意別人如何看待，再加上同儕的壓力，因此他們會互相模仿朋友的穿著、打扮、口頭禪與喜好的音樂等。但是另一方面，也不須過於高估同儕壓力，青少年的價值觀大多仍來自家庭，而且，學生多會選擇與自己相近的同伴。

圖2-18　青少年需要被同儕接納
（青少年學生一起設計科學活動─海底花園）

(二) 同儕關係的種類

1. 朋友

通常學生會找同性或同年的人當朋友，而朋友之間有共同的經驗，讓彼此可以分享觀點，由於朋友間很重視友誼，因此會以對方的觀點處理爭執，也就促進觀點取替與衝突解決的技巧。很要好的友誼甚至可以增進自尊，以及獲得被同儕認同的感覺。

2. 社會性群體

當兒童或青少年形成社會性群體，他們會喜歡團體內的成員，並發展對團體內成員的忠誠度，相對發展對其他團體成員的敵對態度。當學生青春期時，此種團體在他們的社會世界裡變得特別顯著，而研究指出，**至少有三種社會性群體的類型，分別是：小團體、次文化團體與幫派。**

小團體是從穩定的友誼關係而來的，通常是3～10人不等，這種團體非常排外，而且，不同的小團體會影響其中成員的社會地位。有些青少年也會組成次文化團體，這種團體採取某種特別不同的生活方式當成他們自己的主流文化，因此，界定方式是由他們共通的價值、信念與行為模式，來決定是否為次文化團體，當青少年感到被主流文化孤立時，他們愈有可能形成次文化團體，並想讓自己與主流文化不同。而幫派的特色是有一定的儀式、顏色、符號，擁有某些地盤，並仇視其他幫派。通常他們加入是因為：學業成就低、想獲得自尊與地位、被同學排斥與家人關係不好等，因此，轉而尋求幫派成員的情感支持，因此，教師更應關心混幫派的學生，以及瞭解他們的背景，有效的幫助他們。

3. 男女關係

　　由於青少年在身心上發展的關係，他們會有不穩定的情緒以及對性的慾望，此時，男女關係是學校中最發燒的話題。男女關係對青少年有好有壞，好的是，他們藉由這種關係傳達出他們對情感與安全感的需求，而且此種關係提供他們練習新的社會技巧與人際互動的機會；壞的是，這會使他們容易情緒不穩。另外，偶像崇拜也是一種學生對浪漫男女關係的想法。

　　而有些學生的性別傾向異於常人，例如，男同性戀、女同性戀與雙性戀，他們通常有負面情緒與想法，因此，教師不論處理學生性別傾向的困擾或情緒不穩的問題時，都應採同情且開放的心態輔導與支持他們。

✡(三) 受歡迎者和被孤立者

　　通常好相處的、善溝通的、敏感的且擁有較佳的社會技巧者，是同儕中受歡迎的學生；而少數民族、社經地位低與少社會技巧者，是同儕中被拒絕的學生；而安靜的、獨自的且不善交友的是被同儕忽視的學生，但是，有時被忽視只是暫時的情況。教師應該特別關心與注意這些被社會孤立的學生，並教導他們關於社會認知與技巧的知識。

六、社會認知（social cognition）

　　當學生會知覺到周遭人的想法、行為與反應時，代表他有社會認知，當學生有較佳的社會認知時，他們會有更好的社會能力、更容易交到朋友與擁有較佳的自我了解。**薛爾曼（R. Selman）提出「社會認知論」，認為社會認知過程中的社會角色取替（role-taking）作用，可以讓兒童區分自己與同伴之間不同的觀點，更能了解自己與他人**，如表2-15。

表2-15　Selman社會認知理論發展階段

階段	年齡	人際推理的特徵
自我中心期 （egocentrism）	3-6	1. 人的概念尚未分化，以自我為中心，自己所想就是別人所想。 2. 無法清楚區分自己及他人的觀點。
主觀期 （subjective）	5-9	1. 人的概念開始分化，能區分人的外在行動與心理狀態，即可分辨哪些行為是有意或無意，但仍無法以他人的觀點來反觀自己。 2. 知道他人有不同的看法，但是認為他人的看法不正確。

階段	年齡	人際推理的特徵
自我反省期 （self-reflective）	7-12	1. 納入他人的看法成為自己的想法。 2. 心理上能踏出自己的立場，能用自我反省或第二者的觀點來反觀自己的想法與行為，並且明白別人也會有同樣的做法。
相互的觀點取替期 （third-person / mutual）	10-15	1. 可以先把自己及他人的觀點暫時放在一邊，用中立的觀點來看待事情。 2. 可以第三者的觀點看待事物，並能分辨自己與他人的觀點，在兩個人的情境中，可分辨每個人的觀點及第三者的觀點，且有能力當一個公平的旁觀者。
徹底的社會觀點取替期 （in-depth & societal）	青少年期到成年	1. 具有人格的概念，將社會規範加入人際關係中，認為所處的社會體系乃是所有成員共有規約觀點的建構，每一個人均應考慮概括他人或社會體系之觀點，以促進正確的溝通與瞭解。 2. 納入更多可能性的觀點，需更多的社會經驗才能夠達到此階段的發展。

✡七、促進學生的社會技巧（98地三；96身三）

以下是教師幫助學生促進社會技巧的方法：

(一) 提供大量社會互動的機會。

(二) 計畫合作性活動。

(三) 鼓勵觀點取替。

(四) 幫學生正向的詮釋社會情境。

(五) 教授社交技巧、提供練習與給予回饋。

(六) 獎賞適當行為。

(七) 告訴學生他們具有社會期望的行為。

(八) 教導社會問題解決的技巧。

(九) 建立明確班規。

八、鼓勵不同團體間的社會互動

以下是教師幫助不同個體或團體間產生社會互動的方法：

(一) 提供學生可以交新朋友的環境。

(二) 儘量消彌社會互動的障礙。

(三) 鼓勵參與課外活動。

(四) 增進對殘障者特殊需求的瞭解。

(五) 幫助之前風評不佳的學生改善名聲。

(六) 多多鼓勵尊重別人。

九、父母教養風格對社會發展的影響

家庭的最主要功能乃讓子女盡可能健康的長大。雖然每個家庭都有不同的文化和結構，但家庭站在一個觀護者的角色，其最大目標乃提供子女一個安全的、撫育的、關愛的，以及支持的生長環境。在這種環境下允許年輕人發展其知識、價值、態度以及行為，以符合個人、家庭、社區，及社會對於個體成長的期望。

父母的教養風格也可稱為管教方式。美國發展心理學家**鮑姆林德**（D. Baunrind）**提出「家庭教養模式」**（parenting styles），**將子女管教類型歸納為三大種類：(一)威信型**（authoritative）**；(二)獨裁型**（authoritarian）**；(三)放任型**（permissive）。威信型的特點乃父母採溫暖的態度，但嚴格使用規則來促進子女順從規範，採行非體罰的教導，並強調言行合一。獨裁型的特點乃父母的態度是不溫暖的，對其所訂定的規則是壓迫的、嚴格的要求子女遵守，強調父母角色的權威，對於違規行為採行體罰。放任型的父母對於自己下的規則沒有堅持性，對於子女的行為採自由放縱的態度（任由子女從事其所欲的任何行為），對於子女的任何請求皆有求必應，與子女的關係較像同儕。**馬寇比與馬丁**（Maccoby & Martin）**提出父母教養四種類型，乃針對鮑姆林德指出的放任型，將之更明確的區分為兩種型式：放任型**（indulgent）**及忽略型**（neglectful）。放任型的父母若子女想要任何東西，都會供給他；忽略型的父母並不知曉子女的行動，彼此之間也未保持密切關係。

不論是Baunrind提出的三種父母管教子女類型，或是馬寇比及馬丁提出的四種父母管教子女類型，相同的是，父母管教類型的差異也會造成青少年不同的行為及發展。**父母採威信型管教方式的青少年有較高的社交能力及較少的心理或行為問題**；採取忽略型管教的青少年表現的社交能力最低，心理和行為問題最高；採取獨裁型管教者對於權威的順從度最高，但其自我概念卻最低；採取放任型管教者有較高的自信，但卻有較多的物品濫用、學校違規行為，及較差的學業表現。

1. 試比較自我效能感（sense of self-efficacy）與自信（self-confidence）的不同，並說明Bandura（1977，1986）主張的正確自我效能評估的四個訊息來源及其應用。（101高考）

2. 試述郭爾堡（L. Kohlberg）的道德發展理論及其在教育上之意涵。（100身三）

3. 試述多階段理論（multistage theories）之內涵，並請以柯柏格（L. Kohlberg）之道德發展理論加以說明之。（100高考）

4. 教育部正大力推動品格教育，試以班杜拉（A. Bandura）之社會學習論為基礎，說明如何推動品格教育？（98高考）

5. 說明同儕接納（peer acceptance）對學生學校生活適應有何影響？以及如何幫助學生發展社會技巧？（98地三；96身三）

6. 依據青少年心理學的研究顯示：現代青少年有兒童期縮短，進入成年期延後的趨勢。請問造成這種青年期展延的因素有那些？對青少年的社會適應及國民中、小學教育具有什麼意義。（96高考）

7. 從柯爾伯格（Lawrence Kohlberg）道德發展論的觀點，說明品德教育如何實施教學？（96身三）

8. 學生的學習受同儕關係影響深遠，請說明兒童期及青少年期學生的學習如何受到同儕的影響？（95原三）

9. 解釋名詞：自我觀念（self-concept）與自我價值（self-worth）（93身三）

10. 學童的自我觀念（self-concept）為什麼值得重視？提升學童自我觀念的教學策略有哪些？（93高考）

第3章 學習理論與應用

[名師導讀]

本章是教育心理學出題機率極高的一章,每年都有題目出現。尤其是行為主義、認知主義、人本主義三大學習理論的比較與應用,是近年的出題方向。

本章內容屬於學習心理學的一部分,內容繁雜卻處處重要,考生必須對每個學派學習理論的基本精神、教育意涵、代表人物與理論、教育應用與實踐各方面,都要鉅細靡遺地加以熟悉,尤其本章中許多的說明表、比較表與圖表,可以幫助您更深刻地了解其中深意,建議考生多加利用,甚至影印後隨身攜讀。

命題焦點就看這裡 [考題先覽]

1. 教育部於103年11月發布「十二年國民基本教育課程綱要總綱」,此一新課程綱要強調培養以人為本的「終身學習者」。自主學習(self-regulated learning)理論目的在培養終身學習者。某教師要求修習「學習評量」課程的師培生在學期末應繳交「職前教師學習評量能力增能」之規劃與實施結果報告。具體說明該課程學生如何運用自主學習理論,完成該項作業?說明時應納入影響自主學習主要因素的探討。(105高考)

2. 最常用來研究教育心理學的兩種取向分別為:行為學派取向(behaviorist approach)與認知論取向(cognitive approach)。請比較此二種取向在教育心理學研究之主要目的與探討的問題為何?請說明不同取向之教師其承擔教學成敗之責任孰重?(104高考)

3. 何謂意義學習(meaningful learning)?請舉兩種教學策略說明如何幫助學生達到有意義學習。(103身三)

4. 試述影響教育心理學最大的三種學習理論取向。(102身三)

5. 合作學習教學法的主要特色為何?那些發展與學習理論可用來支持合作學習教學法?理由為何?(102高考)

6. 請說明人本心理學的學習觀及如何應用在教學上?(102地三)

學習地圖

行為取向
- 古典制約
  - Pavlov狗唾液研究
  - Watson嬰兒懼怕情緒研究
- 操作制約
  - Thorndike餓貓迷籠實驗
  - Skinner白老鼠斯肯納箱實驗

認知取向
- Kohler的頓悟學習者理論
- Lewin的場地學習理論
- Piaget的認知發展論
- Brunner的發現學習論
- Ausubel的意義學習理論
- Brown等的情境認知論
- Paris的後設認知論
- Miller的訊息處理模式
- 建構主義與合作學習

折衷取向
- Tolman的符號學習論
- Bandura的社會學習論與交互決定論
- Gagne的學習條件論
- Bloom的精熟學習論
- Bandura的自我調節論

人本取向
- Maslow的需求層次論
- Rogers的人格自我論
- Combs的知覺心理學

第一節　行為取向的學習理論與應用

(1)增強的種類與比較；(2)懲罰的種類與比較；(3)古典制約與操作制約理論的比較；(4)學習遷移的因素、理論與應用；(5)迴避學習與逃離學習的比較，是必考焦點。

壹、學習與行為主義

一、學習的意義

學習是個體知識的增長，行為的改變過程。換句話說「**學習是個體經由經驗，在行為表現或行為潛勢上產生持久改變的歷程。**」（張春興，2006）知識的增長是認知心理學家較重視的，我們將在第二節探討，而行為的改變是行為主義學派的觀點，此派主張學習的結果就是個體行為改變的原因。

二、行為主義

美國心理學家華森（J.B. Watson）在1913年創立之行為主義學派（behaviorism），是心理學界的第一勢力（first force），又稱為「黑箱論」（black box）或「還原論」（reduction），較重視外顯的行為，不重視內在的心理歷程。

(一) 潛在學習

低等的驅力（drive）促成潛在學習（latent learing），又稱為偶然學習（incidental learning），指**學習者已在內心進行學習但卻沒有表露在外**（潛在性的），**等到增強物出現才運用所學解決問題**。托爾曼（E.C. Tolman）與洪齊克（M.P. Honzik）所做的「白老鼠走迷津」實驗，是潛在學習的最佳證明，他們認為增強是表現過程的必需物，但並非學習過程所需。

(二) S-R模式

20世紀初，行為主義心理學家認為**學習是由簡單的S（刺激）和R（反應）聯結而成，是為聯結學習論**（learning by association）。人類經由不斷的S-R配對學會許多知能，如拼音、寫字等。

貳、行為主義的重要學習理論

　　行為主義取向的學習理論，有較為重要的古典制約理論、操作制約理論和社會學習理論三者，分述如下：

一、古典制約的學習理論

　　古典制約作用（classical conditioning）**又稱為經典條件作用，是S-R刺激與反應配對聯結的學習**，反應結果的R可能是生理，也可能是情緒。生理的反應以巴夫洛夫（Pavlov）的狗唾液研究為代表；情緒的反應則以華森（Watson）的嬰兒懼怕研究為代表。

(一) 巴夫洛夫的狗唾液研究

1. 代表人物：俄國生理學家巴夫洛夫（Ivan P. Pavlov，1849～1936）。
2. 實驗內容：鈴聲與狗唾液分泌的刺激反應替代作用。
   - (1)食物：非制約刺激（unconditioned stimulus，簡稱UCS或US），因其與唾液分泌存在自然關係。
   - (2)食物引起的唾液分泌，屬於非制約反應（unconitioned response，簡稱UCR或UR）。
   - (3)鈴聲：制約刺激（conditioned stimulus，簡稱CS），因其與唾液分泌非自然相關，是一種「中性刺激」（neutral stimulus）。
   - (4)鈴聲引起的唾液分泌，屬於制約反應（conditioned response，簡稱CR）。
3. 實驗過程：

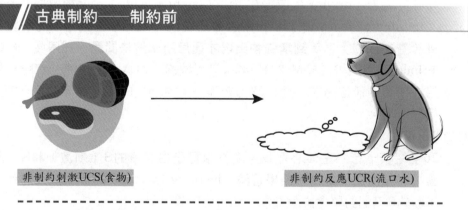

古典制約——制約前

非制約刺激UCS(食物)　　　　　　非制約反應UCR(流口水)

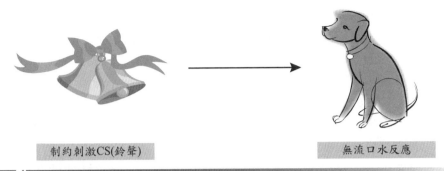

制約刺激CS(鈴聲)　　　　　　　　無流口水反應

古典制約——制約中

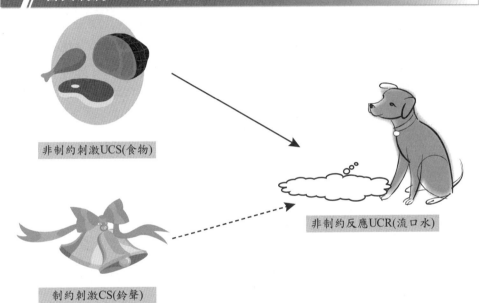

非制約刺激UCS(食物)

制約刺激CS(鈴聲)　　　　　非制約反應UCR(流口水)

古典制約——制約後

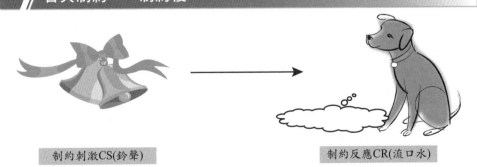

制約刺激CS(鈴聲)　　　　　　　制約反應CR(流口水)

圖3-1　巴夫洛夫狗唾液實驗流程

✕4. 研究發現：

鈴聲原本是與唾液分泌無關的中性刺激（neutral stimulus），經與會引起反應的刺激（食物）伴隨出現並重複多次後，刺激與反應產生聯結，最後單獨出現中性刺激仍會引發制約反應分泌唾液。

(二) 華森（Watson）的嬰兒懼怕情緒研究

1. 代表人物：美國心理學家華森（J.B. Watson，1878～1958），也是行為主義學派的創始人。
2. 實驗依據：採巴夫洛夫的實驗原理，Pavlov的實驗對象是動物，而華森的實驗對象是人——嬰兒。
3. 實驗過程：

心理學家華森（J. Watson）的實驗中，小嬰兒亞伯特（Albert）原來不怕白兔，但是怕巨大的聲音。當亞伯特伸手撫玩白兔時，心理學家用鐵鎚猛敲鋼條發出巨大的聲音，亞伯特非常懼怕，如此反覆數次後，亞伯特見到白兔就會逃開。

圖3-2　華森嬰兒懼怕情緒研究

4. 研究發現：**人和動物一樣，其學習歷程都是制約作用，刺激替代**（stimulus substitution）**的結果。**

✕(三) 古典制約作用的學習現象

1. 類化（generalization）（94地三）：在刺激與反應聯結產生之後，當新的制約與制約刺激類似時，也會引起相似的反應結果。例如：Pavlov的實驗中將鈴聲改成鐘聲，狗也會分泌唾液。
2. 辨別（discrimination）（94地三）：對不同程度的制約刺激具有區別能力。例如：Pavlov的實驗中若鈴聲太小，則狗就不會分泌唾液。
3. 消弱（extinction）（97原三）：聯結學習形成後，若不再伴隨非制約刺激（Pavlov實驗中的食物）或不再提供增強物，則已經習得的制約反應會逐漸減弱，最後消失。
4. 自然恢復（spontaneous recovery）：當消弱作用發生一段時間後，制約刺激又再出現時，仍會產生制約反應。

5. 高層制約作用（higher-order conditioning）：制約學習形成後，再以一新的刺激與制約刺激配對，則可建立另一古典制約反應學習稱為高層制約學習或二級制約作用（secondary-order conditioning）。例如：巴夫洛夫實驗中，加入燈光和鈴聲配對，則最後狗見燈光也會分泌唾液。

6. 接近律（law of contiguity）：制約刺激和非制約刺激的出現時間必須夠接近，才能產生最強的反應。

（四）古典制約學習的應用

莫羅和溫斯坦（Morrow & Weinstein，1986）認為古典制約理論可以幫助個人調適情緒反應，教師可由三層面參考運用：(1)與積極愉快的事件聯結學習；(2)協助學生克服學習焦慮；(3)幫助學生辨別與類化不同或相似的情境。因此，古典制約學者在教育上的涵義如下：

1. 新舊經驗正向聯結：避免影響個體行為與情緒。

2. 消弱作用導正作為：不給予增強即會漸漸消弱學生的偏差行為。

3. 運用有效的古典制約：有效的古典制約原則必須注意：(1)制約刺激的強度要夠；(2)先出現制約刺激，後出現非制約刺激，不可顛倒順序，否則會造成逆向制約（backword conditioning）；(3)出現的時間隔不可太久，易造成遺跡制約（trace conditioning），又稱痕跡制約；(4)配對出現的次數不可太少。

其次，針對制約刺激和非制約刺激是否同時出現，也有不同的意義和效果。兩者同時出現、同時停止，稱為同時制約（simultaneous conditioning）；制約刺激先，非制約刺激後出現，稱為延宕制約（delayed conditioning）。同時制約和延宕制約都可以產生制約反應，但前述的逆向制約和遺跡制約則難以形成制約行為。另外，行為心理學也將延宕制約和遺跡制約稱為前向制約（forward conditioning）。圖3-3表示「刺激時序安排關係」，可增加對上述各項制約的瞭解。

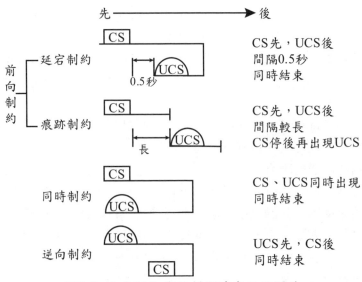

圖3-3　古典制約作用刺激時序安排關係

4. 嫌惡制約（aversive conditioning）：消除不當行為，以「戒煙」為例，先讓個體抽煙，然後看「肺癌照片」，最後引起個體產生嘔吐感。多次重複施作後，個體抽煙變得噁心想吐，而後不想抽煙。其中抽煙是「中性刺激」，而「肺癌照片」是「嫌惡刺激」，嘔吐感就是「嫌惡反應」，因此，嫌惡制約的過程如下：

二、操作制約的學習理論

　　古典制約說明行為是刺激——反應的聯結，但**人類許多新行為的學習卻是操作（operate）的結果**，並非全然是反應，**操作學習的制約過程是個體適應環境的工具**。因此，**操作制約（operant conditioning）又稱為工具制約（instrumental conditioning）**，代表人物有桑代克（Thorndike）和斯肯納（Skinner）。

（一）桑代克的餓貓迷籠（puzzle box）實驗

1. 代表人物：美國心理學家桑代克（E.L.Thorndike，1874-1949），是嘗試錯誤學習與行為養成說的創始人。
2. 實驗過程：餓貓 ➡ 關進迷籠（籠外有食）➡ 踏得開關 ➡ 出籠得食。

(1)貓在籠中紊亂跳動，偶而踏觸開關，出籠得食，此階段稱為「嘗試錯誤」（trial-and-error）。

(2)重複練習數次後，紊亂跳動次數減少，正確踏到開關次數增加。

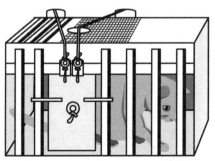

圖3-4　桑代克餓貓迷籠實驗

3. 研究發現：**動物和人類的學習是經由嘗試錯誤的摸索過程，淘汰錯誤的行為，留下正確的動作而加以固化**。Thorndike根據此實驗提出三大學習律與學習遷移（transfer of learning）。

4. 理論內容：

三大學習律

(1)練習律（law or exercise）

練習次數愈多，S-R聯結愈強；反之，若干時間不練習，則聯結減弱，是為「失用律」（law of disuse）。另外，練習時間愈靠近，則聯結愈牢固，是為「近因律」（law of recency）。例如：打鐵趁熱。

(2)準備律（law of readiness）

準備狀態愈好，亦即學習動機愈強，S-R聯結愈強。

(3)效果律（law of effect）（94地三）

反應效果愈滿意或得到獎賞（reward），S-R聯結愈被強化。

(4)學習遷移

S-R聯結學習有助於個體在其他類化情境的學習，當前後兩次刺激情境有共同或類似元素存在時，容易產生相同或相似的反應。因此，學習遷移有時又稱為「同元素遷移」（identical elements transfer）。

(二)斯肯納的白老鼠斯肯納箱（Skinner box）實驗（93原三）：

1. 代表人物：美國心理學家斯肯納（B. F. Skinner，1904～1990）是操作制約學習的創始人。

2. 實驗過程：

　　飢餓白老鼠關入箱中（Skinner box）➡ 到處跳動 ➡ 壓到橫桿 ➡ 食物出現 ➡ 繼續活動 ➡ 壓到橫桿 ➡ 食物出現……（一直循環動作直到食物吃完）。

圖3-5　斯肯納的白鼠斯肯納箱實驗

3. 研究發現：斯肯納修改桑代克的實驗，將白老鼠或鴿子置於箱中進行實驗，發現多次練習後，**白鼠或鴿子學會壓桿取食，得到「增強」**（reinforcement），**而非效果的滿意而已。**因此，**認為個體操作增強作用以落實學習強度，提出著名的操作制約論。**

4. 理論內容：

⚔(1)增強（reinforcement）：能使個體操作制約反應頻率增加的作用，又稱「後效強化」（contingency reinforcement）。

　　A. 正增強（positive reinforce）：刺激物出現能使反應頻率增加的作用稱之，此刺激物則稱為「正增強物」。例如：獎勵。

　　B. 負增強（negative reinforce）（84原三）：刺激物消失能使反應頻率增加的作用稱之，此刺激物稱為「負增強物」。例如：取消懲罰。

⚔(2)增強物特性：

　　A. 原級增強物（primary reinforcer）：增強物本身就具有增強作用者。如：水、食物、衣服等。

B. 次級增強物（secondary reinforcer）（90地三）：增強物本身不具有增強作用，但可換取或伴隨原級增強物出現，例如：金錢、獎狀等。以及非物質增強物的微笑、讚美、嘉勉等社會性增強（social reinforcement）都屬於次級增強物（87高考）。

(3)增強程序（schedule of reinforcement）：提供增強物的時間不同。

　A. 立即增強：正確反應後，立即給予增強物，適合學習初期。

　B. 延宕增強：正確反應後，隔一段時間才給予增強物，有助行為內化。

(4)增強方式（style of rein for cement）：提供增強物的頻率不同。

　A. 連續增強：正確反應後均立即且連續提供增強物，可強化行為與增強物的聯結關係。

　B. 部分增強：正確反應後，只選擇部分反應給予增強物，有助於行為內化，不依賴增強物，又可再細分為：固定時距增強、變動時距增強、固定比率增加、變動比率增強四種。

(5)反應隨因（response contingency）：

上述Skinner box實驗中，白老鼠只要有壓桿行為，就會有食物出現，行為與結果有一定的因果聯結，稱之。

✡(6)後效契約法（contingency contract）（82薦升）：

指治療者與案主訂定契約，約定達到何種程度就有何種相對的獎賞，常用於行為治療。

✡(7)懲罰（punishment）：刺激物的出現能使反應頻率減少的作用，例如：責罵，其概念不同於負增強，表3-1列出增強、懲罰與增強物間的關係。

　A. 剝奪式懲罰（removal punishment）（負罰）：移除喜歡的刺激，例如：禁止打電動。

　B. 給予式懲罰（presentaiton punishment）（正罰）：給予嫌惡的刺激，例如：體罰。

　C. 替代性懲罰（alternative punishment）：以不同的懲罰達相同的效果，例如：刑罰易科罰金。

表3-1　增強、懲罰與增強物的關係

	喜歡的刺激物 （appetite stimulus）	討厭的刺激物 （aversive stimulus）
反應後給予	正增強 （積極性鼓勵）	懲罰 → 施予式懲罰 （直接懲罰）
反應後移除	剝奪法 消弱法 隔離法 ↓ 剝奪式懲罰 （間接懲罰）	負增強 （消極性鼓勵）

(三) 操作制約作用的學習現象

1. 增強與懲罰的比較（101原三）

操作制約作用的增強及懲罰的技巧又可再細分為四類：(1)正向增強（positive reinforcement）——給想要的東西，增強行為；(2)負向強化（negative reinforcement）——移除不想要的東西，增強行為（84原民）；(3)正向懲罰（positive punishment）——給直接懲罰，削弱行為；(4)負向懲罰（negative punishment）——移除想要的東西，削弱行為。其比較如下表：

	提供	移去
喜歡的刺激	正向增強	負向懲罰
嫌惡的刺激	正向懲罰	負向增強

以上四種操作制約的技巧都有其效果，但最為有效的是運用正向強化配合負向懲罰的方式，其中負向懲罰與前述的剝奪式懲罰（剝奪、削弱、隔離）相同。

2. 增強物的種類

(1)物質性增強物

物質性增強物，是指有形的東西，譬如：玩具、學用品等。但須盡量避免以食物作為增強物。

(2)權利性增強物

　　給孩子有自主權,可自由選擇進行的活動。譬如:選擇看電視、外出吃飯等。

(3)活動性增強物

　　讓孩子從事他喜歡的活動,譬如:玩他喜歡的玩具、到野外踏青等。

(4)社會性增強物

　　社會性增強物是指給予孩子所喜歡的語言或身體刺激,例如口頭讚美、擁抱等,另外如注意、讚賞、認可、微笑、點頭、拍手、關懷、鼓勵、表揚、加分、說「謝謝」或輕拍肩膀等。社會性增強物所費極少而又有效。

(5)代幣(token)制增強物(95高考;93身三)

　　代幣制增強物是種有形的東西,可在事後交換物質性、權利性、活動性或社會性增強物。代幣通常是次級增強物(secondary reinforcers)(90地三),如籌碼、卡片、獎狀、某種權利、積點等,特別有利於建立新行為。

3. 增強時制(schedule of reinforcement)(95原三)

　　所謂增強時制就是特定反應及反應次數的增強規則。協利爾(Zelier,1977)將增強時制分成四類:(1)時間時制(time schedule)——包含固定時間增強、變動時間增強;(2)比率時制(ratio schedule)——包含固定比率增強、變動比率增強;(3)時距時制(interval schedule)——包含固定時距增強、變動時距增強;(4)區辨時制(differentiation schedule)——包含低頻行為、高頻行為、其他行為、替代行為、不相容行為的區別增強。前三類包括時間、比率、時距時制是針對「所欲行為」的正向增強,而第四類區辨時制則是針對「不欲行為」的負向增強或削弱。詳述如下:

(1)固定時間增強:設定的時間一到,就給予增強。例如:每晚八點看連續劇。

(2)變動時間增強:設定的變動時間一到,就給予增強。例如:看兄弟隊打球。

(3)固定比率增強:達到設定的正確反應次數即增強。例如:按件計酬。

(4)變動比率增強:達到變動的正確反應次數即增強。例如:賭博、樂透。

(5)固定時距增強：達到固定時間間隔後，出現目標行為才增強。例如：段考。

(6)變動時距增強（101高考）：達到變動時間隔後，出現目標行為才增強。例如：抽考。

(7)低頻行為的區別性增強：當不適當的目標行為次數減少，就提供增強。

(8)高頻行為的區別性增強：當不適當的目標行為次數增加，就停止增強。

(9)其他行為的區別性增強：除不適當的目標行為外，其他表現出來的行為均增強。

(10)替代行為的區別性增強：出現正向行為取代原本不適當目標行為，就予以增強。

(11)不相容行為的區別性增強：出現與不適當目標行為的不相容行為，就予以增強。

(四) 操作制約學習的應用

1. 學習遷移（99高考；95地三）

學習遷移是由**桑代克（Thorndike）和伍德沃思（Woodworth）於1901年所提出的理論，指的是先前所學的技能、知識與態度等舊經驗，轉移而對另一個學習或新經驗的影響，可以加快新經驗學習的速度。**

✄ (1)學習遷移理論：（99高考）

理論	倡導學派或人物	內容
形式 訓練論	官能心理學	認為學校教材選擇，不必重視其實用價值，而應重視其對官能訓練所具備的形式。
同元素論	桑代克 （Thorndike）	新舊經驗學習過程，兩者之間相同元素愈多，則遷移的分量也愈大。
共原則論	賈德 （Judd）	新舊經驗的學習過程，兩者兼具有共同的原理原則，始能對新的學習產生遷移作用。
轉換論 （關係論）	完形心理學	完形心理學強調行為或經驗的整體性，因此，轉換論強調整體型態，對舊經驗元素間的整體關係愈明瞭，學習遷移效果愈好。

理論	倡導學派或人物	內容
能力論	克勞斯梅爾（Klausmeir）與瑞波（Ripple）	偏重於垂直遷移，認為個體具有學習舊經驗的能力，在學習新經驗上便具有基礎且可以預期。
認知結構論	布魯納（Brunner）與奧蘇貝爾（Ausubel）	教材的知識結構和學生的認知結構，是學習遷移的主要通道。
產生方式論	安德森（Anderson）	同元素論認為：遷移是由於兩項學習之間共有的S-R聯結及數量，如在活動A12345和活動B45678之間，因為兩種活動有共同的成分4和5，所以這兩種活動之間才會有遷移；但產生方式論認為，產生遷移是由於兩項學習之間共有的產生方式及數量，如掌握了1/2＋1/3的演算法，可對解答1/4＋1/5起到促進作用，原因是這兩個算式之間有共同的產生方式。兩種技能之間產生方式的交叉或重疊愈多，遷移量愈大（MBA智庫，2014）。

✄(2)學習遷移種類（99高考）

類型	特徵
近端遷移	舊經驗與新經驗相類似的遷移，容易產生情境交疊。
遠端遷移	舊經驗與新經驗不相類似，情境很少產生交疊。
正向遷移	舊經驗促進新經驗的學習
負向遷移	舊經驗抑制新經驗的學習
垂直遷移（縱向遷移）	舊經驗是新經驗的基礎，可增加新經驗的學習深度。（94身三；88薦升）
水平遷移（橫向遷移）	舊經驗與新經驗相關，可增加新經驗的學習廣度。（94身三；88薦升）
文字遷移	完整的知識遷移到新的任務。
形象遷移（Figural）	使用一般知識的某部分來思考或學習一個問題。
低階遷移	經反覆練習，較低層次技能能熟練的自動發生遷移。
高階遷移	較高層次技能或認知能力的遷移。

類型	特徵
順攝抑制 (proactive interference)	舊經驗干擾新經驗的學習，屬於負向遷移的一種。
逆攝抑制 (retroactive interference)	新經驗的學習干擾舊經驗，屬於負向遷移的一種。
前導遷移	將目前的學習運用於未來的情境。
回溯遷移	面臨問題時，去回想過去所學。

(3) 學習遷移的影響因素（95地三）

學習遷移的影響因素包括：(A)個人因素：智力、年齡、認知結構、學習態度、學習心向等；(B)其他因素：教師教學、班級氣氛、學習材料、學習情境、教學媒體等。

(4) 實施方式（99高考；95地三）

教師在教學過程中運用學習遷移技巧，必須注意以下幾點：(A)所學的知識、技能之間要有相同的元素；(B)教學內容盡量符合學生的生活經驗；(C)採用多元教學法與評量；(D)激發學生的積極心向與主動分析綜合知識的概括能力。

2. 行為習得二因論：逃脫制約與迴避制約

古典制約學習與操作制約學習一直被看作是兩類不同的學習。事實上，人類或動物的學習行為實際上包含了古典與操作兩種制約因素。

(1) 逃脫制約（escape conditioning）學習：白鼠在往返箱（shuttle）中施予電擊，白鼠必須在限制的時間內逃離現場，以避免被電擊。是一種操作制約學習，在負增強的作用下，個體逐漸逃脫困境（100原三）。與迴避制約不同的是沒有亮燈給予制約刺激。

(2) 迴避制約（avoidance conditioning）學習：白鼠在往返箱（shuttle）中亮燈給予刺激，若未及時逃離，則施予電擊，因此，白鼠必須在限制的時間內逃離現場，以避免被電擊。迴避制約學習是一種古典制約（因燈光刺激而產生被電擊的恐懼）加操作制約（因恐懼而逃離）的學習，經過厭惡刺激（被電擊）的痛苦後，個體為避免再次遭受痛苦，在厭惡刺激出現之前即逃離現場（101地三）。

3. 霹靂馬原則（Premack principle）（82薦升）

又稱「老祖母法則」，由學者普利馬克（Premack）於1965年提出，就是運用兩種活動，其中一種是學生較喜歡的活動（如玩電腦遊戲），

另一種是較不喜歡的活動（如讀書），利用學生較喜歡的活動，來增強較不喜歡的活動。例如：學生喜歡玩電腦遊戲，而不喜歡讀書，則可告訴他好好讀書，就可以玩遊戲，如此可以增加讀書行為。

4. 行為塑造（behavior shaping）（101原民；95原三）

主要是將行為反應分解動作，依序分別進行學習，用漸次接近法（method of successive approximation），連續增強與期望行為有關的反應，最後達到預期的行為反應，藉以塑造並建立新行為。例如海威特（Hewett）所提出的「海氏工程教室」（Hewett's engineered classroom）：針對情緒困擾兒童設計七個階層，稱為「教學任務階層」（hierarchy of educational tasks），如表3-2所示。此項設計係逐步後效增強養成預期行為的作法，亦即行為塑造法之應用（朱敬先，1994）。

表3-2　海氏工程教室七階層

階層	兒童問題	教學任務	學習者酬賞	教師刻意指導
注意	因畏縮或抗拒而不注意。	使兒童對功課及教師注意。	提供實際的酬賞。	需愈少愈好。
反應	缺乏參與，不願意向學習反應。	使兒童對喜歡的功課反應，並使其有成功的可能。	給予社會性注意。	仍然愈少愈好。
秩序	無能力按指導進行學習。	使兒童由某特殊起點開始，逐步引導，完成工作獲致結論。	使經歷工作完成。	需頗為強調。
探究	對環境知識不完整或不正確。	增進兒童成為有效率的探究者，使對所處環境多方面感官探索。	提供感官刺激。	需頗為強調。
社會	不能評價社會讚許與否。	使兒童為教師及同儕團體工作而獲讚許，避免不讚許。	提供社會讚許。	基於社會的欣賞準則。
精熟	缺乏基本適應力及學校技能，非因IQ不足造成的。	補充基本的技能缺陷。	經歷工作之精確性。	經歷智慧性的工作成就。
成就	缺乏自我激勵的學習動機。	發展所學知識之興趣。	基於課程規定。	需愈少愈好。

資料來源：朱敬先，1994。

5. 行為鎖鏈（behavior chain）

行為連鎖，就是一種習慣性或自動性的複雜行為，如打字、彈琴、走路、跑步等，都是**將多重反應串聯起來，像連鎖一樣。第一個動作結束後，立刻引起第二個動作，這種現象就稱為行為連鎖**。例如：彈鋼琴時，先學會右手彈法，再來是學會左手，到後面兩手都會彈奏，進而學會彈奏整首曲子。

6. 反應代價法（response cost）

反應代價法是屬於較輕度的懲罰方式，是在**行為者出現不當行為反應時即扣除行為者原來擁有的某些增強物**，以減除不當行為反應的發生頻率。

7. 饜足作用（satiation effect）

即**鼓勵個人不斷從事問題行為，直到厭倦為止**。

三、古典制約與操作制約的比較

古典制約和操作制約的比較如下（101地三）：

(一) 相同點

1. 兩者皆有刺激和反應。
2. 皆能對特定制約刺激產生正確制約反應。

(二) 相異點

1. 制約形成方式不同

古典制約是因UCS和CS的配對，進而產生相同或相似的反應，亦即刺激替代的學習歷程；操作制約是因為反應後的增強物，是後效強化的結果。

2. 反應的性質不同

古典制約的反應行為是自動的、不自覺的；而操作制約的行為反應是自願的、可控制的。

3. 刺激呈現的次序不同

古典制約是制約刺激出現在非制約刺激之前；而操作制約是制約刺激出現在制約反應之前。

4. 學習的歷程不同

古典制約是以制約刺激取代非制約刺激，引發個體反應；操作制約是個體表現出正確的反應即獲得增強。

參、行為主義學習理論在教育上的應用（104高考）

　　行為主義的教育目的是要幫助學習者達成行為的改變。教師的職責在提供有利的環境和刺激；教學內容和方法必須經過審慎的設計，以引導學習者行為的改變；且其行為的改變必須是能夠客觀地予以測量。

一、行為主義學習理論在教學方法上的應用

(一) 行為改變技術：應用行為心理學、實驗心理學的原理原則，以增強、消弱、隔離、反應代價等技巧，增進個體良好行為，或消除個體不適當的行為。

(二) 編序教學（86薦升）：根據操作制約學習原理，將原屬課本式的教材，按一定的順序改變為編序教材，設計出循序漸進的教學方法。例如：教學機與電腦輔助教學（CAI）。斯肯納（B. F. Skinner）是編序教學的主要提倡者。

(三) 精熟學習（mastery learning）：根據行為主義與認知主義的精神，布魯姆（Bloom）提出精熟學習法，是一種在班級團體教學中的個別化教學取向（不是一對一的個別教學）（83薦升），可以適應學生個別差異的學習特性。其精熟標準為80～90%學會教材，較強調教師的教學指導功能，並認為學生學習成就的落差主要肇因於所需之學習時間不足。

(四) 凱勒計畫（Keller plan）：凱勒氏教學法為個別化教學法之一種，亦是行為主義的產物。該教學法由凱勒（F. S. Keller）於1968年提出，是一種個人化教學系統（personalized system of instruction，簡稱PSI）（83薦升），採用個別教學方式達到，強調學生的自主學習。教學法包括熟練標準、學生自我控速、單元考試和成績評量、立即回饋、助理制度、學習材料、講述和展示等七項要素。其目的希望改正傳統教學方法中，學生過於依賴教師學習的習慣，並培養學生獨立自主的能力。

(五) 直接教學法（direct instruction）（99地三）：直接教學法（direct instruction，簡稱DI）由恩格曼（S. Engelman）提出，是以教師為主導地位，教學前安排每節課的時間，把訊息直接傳達給學生，提供示範、練習、回饋，引導學生達成教學目標。直接教學法屬於結構化教學，遵循七個步驟進行：1.陳述學習目標；2.複習先備知識；3.呈現學習材料；4.進行學習探索；5.提供練習機會；6.評量學習表現；7.提供學習回饋。

二、行為主義學習理論在行為改變上的應用

(一) 去除不當的行為

1. 消弱

   當一個反應不再被增強時，其出現頻率會逐漸減少並通常會回到基準水準。因此要降低不當行為的出現頻率，就要確定該行為沒有被增強。但是老師或大人常不自覺的增強了他們想要消除的行為，因此教師本身應該對自己在教室的行為加以反省，注意不要增強了對學生沒有幫助的行為，不管是有意或無意的。

   關於消弱，有幾點注意事項：

   (1)當增強作用停止時，先前獲得增強的反應並非總是立即減少。有時這個行為在最初一段時間會增加，直到學生學到這個行為不再產生想要的結果為止。

   (2)只有當所有增強物被移除時，消弱才會發生。

   (3)消弱也可能發生在良好的行為上。

2. 暗示不適當的行為

   我們可以用暗示來提醒學生應該做什麼及不該做什麼。例如：使用肢體語言、身體接近、口頭暗示等。

3. 增強無法共存的行為

   當消弱和暗示無效時，另一種減少不當行為的方法，就是去增強一個與不當行為無法共存的（較好的）行為，當這個無法共存的行為增加時，不當的行為必然會減少。例如：讀書和打電動無法共存，透過增強讀書行為，打電動行為就會減少。

4. 懲罰

   有些不良行為必須立即矯正，因為它們會嚴重影響學生的學習，威脅學生的身體安全或心理健康。而當其他策略都不適用或無效時，懲罰也許是一個有用的選擇。懲罰是使用在學生不當行為之後，用來降低該行為出現的次數。懲罰可以分為兩類：(1)施予式懲罰：係指將令人討厭的刺激加諸學生身上；(2)剝奪式懲罰：係指移除先前存在並且是令人喜愛的刺激。此外，**負增強與懲罰的概念不同：負增強是加強某種行為表現；懲罰則是制止某種行為的出現**。

   嚴格來說，懲罰並不是操作制約的一部分。許多行為主義者認為**懲罰並不是改變行為的有效方法，它只是暫時抑制某反應而已**，因此建

議**教師應致力於增強學生的良好行為，而非致力於懲罰學生的不當行為**。然而近來行為主義者發現有些懲罰方式對於減少問題行為相當有效。有效的懲罰方式如下：

(1)口頭責罵。

(2)反應代價（response cost）：係指當反應不當時，失去先前獲得的增強物或失去得到增強物的機會，為剝奪式懲罰的例子。

(3)合理的結果（logical consequences）：罪有應得。

(4)暫時隔離：將行為不良的學生置於無聊乏味的情境，讓他沒有機會和同學互動，也沒有機會獲得增強。

(5)校內管教（in-school suspension）：將學生置於安靜、無聊的校內空間，通常持續幾天並由成人加以管教。接受校內管教的學生一樣從事其他學生（未接受校內管教）所做的作業，只是沒有與同學互動的機會。

而無效的懲罰方式包括下列幾項：

(1)肉體懲罰：可能造成學生不良行為（怨恨老師、說謊、曠課等）、構成兒童虐待或身體傷害等。

(2)心理懲罰：可能嚴重威脅學生的自尊。

(3)額外功課（extra classwork）。

(4)校外管教（out-of-school suspension）：有時校外管教反而增強了學生的不良行為。

(5)禁止下課（missing recess）：有研究指出學生有下課休息時間，則上課較易專心，因此建議不要經常收回學生下課的權利，然後去監控學生行為的改善情形。

因此，懲罰的使用必須掌握下列原則：

(1)事前告知學生哪些行為會被懲罰，並說明如何懲罰。

(2)確實執行。

(3)私下進行。

(4)說明為什麼被懲罰的行為是不被接受的。

(5)強調懲罰是對事（不當行為）不對人。

(6)同時教導並增強適當行為。

同時，在教室情境中要去除學生的不當行為，有以下幾個注意事項：

(1)不去增強學生的不良行為。

(2)當學生表現不當時給予暗示。

(3)增強與不良行為無法共存的行為。

(4)當不良行為必須要馬上抑止時,選擇一個溫和但可以制止該行為的懲罰方式。

(5)具體說明適當和不當行為及其後果。

(6)當所有的努力無效時,請教專家的意見。

5. 獎賞的類型

類型	特色	例子	評論
社會性的獎賞	涉及與他人愉快的互動。	讚美、鼓掌、接觸(握手)、擁抱(小朋友)、書寫便條說明給家長:說明子女在校優良表現。	由他人的行為所決定,常常是社會行為的自然結果。
活動性的獎賞	涉及愉快活動的機會。	任何喜好的活動:遊戲、玩耍、擦黑板、自由選擇活動、閱讀課外讀物。	所提供的活動必須是同學所喜愛的,最好避免是課外活動,也許也會涉及到社會性的增強物,例如:參與同學團體遊戲。
代幣式的獎賞	可見的、實體的讚許或進步之標記。	星星、記點、勳章、獎勵卡、證明書。	這些可單獨使用或與活動性、物質性的獎賞交換應用。
物質性的獎賞	實體的/可用的/食用的。	甜點、玩具、裝飾品或各類禮物。	適合幼稚園或低年級的小朋友,其他獎賞類型無效時亦可使用。經常與其他獎賞類型配對使用,以增強新獎賞的效果。

(二) 維持良好的行為

1. 促進內在增強

內在增強係來自於學生本身而非外在條件。**內在增強對於維持學生的適當行為有良好效果,然而當學生遭遇困難任務並屢次失敗時,教師可以將此任務分成幾個較簡單的步驟,當學生完成一部分即給予外在增強,**直到學生對這項任務精熟並能成功時,外在增強便不再需要了。另外,當學生對某事已有內在增強時,提供外在增強是不適當的。

2. 使用間歇性增強

想要維持經常性的行為，應採用間歇增強。採用持續性增強，一旦增強停止時，該行為會快速消失（消弱）。而採用間歇性增強，當增強停止時，該行為的反應頻率的下降速度是緩慢的。

(三) **處理特別困難的教室行為**

1. 應用行為分析

(1)用可觀察、可測量的詞彙描述當前的行為和希望的最終行為。

(2)確定一種或更多的有效之增強物。

(3)發展一個明確的介入或處理方案。

(4)在處理前和處理期間，測量良好和不良行為的出現頻率（次數）。

(5)觀察行為的改變情形以監控處理的效果，必要時加以修改。

(6)促進行為的類化。

(7)當獲得良好行為時，透過間歇性增強逐漸將處理撤出。

2. 功能分析與正向行為支持

(1)確定學生表現不當行為時所處的特定情境及行為造成的結果。

(2)在確認學生表現不當行為的目的後，教師要去確定能產生相同目的，但卻比較有效的行為，並且設計情境去鼓勵這些行為。

3. 正向行為的支持策略

(1)教導可以產生與不當行為相同目的的良好行為，以取代不當行為。

(2)採用學生喜愛並一致的方式來增強良好行為。

(3)改善教室環境以減少可能引起不當行為的條件。

(4)建立一套可預料的日行慣例以減少學生焦慮，並讓學生覺得舒適安全。

(5)給學生經常做決定的機會，這樣一來，學生通常可以不用訴諸不當的行為而得到想要的結果。

(6)修正課程與教學讓學業成功的可能性達到最高。

三、行為主義學習理論的缺失

(一) 企圖改變行為而忽略了可能會妨礙學習的認知因素，於是有認知主義學習論的興起。

(二) 重視行為塑造卻忽略了社會與文化對學習的影響，於是有社會學習論的產生。

(三) 增強的方法可能鼓勵學生快速的而非仔細透徹的去完成工作，也忽略學習者本身自我價值的改變，偏重行為學習而非以學生為中心，於是有人本主義論的出現。

(四) 外在增強可能會損害已有內在動機的行為，以及內在增強的價值，因此有自我調節論的盛行。

自我
評量 .... 歷屆試題

1. 解釋名詞：
   (1)變動時距增強（variable interval reinforcement）。（101高考）
   (2)迴避學習（avoidance learning）。（101地三）
   (3)逃離學習（escape learning）。（100原三）
   (4)水平遷移（lateral transfer）與垂直遷移（vertical transfer）。
      （94身三）
   (5)次級增強物（secondary reinforcers）。（90地三）
   (6)代幣制度（token economy）。（93身三）
   (7)斯肯納箱（skinner box）。（93原三）

2. 請舉例說明何謂正向增強（positive reinforcement）、負向增強（negative reinforcement）、正向懲罰（positive punishment），以及負向懲罰（negative punishment），並特別注意說明這四個概念的相異處。（101原三）

3. 試舉例說明經典條件作用（或古典制約作用）（classical conditioning）和操作條件作用（或操作制約作用）（operant conditioning），並比較兩種學習理論之異同。（101地三）

4. 試述學習遷移的涵義、類型及學習遷移理論的轉變，並說明教師如何應用學習遷移之概念於教學情境中，以促進知識之學習與應用。（99高考）

5. 請比較「直接教學」（direct instruction）與「發現學習」（discovery learning）的不同，並說明其教學應用之優點與限制。（99地三）

6. 試說明在教室學習情境中所使用的代幣制度（token economy）為何？並請說明其實施步驟與在教學運用時所需注意的重點。（95高考）

7. 何謂學習遷移（transfer of learning）？影響學習遷移的因素為何？教師在教學時，要如何促進學生的學習遷移？（95地三）

8. 試舉例說明經典條件作用（或古典制約作用）（classical conditioning）和操作條件作用（或操作制約作用）（operant conditioning），並比較兩種學習理論之異同。（95地三）

9. 簡述在班級管理與學生個人學習上，如何應用行為塑造（Behavioral shaping）與部分強化時制（Partial reinforcement schedule）兩項操作制約的原則。（95原三）

10. 先說明何謂效果律（law of effect)？古典制約是由何人發現？請就古典制約的觀點解釋：(一)次級制約（second-order conditioning）；(二)類化（generalization）；(三)辨別（discrimination）。（94地三）

Notes

第二節　認知取向的學習理論與應用

考點提示

(1)布魯納的發現學習理論與應用；(2)奧蘇貝爾的意義學習理論與應用；(3)發現學習、直接教學與意義學習的不同；(4)合作學習；(5)情境式學習，是必考重點。

　　行為主義學習理論企圖改變行為而忽略了可能會妨礙學習的認知因素，因此，重視學習者認知過程與知識結構的認知主義學習論興起。古希臘哲學家其實早就已經對認知提出看法，認為認知就是知識的本質、思想的內容等，到了19世紀末，結構主義學者以內省法研究意識結構，以及功能主義將記憶分成短期和長期記憶，20世紀初，完形心理學派主張認知是知覺組織、思維與解決問題的過程，到了60年代，美蘇國防競賽、電腦的發明，以及語言心理學的發展，使認知教學漸受重視，80年代以後，記憶與訊息處理理論盛行，時至今日認知理論的發展逐漸聚焦於學習、思考與解決問題上。

壹、認知取向的學習理論

　　認知主義學習理論較具代表性者有：柯勒（Kohler）的頓悟學習理論、勒溫（Lewin）的場地學習理論、皮亞傑（Piaget）認知發展理論、布魯納（Bruner）的發現學習論、奧蘇貝爾（Ausubel）的意義學習論、情境認知論、後設認知論、建構主義學習理論、與訊息處理模式等。

一、柯勒（Kohler）的頓悟學習理論（86地三）

　　美國籍德裔心理學家柯勒（W. Kohler，1887～1967）為了探究黑猩猩是否具有智慧的行為，以及如何解決問題（學習），設計了「迂迴道路」的實驗，對直接能達到目的物的每一道路，設以障礙，且讓黑猩猩對所有情境一覽無遺。研究結果顯示，黑猩猩會以三種方式達到目的：(一)以自己的身體做迂迴：被關在籠中，從窗戶望見香蕉的黑猩猩會從側門走出，去拿香蕉；(二)利用工具做迂迴：若側門無法打開，黑猩猩會用窗戶外的長棍拿香蕉；(三)製造工具作迂迴：如圖3-6，黑猩猩會利用箱子重疊，站上去拿香蕉。

　　柯勒從黑猩猩的實驗結果中，**建立「頓悟學習」（insightful learning）理論，認為學習的實現和成果是學習者對問題情境頓悟的結果**，頓悟指的是突然知覺到目的與手段之間的關係。**頓悟要能發生，必須學習者能看出學習情境的各個成份，重新組合成為一個「完形」**。因此，柯勒可說是格式塔心理學（完形心理學）的重要代表人物。柯勒因實驗結果，堅決反對桑代克「嘗試錯誤」的學習理論，因為桑代克使被試動物不能一覽全部情境，導致牠們進行盲目的、隨機的、嘗試錯誤的行為。後來的研究表示，頓悟的出現需要有一定的嘗試錯誤經驗為基礎，兩者不是相互排斥對立，而應該是互相互補的。

　　格式塔（完形）心理學的頓悟學習一旦出現，便能保持遷移到類似的學習情境，因此可以避免多餘的嘗試錯誤次數，具有增強性質、不容易遺忘且有助於自我學習。

圖3-6　頓悟學習實驗——黑猩猩抓取高掛的香蕉

二、勒溫（Lewin）的場地學習理論

　　勒溫（K. Lewin）以完形心理學的理念為基礎，**發表場地學習論（field learning theory），此理論是用來解釋個體的學習過程，無時無刻不受到周圍整體環境與個人交互作用的影響**。其中個人因素包括了遺傳、能力、情緒、動機等，而環境因素則包括了人與人的互動，以及社會與自然環境的一切事物。**此一交互作用可用以下等式表示：B=f(P+E)**，其中B=behavior（行為）；P=person（個體）；E=environment（環境）；F=function（函數），等式中的P+E代表個體與環境所形成的物理與心理空間，也就是生活空間的全部（life space）。因此，行為的影響因素是不斷在改變，且是動態的。

三、皮亞傑（Piaget）的認知發展理論

皮亞傑（Piaget，1896～1980）的認知發展理論，本書在第二章人類的發展理論中，已有詳細的介紹，不再贅述。按照皮亞傑的說法，個體出生不久，即開始主動運用他與生俱來的一些基本行為模式對於環境中的事物做出反應，如此不斷地改變與建構，形成個體用以了解周圍世界的「認知結構」（cognitive structure）。個體遇到新事物所用以對應的認知結構稱為「基模」（schema），基模是個體用以同化、順應或調適新訊息以產生訊息回饋的現存知識。**皮亞傑的認知發展理論中心，其實就是個體的基模隨年齡增長而產生改變的歷程。**因此，學校教學必須依認知發展順序訂定教學策略（sequencing instruction），配合學生的認知發展順序，在不同認知發展階段，有不同的教學方式，例如，具體運思期要注意實物教學，妥用教學策略，重視班級成員。

四、布魯納（Bruner）的發現學習論（99身三）

布魯納（Bruner）對認知發展的貢獻是提出「表徵系統論」，已詳述於本書第二章。布魯納提出的另一重要理論為「發現學習論」（discovery learning theory）。**布魯納（1915）認為，學習是一種由個體主動參與與處理訊息，並將訊息加以組織、建構、進而吸收的歷程，稱為發現學習論。**布魯納強調學生主動對所學事物的自然探索，從而發現事象變化的原理原則，是產生學習的主要條件。

此理論重點有二：(一)認知表徵：個體之所以認識環境中的事物，是因為具備對事物的認知表徵能力，表徵方式先是動作表徵（enactive representation），而後是形象表徵（iconic representation），最後則是符號表徵（symbolic representation）。例如：學童拿出5個花片表徵有「五個蘋果」，屬於「形象的表徵」；學童伸出5根手指頭表徵有「五個蘋果」，屬於「動作的表徵」；學童使用數詞「ㄨˇ」表徵有「五個蘋果」，屬於「抽象的表徵」；學童使用數字「5」表徵有「五個蘋果」，屬於「符號的表徵」。(二)知識結構：布魯納認為知識結構的呈現方式與學習成效有很密切的關係，知識應該依照表徵方式、經濟性及效能，加以有系統的組織起來，最後用最簡單的方式呈現出來。

布魯納在西方心理學界享有盛名，認為「配合兒童學習心理，六歲兒童亦能學習相對論」。布魯納的發現學習論為**「啟發式教學法」**確立了理論基礎。他**主張教師的教學不是灌輸知識給學生，而是啟發學生主動求知和組織**

知識，**強調教師教學要提升學生的「學習準備度」**（readiness），教導學生在求知活動中發現原則，進而整理統合，組織屬於自己的知識，並主張教材難度應有先後順序，必須針對學生心智發展水平做適當安排，因此也提出了**螺旋課程**（spiral curriculum）的構想，**建議課程應該依年級上升而做出循環，增加學生學習的結構性**。

　　布魯納認為把握事物概念間的關連性，建立結構化的知識，不但有助於學習上的理解，而從結構化中學到的原理原則，更有助於產生類化（generalization）和學習遷移（transfer），以及培養獨立探究、求取高層知識的能力（教育Wiki，2014）。

　　發現教學法經常與行為主義取向的「直接教學法」進行比較（直接教學法的介紹請見本書第三章第一節），以下是兩者的比較一覽表（99地三）：

相異處	發現學習法	直接教學法
提出者	布魯納（Bruner）	恩格曼（Engelman）
理論取向	認知主義	行為主義
主要主張	1. 重視認知表徵。 2. 以學生為中心的啟發式教學歷程（啟發式教學法）。 3. 重視學習預備度、先備知識，教師是引導者，鼓勵學生主動探索與發現。	1. 教師將教材細分，有系統地時間安排與教學規劃。 2. 以教師為主導的結構化教學。 3. 提供適當的練習與複習，重視教材精熟。

五、　蘇貝爾（Ausubel）的意義學習理論（103身三；99身三）

　　奧蘇貝爾（A. Ausubel）提出「前導組織」（advance organizer）的理念，主張教師在教學時應先將新知識的主要概念提出來，使之與學習者的先備知識相結合，以產生有意義的學習，稱為「意義學習論」（meaningful learning theory）。奧蘇貝爾並將知識概念分為「要領概念」與「附屬概念」，其理論要義如下：

(一) 接受式學習（reception learning）

　　奧蘇貝爾提倡「接受式學習」，與布魯納提倡的「發現式學習」有些不同。**接受式學習是指學習內容經由教師組織後，以最後的形式呈現，提供給學習者，學習者將教學內容內化為自己本身的認知結構**，以便將來再現或另作他用。發現式學習（discovery learning）的學習內容並非教

師現成給予的，而是在內化之前，學習者自行操作、探索，以發現學科教材所隱含的組織結構，最後仍然加以內化成認知結構。因此，**兩者的差別只是前者是「被動給予」，後者是「主動發現」**，接受式學習與發現式學習兩者並非互斥，而可能兼容於同一個學習過程中。

(二) **有意義的學習**（meaningful learning）（95身三）

奧蘇貝爾認為，不論是接受式的學習還是發現式的學習，都有可能是有意義的學習，也有可能僅是機械式的記憶。**「有意義的學習」是指學習者知覺新知識與舊知識有關聯，並將新舊知識連結**學習後，內化為認知結構的一部分；而**「機械式學習」是指新舊經驗缺乏連結**，僅是機械式零碎記憶或練習，新知識處於孤立，無法融入原有的認知結構。奧蘇貝爾認為，「有意義的」與「機械式的」學習是一個連續的向度，許多學習是兼具「有意義的」與「機械的」兩種性質，只是程度多寡而已，如表3-3所示。

表3-3　意義學習論的學習方式

		所接受訊息被學習者吸收時當作為：	
		有意義的	機械式的
所學訊息對學習者之效用基於：	接受	有意義的接受學習：邏輯式組織訊息，以最終方式向學習者呈現，然後學習者將之與原有經驗相連結，融入其認知結構。	機械式接受學習：任何方式訊息以最後型態向學習者呈現，然後記住它。
	發現	有意義的發現學習：訊息之學習由學習者獨立進行，然後將之與原有經驗相合，融入其認知結構。	機械式發現學習：訊息之學習由學習者獨立進行，然後記住它。

資料來源：Ausubel & Robinson, 1969, p.187.

增廣見聞 ▶ 概念圖（concept map）

Ausubel認為，當學習者的新知識及原有的概念與命題架構（proposition framework）有意義的聯結在一起時，學習便產生了意義。概念構圖法經常應用於科學教育，是呈現概念間關係的圖解，也是一種可以幫助分析學生概念架構與提供反省學習機會的「有意義」學習方式，由Novak與Gowin創出，例如下圖的浮力分析概念圖。

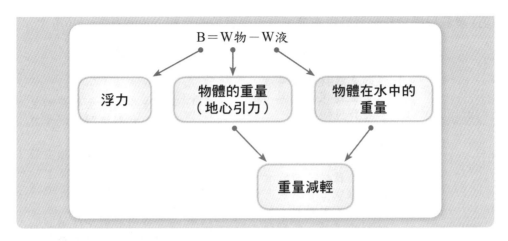

☒ (三) 講解式教學（expositopy teaching）

奧蘇貝爾認為，有意義的學習主要發生於教師講解的教學過程，教師必須扮演呈現與講解教材的角色。講解式教學法不同於講述法（lecture），教師必須考慮學生的預備狀態（readiness），選擇合適的前導組織，進行教材的漸進分化（progressive differentiation）與統整調合（integrative reconciliation），讓學生原有的認知結構與新學習教材有重新組合的機會，其所涉及的層面包括老師講述、師生對答、資料呈現及學生接受等過程。

☒ (四) 前導組織（advance organizer）

教師在教學前提出一個比新的學習材料更具有較高抽象性、涵蓋性的介紹性材料，以點出新學習材料的主要概念，使之與學生既有的要領概念（先備知識）相結合，並將新內容中細節性的材料（附屬概念）同化成認知結構並記憶。前導組織有兩種類型：

1. 說明式前導組織（expository organizer）

   當學習材料對學習者相當陌生時，可用「說明式前導組織」，提供相關的背景知識（即先備知識），以利理解和學習新的訊息。

2. 比較式前導組織（comparative organizer）

   當學習材料與學生舊經驗有關，且具有若干程度的熟悉時，可採用「比較式前導組織」，以比較新舊知識的異同。

☆(五) 奧蘇貝爾意義學習論與布魯納發現學習論的比較：（99身三；96高考）

	相異	相同
Bruner	1. 教師是教材的引導者，鼓勵學生主動探索學習，建構認知並發現知識。 2. 重視表徵系統的學習。 3. 強調「啟發式教學法」。	1. 兩者皆強調學生學習的主動性，也都認同發現學習的重要。 2. 兩者皆強調先備知識在認知建構過程的重要性。 3. 兩者都強調「學習準備度」的重要。 4. 兩者都同意認知結構會隨著新知識的學習而不斷改變。
Ausubel	1. 教師是教材的組織者，提供前導組織，有系統有組織地規畫與呈現教材，輔以條理分明的講解，幫助學生認知內化與建構。 2. 重視概念學習。 3. 強調「講解式教學法」。	

六、情境認知理論與情境學習（101高考）

　　布朗（J. Brown）、柯林斯（A. Collins）及杜谷（P. Duguid）於1989年提出情境認知（situated cognition）理論，強調提供真實情境的學習環境，並且以解決問題為導向，而非以事實為導向，並透過認知學徒制（cognition apprenticeship）的教學策略——示範、教導、提供鷹架並逐漸撤除、闡明、反省和探究，來培養學生成為一個獨立思考者及問題的解決者，以改善在傳統教學中，學生無法將所學的概念應用到日常生活中的問題解決（徐偉民，2014）。因此，**情境教學**（situated teaching）**與情境學習**（situated learning）**就是以學習者為中心，讓學習者置身於教學情境中**，其過程是參與行動學習、反思探索與回饋，其目的在於使學習者在多元環境中互動，能適性發展而建構出自身的知識能力。

　　徐新逸（1998）認為要達到情境學習有四大要素：(一)課程內容與學習者的生活經驗相似；(二)要有高度複雜巨觀的學習環境；(三)提供學習者學徒式的學習環境；(四)由學習者主動解決問題。林吟霞（2009）提出情境學習的主要內涵包括：(一)情境學習是一種體驗的學習；(二)情境學習是學習者主動建構知識的學習；(三)情境學習是合作與社會互動的學習：Lave及Wenger（1991）發展出「合法周邊參與」的理論（legitimate peripheral participation，LPP），認為在實務社群（community of practice）環境中，每個人均是從周邊參與，再合法進入核心過程進行學習。(四)情境學習是評

量和教學結合的學習。陳小鶴（1995）認為，提供真實學習情境的方式可分為三種：(一)直接進入真實情境中學習——如安排校外教學活動或參觀訪問；(二)以人工方式模擬情境：(三)以電腦多媒體／超媒體模擬情境。

✡七、後設認知理論

　　後設認知是指在從事認知活動時，人對本身的認知歷程及結果，能有自我目標設定、自我監控、自我評鑑及自我修正的知能，使所從事的認知性活動能達到最有效的結果（張錦文，2014）。Paris對後設認知的觀點認為，後設認知包括兩大類的心理活動：一為認知的自我評估知識（self-appraised knowledge about cognition），一為思考的自我管理（self-management of one's thinking）（林本喬，1995），如圖3-7所示。後設認知內涵基本上可以歸納成兩個部分：「認知的知識」及「認知的監控」。「認知的知識」強調個體對本身認知狀況的瞭解，明瞭自己認知的優缺點，以便在從事認知活動時，能善用自己的優點，避開自己的缺點；「認知的監控」強調個體在從事認知活動時，能隨時監控、調整和修正自己的認知活動，以使認知活動獲得最有效的結果。

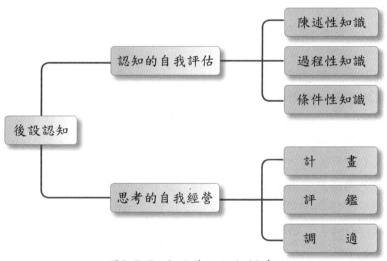

圖3-7　Paris的後設認知模式

八、訊息處理模式

解釋個體在環境中，如何經由感官察覺、注意、辨識、轉換、記憶等內在心理活動，以吸收並運用知識的歷程。訊息處理論（information-processing theory）又稱為信息加工論，反對皮亞傑採用分離的發展階段，認為孩童應以較為平穩、漸進的方式發展其認知能力，透過人與環境的交互作用中，主動選擇並透過類似電腦輸入的方式來學習和輸出。

✡(一) 訊息處理是一種多重複雜的歷程

訊息處理主張人類把記憶視為一種訊息來處理。記憶並非單一歷程的運作，接收自環境的刺激或訊息係分為數個不同階段處理，按照產生的時間先後可分為感覺記憶、短期記憶及長期記憶三類，且各階段的記憶處理方式不盡相同，是一種多重且複雜的歷程。心理知覺的訊息處理歷程包括兩類：(一)由下而上處理（bottom-up processing）（94身三）：或稱「上行」運作，指個體根據知覺環境刺激的感官資料，執行分析後向上傳送，形成抽象的心理表徵，是資料引導的處理過程（data driven approach）；(2)由上而下處理（top-down processing）（94身三）：指個體根據過去的經驗、知識，解釋眼前所知覺的事物，是概念引導的處理過程（conceptually driven approach）。帕墨（H. E. Palmer）認為，對訊息處理而言，大部分都是由上而下和由下而上兩者交互進行，此方式稱為交互處理歷程（interactive processing）。

(二) 訊息處理是一種內在心理運作的歷程

訊息的學習類似電腦的輸入系統（input syatem），將環境的刺激變成一種訊息輸入，進而產生感覺記憶，經過編碼（encoding）、譯碼（coding）等一連串複雜的過程，將訊息轉為抽象概念，隨後轉成短期記憶，再轉為長期記憶，中間所經歷的內在心理運作歷程就是訊息處理歷程。最後將儲存於記憶中的抽象訊息透過檢索（retrieval）進行解碼（decoding），針對外界刺激做出適當反應於外，類似於電腦的輸出系統（output system），其流程如圖3-8所示。

訊息處理在教學上的運用包括：將知識的邏輯意義轉變為心理意義，SQ3R（瀏覽survey、質疑question、閱讀read、記誦recite、複習review）等讀書策略。

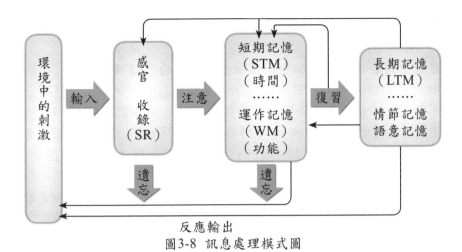

反應輸出
圖3-8　訊息處理模式圖

資料來源：參考Sternberg，2009：183。

九、建構主義學習理論（constructivism learning theory）

瑞士著名心理學家皮亞傑（Piaget）因其創立的關於兒童認知發展理論，被看作是當代建構主義理論的最早提出者。其後維果斯基（Vygotsky）的社會文化論，強調認知過程中學習者所處的社會歷史文化背景作用，奧蘇貝爾（Ausubel）的有意義學習理論，以及布魯納(Bruner）的發現學習理論等研究成果和理論觀點，為當代建構主義的形成奠定了基礎。

建構主義是一種「知道」或「認識」的理論，根據Von Glasersfeld的觀點認為，知識是由認知主體主動建造起來的，而新知識的習得是透過感官資料的篩選、解釋和重組建構所獲得的。換言之，建構主義的基本概念是，**如果學習者想把某複雜的訊息變成自己的知識，就必須自己去發現這些複雜的訊息並加以轉換**。主要強調知識是基於學習者在現實世界中的事物經驗和事件本身的作用關係，**將學習看作是心智建構**（mental construction）**的結果**，也就是學習者把新接觸到的訊息融入他們已有的知識中的過程。因此，當學習者有機會自己主動弄懂新學習的事物，所得到的效果會是最好的（郭重吉等，2000）。

建構主義者認為，即使是學習新知識，學習者也不可能像白紙一般，而是會帶著已有的觀念，去接觸新觀念。透過學習活動，讓新舊知識接軌，當新舊知識無法融合銜接的時候，學習者就會發生認知衝突的現象。這個時候老師的角色就很重要，老師要以有經驗的學習者的立場，幫助發生認知衝突的學生，讓他們能夠把新舊知識兩者作比較分析，以排除衝突，達到真正瞭解新資訊的意義（郭重吉等，2000）。所以說，建構主義非常強調學習者在

學習過程中的主動角色，常被稱為「以學生為中心的教學」，教室中的教師則變成「在旁的指導者」，教師的任務是協助學生去發現意義。

　　建構主義認為知識是學生經由學習的過程自己建構完成的。以國小數學為例，乘數與被乘數的關係寫相反可能就是錯的。例如：一盤有三顆蘋果，那麼五盤有幾顆？這時就一定要寫3×5=15，而不能寫5×3=15，其原因即是建構主義的概念。3+3+3+3+3連加五次等於15，建構式的算法必須是3+3=6，6+3=9，9+3=12，12+3=15，用各種不同的例子去讓學生歸納出3連加5次可以用3×5=15來表示，不用再一個一個去加，這樣可以加快計算的速度，這也是加法的由來。其次，是單位的問題，商的單位必須和被乘數的單位一樣，所以3「顆」×5盤=15「顆」，但是5「盤」×3顆=15「盤」，數字一樣是15，不過意義卻是不一樣，一個的單位是顆，另一個單位卻是盤，如此要求的意義，在於養成學生邏輯思考與推理的能力，數學不是在教小朋友會算而已，推理與思考能力的培養同樣重要。與建構主義相關的理論如下：

(一) 維果斯基（Vygotsky）的社會文化論

在第二章認知發展理論中我們曾提及維果斯基的社會文化論（sociocultural view of perspective），主要主張為認知歷程與社會文化高度相關，人類的心智活動是與社會文化互動後內化產生，透過近側發展區（zone of proximal development，ZPD）、鷹架作用（scaffolding）與認知學徒制（cognitive appreticeship）的引導，提供中介學習經驗（mediated learning experience），讓生手逐漸成為可以獨立解決問題的學習者。

(二) 合作學習（cooperative learning）（102高考）

合作學習係指在教室裡，學生依不同性別及能力，混合編成若干「合作學習」小組（每組3～6人），小組成員共同合作、互相指導，一起學會老師每節課指定的內容，並達到預期的學習目標。只要在學習過程中可以讓能力不同的學生，就不同的程度，發揮不同的意念，便能學得更好。同儕間的合作學習，往往能幫助消除挫敗感，促進求知慾，激發他們的學習動機。合作學習使學生的互動性更強，在學科知識的學習、問題的解決、學習動機與學習態度上更有效率。學習者能達到更好的學習成效、提高創造力、學習的責任感、社會技巧、溝通技能（Johnson & Johnson，1994）。合作學習法有三大主要的派別：

1. 元素派（David Johnson & Roger Johnson）

元素派學者認為，合作學習成功的五大要素為：(1)積極互賴精神；(2)個人學習績效；(3)面對面的助長式活動；(4)人際及小組學習技巧；(五)小組反思。

2. 結構派（Spencer Kagan）

　結構派學者認為，合作學習成功的四大結構PIES為：(1)積極互賴精神（P）；(2)個人學習績效（I）；(3)等量參與（E）；(4)同時交流（S）。

3. 模式派（Robert Slavin）

　模式派學者認為，合作學習成功的六大模式為：(1)精熟概念（mastery）；(2)思考模式（thinking skills）；(3)分享知識（information sharing）；(4)促進溝通（communication）；(5)團結小組（team building）；(6)團結全班（class building）。

至於合作學習法的優缺點，大致如下：

優點	缺點
1. 是一種「小班教學」常用的教學策略。 2. 以學生為中心的學習理念。 3. 採用異質分組。 4. 重視個人學習績效。 5. 強調積極互賴的精神。 6. 可達面對面的助長式互動。 7. 有助於培養學生的正確價值觀和良好態度。	1. 合作學習的準備時間較長。 2. 課室的佈置較費精神。 3. 教師的協作必須落實。 4. 學生學習需時較長。 5. 無法分辨組內誰貢獻最大。 6. 資優學生學習會受限制。

另外，合作學習與傳統學習不同，其比較如下：

合作學習	傳統學習
1. 以學生為重心的教學理念。 2. 學習是一種知識構成的過程。 3. 誘導學生「主動」學習。 4. 學習乃社會化行為。 5. 培養純熟的溝通技巧。 6. 增進同儕間的感情。	1. 強調教師講授，以單向溝通的形式進行。 2. 學習過程如同影印拷貝。 3. 學生養成被動而懶散的學習習慣。 4. 學生的創造力及獨立思考能力完全被斬斷。 5. 學生的社會化行為不純熟，即人際溝通技巧不佳。 6. 學生無法養成自動學習的習慣。

建構主義學習理論是20世紀90年代初期形成，其基本觀點認為，知識不是透過教師傳授得到，而是學習者在一定的情境中，借助他人（包括教師和學習夥伴）的幫助，利用必要的學習資料，透過主動建構意義的方式而

獲得,它強調學習以學習者為中心和其認知主體作用,每個人都有自己理解之方式解釋資訊,教學者的角色在於提供學生擷取知識之方法,重視同僚學習(peer group learning)與合作學習(collaboration learning)。這種學習方法主要是提供有自我學習、主動學習和持續學習者才有效之學習方法,與傳統教學的分組學習不同。合作學習與傳統分組學習的比較如下:

合作式學習	傳統分組學習
1. 積極的相互倚賴。 2. 個別的績效。 3. 直接教導合作的技巧。 4. 分享式的領導。 5. 對所有小組成員成功的責任。 6. 老師觀察與給回饋。 7. 人人有相同的機會成功。 8. 小組回顧學習過程並設定未來的目標。	1. 無積極的相互倚賴。 2. 無個別的績效。 3. 無合作技巧的績效。 4. 指派式的領導。 5. 對自己的貢獻有責任。 6. 老師從分組中抽身。 7. 成功有齊一的標準。 8. 無小組回顧學習過程並且無設定未來的目標。

合作學習具各種不同之形式,較常被採用者包括共同學習法(learning together)、拼圖法(jigsaw)、小組調查法(group investigation),以及全班授課、分組學習、學習評量、小組獎勵的學生小組成就區分法(student team achievement divisions,STAD)等(94薦升)。舉例介紹如下:

1. 拼圖法

分組方式	全班學生以3～6人,依不同性別、社會背景、種族及學習能力等混合編成若干合作學習小組。
運作方式	老師:事前必須將學習單元內容,按小組人數平均分配給每位組員。 學生:(老師學習單元=每組學習單元=組員1+組員2+……) (1)每位小組成員上課時,負責學會課程單元的一部分,並盡全力了解自己負責的部分。 (2)做小老師前,不同組負責同一單元內容的同學先集合討論,以確定每個人均已充份了解老師指定的教材。 (3)扮演小老師,設法教會同組的其他同學。
評鑑方式	學生成績依個別的考試成績為準。
備註	強調合作技術,老師通常在採用之前,要教導學生一些基本的合作技巧,讓學生充份練習;小組討論進行當中時,老師仍須隨時提醒同學注意合作方法及態度。

資料來源:蔡文榮,2014。

2. 小組調查法（或稱小組探究法）

分組方式	要依學生興趣自己選組（鼓勵學生按不同性別、能力編組）

過程簡述	實施步驟
老師：每次上課，指定全班研究一個總括性的主題。 學生：研究主題＝小組1＋小組2＋……＝(組員11＋組員12)＋(組員21＋組員22)+……) **運作方式** 1. 每個小組再負責研討跟主題有關的小子題。 2. 小組成員共同決定調查方法及分配工作；為了方便學生搜集資料，教室裡安排了好幾個學習站。 3. 資料搜集完，各組上臺報告調查結果，每位同學一定要學會所有的教材。	1. 提示問題或設計問題情境。 2. 學生自願分組或被指定分組。 3. 學生確定問題所在。 4. 學生把問題結構化或明確化。 5. 學生分工合作搜集資料。 6. 學生嘗試提出不同見解。 7. 小組內的成員或討論、或批判、或協調。 8. 提出小組報告。 9. 討論與檢討。

評鑑方式	1. 除了學生個別學習成就外，建議教師也觀察並評鑑學生的研究過程。 2. 依小組報告品質及其他相關的團體表現。

備註	1. 將教學單元分為幾個主題，每一小組負責一項主題，向全班其他小組報告。 2. 強調小組成員間的合作，也重視小組與小組之間的合作。

資料來源：蔡文榮，2014。

貳、認知主義學習理論在教育上的應用（104高考）

一、認知學習理論與行為學習理論的比較

	認知學習理論	行為學習論
學習假定	所學習的是知識。知識的改變促使行為改變的可能。	所學習的是行為。
增強對學習的重要性	反應的來源——當行為重複或改變時所做的事情。	增強強化反應。
研究方法	調查廣泛的學習領域，注重認知上的個別差異，而非一般的學習理論；因此沒有單獨的認知模式或學習理論代表整個範圍。	以動物進行實驗來建立一些學習原則，而這些原則適用所有高等生物。

二、知識的種類

認知心理學家發現，下列的方法可有效區別各種不同的知識：

(一) 梅爾（Mayer）的知識類型

1. 語意性知識（semantic knowledge）：是指一個人對世界的事實知識，例如知道「臺灣最長的河川是濁水溪」、「一天有二十四小時」，語意性知識包含蓋聶（R.M. Gagné）所謂的「語文知識」（verbal information），也相當類似於安德生（J.R. Anderson）所謂的「陳述性知識」（declarative knowledge）。

2. 程序性知識（procedural knowledge）：指按一定程序理解操作，從而獲致結果的知識。例如：開車、操作化學實驗的步驟。

3. 策略性知識（strategic knowledge）：是指學習者在學習情境中對任務的認識、對學習方法的選擇和對學習過程的調控。例如購票過程中是找熟人代買，還是自己排隊或插隊買票，選擇其中最好的方法。

(二) Paris、Lipson和Wixson的知識分類

Paris、Lipson和Wixson（1983）認為，一個好的策略使用者必須同時擁有關於策略的三種知識：

1. 陳述性知識（declarative knowledge）

   了解是什麼（know what）的事實性或資料性知識。

2. 程序性知識（procedural knowledge）

　　知道如何（know how）操作、執行不同的操作訊息。

3. 條件性知識（conditional knowledge）

　　知道何時（know when）以及為什麼（kwow why）要採取不同的行動。

(三) 安德遜（Anderson）的語文知識分類

安德遜將語文知識分為兩類：

1. 陳述性知識（declarative knowledge）：指有關事實性或資料性知識；

2. 程序性知識（procedural knowledge）：指按一定程序理解操作從而
　 獲致結果的知識。

(四) 布魯姆（Bloom）的認知歷程向度

2001年修訂版的布魯姆教育目標分類如圖3-9，其中知識的面向再細分
成：事實知識、概念知識、程序知識與後設認知知識，如下表。

知識向度	認知歷程向度					
	1.記憶	2.了解	3.應用	4.分析	5.評鑑	6.創作
A. 事實知識						
B. 概念知識						
C. 程序知識						
D. 後設認知知識						

引自：Anderson, Krathwohl, Airasian, Cruikshank, Mater, Pintrich,
　　　　Raths & Wittrock, 2001, p.28.

1. 事實知識（factual knowledge）：是指有關事實性或陳述性的知識，
　 例如：化學元素符號、人名、地名、年代。

2. 概念知識（conceptual knowledge）：是指基本知識與其上層知識的
　 相關、連結或組合，例如：元素的金屬性與非金屬性、某一年某人發
　 生某一歷史事件。

3. 程序知識（procedual knowledge）：是指按一定程序理解操作從而獲
　 致結果的知識，例如：駕駛汽車、利用九九乘法表進行運算、進行理
　 化實驗。

4. 後設認知知識（metacognitive knowledge）：是指可用於控制或處理
　 認知過程的知識、經驗與技能，例如：閱讀書本時，遇到不了解的段
　 落會運用認知策略，重讀一遍，或是尋找其他線索，像是圖畫、圖
　 解，以幫助自己理解等。

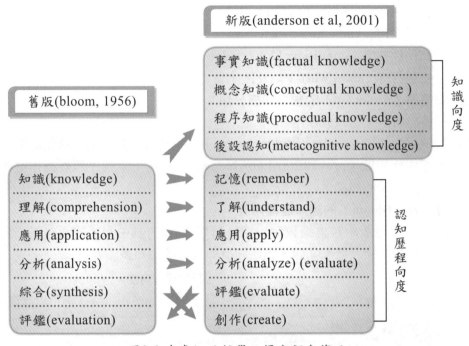

圖3-9 布魯姆的教學目標分類與修正

自我評量 ・・ 歷屆試題

1. 何謂意義學習（meaningful learning）？請舉兩種教學策略說明如何幫助學生達到有意義學習。（103身三）
2. 合作學習教學法的主要特色為何？那些發展與學習理論可用來支持合作學習教學法？理由為何？（102高考）
3. 解釋名詞：情境式學習（situated learning）（101高考）
4. 試述布魯納（J. S. Bruner）的「發現學習論」與奧蘇貝爾（D. P. Ausubel）的「意義學習論」之要義並比較說明二者之異同。（99身三）
5. 請比較「直接教學」（direct instruction）與「發現學習」（discovery learning）的不同，並說明其教學應用之優點與限制。（99地三）
6. 請比較「直接教學」（direct instruction）與「發現學習」（discovery learning）的不同，並說明其教學應用之優點與限制。（99地三）
7. 學生在學校裡除了接受老師的教導之外，也可以藉由同儕的合作來增進學習效果。教育心理學家如何解釋同儕學習的歷程？試述主要的理論觀點。（98高考）

8.試比較行為論和認知論對獎賞的看法。（97身三）
9.試述奧蘇貝爾（D. P. Ausubel）意義學習論（meaningful learning theory）的要點及其在教育上的應用，並比較奧蘇貝爾的意義學習論與布魯納（J. S. Bruner）的發現學習論（discovery learning theory)之異同。（96高考）
10.何謂「有意義的學習」（meaningful learning）？教育人員如何引導學生進行有意義的學習？（95身三）
11.解釋名詞：
(1)由下而上處理（bottom-up processing）與由上而下處理（top-down processing）。（94身三）
(2)學生小組成就區分法（Student Team Achievement Divisions-STAD）。（94薦升）

Notes

第三節 折衷取向的學習理論與應用

 考點提示

(1)班都拉的社會學習理論與應用；(2)自我效能感與應用；(3)自我調節學習理論與應用；(4)觀察學習；(5)替代學習；(6)蓋聶的學習條件論與應用，是必考焦點。

　　由於行為主義太過重視行為塑造卻忽略了社會與文化對學習的影響，以及內在增強的價值，而與行為主義學派相對的認知主義理論太過重視學習者認知過程與知識結構的建立，於是兼具有行為主義色彩與認知主義傾向的折衷主義學習理論因此盛行。折衷主義學習理論包括托爾曼（Tolman）的符號學習論、蓋聶（Gagne）的學習條件論、布魯姆（Bloom）的精熟學習論，以及班都拉（Bandura）的社會學習論與自我調節論。

一、托爾曼（Tolman）的符號學習論

　　美國心理學家托爾曼（E. C. Tolman，1886～1959）進行白老鼠走三迷津的實驗發現，**當白老鼠在迷津中，經到處遊走之後，學到整個迷津的認知地圖**（cognitive map），**所以老鼠在迷津中的行為是目的導向的**，而不是操作制約學習論者所說的反應導向，因此認為學習是行為與認知兼而有之，被視為格式塔心理學及行為主義的混合體或折衷派。

(一) 方位學習（place learning）

　　個體在空間中學習到的是目的物的方位，而不是達到目的物所需的零碎活動。**方位學習證明學習是經由認知，而非僅是刺激與反應連結的歷程。**托爾曼在實驗中用隨機分派方式在不同處設路障，結果白鼠對三條通路的選擇會隨阻礙物而改變。當原先的那條目標途徑被阻塞後，老鼠將會採行最短的迂迴路線來繞過障礙物，即使這個特別反應以前從不曾被強化過，托爾曼稱其為「方位學習」。因為**學習並非要透過增強才有學習，因此是目標導向並非反應結果，又稱為「目標行為理論」。**

(二) 認知圖（cognitive map）

　　白鼠在迷津中，經過到處遊走之後，學到整個情境。**老鼠在迷津當中閒逛幾天，雖然沒有增強，但能在腦中形成認知地圖，學習於此時產生。**因此，托爾曼認為，人類學習的產生是行為與認知的綜合體，而非單一形成的。強化並非學習歷程必需的條件，學習是由環境與有關符號、訊息的認知組合而構成的。

(三) **潛在學習**（latent learning）

托爾曼和韓芝克（Tolman & Honzik）以三組老鼠學習迷津的實驗發現，經過一段時間後才給予增強，其表現與經常给予增強者相等，甚至超越。**托爾曼和韓芝克於是稱此段時間為「潛在學習」，此時期雖然缺乏後效增強，但也有學習效果，是學習的重要階段。**

(四) **符號學習理論**（symbolic learning）

托爾曼認為，學習並非只是受反應結果的後效強化所決定的「反應導向」，最重要的是受目標引導之下隨機變化反應結果以達目的的「目標導向」。換句話說，**學習者所學到的東西並不只是簡單的運動反應，而是達到目的的符號及其意義，稱為「符號學習理論」或「符號─完形─期待理論」。**符號學習論與方位學習、潛在學習、目標行為理論有異曲同工之妙。

二、互動學習論

(一) 班都拉（Bandura）的交互決定論

班都拉（A. Bandura，1925～）認為，個體（P）、環境（E）及行為本身（B）三者的交互作用，產生人的後繼行為。行為主義與人本主義者都贊同個體與環境間的單向影響關係，但**班都拉認為，複雜行為的學習是環境與個體雙向相互作用、交互影響與決定。因此，班都拉採勒溫的三個因素（B、E、P），並提倡B、E、P交互決定論**（reciprocal determination），**又稱三元學習論**（triadic theory of learing），如圖3-10及3-11。

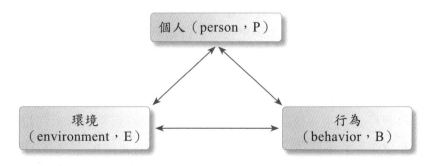

圖3-10 B、E、P三者的交互作用

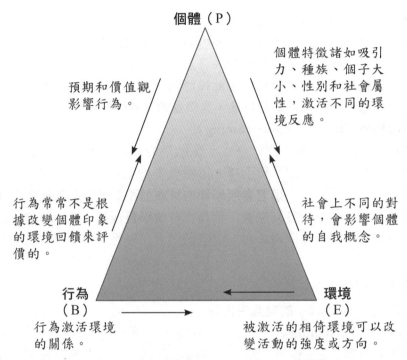

圖3-11　環境、個體因素與行為的三向關係

引自：施良方，1996。

✗(二) **班都拉（Bandura）的社會學習論**（social learning theory）（102地三；97原三）

班都拉的人格社會學習論（personality social learning theory）強調，人類在身處的社會環境中，透過主動的觀察學習與楷模仿效，運用替代學習（vicarious learning）方式進行自我調節（self-regulation），經他人或社會的讚許獲得增強，將更強化此行為模式。社會學習論又稱為「社會認知論」（social cognitive theory）。

1. 觀察學習（observational learning）（100地三；83高考）

觀察學習是指，學習者在社會情境中，經觀察別人行為表現的方式，以及行為後果（得到獎勵或懲罰），間接得到學習。班都拉也提出觀察學習必須經過：(1)注意（attentional）；(2)保持（retention)；(3)再現（reproduction）；(4)動機（motivational）四個階段，才能在適當的時機將學得的行為表現出來。經由自我觀察（self-observation）、自我評價（self-evaluation）與自我強化（self-reinforcement），學生可以養成自律的行為。

(1)注意（attention）：學習者為了有效的學習，必須注意楷模的行為。

(2)保持（retention）：在注意之後，學習者必須牢記楷模所做的行為。教師透過時常描述正在示範的行為或是賦予難記且複雜的行為敘述性的標籤，當學生複製楷模的動作時，不斷大聲重複這些標籤，對學生而言尤其有幫助。

(3)動作再現（motor reproduction）：除了注意與牢記之外，學習者必須要能夠將模仿的行為用身體再次表現出來。在學生看完示範動作之後，立即讓其模仿所想要的行為，是相當有幫助的。模仿若伴隨著口頭指導與經常回饋，將會只有單純模仿來得有效。

(4)動機（motivation）：最後，學習者必須由模仿的行為來引起其動機。

2. 楷模仿效（modeling）（82原三）

觀察學習楷模行為的過程稱為「楷模仿效」。藉由四種模仿學習，兒童可以表現出合於社會規範的行為：(1)直接模仿（direct modeling）：直接模仿楷模的行為；(2)綜合模仿（synthesized modeling）：綜合多次的模仿經驗而得；(3)象徵模仿（symbolic modeling）：學習到楷模人物性格或行為背後所代表的意義。如：正義、勇敢；(4)抽象模仿（abstract modeling）：所學到的是抽象的原則，而非具體行為。如：數學解題原則。

班都拉認為，有效楷模的特質包括下列四項：

(1)能力（competence）：學生會嘗試模仿辦事能力好的人，而非辦事能力差的人。

(2)聲望與權力（prestige and power）：兒童與青少年時常模仿著名的或有權力的人，然而，楷模的聲望與權力較易受限於當地的環境。

(3)性別相稱的行為（gender appropriate behavior）：學生很可能模仿他們認為與其性別相稱的行為。

(4)與學習者情境有關的行為（behavior relevant to the learners own situation）：學生很可能模仿他們認為在其所處的環境中能夠幫助他們的行為。在課堂上，學生可能模仿各種行為，但是學生只在認為反應對其有用時，才會採用這些行為。

因此，最能引起兒童模仿的楷模包括：(1)心目中最重要的人；(2)同性別的人；(3)獲有榮譽、出身高且富有家庭的兒童；(4)同年齡同社會階層出身的兒童；(5)有獨特且吸引人行為的兒童。

3. 自我效能（self-efficacy）與自信（self-confidence）（101高考）

個體對於自我是否有能力達到特定目標或產出的信念，也就是**人們對自身能否利用所擁有的技能去完成某項工作行為的自信程度，稱為自我效能**。而通常所謂的自信（assertive 或self-confidence），實際上**就是高自我效能的表現**，它是心理健康的重要標誌之一，也是一個人取得成功必須要具備的一項心理特質。學生若有正面的自我看法，則較有可能在學業、社會和身體上獲得成功。自我效能是班都拉（A. Bandura）提出，以自我調適為核心的社會學習理論（social learning theory）說明自我效能，並強調增強無法引發人類的行為，除非透過認知過程產生個人可以達成特定任務的信念。班都拉提出以下四種影響自我效能的因素：

(1)個人或團體過去的成就表現（performance accomplishments）

親身經歷的成敗經驗對自我效能感的形成影響最大，成功的經驗可以提高自我效能感，多次的失敗會降低對自己能力的評估。而當學生在一個團體中共同合作時，也許會比只有單獨作業時有更高的自我效能，稱之為集體自我效能（collective self-efficacy），因此，整個團體的成功與失敗，亦是自我效能的重要影響因素。

(2)替代的經驗（vicarious experience）（102高考）

當人們看到別人的特殊行為受到鼓勵時，人們傾向於表現相同的行為，此現象稱為「替代增強」；相反地，當我們看到別人由於一項特定行為而受到懲罰時，我們自己不太可能再作同樣的行為，此現象稱為「替代懲罰」，而替代懲罰也許會同樣地抑制想要表現的行為。教師在教學過程中必須特別小心我們沒有替代性地增強討厭的行為，或者替代性地懲罰想要的行為。因此，替代性經驗是指透過觀察與自己水平差不多的他人獲得成功時，能夠提高自我效能判斷，相反的，若付出努力仍遭失敗，就會降低自我效能感。

(3)言語上的說服（verbal persuasion）

他人的鼓勵、評價、建議、勸告可以加強人們認為自己擁有的能力信念，較容易增強其自我效能。有時教師給學生暗示的而非直接敘述的訊息，這些訊息在自我效能上會有某些影響。在某些情況下，教師也可以透過行動傳達關於學生能力的看法。因此，來自其他人的訊息(messages from others)會影響自我效能。

(4)情緒上的激發（emotional arousal）

　　生理上的疲勞、疼痛和強烈的情緒反應，容易影響個體對自我能力的判斷，降低自我效能感。

綜上所述，在教育情境中，教師可以下列方式提昇學生的自我效能：

(1)教導學生精熟基礎的技能。

(2)幫助學生在困難的課業上產生顯著的進步。

(3)呈現有挑戰性但可達成的任務，以便於學生運用努力與堅持加以完成。

(4)確保學生能夠成功，並提醒他們，過去也有和他們一樣的成功例子。

(5)讓學生觀摩成功的同儕楷模。

(6)在小團體中提供作業的機會，尤其是有挑戰性的任務。

4. 社會學習論與品格教育（character education）（98高考）

　　好的品格是一種美德（virtue），這種美德是個人或群體所共同認定並遵守的價值規範，是人類優良的特質，同時也普遍受到社會學家與宗教界人士的肯定與讚揚，更是一種發自內心的良善覺知。例如：正義（justice）與仁慈（kindness）的性格是符合道德品行的舉止與習慣，是人類與生俱來的高尚情操，也是品格教育的核心價值（core values）。品格教育就是要啟發這些良好的美德與情操，讓學生能運用於日常生活之中並徹底實踐，讓人與人相互交往互動的社會充滿正義與仁慈等祥和氣氛。下圖便是臺中市中小學品格教育核心價值。

自律 （autonomy）	尊重 （respect）	正念 （positive attitude）
誠信 （honesty and trust）	負責 （responsibility）	合作 （cooperation）
勤儉 （diligence and thriftiness）	正義 （justice）	勇敢 （braveness）
關懷 （caring）	寬恕 （forgiveness）	感恩 （gratitude）

社會學習論提供的品格教育良方如下：

(1)重視真實性的楷模學習（live modeling）（82原三）

　　社會學習論者認為，人經由模仿而學習，模仿的對象稱為楷模（modeling）。楷模有兩種，其中之一是生活中真實的人物，稱為真實性的楷模。家庭中的父母與其他成人是學生最早楷模學習的榜

樣，因此，家庭中的父母與長輩必須善加注意自己的言行舉止，才能提供青少年最佳的身教，建構真實性的楷模資產。

(2)加強象徵性的楷模學習（symbolic modeling）（82原三）

另一種楷模學習方式是來自於書本、影片、電視節目或其他不同的媒體中人物的性格、思想、舉止與行為，稱為象徵性的楷模學習。例如青少年可以從古籍中學習古代偉人待人接物的行事作為，透過閱讀偉大的文學作品可以增進並發展道德認知、道德感與道德行為。尤其文章作者寓於字裡行間的深刻意義，往往容易激發青少年的道德意識，藉著本身的生活經驗與人生閱歷交互印證，提振其道德情感與知覺能力。這種感同身受的替代經驗（vicarious expreience）對青少年真實生活中的行為選擇是否合乎道德法則，有決定性的影響，更是增進品格與「正向價值觀」的不二法門。

因此，創造合適的閱讀環境是家庭教育中重要的一環。透過閱讀偉人傳記、文學名著或歷史故事，以及觀看感人溫馨的勵志影片，可以讓青少年產生象徵性的楷模學習，有助於青少年建構「學習動機」、「樂於閱讀」與「關懷」等發展性資產，並將書中或影片中主人翁的奮鬥歷程與處事態度，內化為自身的行為準則，建立正確的品格基模。

(3)身教重於言教，培養學生正向行為自律。

(4)重視教學觀摩與示範。

5. 自我調節學習論（self-regulation theory）（105高考；100地三）

自我調節是個體可以透過觀察自己行為的後果來調節自身行為。班都拉認為人的行為不僅受到外在因素影響，也藉由自我內在因素進行調節。自我調節的過程包括自我觀察（self-observation）、自我判斷（judgemental process）和自我反應（self-reaction）三個階段。自我調整學習論認為，學習是一種主動、建構的過程。在學習的過程中，學習者能為他們的學習設立目標，並試著監控、調整和控制他們的認知、動機和行為，其歷程包括行為反應前的自我設定目標、反應中的自我監控與反應後的自我評估，如圖3-12。

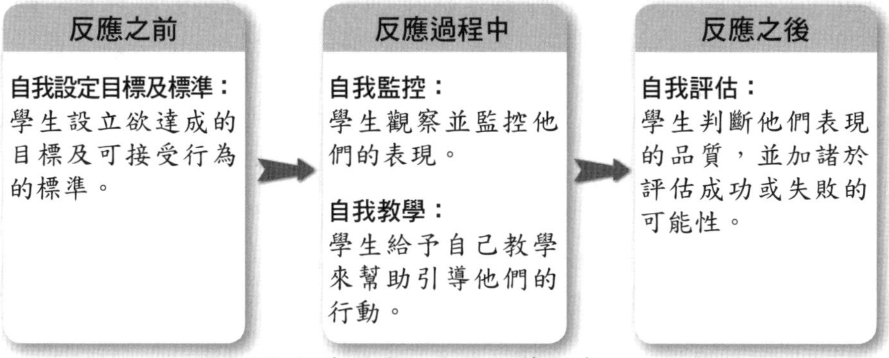

圖3-12 行為反應的自我調節模式

社會心理學學者以及認知心理學學者開始瞭解到，要成為一個確切有效的學習者，學生必須從事一些自我調節的活動。事實上，學生不但必須調節他們的行為，而且需調節他們的認知過程。自我調節學習包括以下幾個過程，這些過程都屬於後設認知的範疇。

(1)目標設定：當他們閱讀或研究時，知道他們想要完成的事情。

(2)計畫：事前決定如何善用時間以及資源。

(3)注意控制：嘗試將注意聚焦於事件的主題上，以及清除潛在容易分心的想法與情緒。

(4)學習策略的運用：選擇不同學習策略乃取決於希望完成的特別目標。

(5)自我誘導的策略：使自己在任務中保有多樣性的策略。

(6)尋求外界必要的協助：其他人或外界的幫忙，可促進自我調節。

(7)自我監控：持續監控朝向目標的過程，並且當必須時，改變學習策略或更改目標。

(8)自我評價：決定是否完成目標。

辛馬門（B. Zimmerman）在1996年根據班都拉的理論，提出自我調節學習循環模式，包含四個相互密切關係的歷程，以提升學習方法，如圖3-13：

(1)自我評價與監控：學生根據對先前表現與結果的觀察及紀錄，來判斷他們個人的效能。

(2)目標設定與策略計畫：學生分析學習的任務、設立特定的學習目標，進行計畫並選擇策略來達成目標。

(3)策略的實行與監控：學生在一個結構化的情境中，嘗試執行某個策略，並且在實行時監控其精確性。

(4)策略結果的監控：學生將注意力集中於「學習的結果」與「策略的歷程」兩者間的相關上，以決定策略的效用（引自林心茹譯，2000：33）。

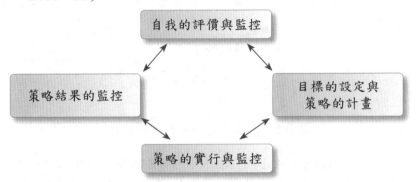

圖3-13　自我調節學習循環模式

資料來源：自我調節學習，林心茹譯，臺北：遠流，2000，頁34。

綜合上述可知，自我調節學習的過程中，除了設定較清楚的目標之外，仍需不斷地運用多種學習的策略與技巧，並反覆監控與評價其實行結果，以達到學習的目標，其具體作法如下（100地三）：

(1)培養學生主動學習的態度：學習是一種主動的活動，自我協調及主動找尋是它的特色，學生要學會態度的轉變。

(2)協助學生的學習遷移過程：學習者的出發點永遠是學習者舊有的知識體系，學習者根據已有的知識去解釋所遭遇的事物，如果發現不合理時則嘗試做適當的修正，如果沒有矛盾則增強對舊有知識的信心。

(3)教導學生生活知能與問題解決策略：除了學校的教學外，學習者在日常生活中也可以建立某些知識體系，作為瞭解生活中經常遭遇之事物的工具。

(4)重視認知協調與動機調節：產生自我協調的首要關鍵在於學習者有否發生認知衝突的心理狀態，亦即學習者有否意識到原有知識體系的矛盾，而產生修正舊有想法的意願。認知衝突的發生，意謂著對同一事物兩種知識體系的相互矛盾而產生的心理不平衡狀態，而自我協調則是重新協調組合舊有體系恢復平衡的心智活動（黃湘武等，1991）。

6. 習得無助感（learned helplessness）

無助可以學習得到，樂觀也可以。習得的無助感是指個體因長期處於失敗及挫折情境中，面對衝突及壓力無法解決，而以逃避心態去面對

問題，形成逃避失敗的習慣。它同時也是一種放棄的反應，從「無論你怎麼努力都於事無補」的想法而來的放棄行為。因此，習得的無助感是個體面對挑戰情境時的一種消極心態，縱使輕易成功的機會擺在面前，也缺乏嘗試的勇氣。

習得無助感是在操作制約學習實驗過程中所發現的現象，但它不僅只有操作制約學習，尚包含認知、動機及情緒的成分。塞利格曼（Seligman）針對習得無助感做了以下實驗：

(1)第一階段處置：

　　將狗置於無法逃脫的情境（如栓在架上或置於籠中），並施予電擊。電擊引起狗的掙扎與驚叫，但一直無法擺脫電擊（無法因反應而帶來負增強效果）。

(2)第二階段處置：

　　將狗置於中間立有隔板的籠中，隔板的一邊地板上有電擊設備，隔板的另一邊則無。隔板的高度是狗不費力即可跳過的。先將狗置於裝有電擊的一邊，稍後再開始電擊。

(3)實驗組的狗：經歷第一、二階段處置；控制組的狗：只經歷第二階段處置。

(4)實驗結果：

　　控制組的狗：全部都能達到逃脫學習與迴避學習的地步。

　　實驗組的狗：除了電擊剛開始時半分鐘內驚恐一陣之外，一直就躺臥在地板上，接受電擊的痛苦。雖然有逃脫的機會，牠也不肯去嘗試。

經過此實驗，塞利格曼認為，習得無助感（learned helplessness）會產生三種類型的缺損，包括：動機的缺損（motivational deficits）、情緒的缺損（emotional deficits），以及認知的缺損（cognitive deficits），對學生自我效能與自我調節的培養產生極大的負面影響。因此，想要培養孩子堅苦卓絕的性格，除了讓他有機會從困難中獲得成功的經驗外，給予適度的自由，讓他在生活中學到如何應付環境，也很重要。

7. 社會學習論在教育上的應用：（97原三）

基本假定	教育上應用	舉例
經由觀察而學習	經由自己示範來幫助學生較快獲得新行為。	示範以合宜的方式處理與解決人際間的衝突，接著要求學生在小群體中以角色扮演的方式解決衝突，並稱讚其使用的社會技巧。

基本假定	教育上應用	舉例
學習為一個也許會（或也許不會）造成行為改變的內在歷程	學習效果並非總是立即出現，但是也許會反映在學生其後的行為上。	當一位學生有破壞性的課堂行為時，採取適當的步驟加以勸阻。否則，那些看到偏差行為的同學，在未來也許會有類似的破壞行為產生。
目標導向的行為	鼓勵學生為他們自己設定目標，尤其目標是有挑戰性且可達成的。	當教導學生手語，幫助他們與聾啞同學溝通時，要求學生預測他們每週可以學習多少新單字與片語。
行為的自我調節	教導學生能夠幫助他們有效學習與舉止合宜的策略。	給學生一些關於如何提醒他們自己每天攜帶所需物品至學校的具體建議。
增強與懲罰的間接影響	在課堂上確保學生行為結果，傳達正確的訊息。	為了鼓勵學生說英語，只在學生以英語詢問問題時才加以回應。

(三) 蓋聶（Gagne）的學習條件論（learning conditions theory）（101身三）

融合行為學派和認知學派的觀點，**蓋聶（R. M. Gagne，1916～）提出的學習條件論認為，學習者必須具備內、外在條件，將人類學習分八類**（訊息學習、刺激反應聯結學習、反應連鎖學習、語文聯想學習、辨別學習、概念學習、原則學習、問題解決），表示經由練習或經驗產生的學習，可有八種方式，**這八類學習之間有層次之分與先後之別，因此他提倡學習階層（hierarchy of learning）論，認為教學活動應有合理的次序存在**，因為居於低層的學習雖然簡單，卻是構成複雜學習的基礎。

1. 八類學習

這八種由簡至繁的學習如下：

(1)訊號學習：由反射性反應所引發的學習。

(2)刺激反應聯結學習：學習者對特定刺激產生的自主性特定反應。

(3)反應連鎖學習：多重反應連鎖的動作技能學習。

(4)語文聯結學習：對所學知識以一連串語言文字來表現。

(5)辨別學習：在多重刺激下對不同刺激給予不同反應的歷程。

(6)概念學習：將具共同屬性的事物用概括性的文字或符號表示。

(7)原則學習：兩個概念以上的連鎖學習。

(8)問題解決：概念的應用與生活問題的解決。

2. 學習條件

藉由八類學習，可以獲得五類的學習結果（語文知識、心智技能、動作技能、態度、認知策略）。因此，每一種學習結果都需要不同的學習條件：

(1)內在的學習條件（internal conditions of learning）：指的是學習者對各類學習不同的先備知識與不同的認知處理技能與步驟。

(2)外在的學習條件（external conditions of learning）：支持學習者的認知歷程所需的環境刺激，亦稱為「教學事件」（events of instruction），發生在學習者外部，可以影響學習效果的教學步驟與教學活動；這些教學活動是教師可以安排或組織的。

3. 九項教學事件

蓋聶針對外在的學習條件，提出九項教學事件（events of instruction），如下表。

內在學習歷程	外在教學事件	活動實例
1　注意（引起動機）	引起注意	使用突然的刺激（提出問題、使用媒體等）
2　期望（確認目標）	告知學生學習目標	告知學生在學習後能做什麼
3　檢索（尋找舊經驗）	喚起舊知識	要學生回想過去所學的知識與技能
4　選擇性知覺（刺激）	呈現學習教材	顯示具有明顯特徵的內容
5　語意編碼（意義聯結）	提供學習輔導	提出有意義的組織架構
6　反應	引發行為表現	要求學生參與討論
7　增強	提供回饋	給予訊息性回饋
8　提取線索（提供回饋）	評量行為表現	評量學生表現
9　類化（提供保留與遷移）	加強學習保留與遷移	設計類似情境做學習或復習本單元

資料來源：參考盧雪梅，1991。

4. 教育上的應用（101身三）

蓋聶學習條件論分類相當明細，其缺失就是對未受過訓練的教師而言較難實施，但其貢獻如下：

(1)提出人類學習心智技能的發展係由簡單進而複雜的階層概念，成為學校學科教學設計的基礎。

(2)提供由簡而繁之教學設計，包括學習任務分析（learning task analysis）、確認起點能力與技能。

(3)將學習技能分成五類，撰寫實作表現之具體目標，提供教學事件以發展教學活動。

(4)在教學上的運用，如：電腦輔助教學（computer-aided instruction）、系統化教學設計（systematic instructional design）等。

(三) **布魯姆（Bloom）的精熟學習論（mastery learning theory）**（82薦升）

美國心理學家**布魯姆**（B. Bloom，1913～1999）1956年**提出教學目標分類，認為完整的教學目標應該兼顧認知、情意與技能三種不同的領域。**其中認知的評量，包括記憶、理解、應用、分析、綜合、評鑑等；情意的評量，包括接受、反應、價值判斷、價值的組織與價值體系的形成等發展歷程；技能的評量，包括知覺、心向、反應、模仿、機械反應、適應與創新等歷程。這些教學目標最好能配合「行為目標」來決定評量的方式和工具。其後Anderson等人於2001年修正，下表即為布魯姆的教學目標分類及其後的修正版本。

Bloom（1956）	Anderson（2001）	
認知領域		認知歷程向度
知識（knowledge）	知識向度	記憶（remember）
理解（comprehension）	A.事實知識（factual k.）	了解（understand）
應用（application）	B.概念知識（conceptual k.）	應用（apply）
分析（analysis）	C.程序知識（procedural k.）	分析（analyze）
綜合（synthesis）	D.後設認知知識（metacognitive knowledge）	評鑑（evaluate）
評鑑（evaluation）		創造（creat）
（名詞語態）		（動詞語態）

布魯姆（Bloom）同時提出精熟學習理論，重點是在於教師在教學的過程當中，給學習者設定一個精熟的目標，配合相關的測驗，並允許學習者在任何時間，有機會達成其水準，而獲得精熟的目的。根據行為主義與認知主義的精神，**布魯姆提出的精熟學習法，是一種在班級團體教學中的個別化教**

學取向（不是一對一的個別教學），可以適應學生個別差異的學習特性。其精熟標準為80～90%學會教材，較強調教師的教學指導功能，並認為學生學習成就的落差主要肇因於所需之學習時間不足。精熟學習的主要特徵如下：

(1)教師訂定課程目標，明確地告訴學習者。

(2)把一個課程分為數個單元，做系統的組織。

(3)教師針對設定的目標，定期追蹤學習者的進步情況。而有必要的時候，教師必須給予補救教學。

自我評量 ‥‥‥‥‥‥‥‥‥‥‥‥‥‥‥‥‥‥‥‥‥‥‥‥‥‥‥‥‥ 歷屆試題

1.試述影響教育心理學最大的三種學習理論取向。（102身三）

2.解釋名詞：
   替代學習（vicarious learning）。（102高考）

3.何謂社會學習理論（social learning theory）？（102地三）

4.試述蓋聶（R. M. Gagné）的「學習條件」（conditions of learning）論之要義及其在教學設計上的應用。（101身三）

5.試述行為學派、認知學派與人本學派在教育心理學的意義及其應用。（101身三）

6.何謂精熟學習（mastery learning）？試論述其心理學基礎及其適用性。（101身三）

7.試比較自我效能感（sense of self-efficacy）與自信（self-confidence）的不同，並說明Bandura（1977，1986）主張的正確自我效能評估的四個訊息來源及其應用。（101高考）

8.試說明自我調整（self-regulation）之學習理論模式及其具體做法。（100地三）

9.試以班都拉（Bandura）（1986）的觀察學習（observational learning）之四個階段，解析為何學生在多年的英文學習後，仍無法開口對外國人講英文之理由。（100地三）

10.教育部正大力推動品格教育，試以班杜拉（A. Bandura）之社會學習論為基礎，說明如何推動品格教育。（98高考）

11.何謂社會學習理論（social learning theory）？其在教育上之應用為何？（97原三）

第四節　人本取向的學習理論與應用

（1)馬斯洛需求層次論；(2)羅杰斯的人格自我學習理論；(3)人本主義學習思想在教育上的應用，是必考焦點所在。

　　如果說行為主義學習理論重視的是「外在制約」，而認知主義學習理論重視的是「內在認知」，那麼人本主義學習理論重視的便是「包括外在與內在的全人感受」。

　　由馬斯洛（Maslow）、羅杰斯（Rogers）、康布斯（Combs）等人所領導的現代心理學第三勢力的人本心理學，主張尊重每個人的價值，並應該多研究人類積極而健康方面的心理，如友愛、自由、感性、創造、人生價值、生命意義、人生成長、高峰經驗以及自我實現等，這些都是人本心理學所關心的主題。**人本心理學在教育上的意義是，不主張客觀地判定教師應教授學生什麼知識，而是主張從學生的主觀需求著眼，幫助學生學習他喜歡而且認為有意義的知識。**若教材對學生缺乏「個別化意義」，則無法引導學習。因此，**教育的目的，在幫助學生發揮潛能，全人發展**（張錦文，2014）。從全人教育取向的教育心理學之觀點來看，人本主義心理學的學習理論特別具有意義，茲介紹人本派三位主要代表人物及其學習理論之要義。

一、馬斯洛（Maslow）的需求層次論（100身三）

　　美國社會心理學家馬斯洛（A. H. Maslow，1908～1970）是人本主義心理學的發起者之一。1943年發表的《人類動機的理論》（A Theory of Human Motivation Psychological Review）一書中提出了需求層次論（need-hierarachy theory），認為人格發展必須仰賴需求的滿足才能完成。

　　需求層次論主張人類有基本需求和成長需求，當中含有行為動機。人類需求層次由低而高分成生理需求、安全需求（X理論）、愛與隸屬需求、尊重需求和自我實現需求（Y理論）五類，後來又增加知識需求、審美需求，如圖3-14所示。

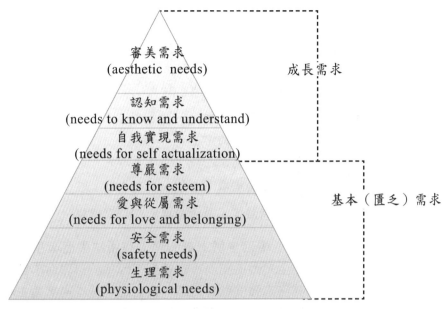

圖3-14　1943年馬斯洛需求層次論

✡　　馬斯洛將七層需求分為兩大類；較低的前四層稱之為基本需求（basic needs），較高的後三層稱之為成長需求（growth needs）（100身三）。基本需求有一共同性質，都是由於生理上或心理上缺失而導致，故而又稱缺失性需求（或匱乏性需求）（deficiency needs）。馬斯洛將動機分為：(1)匱乏動機 ➡ 個體試圖恢復自己生理的平衡，(2)成長動機 ➡ 個體試圖超越他過去的存在和成就，並願意承受不確定性、緊張的增加或甚至痛苦，以達到潛能的實現。根據馬斯洛的說法，在需求階層中較低層的需求還沒有得到滿足時，那些需求將會支配著個體的動機。然而一旦那些需求得到適當的滿足後，較高一層的需求會開始佔據個體的注意力和行動（Maslow，1970）。馬斯洛認為這些需求都是天生的，但這些需求被引出和被表達的方式深受個人在家庭和文化中學得的價值觀所影響。

　　1969年馬斯洛在「theory Z」一文中提出超越個人與人類，並向宇宙契合以達天人合一的最高需求—「超凡需求」（transcendence need），會產生「高峰經驗」（peak experience）與高原經驗」（plateau experience），也就是著名的Z理論，成為最完整的需求層次論，如圖3-15所示。

圖3-15　1969年馬斯洛需求層次論與X、Y、Z理論

　　基本需求都是個體在生活中因身體上或心理上有所缺失而產生；因飢渴而求飲食，因恐懼而求安全，因孤獨而尋求隸屬，因免於自卑而求自尊。基本需求一旦獲得滿足，其需求強度就會減降。換言之，基本需求產生時，個體所追求的目的物是有限的。成長需求則不同，基本需求為成長需求的基礎，基本需求中之各種需求未能獲得滿足（或部分滿足）之前，成長需求不會產生。成長需求對基本需求具有引導作用。

　　馬斯洛認為，自我實現需求是最重要的，自我實現才是人生存在的目的。自我實現需求人皆有之，而實際上卻只有極少數人能在生活中做到自我實現的地步。馬斯洛研究發現，大凡在生活上能臻於自我實現境界的人，性格獨立、情緒自然、較悅納自己和別人，而且在智能上具有較高的創造力，對環境事物及周圍世界的知覺比較清新，比別人看得更深更遠。馬斯洛認為，自我實現也是高峰經驗（peak experience）的結果。所謂高峰經驗，是指個人自我追尋中，臻於自我實現之前的一種喜悅感覺。

　　高峰經驗（peak experience）指人瞬時感受到一種豁達、完美和極樂的體驗。此是打破日常生活中的凡俗經驗，進入神聖、超越、忘我的層次，在此境界中已無時間、空間的疆界，而是超凡入聖。不過，大部分人僅能短暫停留在此，便得回到世俗生活的日常意識中，除非經過長期而穩定的靈修體驗，而能持續性地停留在「高峰經驗」中不墜，那麼此境界便是處於「高原經驗」（plateau experiences）中。高原經驗有別於高峰經驗的偶發性、情緒性，高原經驗沒有所謂的觸發物，必須經由生活、學習與鍛鍊才能達到，並具備思維、認知的屬性。

　　因此，**馬斯洛認為，人格發展奠基於各層次需求的滿足，學習不是外鑠的動力，而是內發的動機**。每一個學生都具有內發成長的慾望與潛力，**教師的任務就是激發學生內在的學習動機，善用內發學習的能量，從事各項學習活動**。教師除了先要留意「欠缺需求」得不到滿足的學生，隨時給予協助之外，還必須與學生建立良好的師生關係，鼓勵學生擺脫偏安於低層次需求的心理障礙，冒險追求更高層次的滿足，這是需求層次論對教育重要的啟示。馬斯洛需求層次論與自我實現之理論，在教育上的涵義至少有以下三點：

(1)只有先對成長中個體給予良好的教育環境，使其各種基本需求均獲得滿足之後，個體才會自發性的繼續成長，從而臻於自我實現的完美境界。

(2)教師與學生家長需良好配合，才能滿足學生們的基本需求。

(3)基本需求滿足後，會相繼出現成長需求，從而求知向善以追求自我實現。

二、羅杰斯（Rogers）的人格自我理論（97高考）

　　美國人格心理學家羅杰斯（C. R. Rogers）也是人本主義心理學的創始人之一，與馬斯洛齊名，更是人本心理治療法的開拓者，稱為「當事人中心治療法」（person-centered therapy）。羅杰斯認為，「自我」（self）是人格的核心，對個人行為產生莫大影響，個體以自我為中心，以自己獨特的方式覺知外在的世界，並努力朝向自我實現。其理論要義如下：

(一) 人格自我論（self theory）

以自我為中心建立人格，認為行為產生的原因不是事件本身，而是個人對事件的知覺，以及個人在特定時刻所經驗到的一切，稱為現象場（phenomenal field）經驗。集合所有經驗，形成自我概念，是羅杰斯的人格心理學的理論基礎與核心。他認為自我（self）是人格形成、發展和改變的基礎，是人格自我心理學的理論前提，是人格能否正常發展的重要標誌。

(二) 自我概念（self concept）

個人在其所處的環境中與人、事、物互動後，所得對自己的綜合經驗與看法。包括個體感受的直接經驗，以及別人的評價所產生的間接經驗，或稱評價經驗。自我概念形成的階段，首先必須經過自我辨識與認定（self-identity），瞭解自己的角色與能力，在自我理想（self-ideal）的追尋與實踐過程中，進行自我評價（self-evaluation）後，產生自己是有價值且重要的自我價值感（self-worth）與自尊（self-esteem）。

(三) 無條件積極關注（unconditional positive regard）

羅杰斯主張積極關注不能是有條件的，否則形同利益交換，容易忽視自我的經驗，只為迎合他人。唯有對別人無條件的積極關注，進行一種關懷性的讚許（prized）與好評，才可以促使別人自我概念的形成更加明確，也更有機會健康成長。

(四) 自我一致（self-consistency）：

指的是個體理想我（ideal self）和真實我（real self）一致的心理健康狀態，也稱為「自我和諧」（self congruence）。個體若經常自我不和諧，便會產生自我概念內在衝突的情況，當自我應驗預言（self fulfilling prophecy）實現且與真實我不一致的時候，就會找藉口合理化自己的行為結果，以減輕內在衝突的痛苦。例如：明知自己的能力沒那麼好，卻考了全班第一名（產生自我衝突），就會找「運氣好」的理由，合理化自己的表現。

(五) 人本心理治療理論：

羅杰斯所創始的人本心理治療，在理念上是以人為中心。如果給來訪者提供一種最佳的心理環境或心理氣氛，他們就會動員自身的大量資源去進行自我理解，改變他們對自我和對他人的看法，產生自我指導行為，並最終達到心理健康的水平。對教育而言，學生有其求知向上的潛在能力，只須設置一個良好的學習環境，他們就會找到他們所需要的一切。而教師帶領學習者合力去挖掘探索，才是最理想的教學活動。在輔導方面，**羅杰斯認為一致、無條件正向關懷與同理心，是輔導過程建立關係的三個核心條件**。因此，當事人產生治療改變的六項重要條件如下：

1. 雙方有心理的接觸。
2. 當事人正感到焦慮或不一致（incongruence）。
3. 治療者在治療關係中是一致的、真實的或真誠的。
4. 治療者能夠對當事人表現出無條件的正向關懷。
5. 治療者能夠同理的瞭解當事人的內在參考架構，並努力將此種感受傳達給當事人知道。
6. 治療者能將其同理的瞭解和無條件正向關懷，在一定的程度上傳達給當事人。

(六) 學習自由模式

羅杰斯認為，扮演一位成功教師的角色，對學生的態度需做到真誠一致、無條件積極關注與同理心，因為唯有把學生當作自己重視的人去對待，相信學生、站在他的角度去想，這樣學生也會主動去學習。以自由為基礎的自由學習原則，提到教材要有意義且符合學生目的才會產生學

習，所以主動自發全心投入的學習才會產生良好效果。其中包括課堂時間的利用、訊息的選擇、學習公約、差異分組、學習評量等，都是鼓勵和誘導學生獨立思考的重點。

✍三、康布斯（Combs）的知覺心理學（perceptual psychology）

康布斯主張，教育的目的絕不只限於教導學生知識或謀生技能，更重要的是針對學生的情意需求（affective need），使他能在知（知識）、情（情感）、意（意志或動機）三方面均衡發展，從而培養其健全人格。其教育思想即為全人教育之理想。

(一) 知覺（preception）

康布斯認為知覺是決定個人行為取向的基礎。欲了解人類行為，必須從行為者的觀點，了解其對事物的知覺感受；欲改變一個人的行為，必先改變其信念或知覺感受。

(二) 學習須對個體有意義

人本主義心理學家認為，學習一事含有兩種意義：一學到新知識；二是該知識使個人產生了新意義。意義並不存在於教材表面，而是蘊涵在教材之內；只有學生的心智投注其中，才會因之反映出意義。由此可見，成功的教學不是在於教師教給學生多少知識，而是在於教師能啟迪學生使知識個人化，從而獲得意義。

從上述三位代表人物的教育思想，可見人本心理學的教育觀是倡導教人、做人的道理，希望學生經由教育與學習滿足各項需求，以期達到自我實現。並堅持以學生為主體、以學生為中心進行教學，課程改革須重視意義學習和經驗學習。例如：**以發揮潛能而能自我實現為教育重點，並且強調愛、自由與民主的夏山學校**（Summerhill），**以及重視個別化教育與自我引導學習的森林小學，都是人本主義學習理論的最佳例證**。但是缺乏明確的目標、缺乏周詳的設計、缺乏評量依據、理念缺乏共識，仍是其受批評之處（102地三）。人本主義思想在教學上的應用，詳細內容請見本章答題示範第一題的解析。

自我評量　　　　　　　　　　　　　　　　　　　　　歷屆試題

1. 請說明人本心理學的學習觀及如何應用在教學上？（102地三）
2. 試說明馬斯洛（A. Maslow）的動機需求論的七種需求？並說明那些是匱乏需求？那些是成長需求？（100身三）
3. 羅杰斯（C. R. Rogers）是人本主義心理學的創始人之一。試述羅杰斯的學習理論，並說明其在教學上的應用。（97高考）

第4章 訊息處理、記憶與遺忘

[名師導讀]

本章從訊息處理理論的觀點切入，探討教育心理學有關記憶與遺忘的心理歷程。本章內容重點包括學習的訊息處理理論與模式、訊息處理的心理表徵系統、知識與記憶的分類、影響記憶的因素、失憶症的種類與成因、遺忘的理論與原因、增進記憶的策略與方法，以及訊息處理模式的知識建構歷程及其在教育上的應用。本章雖不如前三章的出題機率高，但近年對內隱記憶與學習的相關研究如雨後春筍，是未來考試的焦點。另外，對於記憶與知識的分類、遺忘的原因與相關理論，以及如何增進學生記憶效果的相關考題，亦須加以注意。

命題焦點就看這裡 [考題先覽]

1. 請解釋「**陳述性知識**」（declarative knowledge）、「**程序性知識**」（procedural knowledge）和「**條件性知識**」（conditional knowledge）的定義，並各舉一實例來加以說明。（102原三）

2. 解釋名詞：
   (1)**意元集組**（chunking）（102高考）
   (2)**編碼特定原則**（encoding specificity principle）（100原三）
   (3)**可得性捷思法**（availability heuristic）（100原三）
   (4)**順攝抑制**（proactive inhibition）（101高考）
   (5)**內穩記憶**（implicit memory）（101地三）

3. 對於**遺忘**的解釋，歷來有不同的理論觀點來加以解釋。試述**遺忘的原因**，並說明教師教學時，應如何避免或減少學生的遺忘？（99身三）

4. 何謂「訊息處理模式」（information-processing model）？如何運用此一模式來解釋記憶歷程？（98高考）

5. 學生的「記憶」，一直是教師教學的關注重點之一。當代記憶心理學的研究，已陸續指出「**內隱記憶**」（implicit memory）的存在。試述「內隱記憶」的涵意、特性及其在教學上的啟示。（97高考）

6. 近二十年來，已有不少研究發現**短期工作記憶的負荷**對學生學習成效的影響。在教學情境中，就訊息處理歷程而言，造成學生短期工作記憶（working memory）過度負荷的原因是什麼？教師在進行教學設計時，應如何避免增加學生短期工作記憶的過度負荷，藉以提高學習成效？（96高考）

學習地圖

學習的訊息處理模式

1. 訊息處理的步驟
   (1) 編碼（感官記憶）
   (2) 短期記憶
   (3) 長期記憶
2. 訊息處理與記憶
   (1) 訊息處理的歷程
   (2) 電腦記憶與人類記憶
   (3) 訊息處理心理表徵

訊息處理
記憶與遺忘

失憶與遺忘

1. 知識分類
   陳述性知識、程序性知識、條件性知識
2. 記憶分類
   情節記憶、語意記憶、程序記憶、
   建構記憶、內隱記憶、外顯記憶
3. 影響記憶的因素
   編碼特定原則、序位效應、萊斯托夫效應、
   閃光燈效應、雙代碼假說、複誦、學習方式
4. 失憶症
   器質性失憶、心因性失憶、幼年失憶、
   帕金森氏症、阿茲海默症
5. 遺忘理論
   痕跡論、檢索論、壓抑論、差別遺忘論、
   干擾論、建構論

訊息處理學習的應用

1. 幫助學生習得新資訊
2. 閱讀技巧
3. 記憶的知識建構

記憶策略

1. 增進記憶的方法
2. 知識的學習策略
3. 記憶術
   字鉤、關鍵字、筆記
   邏輯偏誤 ┬ 代表性捷思法
          └ 可得性捷思法

第一節 訊息處理與記憶

考點提示 (1)編碼、譯碼、解碼；(2)感官記憶、短期記憶與長期記憶；(3)訊息處理的心理表徵與歷程，是必考焦點所在。

訊息處理學習論（或信息加工學習論）.(information-processing theory of learning)，是專為解釋人類在環境中，如何經由感覺、注意、辨識、轉換、記憶等內在心理活動，以吸收並運用知識的歷程。

壹、學習的訊息處理模式（98高考）

訊息處理模式與學習息息相關。訊息處理歷程包括編碼（encoding)、儲存（storage）、提取（retrieval）等處理作用，整個歷程由程式所控制，如圖4-2。其中**編碼和儲存就是「記」，而回溯就是「憶」，因此整個訊息處理歷程就是記憶歷程**。強化記憶力的關鍵，就在你怎麼為記憶進行編碼。

一、訊息處理步驟

訊息處理模式將記憶分成三類：(一)進行編碼的感官記憶；(二)暫時儲存的短期記憶；(三)永久儲存的長期記憶。三者的不同如表4-1所示，並詳述如下：

(一) 編碼（encoding）

- 環境刺激經視、聽、味、嗅、觸覺等受納器的接收，所引起的短暫（三秒鐘內）記憶，稱為「感官收錄」（sensory register）或「感官記憶」（sence memory）。感官記憶在刺激消失後感覺還會殘留約三秒鐘，此時的記憶稱為「回音記憶」（echoic memory）或「餘音記憶」（90地三）。這種刺激消失後感覺還在的心理現象，稱為「後覺」（aftersensation），表現於視覺就成「餘像」，表現於聽覺就成「餘音」。記憶編碼有形碼、聲碼與意碼三種，稱為「記憶碼」（memory code）（87地三）。
- 感官收錄的訊息會先經過型態辨認的步驟，才能將訊息進行編碼，進入短期記憶。型態辨認是指個體知覺經由感官收錄的訊息代表什麼意義。知覺（perception）與注意（attention）均為感官收錄的關鍵歷程。有時個體面對不愉快的感覺刺激或經驗時，會出現「知覺的防衛」

（perceptual defense）。第一種防衛心理是個體選擇改變或誤解舊有的經驗，以符合自我概念，維持對自我的知覺，稱為「知覺扭曲」；第二種防衛心理是「否認」，拒絕承認他們的經驗，忽略或否認事實，知覺扭曲和否認，都是「知覺的防衛」。

感官收錄和其他階段記憶不同處，除了時間極短外，另一特色是記憶中仍保持著刺激本身原來的形式，其作用是在供個體抉擇是否將進一步以之作為重要訊息來處理。若決定給予進一步的處理，就加以注意，並予以編碼轉換成另一種形式，否則即予以放棄，形成感官收錄過的遺忘（forgetting）。

1. 影響編碼的因素：
   (1)個人所持的基模種類與內容；(2)注意力的多寡；(3)訊息處理的深度：意義為主的處理通常是深度處理。例如：**逐字抄寫屬於淺層處理，但是內容重點解釋並做摘要，就屬於深層處理，處理層次愈深，記憶就愈深。**
2. 編碼的方法：
   (1)基本複誦；(2)精進複誦：產生關聯、符號取代、添加，以幫助記憶。
3. 精進的策略：
   (1)添加語文陳述：重要概念比較、回答推論性問題、有條理摘述。
   (2)心像：將文字記憶轉換為圖像記憶。
   (3)記憶術：將不熟悉的事物學習與已習得的訊息連結。

表4-1　三類記憶的差異

特質	感官記憶	短期記憶	長期記憶
訊息載入	在注意之前	需要注意	複習
訊息保留	不可能	繼續注意	重述、組織
訊息登碼	直接拷貝訊息	形碼、聲碼、意碼	形碼、聲碼，大部分為意碼
容量	大	小	不知其限制
訊息遺忘	消退	置換、減弱痕跡干擾、消退	干擾、消退，但以檢索問題為主（基本假設是不會遺忘的）
痕跡期限	1/4至5秒	至多20秒	多年
檢索	顯示（readout）	自動、暫時的聲碼檢索	檢索線索自歷程中搜尋

資料來源：鄭麗玉，1993。

(二) 暫時儲存（short-term storage）

✡感官收錄後再經注意的過程，而在時間上延續到20秒以內的記憶，稱為「短期記憶」（short-term memory，簡稱STM）。短期記憶在有限的時間內，除接受從感官收錄進來的訊息，並適時做出反應外，也可使個體對訊息性質進行深一層認識、運作和理解，因此具有「工作記憶」或「運作記憶」（working memory，簡稱WM）的功能。運作記憶理解後刻意將訊息予以保留，是將訊息轉換成長期記憶的主要原因（96高考；93身三）。

✡1. 短期記憶（或運作記憶）的容量

美國心理學家米勒（G.A. Miller）1956年發表了一篇題為《神奇數7加減2：我們加工訊息能力的限制》，主張短期記憶的容量有限，約為7加減2個意元（所以電話號碼一般只有七、八個數字），稱為記憶廣度（memory span）又稱認知廣度（cognitive span）。短期記憶易受新進訊息的干擾而遺忘，如果不重複把注意力放在儲存的訊息上，約20秒後便會遺忘。

✡2. 意元集組（chunking）策略（102高考）

短期知識的容量雖然有限制，但因其另具有運作記憶的功能，所以也有可能突破容量的限制，那就是意元集組作用。例如：學過速讀的人之所以能夠「一目十行」，其秘訣在於善於運用意元集組的緣故。

短期記憶可以經由意元集組的方法，擴增7加減2個意元中每個意元的訊息量，將訊息中多個不同小意元（chunk）集合而組成一個大意元，再以大意元為單位記憶之。至於短期記憶的搜尋方式，斯坦伯格（Sternberg）1969年提出「記憶掃描」（memory scanning）程序，分成：(一)平行搜尋：同時間所有項目皆搜出比對；(二)系列搜尋：每次只掃描一個記憶項目比對，較費時間。

短期記憶如需求永久保存記憶，可經由複誦將訊息送入長期記憶。意元集組只是讓訊息精緻化的策略，讓一個單位裡的訊息變得更多，至於短期記憶容量本身卻是不變的。

短期記憶經過持續性的複誦（maintenance rehearsal）或精緻性複誦（複習）的過程，可將短期記憶的內容連結至長期記憶，未來將可轉為由長期記憶提取知識。例如：學過速讀的人能夠「一目十行」後又能「過目不忘」，就是已將短期記憶的內容儲存至長期記憶。

3. 雞尾酒現象（cocktail party phenomenon）—注意（attention）的角色

　在一間有許多對話同時發生的房間，個體可以注意或聽到來自其中之一的對話，將移動訊息傳送到運作記憶，稱為雞尾酒效應。在教室上的應用包括：(1)問問題以測試學生是否了解教師所提出的觀念；(2)讓學生當場使用此新觀念；(3)鼓勵學生做筆記。

4. 運作記憶（或工作記憶）模型（96高考；93身三）

　貝德雷與希區(Baddeley & Hitch)研究工作記憶，將其分成三個部分，並提出工作記憶模型，如圖4-1。此三部分包括：(1)視覺空間模板（visual-spatial）：負責視覺訊息的控制與保存；(2)語音環（phonogical or articulary loop）：負責語音訊息的處理；(3)中央執行系統（central excutive system）：負責協調各系統，並與長期記憶保持聯繫。工作記憶模型如圖4-1所示。

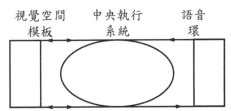

圖4-1　貝德蕾與希區的工作記憶模型
資料來源：楊治良等，2001。

(三) 永久儲存（forever storage）

　保持訊息長期不忘的永久記憶（permanent memory），稱為長期記憶（long-term memory，簡稱LTM）（93身三）。長期記憶和短期記憶除在記憶時限上的不同外，另有兩點差異：(一)短期記憶是限量記憶，而長期記憶是無限的；(二)長期記憶中儲存的訊息或知識，在性質上與短期記憶中暫時儲存者不同，儲存在長期記憶中的訊息，大致分為兩類：一為情節記憶(episodic memory)，只有關生活情節的實況記憶，另一類為語意記憶（semantic memory），是指有關語文所表達之意義的記憶（86地三）。

1. 有效檢索或提取

　長期記憶需有精緻化、組織化、脈絡化方能永久，也就是必須經過經常地複習、轉移與使用。從長期記憶提取或回憶訊息是一種挑戰，唯有有效地檢索並加以提取訊息，才是真正解決問題之重要歷程。

2. 舌尖現象（tip-of-tongue phenomenon）

有時想從長期記憶提取訊息，但卻只記得某些部分，不能確實掌握且說不出，此時姓名的文字與聲音似已接近提取邊緣。也就是那人的名字似在舌尖，卻叫不出口，稱為「舌尖現象」。

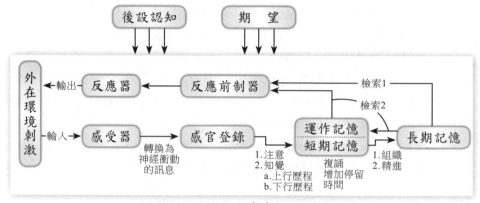

圖4-2　記憶的訊息處理歷程
資料來源：參考Sternberg，2009：324。

二、訊息處理與人類的記憶

外在環境刺激經由感受器輸入後，先轉為神經衝動的訊息，再進行感官登錄。感官登錄的訊息必須經由注意和知覺，才能進入短期記憶。訊息在短期記憶中大約只能停留二十秒，必須進行複誦才能增加停留的時間。短期記憶的訊息必須概念化之後才能儲存進長期記憶。如此，完成記憶的步驟。

(一) 訊息處理的歷程

訊息處理取向認為知覺是外在刺激與內在思維相互比對的結果。因此，訊息處理的歷程可分為由下而上的處理模式（上行歷程）和由上而下的處理模式（下行歷程），兩者是同時進行的。

1. 由下而上的處理（bottom-up processing）（94身三）

又稱為資料導向（data-driven）的處理，是由低層次訊息開始處理，亦即先進行特徵分析，再逐步向上，最後辨認出該刺激。整個過程是由下層傳到上層的訊息處理運作，這種運作認為，我們看到什麼，純粹由外在刺激來決定，上層的處理單位是被動的等著外來的訊息抵達，再作詮釋。

✕ 2. 由上而下的處理（top-down processing）（94身三）

又稱為概念導向（conceptually driven）的處理，是依據期望，幫助我們詮釋不完整的感官輸入。本質上，它是站在一種主動詮釋的立場，隨時準備去詮釋外來的刺激訊息為何物，即是由上往下的方式在運作。

3. 交互作用（interaction）：個體在進行訊息處理時是上、下行歷程同時進行。

4. 脈絡（context）效果

感官收錄的型態辨識並不是被動的等著外界訊息的刺激，而是主動以其儲存的知識詮釋外來的消息，並加以選擇，如圖4-3。由於型態辨識並非零星訊息的堆疊，而且具有「知覺的整體性」，因此感官收錄結果具有意義，可以辨識刺激，幫助記憶。

圖4-3　感官收錄的型態辨識與選擇

(二) 電腦記憶與人類記憶

電腦資訊處理系統的一般性模式中，包括輸入、處理、輸出、儲存四個單位。此外，四個單位亦可與外部周邊設備連接而達成擴充的功能。若把人處理資訊的方式比擬電腦處理資訊方式的話：

電腦	人
輸入單元	感官受納器（receptor）
處理單元	腦部神經或短暫處理的短期記憶區（short-term memory）（或稱工作記憶區）
輸出單元	運動執行器（motor effector）
儲存單元	長期記憶區（long-term memory）

一般模式的訊息處理系統理論認為，外界刺激所產生的訊息為我們的感官受納器所接收，這些訊息立即轉換為神經衝動，送至大腦中樞的感覺記錄器（sensory register），產生記憶歷程。下表4-2是人類記憶與電腦記憶的比較。

表4-2 人類記憶與電腦記憶的比較

	人類記憶	電腦記憶
優先儲存模式	平行處理；時間取向	信號處理；表列取像
訊息保留	有不同階層性	全有或全無
效能	低	高
容量	由經驗決定	和經驗無關
提取 與情境相關和 先前提取經驗相關	強制由情境決定 由先前提取經驗決定	和情境無關； 和先前提取經驗無關
目的	一般性目的； 開放性的一組功能	特殊或一般性目的； 封閉性的功能

(三) 訊息處理的心理表徵

1. 訊息處理不是單向直進式，而是交互作用的複雜歷程。

訊息處理非單向進行，而是個體和刺激之間發生複雜的交互作用。環境中本屬物理事件的刺激，影響到個體的感官時先轉換為生理事件（神經傳導），而後經輸入而生感官收錄，是訊息轉換為心理事件（具體的物體形象轉換為保留其原形的心像）的開始。個體之所以能收錄該刺激，是由於該刺激的特徵與其長期記憶中既有的訊息（知識）有連帶關係。這現象正好符合個體適應環境時以舊經驗為基礎處理新問題的原則。

2. 訊息處理各階段功能不一且心理表徵不同，前者暫時，後者永久。

在訊息處理論的「心理表徵」指的是譯碼（coding）的過程，與布魯納的認知表徵有所區別。譯碼是一個雙向的心理運作歷程；既可將外在的具體物理事件轉換為抽象的心理事件，以便記憶儲存，也可在以後遇到該具體物理事件時，隨時將記憶中儲存之譯碼取出核對，從而認識該事件。

✰ 在訊息處理時，譯碼是雙向的。訊息輸入（input）時，由物理事件轉換為心理事件需要譯碼，稱為編碼（encoding）；訊息輸出（output）時，由心理事件轉換為行為事件，也需要反方向的譯碼，稱為解碼（decoding）。經譯碼輸入的訊息儲存在記憶中，而經解碼輸出的訊息則由行為表現出反應。從記憶中解碼後由反應表現出來的過程，稱

為檢索（retrieval），檢索之後的反應，稱為輸出。一般人處理語文訊息時，在短期記憶階段以聲碼（acoustic code）為主，而在長期的儲存階段，則是以意碼（semantic code）較為重要。下表4-3列出記憶的訊息處理與特徵，供讀者比較。

表4-3　記憶的訊息處理與特徵

	輸入	容量	持續的時間	內容
感官記憶	快速地	較大	非常短暫（視覺：1秒；聽覺：2～3秒）	視覺資訊和聽覺資訊
運作記憶	快速地	限制的	5～20秒	字、影像、構想、句子
長期記憶	相對較慢	幾乎沒有限制	幾乎沒有限制	命題的網路、基模、生產法則、心像

自我評量　**歷屆試題**

1. 解釋名詞：
   (1)由下而上處理 vs. 由上而下處理。（94身三）
   (2)意元集組（chunking）。（102高考）
   (3)回音記憶（echoic memory）。（90地三）
   (4)運作記憶（working memory）與長期記憶。（93身三）
2. 何謂「訊息處理模式」（information-processing model）？如何運用此一模式來解釋記憶歷程？（98高考）
3. 近二十年來，已有不少研究發現短期工作記憶的負荷對學生學習成效的影響。在教學情境中，就訊息處理歷程而言，造成學生短期工作記憶（working memory）過度負荷的原因是什麼？教師在進行教學設計時，應如何避免增加學生短期工作記憶的過度負荷，藉以提高學習成效？（96高考）

第二節　失憶與遺忘

(1)陳述性、程序性、條件性知識；(2)情節、語意、程序、建構性記憶；(3)內隱與外顯記憶；(4)編碼特定原則；(5)序位效應；(6)失憶症的種類；(7)遺忘理論與成因，是必考焦點所在。

壹、知識分類的心理基礎與記憶

我們在本書第三章第二節曾經介紹過知識的分類，詳細的介紹可以參考。其中較著名的有認知心理學家Paris，Lipson，和 Wixson將知識加以分類，他們認為知識可分成：(一)陳述性知識（declarative knowledge）：了解是什麼（know what）的事實性或資料性知識；(二)程序性知識（procedural knowledge）：知道如何（know how）操作、執行不同的操作訊息；(三)條件性知識（conditional knowledge）：知道何時（know when）以及為什麼（kwow why）要採取不同的行動（102原三）。安德生（Anderson）也將語文知識分為兩類（93身三）：

(一) 陳述性知識（declarative knowledge）：指有關事實性或資料性知識；諸如人名、地名、時間、地點以及事實經過等以陳述方式表達的知識均屬之。

(二) 程序性知識（procedural knowledge）：指按一定程序理解操作從而獲致結果的知識。諸如解答數學題、操作機器或駕駛、從事理化實驗及烹調縫紉等均屬之。

一、人類記憶分類

認知心理學家斯奎爾（Squire）將長期記憶分成陳述性記憶（declarative memory）與非陳述性記憶兩種，學習心理學家杜爾文（E. Tulving）又將陳述性記憶分成情節記憶、語意記憶。另外，新近研究與人類思考有關的建構記憶，都是人類的記憶種類與系統構成，如表4-4，並分述如下：

(一) 陳述性記憶（declarative memory）

個體對事實性資料的記憶，例如：人名、國家、公式……，又稱「外顯記憶」（explicit memory），是長期記憶中可被提取的知識，可用回憶法或再認法測出，亦是回憶時個體可以察覺的記憶。也必須藉由記憶策略加以記住，因其容易遺忘。

1. 情節性記憶（episodic memory）

　　情節記憶就是將訊息與特定時間、地點相聯結，以形成記憶。情節記憶又稱為插曲記憶、經歷記憶或自傳式記憶（autobiographical memory），例如：你二十歲生日怎麼過？你的腦中會提取心像去回想。其特性有下列三項：

(1)接收並儲存舊時情節、事件或事件中的相關性。

(2)特定事件（看海、初吻……）建立情節記憶，並像自傳似的被儲存著。

(3)容易改變和流失、缺乏具體架構，但在形成辨認過去事件（人、地方等）的基礎上很重要。

2. 語意性記憶（semantic memory）

　　有意義的記憶稱為語意記憶，係以命題網絡與基模等方式儲存於長期記憶，「命題網絡」為內在相聯的一組訊息位元，而當我們記憶大量複雜的訊息時，需要將材料組織結構起來，此結構稱為「基模」。語意記憶有下列五項特性：

(1)字、概念、規則、抽象概念的記憶，對語言的使用是必須的。

(2)杜爾文認為它是心理的分類詞典。

(3)在日常生活中常提取語意記憶，像與人對話、解決問題、閱讀等。

(4)我們可以在短時間內處理不同的訊息，是因為有效的提取過程和組織良好的語意記憶。

(5)情節記憶常被使用，因此也常改變；語意記憶較少用到，但較持久穩定。

(二) **非陳述性記憶**（non-declarative memory）

　　又稱程序性記憶（procedural memory），**是有關事情如何處理之記憶，包含如何完成事物的方法，關係著技能的習得與保留。**例如：如何打球、如何溜冰、開車等。**也是一種不能察覺的記憶，會影響個體想法與行為的知識，但卻是個體無法意識或知覺的一種記憶，因此也稱為「內隱記憶」**（implicit memory）（101地三；97高考）。限於篇幅，有關內隱記憶的特性、在教學上的啟式，以及與外顯記憶的比較，請詳見本章考題答題示範第一題解答內容。

(三) **建構性記憶**（constructive memory）

　　在超越現實的情境下，個體依據過去的知識與經驗，在心理運作過程中重新加以組合，形成系統概念，以處理抽象事物，稱為建構記憶，又稱組織記憶。例如：即席演講、寫作文。建構性記憶與人類的思考有關。

表4-4　人類記憶的主要系統構成

記憶系統	其他名稱	構成子系統	提取時心理經驗
程序記憶	非陳述性記憶	運動技能 認知技能 簡單條件反射 簡單聯想學習	內隱
知覺表徵	促發效應	結構描述 刺激的視覺形式 刺激的聽覺形式	內隱
語意記憶	類屬記憶 事實記憶 知識記憶	空間性 關係性	內隱
初級記憶	工作記憶 短期記憶	視覺 聽覺	外顯
情節記憶	自傳體記憶 事件記憶	──	外顯

資料來源：楊治良等，2001。

二、影響記憶的因素（95地三）

(一) 學習情境的影響

1. 編碼特定原則（encoding specificity principle）（100原三）

編碼特定原則是有關於長期記憶（LTM）提取（retrival）的研究。湯姆生與杜爾文（Thomson & Tulving）1970年的研究指出，訊息的提取或回憶與其收錄的方式有關，訊息的儲存決定於其被知覺與被收錄的方式，而訊息儲存的形式決定何種回憶的線索有助於訊息的回憶。高登與貝德雷（Godden & Baddeley）1975年曾以實驗法來證明編碼特定原則，實驗步驟如下：

有兩組潛水人員，他們同時記憶一個列表的單字，但是有一組在海灘上記憶（稱為G海灘），而另一組在深海中記憶（稱為G深海），然後學習完之後，將「G海灘」分為兩半，一半在海灘上回憶（稱為G海灘─海灘），而另一半在深海回憶（稱為G海灘─深海），同樣的「G深海」也分為兩半，分別在海灘（G深海─海灘）與深海（G深海─深海）回憶。實驗結果發現「G海灘─海灘」和「G深海─深海」這兩組的回憶優於另外兩組「G海灘─深海」及「G深海─海灘」。

簡單的說，就是**在什麼情境下記憶的訊息，則在同樣的情境下回憶的效果最佳**。因此，編碼特定原則就是學習時的編碼工作，此工作包括學習材料及學習時的內外在情境，若檢索時的內外在情境和編碼時的情境愈相似，則情境可提供額外線索，長期記憶便較容易提取，稱為情境關連記憶（state-dependent memory）。換句話說，**收錄訊息的環境與提取訊息的環境愈相似，記憶表現就愈好，稱為「編碼特定原則」**。

布蘭史福特（Bransford）曾提出的適當遷移處理理論（transfer appropriate processing theory）認為，記憶的強度和持久性，不只依賴訊息處理的深度，也依賴學習和回憶時情境的相似性（王明傑、陳玉玲譯，2002），與編碼特定原則有異曲同工之妙。編碼特定原則可分為情境依賴（context dependence）和狀態依賴（state dependence）兩種。

(1)情境依賴（context dependence）的編碼特定原則（96地三）

感官收錄時，外在背景情境是日後記憶提取的線索，情境依賴指的是記憶提取時，外在情境和編碼的情景愈相似，記憶愈容易提取。記憶環境若與提取環境相同時，記憶的回憶量可大幅增加。前述高登與貝德雷（Godden & Baddeley）「深海—沙灘」的記憶實驗，就是情境依賴的例子。

(2)狀態依賴（state dependence）的編碼特定原則

感官收錄時，個體的身心狀態也是日後記憶提取的線索，狀態依賴是指編碼和提取時的生理或心理狀態差異愈小，提取效果愈好。例如，若是在快樂愉悅的狀態下學習，容易回憶起往事，但是在記憶提取時若是處於悲傷狀態，將較難記起所學過的資料。艾克（Eich）1975年曾以實驗證明，學習新材料前沒有吸食大麻的人比有吸食大麻者，回憶效果較好。

2. 檢索指引（retrieval cue）

個體遇到的學習環境或事務，就是長期記憶的檢索指引。例如：考試時的測驗題目，個體會按照檢索指引的需要進行長期記憶的解碼，提取所需的形、聲、意三碼，但若檢索指引不足，則必造成記憶提取困難。

(二) 學習材料的影響

1. 序位效應（serial-position effcet）

學習項目出現的位置會影響記憶的深淺，稱為「序位效應」。最前面和最後面的項目最容易被記住，因此「序位曲線」（serial-position curve）呈現兩端高而中間低的碗形曲線。前端最容易記憶的現象，稱為「初始效應」（primary effect）；而後端最容易記憶的現象，則稱「時近效應」（recency effect）（94身三）。因此，在學習材料中，開頭和結尾的項目可作為認知地標（cognitive landmark），提供記憶的支柱。

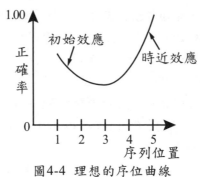

圖4-4　理想的序位曲線

2. 萊斯托夫效應（Restorff effect）

學習項目愈獨特，愈容易被記住。這是由蘇聯心理學家萊斯托夫（H. von Restorff）發現。

3. 閃光燈效應（flashbulb effect）

遇到強烈情緒震撼的事件，往往印象深刻難以抹滅，如親身目睹車禍。

(三) 學習方法的影響

1. 雙代碼假說（dual-code hypothesis）

心理學家派渥（Paivio）1975年提出，在人類長期記憶的編碼工作，語文訊息的處理以「意碼」為主，而非語文訊息的處理以「形碼」為主；在心理表徵上，此二者是互為表裡的連接運作，在長期記憶的訊息處理過程，意碼與形碼是雙向並進。因此，學習時眼、耳、鼻、舌、心五位一體，讓聲、意、形三碼同時出現，不但有助於學習，且容易記憶。

2. 複誦（rehearsal）

是短期記憶將訊息輸入長期記憶的歷程，可分為兩種：(一)維持性複誦（maintenance rehearsal）：不斷重複訊息的記憶，能防止競爭性訊息輸入；(二)精緻性複誦（elaborative rehearsal）：又稱「第二類型複誦」（type II rehearsal），與長期記憶中的訊息建立關連，有助於意元意義的建立。

3. 學習方式

(1)「分散學習」的記憶效果通常優於「集中學習」。

(2)「分段學習」的記憶效果通常優於「整體學習」。

(3)所謂「過度學習」就是個體對學習材料已達精熟（至少80%）後，仍然繼續學習。「過度學習」有助於記憶的延長（82地三）；「精熟學習」後就停止學習，容易出現遺忘。

二、失憶

個體因為某種意外原因喪失部分或全部的記憶，稱為「失憶症」。其分類如下：

(一) 依病情分類

1. 近況失憶症（anterograde amnesia）

患者對意外事件發生後的近況無法記得，但意外事件發生前的往事卻有記憶。其原因可能是短期記憶無法儲存至長期記憶。

2. 往事失憶症（retrograde amnesia）

與前述者相反，患者對意外事件發生前的往事無法記得，但意外事件發生後的近況卻有記憶。其原因可能是長期記憶無法進行檢索提取。

(二) 依病因分類

1. 器質性失憶症（organic amnesia）

由於受傷、酗酒、嗑藥造成大腦神經損傷，特別是在大腦顳葉中間地帶及海馬體（hippocampus）的受傷，而導致嚴重的失憶症。例如：長期酗酒引起的失憶症稱為「柯氏症候群」（Korsakoff syndrome）。

2. 心因性失憶症（psychogenic amnesia）

這種失憶症是屬於心因性，由心理因素造成，病人為了壓抑某些痛苦的事件，而有遺忘的現象，又稱為功能性失憶症（functional amnesia）。心因性遺忘是可以完全康復的，它的產生是由於大腦皮層功能暫時受到抑制所致，並沒有器質性損害。

(三) 依症狀分類

1. 幼年失憶症（infantile amnesia）

人類對三歲以前的經驗大都不復記憶，稱為幼年失憶症。其原因為三歲前尚無法將語文表徵的形、聲、意三碼輸入長期記憶。

2. 帕金森氏症（Parkinson's disease，PD）

帕金森（J. Parkinson）1817年於英國發現，主因腦中神經傳導物質「多巴胺」不足所引起的神經綜合症，平衡感差、出現顫抖且動作遲緩。

3. 阿茲海默症（Alzheimer disease，AD）

　阿茲海默（A. Alzheimer）於1907年發現，主因是大腦中的老年斑塊阻塞引起功能性障礙，好發於老年，又稱老人失智症。下表為阿茲海默症常用的篩檢量表。

AD8極早期失智症篩檢量表

填表說明：
若你以前無下列問題，但在過去幾年中有以下的改變，請填「是，有改變」；若無，請填「不是，沒有改變」；若不確定，請填「不知道」。

	是，有改變	不是，沒有改變	不知道
❶ 判斷力上的困難：例如落入圈套或騙局、財務上不好的決定、買了對受禮者不合宜的禮物。			
❷ 對活動和嗜好的興趣降低。			
❸ 重複相同的問題、故事和陳述。			
❹ 在學習如何使用工具、設備、和小器具上有困難。例如：電視、音響、冷氣機、洗衣機、熱水爐（器）、微波爐、遙控器。			
❺ 忘記正確的月份和年份。			
❻ 處理複雜的財務上有困難。例如：個人或家庭的收支平衡、所得稅、繳費單。			
❼ 記住約會的時間有困難。			
❽ 有持續的思考和記憶方面的問題。			
AD8總得分			

三、遺忘

(一) 遺忘（forgetting）的原因與理論（99身三；94高考）

1. 痕跡論（trace theory）——用進廢退

　學習活動的內容與過程會在大腦記憶中留下痕跡，稱為「記憶痕跡」。痕跡論者認為，記憶痕跡若不經常使用，就會隨著時間拉長而逐漸消失，產生遺忘，稱為「指引關聯性遺忘」。

2. 檢索論（retrieval theory）——檢索失敗

　訊息收錄之後，就需要貯存，然後在必要時被重新提取（retrieval），若檢索提取的指引不足造成記憶檢索的困難，就容易產生遺忘。

3. 壓抑論（repression theory）——刻意不存

個體有意地將不愉快的經驗壓抑在潛意識，因此無法記憶，稱為「動機性遺忘」。

4. 差別遺忘論（differential forgetting theory）——逐漸消退

個體在學習歷程中，會學到錯的也會學到對的，正確反應經由重複練習及增強作用而逐漸加強，錯誤反應則逐漸減弱。若練習停止，則正確與錯誤反應都會產生遺忘。

5. 干擾論（interference theory）——順逆干擾（101高考；94身三）

個體學得的經驗彼此干擾，因而導致遺忘。可分成順攝干擾與逆攝干擾兩類：

(1)順攝干擾（proactive interference）：舊訊息干擾新訊息的記憶，使舊訊息產生的遺忘現象。

(2)逆攝干擾（retroactive interference）：新訊息干擾舊訊息的回憶，使舊訊息產生的遺忘現象。

6. 建構論（construction theory）—建構錯誤

個體在回憶時，可能受過去的經驗、信仰、情緒的影響，而使訊息儲存於長期記憶時有所偏差，或有所遺忘，而與事實不符，稱為「記憶扭曲」（memory distortion）。例如：對過去事情的情節前後倒置、加油添醋或簡化。

(二) 如何避免遺忘（99身三）

在教學上如何避免學生產生遺忘的方法如下：

1. 當連結到重要訊息時不要假定只有一種就足夠了。
2. 當訊息需要快速提取，透過指定步驟和練習作業，將促使學習自動化。
3. 教導學生發展屬於自己的記憶檢索技巧。
4. 當重要的訊息不能以邏輯方式補充，則須確定學生學習正確。
5. 適當地提供檢索的線索。

自我評量　　歷屆試題

1. 請解釋「陳述性知識」（declarative knowledge）、「程序性知識」（procedural knowledge）和「條件性知識」（conditional knowledge）的定義，並各舉一實例來加以說明。（102原三）

2.名詞解釋：

(1)順攝抑制（proactive inhibition）。（101高考）

(2)內隱記憶（implicit memory）。（101地三）

(3)編碼特定原則（encoding specificity principle）。（100原三）

(4)陳述性記憶與程序性記憶。（93身三）

(5)順攝抑制與倒攝抑制。（94身三）

(6)初始效應（primary effect）與時近效應（recency effect）。（94身三）

3.何謂記憶的「序列位置效應」（serial position effect）？請解釋並說明之所以會出現此效果的可能原因及其與短期記憶和長期記憶之間的關係。（101原四）

4.對於遺忘的解釋，歷來有不同的理論觀點來加以解釋。試述遺忘的原因，並說明教師教學時，應如何避免或減少學生的遺忘。（99身三）

5.學生的「記憶」，一直是教師教學的關注重點之一。當代記憶心理學的研究，已陸續指出「內隱記憶」（implicit memory）的存在。試述「內隱記憶」的涵意、特性及其在教學上的啟示。（97高考）

6.一項有趣的科學研究（Godden & Baddeley，1975）其研究過程如下，研究者將一群善泳的潛水員分兩組在不同的學習環境（learning environment）去學習40個無關聯的單字，一組在海岸邊（Dry）背單字，另一組則潛入海下20英尺（Wet）背單字，然後每一組又各分一半的成員在海岸邊（Dry recall environment）或潛入海下（Wet recall environment）接受單字回憶測驗，結果顯示如右圖。請說明此一研究的主要發現，並針對此項研究結果說明它在教學上的涵義。（96地三）

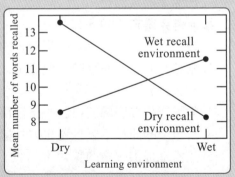

7.試由訊息處理歷程的角度，分析影響長期記憶好壞的因素有哪些？說明過程中，請舉實驗例證說明之，並進一步由影響因素討論增進記憶的方法。（95地三）

8.遺忘的原因為何？請列舉您認為最重要的三項來探討之。（94高考）

第三節　記憶策略

 考點提示 (1)增進訊息處理記憶的方法；(2)各項知識的學習策略；(3)記憶術；(4)代表性捷思法；(5)可得性捷思法，是必考焦點所在。

壹、增進記憶的分法

(一) 增進感官記憶的方法

減少分心或一心二用，並增加專注力是增進感官記憶的主要方法。其次，環境單純、活動簡單、學習新奇，也可以吸引注意力，增進感官記憶。

(二) 加強短期記憶的策略（96高考）

1. 增加注意力：記憶時只要聚精會神、排除雜念和外界干擾，大腦皮層就會留下深刻的記憶痕跡而不容易遺忘。
2. 多碼並用：因長期記憶中保存者以意碼為主，故而在短期記憶階段編碼時，最好形、音、意三碼並用，以便輸入長期記憶。
3. 意元集組：在有限容量下短期記憶內只能容下七個數字，但經過意元集組的心理作用，就可擴增為七個項目。
4. 運作記憶：善用短期記憶的時限內具有的運作記憶功能，加深對該訊息的印象。
5. 運用複習原則：複習是加強學習的最基本原則。

(三) 增進長期記憶的方法（95地三）

1. 有計畫的練習：採用多次練習連續實施的集中練習（massed practice）或多次練習分散實施的分散練習（distributed practice）。
2. 軌跡法（或位置法）（location method）：採用記憶中留存的空間心像，將學習材料與時空形成關聯後進行合併編碼，有助記憶與未來回想記憶中事物的位置。
3. 主觀組織法（subjective oganization，簡稱SO）：將零碎、無組織、無系統的學習材料，憑藉個人心理運作加以組織成有意義的事物，以便於記憶的方法。
4. 情境助憶法：利用前述的「編碼特定原則」，讓相似的情境幫助記憶。
5. 複誦：以前述的「持續性複誦」與「精緻性複誦」，幫助訊息進入長期記憶。

貳、知識的學習策略

一、如何學習陳述性知識

(一) 大量閱讀，增加知識的理解力

從認知心理學的觀點看，學習當時如果不能認知，學習之後就不易記憶。理解是記憶的基礎，只有理解的東西才能記得牢、記得久。對於重要的學習內容，如能做到理解和背誦相結合，記憶效果會更好。

(二) 雙向處理策略

實際讀書時應上下處理兼顧使用。在面對一本書或一篇文章時，可先採由上而下處理策略，先對整個文意的主題、子題、概略架構有個初步認識，這等於讀者在閱讀之始先對自己提供了一個前導組織。之後再以由下而上處理模式，增加細部的了解。

(三) 複誦、有意義的學習、組織化、精緻化的記憶策略

對剛學過的知識及時復習，趁熱打鐵，及時溫習鞏固，是強化記憶痕跡、防止遺忘的有效手段。另外，經常回憶學習，不斷嘗試回憶，可使遺漏得到彌補，使學習內容記得更牢。閒暇時經常回憶過去註記的物件，也能避免遺忘。

(四) 視覺影像的轉換，形成資訊的心理圖像，方便未來檢索

下表4-5列出上述方法的比較。

表4-5　陳述性知識的學習策略

方式	定義	例子	功效	教育的實踐
複誦	重複逐字訊息採心理的或大聲唸出。	重複「懶惰」的字義。	相對性地無效：儲存較慢，提取困難。	建議學生使用複誦為唯一最後方式。
有意義的學習	新資訊與先前知識做一聯結。	將「懶惰」用於句子；或以生活例子為例。	若聯結於適當地先前知識，則會有效。	幫助學生連結新訊息於他們所知。
組織化	在新資訊的不同部分做一聯結。	學習如何貫串整個劇本的人物。	若以適當地組織結構或是包含許多分離地概念，則會有效。	呈現以組織方式的工具，和指出組織化的結構與彼此間的關係於工具上。

方式	定義	例子	功效	教育的實踐
精緻化	於先前知識拓展新的概念。	思考歷史人物如此行徑的可能理由。	若加入適當概念的推論。	鼓勵學生做資訊以外的思考，如作推論和推測可能的言外之意。
視覺影像	形成資訊的心理圖像。	想像第二次世界大戰的景象。	個體有其不同的功效；特別是當使用有意義的學習、組織化、精緻化是有益的。	以視覺的工具呈現，如圖畫、地圖和圖表。

二、如何學習程序性知識

　　程序性知識是屬於循一定程序運作而獲致某種成果的知識。學習程序性知識時，必須善用奧蘇貝爾在意義學習論所提出的「漸進分化」與「統整調和」的原則，運用短期記憶的運作功能（working memory），將語文說明仔細思考，形成明確觀念之後，始可系統地輸入長期記憶中。

　　程序性的操作活動，無論是駕駛、打字、彈琴等，一旦熟練之後，就會達到自動化處理（automatic processing）的地步。自動化處理是程序性知識學習的最高境界，到達此一境界時，個人在操作過程中就不需要隨時注意去處理某些訊息。例如：初學駕車者對每一刺激帶來的訊息都需要注意應付，司機熟手則可在與人談話中輕鬆處理一連串的訊息。

　　在教學上，教師可以運用以下的方式增進學生程序性知識的學習：

(一) 幫助學生了解潛藏於所學程序之後的邏輯。

(二) 當技能特別複雜時，將之分成簡單的工作，使學生能一次練習一個部分。

(三) 提供記憶術藉以幫助學生記住一連串的步驟。

(四) 給予學生練習新技能的機會，並提供助以改進的回饋。

參、記憶術（memonic）（90萬升）

一、重視睡眠

　　睡眠有助於恢復體力和腦力，且有舒緩壓力，增強記憶力的功效。

> **增廣見聞**　**睡眠的週期變化**（92普考）
>
> 依據睡眠時腦電波及眼電圖觀察的結果，大致可以把正常的睡眠分為數個不同的週期，交替循環出現。
> 第一期：淺睡期，由清醒逐漸昏沈。
> 第二期：睡眠漸深，出現睡眠紡錘波及k叢的腦波變化。
> 第三期：睡眠較深的熟睡期，腦波出現相當緩慢的波型（<50%）。
> 第四期：睡眠更深的熟睡期，睡眠的緩慢腦波比例超過50%。

二、加強記憶技巧

1. 字鉤法（peg-word method）：結合心像或押韻等方式，建立一套自己熟悉的字鉤，使用時依序將需要記憶的事物掛上，就可以發揮聯想的功能。

2. 關鍵字法（key-word method）：此法適用於學習記憶外語單字。使用時先找一個與該外語單字發音類似的母語詞，然後用這母語詞造句且包含外語詞的意義，則可以加強此外語單字的記憶。

3. 圈點畫線：閱讀時，在書頁上圈畫線的目的有二：一是特別重要或特別有意義的標記出來，表示那幾句話是作者的中心思想，另一目的是，留下記號以備將來再讀時查閱方便，亦即留做複習之用。

4. 筆記摘要：要使筆記真正發揮效用，必須掌握兩個原則：其一是摘要；只摘要點，不抄全文。其二是概念；只寫概念，不抄原句。

5. 視聽結合：可以同時利用語言功能和視覺、聽覺器官的功能，來強化記憶。

6. 分層歸類：根據情況，靈活運用分類記憶、圖表記憶、縮短記憶及編提綱、卡片等記憶方法，均能增強記憶力。

7. 按照邏輯法則思考：往往我們未按照邏輯的法則去思考，而是走思考的捷徑，使用捷思法（heuristics），又稱「直觀推論法」，容易造成邏輯思考上的偏誤。

　　(1)「代表性捷思法」（representativeness heuristic）
　　　　又稱「常例直觀推論法」，是認知心理學家Tversky 與Kahneman在1974 年所標示三項人類偏誤行為中的一類，「代表性捷思法」典型的反應指的是存在一個體「A」，而個體「B」為某一「群體」，若A與B的相似度愈高，則人們判斷A來自B群體的可能性隨

之提高，反之亦然。這種依據「相似度」替代「可能性」的判斷將產生偏離理性原則的決策（邱耀初等，2014）。例如：如果現在樂透開獎，我們會覺得 42 28 35 21 36 20 11 這一組數字開出來的機率比 11 22 33 44 05 06 還要高很多，因為前者的數字看起來排列的比較隨機，比較像常態分配。另外，如果今天某父母的第一胎生女生，我們比較會猜母親再度懷孕的時候會生下男生……因為這樣似乎比較隨機，比較接近一般性普通的例子。

✗ (2)「可得性捷思法」（availability heuristic）（100原三）

又稱「經驗直觀推論法」或「便利性捷思法」。也是認知心理學家Tversky與Kahneman在1974年所標示三項人類偏誤行為中的一類。依據個人經驗中對於某事例最易聯想到的相關情境或現象為基礎，推斷同類事件伴隨某結果產生的可能性。例如：住在山邊的人常會看到美麗的夕陽，他們發現當彩霞特別濃、特別紅的時候常常颱風就會來，以後他們就相信特別紅的彩霞是颱風要來的徵兆。另外，我們在看新聞的時候，只要飛機失事都會報得特別大，令人特別印象深刻，然而如果是機車出車禍，新聞多半報得很小或根本不會報，但是即使機車出車禍的機率遠大於飛機失事，很多人還是會認為搭飛機比騎機車危險很多。

自我評量 | **歷屆試題**

1. 解釋名詞：可得性捷思法（availability heuristic）。（100原三）
2. 近二十年來，已有不少研究發現短期工作記憶的負荷對學生學習成效的影響。在教學情境中，就訊息處理歷程而言，造成學生短期工作記憶（working memory）過度負荷的原因是什麼？教師在進行教學設計時，應如何避免增加學生短期工作記憶的過度負荷，藉以提高學習成效？（96高考）
3. 試由訊息處理歷程的角度，分析影響長期記憶好壞的因素有哪些？說明過程中，請舉實驗例證說明之，並進一步由影響因素討論增進記憶的方法。（95地三）
4. 記憶策略係認知心理學的重要發現之一，請說明學生們可以利用那些記憶策略以增進學習效果。（90薦升）

第四節 訊息處理學習的應用

考點提示 (1)新資訊的習得；(2)閱讀技巧；
(3)知識建構歷程，是必考焦點所在。

　　學習理論的發展在教育心理學史上，早期深受哲學知識論的影響。哲學的知識論分為兩大派典，一為經驗主義，一為理性主義。經驗主義的知識論，倡導功能論及觀念的聯想；後來演變為刺激與反應的聯結論，即為行為論學習理論的中心。理性主義的知識論，倡導心智本質，成為認知論探討學習歷程的重心。近代心理學的理論由哲學領域邁向科學領域，而被稱為研究人類行為的科學，認為人類行為的改變即為學習的結果，因此行為如何改變？學習如何發生？遂成為教育家及心理學家探討的主題。訊息處理是認知心理學目前的顯學，在學習上的應用正方興未艾，下圖4-5為學習理論的演變圖。

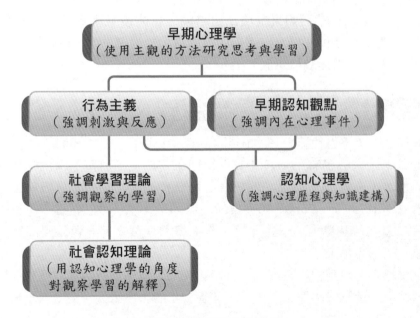

圖4-5 學習理論的演變

壹、幫助學生習得新資訊

一、重視先備知識和運作記憶對長期記憶的影響

學生的先前知識對學習的貢獻甚鉅，因此教師必須幫助學生喚起先備知識，並加強運作記憶，其具體作法如下：

(一) 幫助學生決定什麼是重要的；幫助指引適當的注意力。

(二) 促使學生從事有意義的學習，以代替機械式學習。

(三) 提供組織新訊息的架構。

(四) 幫助學生將訊息加工，力求精緻化。

二、訊息處理在教室上的應用

(一) 讓學生知道何種知識值得學習。

(二) 用多種的形式呈現相同的概念。

(三) 溝通信念，使學生可以了解所學的事物。

(四) 為學生展示如何將新教材與已知的事物連結在一起。

(五) 以有組織的形式呈現資訊。

(六) 鼓勵學生將課程教材精緻化。

(七) 鼓勵學生形成視覺影像以捕捉所學的事物。

(八) 以學生現存知識基礎為教學起點。

貳、閱讀技巧

美國心理學家羅賓遜（Robinson）所提倡的SQ3R讀書策略，是典型的上下雙向處理的讀書方法。SQ3R代表讀書的五個步驟：

S	survey	瀏覽	Q	question	質疑	3R	read	閱讀
							recite	記誦
							review	複習

1. 瀏覽（survey，S）：指先掃瞄式地通讀一遍，藉以獲得概略的認知。

2. 質疑（question，Q）：指瀏覽中粗略記下的有疑問處，留待閱讀時再尋找答案。

3. 閱讀（read，R）：指再從頭開始仔細閱讀。

4. 記誦（recite，R）：指隨讀隨記，從短期記憶輸入長期記憶。

5. 複習（review，R）：指最後再通盤整理，已能理解者記憶保持之，未能理解者重讀之。

後來羅賓遜又在第三步與第四步之間加上反映（reflect，R）一項，特別強調閱讀當時的思維活動，成為後來流行的SQ4R讀書策略。

✗ 參、記憶的知識建構歷程（101身三）

記憶的知識建構歷程包含：(一)記憶上的建構；(二)提取上的建構。即使了解學習是一種建構的歷程，我們也不見得能有效地促進學生學習。事實上，認知心理學家相信有許多方法可以幫助學生建構更豐富的知識基礎。下列為建議之方法：

(一) **提供實驗的機會**：透過實驗以及與身邊的物體互動，孩子能更了解這個世界的特性和原理。例如用硬幣和豆子來教導小學生算術；用天秤來秤同重量但不同形狀的黏土以教導孩子「守恆」的概念。除了告訴學生完成某項任務的步驟外，教師也可以透過實驗，讓他們創造自己的步驟。例如不告知學生食譜，而讓學生自己嘗試創意；讓孩子養自己想養的寵物。

(二) **呈現別人的意見**：如同之前所述，知識建構不只是獨立的工作，也能藉由和別人溝通來促進之，因此我們應該提供機會讓孩子聆聽別人的意見。例如：透過對話，讓孩子了解「地心引力」的概念。

(三) **強調概念理解**：當知識是整合的、有相關的、有意義的，將更有助學生學習。例如：不死背數學公式，而是了解其背後原理；不把歷史人物當作不相關的人，而要了解整個歷史背景、時代趨勢等等。另外如：以核心概念來組織課程、深度探索主題、連結新舊經驗、同儕教導等，或是「Less is more」，少而精的教育原則，都有助於概念理解。

(四) **提供真實活動**：真實活動意指類似真實外在世界的活動，在設計真實活動時，教師應該提供適當的協助，也要讓學生了解為何要學習這些教材。例如：要探討生理時鐘的干擾與飛行時差的關係？可以讓學生親自搭飛機體驗，所謂生理時鐘（biological Clock）就是決定個體週期性生活規律的生理作用時間，由於各國時區不同，在飛機上產生飛行時差（jet lag），會擾亂個體的生活習慣，造成身心疲倦、食慾不振、睡眠暫時失常等症狀（92身三）。

(五) **促進學習者之間對話：**當學生與他人討論過，他們更能精確記得那些資訊或經驗。例如：讓學生討論數學題目，媽媽做一個蘋果塔需要四分之三顆蘋果，那二十個蘋果可以做多少蘋果塔。

(六) **組織「學習社群」：**「學習社群」意指一個學生能持續互相幫忙學習的教室環境。

自我評量　　　　　　　　　　　　　　　　　　　　**歷屆試題**

1. 試從訊息處理（information-processing）論、皮亞傑（Piaget）的認知發展論，與維高斯基（Vygotsky）的社會認知發展論的觀點來解釋學生如何建構他們的知識。（101身三）

2. 什麼是生理時鐘（biological clock）？它與長途搭飛機所產生的「飛行時差」（jet lag）有何關係？（92身四）

Notes

第5章　動機、行為與學習

[名師導讀]

本章動機理論是各大考試的必考之處，出題頻率極高。本章內容包括行為取向、社會認知取向、認知取向、人本取向的動機理論，動機對行為及學習的影響，增進學習動機的方法與策略，以及動機理論在教育上的啟示與應用。本章出題率最高的部分是各大動機理論的要義與比較、如何增進學習動機，以及其在教育上的運用。本章內容繁雜且重要，考生必須地毯式地精讀。

命題焦點就看這裡　[考題先覽]

1. 試比較學習目標導向（learning goal orientation）或精熟目標導向（mastery goal orientation）學生，與表現目標導向（performance goal orientation）的學生在求學目的、對挫折的反應與學習策略的應用有何不同？還有教師可使用那些策略來塑造學習目標的班級氣氛？（105身三）

2. 試解釋何謂態度（attitude）？態度包含那些成分？並說明要養成學生良好態度可採用那些教學方法？（105身三）

3. 專家教師與生手教師有那些不同特質？另外，從認知學徒制的觀點，說明一位生手要成為專家的歷程。（105身三）

4. 請依據溫納（B. Weiner）的歸因理論（attribution theory）說明在教育上如何化解臺灣偏差升學主義之缺失。（104高考）

5. 小玲的國語科有學習落後的現象，經學習診斷後，參加補救教學。李老師想提升小玲之學習表現，請你先從學習動機、社會行為及認知等面向描述低成就學生的行為表現特徵，並據此建議李老師該如何提升其學習動機，應注意那些教學原則？（104地三）

6. 試從自我價值論（self-worth theory）說明何以有些學生採用自我設限（self-handicapping）的防衛策略逃避學習？有何教育方法可減低為維護自我價值而逃避學習。（103身三）

學習地圖

動機理論

一、動機的定義與種類
1. 學習動機
2. 成就動機
3. 內外在動機

二、動機理論

(一) 行為取向
1. Thorndike效果律理論
2. Skinner後效強化理論
3. Hull驅力減降理論

(二) 社會認知取向
1. Edwards預期價值論
2. Bandura自我效能理論
3. Locke目標設定論

(三) 認知取向
1. Rotter制控信念論
2. Heider歸因理論
3. McClelland成就動機論
4. Atkinson避敗求成論
5. Weiner自我歸因論
6. Covington自我價值論
7. Harter目標導向論
8. Dweck成就目標論
9. Vroom期望價值論
10. Robenson期待價量模式
11. Keller ACRS動機模式

(四) 人本取向
1. Maslow需求層次論
2. Rogers自我概念論
3. Miller勢力場分析論
4. Alderfer ERG理論
5. Boshier一致模式

三、動機調控
1. 意義
2. 策略
3. 自我調節

動機、行為與學習
一、動機影響學習
二、自我價值與自我設限
三、動機與行為
   1. 動機與效率
   2. 動機與情緒
   3. 動機與衝突
四、動機與學習
   1. 習得無助感
   2. 比馬龍效應
   3. 標籤理論
   4. 歸因謬誤

動機
行為
與
學習

如何增進學習動機
一、影響動機的因素
二、增進學習動機的策略
三、激發學習動機的原則與方法

動機理論在教育上的應用
一、動機理論的啟示
   1. 行為取向
   2. 認知取向
   3. 人本取向
二、有效學習策略
   1. 做筆記
   2. 問題解決策略
   3. 閱讀策略

第一節　動機理論

 (1)內外在動機；(2)成就動機；(3)學習動機；(4)各種取向的動機理論；(5)動機調控，是必考焦點所在。

壹、動機

一、動機的定義與種類

動機是指引起個體活動，維持此活動，並朝向某一目標的內在歷程。個體的動機並非不變，而是會受到環境及其他因素的影響。常見的動機種類大致分成以下幾種：

(一) 學習動機（learning motivation）（100原三；95地三）

學習動機是一種令人想要學習的趨力，屬於動機的一種，麥克奇（Mckeachie）1961年對學習動機的說明為：「當動機被活化之後，學生便會選擇一個可以達成最大滿足與最少後悔的策略，努力學習⋯⋯」。

(二) 成就動機（achievement motivation）（90高考）

指個人追求成就的內在動力，是個人追求、完成自己所認為重要或有價值的工作，並欲達到完美地步的一種內在推動力量。

(三) 內在動機與外在動機（intrinsic & extrinsic motivation）（102普考；99地三；94身三）

戴希與雷恩（Deci & Ryan）2000年根據自我決定理論提出，以動機來源的概念將動機分為內在與外在兩種，下表5-1是其比較。

1. 內在動機（intrinsic motivation）

個體持續參與一個活動，是因個體投入在活動中的愉悅與滿足感、樂趣與快樂，是一種內在主動自發的動因，參與過程或結果並沒有接受外在任何的報酬。

2. 外在動機（extrinsic motivation）

個體持續參加活動的力量是受到外來誘因（如：金錢、名利、讚美、地位、獎盃⋯⋯）的影響，當外在報酬消失時，參與活動的行為便會消弱或停止。

人類的行為有時受內在動機的影響，有時受外在動機的吸引，但是實際上人們的行為同時受外在動機和內在動機的影響的成分居多。

表5-1　內在動機與外在動機的比較（99地三）

內在動機	外在動機
動機是因內在需求而產生的。	動機是受外在因素影響而形成的。
在活動中得到滿足和愉悅，原因完全是自己內發的，藉內在的增強獲得滿足，而非依靠外在的目標（學生的用功讀書純粹是因為喜歡該學科而樂於學習，絕不是為了贏得獎品或獲取好成績）。	透過活動得到實質的酬賞（學生的努力用功是為了得到父母的歡心、獲得老師的獎品、謀取較高的成績）。
行為的動力是個體自動自發的，不是外誘的。	行為的動機是外在動機。
採用有意義的學習策略。	僅粗略地處理訊息。

二、動機理論

(一) 行為主義觀點的動機理論（102身三）

以個體的外顯行為來說明動機，用刺激和反應的聯結為原則，以獎勵或懲罰來管控學習者的行為，是以誘因來誘導個體行為，而忽略了人的內在心理歷程，故不能解釋複雜的人類行為背後的動機。

1. 桑代克（Thorndike）的效果律動機理論（effect law of motivation theory）

   認為**個體對某刺激的行為反應，如果能夠得到滿意的結果，則該刺激與反應之間就會產生聯結與增強**。如果反應之後會得到懲罰之類的不愉快結果，則其聯結會減弱。個體想要獲得增強或逃避懲罰就是行為的動機。

2. 斯肯納（Skinner）的後效強化動機理論（contingent reinforcement of motivation theory）

   斯肯納以老鼠進行操作制約學習的實驗，發現**行為是否得到「增強」是產生動機的主要因素**。

3. 赫爾（Hull）的驅力減降理論（drive-reduction theory）

   認為個體有保持生理平衡的機制，**個體會因生理不平衡而產生不愉快的緊張狀態（即驅力），這種驅力會引導個體採取行動來解除不舒服的緊張狀態**。也就是說，內在的匱乏狀態（需求）➡ 迫使個體採取行動（驅力）➡ 以趨向或迴避某特定的目標（動機）。所以，內在驅力是促使個體產生動機的一股力量。

   近幾年來，動機理論學者多不採用「驅力減降論」，其原因有二個。其一，學習的發生有時並未滿足或降低驅力；且人們的許多行為乃是

為了達成長期的目標，而並非為了滿足短期的需要。其二，有時人們的行為並非是為了降低驅力，反而是為了增加驅力（例如：看恐怖電影、玩雲霄飛車）。

(二) 社會認知觀點的動機理論

1. 愛德華（Edwards）的預期價值論（expectancy value theory）（102原三）

愛德華（Edwards）1954年認為，動機是衡量行為後果的優劣勢後，才決定是否採取行動。將動機視為個人想要達到目標的期望與目標對他的價值兩種力量的產物，動機的強弱依成功機率的知覺（perception）及成功的誘因（incentive）兩個因素而定。前者例如：如果我努力的話，有可能成功嗎？後者例如：如果我成功了，其結果對我而言是否值得或重要？換句話說，預期價值論認為，人們行為的動機是依賴他們對成功機會的預估與他們對成功的價值如何看待。兩者對動機的影響可以下式表示：

$$動機(M) = 成功機率的知覺(P) \times 成功的誘因(I)$$

2. 班都拉（Bandura）的自我效能論（self-efficacy theory）（97地三）

班都拉認為，工作動機之強弱，決定於個人對其表現能力的評估與信念，以及對於結果可達何種程度的主觀評價。因此，班都拉的自我效能包括兩部分：(一)效能預期（efficacye xpectations）：對個人能力能否成功達成任務的判斷；(二)結果預期（outcome expectations）：對行為結果的估計。例如：個人相信某種行為會導致某種結果，但如果他們質疑自己執行此種行為的能力，則他們的行為將不受到結果預期的影響。

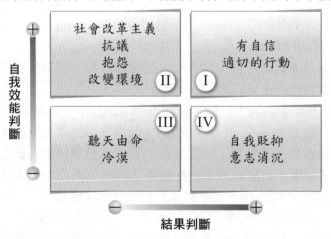

圖5-1　自我效能動機理論

由圖5-1可知：

(1)當個體具有高效能預期，且對行為反應結果的預期是正面時，則會採取自信、適切的行為（如象限Ⅰ）。

(2)當個體具有高效能預期，而結果預期是負面時，則會產生抗議、抱怨的情緒，或是採取激烈的行動來改善環境、改革社會（如象限Ⅱ）。

(3)當個體對自己的能力沒有信心，且對結果預期是負面時，則會產生認命、冷漠的情緒（如象限Ⅲ）。

(4)當個體相信某項行為可能是正面的結果，但懷疑自己沒有能力去表現這項行為時，則會產生自我貶抑及自卑情節，造成抑鬱、消沉的行為表現（如象限Ⅳ）。

3. 洛克（Locke）目標設定理論（goal-setting theory）

洛克（E. Locke）認為，目標可以將個人需求轉為動機，是行為的重要激勵因素。目標可以引起個體的動機，引導個體行動並努力想去達成的標的。因此，目標設定理論是社會認知取向理論中相當重要的一個理論。**個體設定的目標越明確、困難度越高，達成目標的承諾越高，績效越好。**

(三) **認知主義觀點的動機理論**（103普考）

人們具有一種與生俱來的欲求，希望在其概念世界中維持一種平衡的感受，而當人們發現新資訊與既有的認知基模不一致時（disequilibrium），他們會主動去尋求心理的平衡。

✘ 1. 羅特（Rotter）制控信念理論（locus of control theory）（90高考；88普考）

美國心理學家羅特（J. Rotter）於1954年所提出制控信念理論，認為個人性格特點和行為後果的看法不同，此看法即為控制來源（locus of control），分為內控和外控兩種：(一)內控者：具有內在控制來源（external locus of control），認為行為成果取決於自己的能力與付出的努力；(二)外控者：具有外在控制來源（internal locus of control），他們認為成功是靠運氣或他人的力量得來的，並不是自己的努力和能力。羅特認為控制來源是個體個性特徵中的一個重要部分，它會穩定的對個體在各種情境下的行為產生影響作用，內控者和外控者也會在各種情況下表現出穩定的差異。羅特制控信念理論對溫納（B. Weiner）的歸因理論影響頗深。

✡2. 海德（Heider）的歸因論（attribution theory）（88身三）

歸因理論首先由海德（F. Heider）於1958提出，是歸因理論的創始
人。歸因理論在理念上與制控信念理論稍有不同，制控信念係指個人
對己身與世事關係的看法，而歸因論則指個人對某事件發生後原因的
解釋，也就是從個體如何解釋其成敗原因，來說明動機。

海德將人的行為原因分為內部原因和外部原因兩種：(1)內在歸因
（internal attribution）（97原三）：是指存在於行為者本身的因素，
是一種「性格歸因」（dispositional attribution），例如：個人的需
要、情緒、興趣、態度、信念、努力程度等；(2)外在歸因（external
attribution）（97原三）：是指行為者周圍環境中的因素，是一種
「情境歸因」（situational attribution），例如：他人的期望、獎勵、
懲罰、指示、命令，天氣的好壞、工作的難易程度等。即根據學生自
我歸因可預測此後學習動機。

3. 麥克利蘭（McClelland）的成就動機理論（achievement motivation
theory）（87地三）

成就動機理論是由美國著名心理學家麥克利蘭（D. McClelland）於
1961年以莫瑞（H.A.murrary）1938年成就需要理論（achievement
need theory）為基礎所提出，又稱為「三種需要理論」（three needs
theory）。**該理論認為，人類行為動機來自三種需求：(一)成就需求**
（need for achievement）：爭取成功希望做得最好的需求；**(二)權力
需求**（need for power）：影響或控制他人且不受他人控制的需求；
(三)親和需求（need for affiliation）（89地三）：建立友好親密人際
關係的需求。

4. 阿特金森（Atkinson）的避敗求成理論（achieve success and avoid
failure theory）

阿特金森（J. W. Atkinson）於1963年深化麥克利蘭的成就動機理論，
提出更具廣泛影響的成就動機模型，稱為「避敗求成理論」。阿特金
森認為，**個人的成就動機是由兩種相反的心理需求所構成，其一是求
成需求，另一是避敗需求。只有求成需求大於避敗需求時，個人才會
開始追求成就：**

(1)避免失敗的需求（need of avoid failure）：對失敗的擔心。

(2)力求成功的需求（need of achieve success）；追求成功的動機乃
是成就需要、對行為成功的主觀期望概率以及取得成就的誘因值三

者乘積的函數，如果用 T_s 來表示追求成功的傾向，那它是由以下三個因素所決定：A.對成就的需要（成功的動機）M_s；B.在該項任務上將會成功的可能性 P_s；C.成功的誘因值 I_s。用公式可表示為：

$$T_s = M_s \times P_s \times I_s$$

5. 溫納（Weiner）的三向度六原因自我歸因論（self-attribution theory）（104高考；101地三；97高考；96身三）

溫納（B. J. Wenier）在1972年提出的「自我歸因論」是解釋學習動機最有系統的理論，其理論淵源自海德的情境歸因、性格歸因、羅特的內外控觀，以及阿特金森的求成需求與避敗需求。自我歸因理論的歸因層面有三個向度六個原因，如表5-2所示：

(1)三個向度

包括因素來源（內控或外控）、穩定性（在不同情境的一致性）、控制性（能否由個人意願所決定）。

(2)六個原因

包括個人的能力、努力、工作難度、運氣、身心狀況、其他（除了上述因素外，其他人與事的影響因素）。如表5-2中，運氣就是屬於「外在、不穩定、不能控制」的因素。

表5-2　溫納三向度六原因自我歸因論

歸因別	成敗歸因向度					
	穩定性		因素來源		能控制性	
	穩定	不穩定	內在	外在	能控制	不能控制
能力	✓		✓			✓
努力		✓	✓		✓	
工作難度	✓			✓		✓
運氣		✓		✓		✓
身心狀況		✓	✓			✓
其他		✓		✓		✓

6. 卡芬頓（Covington）的自我價值論（self-worth theory）（103高考；103身三；96高考；96身三）

卡芬頓（Covington）於1984年提出自我價值論，認為自我價值感是個人追求成功的內在動機，並從負面角度探討「聰明的學生為何不努力？」的原因。其理論要義如下：

(1)成功是因為能力好：成功的個體多半將成功歸因於自己能力好，並非努力得來，因此產生自我價值感。

(2)失敗是因為不努力：為逃避失敗是能力不好，產生痛苦並威脅自我價值感，於是找「不夠努力」所以失敗為藉口，以維持自己的價值。

(3)年級越高越明顯：低年級的學生大都相信成功需要透過努力才能達成，抱持能力生長觀，只要努力就會有能力，對失敗較不顯羞愧；高年級經過成敗經驗越多，知道努力也可能失敗，漸漸趨向以尋找藉口避免失敗，以維持自我價值，此時抱持能力實存觀，認為我的能力就到這裡，終致學習動機逐漸低落。

(4)卡芬頓將學生分為三種類型：

A. 求成型：成功是自己努力而得，不怕失敗，全力以赴。

B. 避敗型：只做容易成功的事，害怕失敗。

C. 接受失敗型：習得無助感的學生。

✘7. 哈特（Harter）的目標導向理論（goal orientation theory）（96身三）

哈特（Harter）於1981年將目標導向區分為兩種：(1)內在目標導向(Intrinsic goal orientation)：具有精熟（mastery）、挑戰、學習、好奇等心理傾向，內在目標導向者是「為讀書而讀書」；(2)外在目標導向（extrinsic goal orientation）：外在目標導向的較注重成績、報酬及別人的讚美，外在目標導向者是「為成績、報酬、獎勵而讀書」。

✘8. 德威克（Dweck）成就目標理論（achievement goals theory）（102高考；93身三）

美國心理學家德威克（C. Dweck）於1986年提出成就目標理論，認為學習動機來自兩種目標：(1)學習目標（learning goal）（93身三）：內在動機強，學習的動機來自於學生打從心裡想讓自己變得更棒，事情做得更好，將知識應用於問題情境的表現較積極，自信心較強，偏好冒險性學習活動，面臨挑戰會努力克服，並懂得改進錯誤，又稱「精熟目標」（mastery goal）。(2)表現目標（performance goal）（93身三）：外在動機強，內在動機弱，學習的目的是想讓別人覺得自己很厲害，避免別人覺得自己沒用。由於重視能力表現，容易因重複失敗而產生焦慮，為避免暴露能力低弱，遇挫折時便會急於想脫離問題情境。因此，面對困難時，堅持力較弱。

然而，德威克也強調，學習動機持表現目標者，不一定就會出現不好的學習行為，而是當學習者自我效能低又採表現目標才會出現不適應性的學習行為。後來的學者對表現目標有更進一步的看法與分析：

(1)Skaalvik（1997）將表現目標再區分成「自我提升取向」（self-enhancing ego orientation）和「自我防衛取向」（self-defeating ego orientation）。

(2)Elliott and Harackiewicz（1996）則將表現目標再區分為「趨向表現目標」（performance-approach goal）和「避免表現目標」（performance-avoidance goal）。

(3)Pintrich（2000）則進一步提出修正式目標設立理論，強調目標不只二分法，提出「多重目標理論」（multiple goals theory）。例如：學習目標可分成「趨向學習」與「避免學習」兩個目標；而表現目標亦可分成「趨向表現」與「避免表現」兩個目標。

綜合上述，「自我提升取向」、「趨向表現目標」、「趨向表現」的學習目的是為了證明自己具有優秀的能力，而「自我防衛取向」和「避免表現目標」、「避免表現」的學習目的是為了避免讓自己被別人認為是愚蠢的、避免獲得負向的回饋（參考林啟超，2007）。

9. 弗魯姆（Vroom）期望價值理論（expectancy theory）

弗魯姆（Vroom）於1964年提出期望價值理論，係指預期一種特定行為會產生一種特定結果之可能性（機率）。這種可能性，係介於「完全確定」（發生之機率等於1）至「完全不可能」（發生之機率等於0）之間。員工會視結果（outcome）或獎酬（reward）間的價值（valence）強度，選擇一組特定之行為模式，以獲得某一行為結果與行為價值，因此，是管理者設計作為激勵員工的工具，又稱為「工具理論」（instrumentality theory）。期望價值理論可以用公式：$M=E \times V \times I$，其中M是指動機（motivation）強度，E指的是達成目標的期望值（expectancy），V是指目標的價值（valence）強度，I是指幫助實現目標的工具（instrument）強度。

10. 魯賓森（Robenson）期待價量模式（expectance-valence paradigm）

魯賓森（K. Robenson）1979年建構的期待價量模式認為，成人的學習動機是個體對外界環境的知覺交互作用而產生期待價量的結果。主**張人類行為係個體與環境交互作用的結果，動機的強度是由個體與環境間正、負向量之大小而定。**

在魯賓森的模式中，個人的期待（expectance），包括兩類：一是對於「參與教育活動後可獲得的獎賞」的期待；一是「個人能夠成功參與學習活動」的期待，兩者不僅具有正向力量，且兩者作用的結果是相乘的，因此，當兩種期待都存在時，其交互作用明顯，但當其一為零時，所產生的力量亦是零，即沒有參與動機可言。圖5-2是魯賓森的期待價量概念模式。

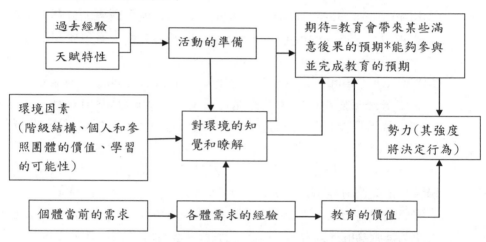

圖5-2　Robenson的期待價量概念模式

資料來源：Cross, Increasing participation and facilitating learning, 1982, P.116.

11. 凱勒（Keller）的ARCS動機模式

ARCS動機模式是凱勒（J. Keller）1983年提出，主張任何一種教學設計所發展出來的教材，若無法引起學習者的興趣或專注，學習的效果就會大打折扣。**ARCS指的是attention（注意）、relevance（相關）、confidence（信心）、satisfaction（滿足）四個要素，強調引起學習者的動機必須配合此四要素的運用，才能達到激勵學生學習的作用。**

(1)引起注意（attention）：吸引學生的興趣和刺激學生的好奇心。教學策略：擅用詢問技巧，提供變化性教學材料，激發學生求知需求。

(2)切身相關（relevance）：滿足學生個人的需求和目標，使他產生積極學習態度。教學策略：以學習目標為主，配合學生特性，聯結熟悉的事物。

(3)建立信心（confidence）：幫助學生建立起能成功的信心，相信自己有掌握是否能完成他的能力。教學策略：提供自我掌控與成功的機會，明定成功的標準及期待。

(4)感到滿足（satisfaction）：學生能因為成就而得到內在和外在的鼓勵和報償。教學策略：提供表現的機會，公平對等地給予回饋與報償。

(四) 人本主義觀點的動機理論（102身三）

人本主義心理學又被稱為心理學的第三勢力（third force）。人本主義強調人有自由抉擇、自我決定未來的能力。

1. 馬斯洛（Maslow）的需求層次理論（need-hierarchy theory）（94薦升；82原三）

馬斯洛1970年的需求層次理論認為，人類的動機係由許多性質不同的需求所組成的，在各個需求之間又有順序與高低層次之分。因此，他的理論又稱為需求層次理論（need-hierarchy theory)，可以分為八個層面，如下：

生理需求（physiological needs）
安全需求（safety needs）
愛與隸屬需求（love snd belonging needs）　▶ 匱乏需求（deficiency needs）
自尊需求（self-esteem needs）
自我實現需求（self-actualization needs）
知的需求（needs to know and understand）
美的需求（aesthetic needs）　▶ 成長需求（growth needs）
超凡的需求（transcendence needs）

當低層次的需求得到滿足，個體就產生高一個層次需求的動機。心理需求層次由下層拾級而上，不可以跳級，也就是說，一個心理需求層次不能獲得滿足，就不能往上爬升一個需求層次。有關需求層次論的詳細解說，請見本書第二章第三節人格與情緒發展。

2. 羅杰斯（Rogers）的自我概念理論（self-concept theory）

行為動機來自於個人透過對自己的認識與看法，主動去關心協助別人，可以促進自我和諧，達到沒有自我衝突的心理狀態。有關羅杰斯(Rogers）的自我概念理論的詳細解說，請見本書第二章第三節人格與情緒發展。

3. 米勒（Miller）勢力場分析理論（force field analysis theory）

米勒（Miller）於1967年根據馬斯洛的需求層次理論、勒溫的場地論（field theory）和Gans的社會階級論，提出勢力場分析理論。米勒認為，**參與成人教育的行為乃是「內在的個人需求」與「外在的社**

會勢力」兩變項間交互作用的結果。米勒以勒溫的正向和負向勢力
（positive and negative force）的概念來解釋動機力量的強弱。

4. 阿德佛（Alderfer）的ERG理論（ERG theory）
　美國心理學家阿德佛（C. Alderfer）提出。此理論**將馬斯洛的八個需求
層次理論簡化成生存需求**（existence needs）、**關係需求**（relatedness
needs）、**成長需求**（growth needs）**等三種需求**。

5. 波瑟（Boshier）一致模式（congruence model）
　波瑟1971年根據馬斯洛的動機理論和對參與者動機的分析，指出成人
教育的參與者可以分成兩類，即匱乏動機（deficiency motivation）**和
成長動機**（growth motivation）。
　波瑟認為「剝奪」（deprivation）和「驅力」（driver）是行動的
根源。他認為當成人的平衡狀態被破壞後，通常會在更高一層次的
地方恢復平衡。匱乏取向（deficiency-oriented）者經由補足其匱乏
而尋求平衡；成長取向（growth-oriented）者尋求未來的不平衡，
以便爆發進一步的行動，兩種取向就形成學習的動機，即匱乏動機
（deficiency motivation）和成長動機（growth motivation）。匱乏
動機者的特質是對環境的恐懼，其參與學習的動機，是為了生存需要
和獲得實用的知識、態度或技巧，以應付其生活，滿足較低層次的需
求。成長動機者的特質是內在導向、自主、內在自我一致（intra-self
congruence），其學習的動機，主要是為了表現而非應付。

貳、動機調節

一、動機調節的意義

　　自我決定理論學者認為，個體受到社會規範與脈絡的影響，有主動內
化與判斷價值的能力，因此**主張動機並非固定不變，個體會因價值取向的
影響而調節動機**，動機調節類型會依自我決定程度的高低，分為內在調節
（intrinsic regulation）、整合調節（integrated regulation）、認同調節
（identified regulation）、內射調節（introjected regulation）、外在調節
（external regulation）、無調節（no regulation）六種。圖5-3為不同動機類
型、調節類型之自我決定連續圖。

動機類型	無動機	外在動機		內在動機
調節類型	無調節	外在調節 認同調節	內射調節 整合調節	內在調節
行為品質	非自我決定			自我決定

圖5-3 不同動機類型、調節類型之自我決定連續圖
資料來源：Ryan & Deci, 2002：16.

二、動機調節策略

「動機」（motivation）是一種看不見也摸不著的內在動力，而動機調節策略是源自於自我調整學習理論（self-regulated learning theory）。

(一) 內在動機調節策略

指當學習者在學習過程中受到干擾，使得學習動機逐漸下降時，以內在性的動機誘因，如個人興趣、學習材料的實用價值性、追求內在自我成長與精熟學習等方式，去調整、監督並控制學習動機，以維持學習行為持續的一種策略。在學習的情境中，內在動機是影響個體維持行為強度的重要因素，它是一種自發的內生動力，並不是靠外在的誘因所激發，同時，內在動機和個人的滿足與樂趣有關，具有高內在動機的學生可以在其中感到滿足及樂趣。其實在本質上，個體的投入是為了樂趣、刺激、挑戰、成就感和熟練工作。

(二) 外在動機調節策略

指當學習者參與學習時，主要的動力來源是來自於外在的酬勞、獎賞，如果來源中止，則學習的動力就變弱。Amabile（1993）指出，外在動機調節策略是指促使學習者產生某種行為的原因，是出自於行為以外的他人讚賞或酬勞。蔡豐任（1993）認為，學習者參與學習是由外在力量（獎金、獎牌、獎品、成績）所控制，而且如果不再提供這些外在力量時，則學習者會停止或是減少參與這項活動。當學習者從事學習活動是為了達到目標，可能為受到外在動機因素所引起，也會因此而去調整學習的方法及策略。

(三) 自我調節策略

自我調節（self-regulation）是一種主動、建構的過程，學習者為其學習訂立目標，受目標及環境脈絡的引領與限制，而致力於監管、調節及控制其認知、動機行為，以增進學習效果。自我調整學習理論關注學生不論獨處或在社會環境中，以及在正式或非正式的教學情境裡，他們如何活化、轉變及維持特定的學習。

自我評量　　　　　　　　　　　　　　　　　　　　　　　　　　歷屆試題

1. 試從自我價值論（self-worth theory）說明何以有些學生採用自我設限（selfhandicapping）的防衛策略逃避學習？有何教育方法可減低為維護自我價值而逃避學習。（103身三）

2. 試述柯敏頓等學者（Covington，1984；Covington & Omelich，1984）所提出之「自我價值論」（self-worth theory）的要義，並據之以說明不同動機取向的學習者在目標設定、成敗歸因和學習表現上的差異。（103高考）

3. 認知觀點的動機理論有那些？這些理論對維持工作動機的啟示為何？（103普考）

4. 試述預期價值論（expectancy value theories）對動機的解釋及其在教學上的應用。（102原三）

5. 試比較行為論與人本論對學習動機的解釋與差異性。（102身三）

6. 試述成就目標理論（achievement goal theory）的要義及其對教育的啟示。（102高考）

7. 請說明內在動機與外在動機，並比較兩者的結果。外在動機對內在動機有何不良的影響？應如何避免？（102普考）

8. 魏納（Weiner）的歸因論（attribution theory）是學習動機最有系統的理論，試依此理論說明歸因對學習動機的影響；並說明學習動機的歸因輔導方法。（101地三）

9. 何謂學習動機？試舉一心理學者說明其動機理論，並闡述如何應用在教學上以增進學生學習動機。（100原三）

10. 請比較「外在動機」（extrinsic motivation）與「內在動機」（intrinsic motivation）的不同，並舉例說明在教學上如何應用。（99地三）

11. 試以溫納（B. Weiner）三向度歸因論的說法，闡述個人面對成就情境時，個人成敗歸因如何影響個人的抉擇？教育上如何協助引導歸因，以利正向行為特質的發展？（97高考）

12. 最早提出「自我效能」（self-efficacy）一概念者首推Albert Bandura。試述何謂自我效能？又自我效能的組成因素有「結果期望」（outcome expectations）和「效能期望」（efficacy expectations），請以例子解釋這二個概念。（97地三）

13. 解釋名詞：內在歸因（internal attribution）與外在歸因（external attribution）。（97原三）

14. 試從歸因論（attribution theory）、自我價值論（self-worth theory）與目標導向（goal orientations）的觀點，說明何以學生逃避學習的原因，並提出可能的對策。（96身三）

15. 學習動機的自我價值論（self-worth theory）是美國教育心理學家卡芬頓（M. V. Covington）所提出，該理論在學校教學實際應用上甚具參考價值。請分別說明該一學習動機的理論要義及其在教育上的涵意。（96高考）

16. 何謂「學習動機」（motivation to learning）？歷來不同學派的心理學家們對學習動機的解釋提出不同的動機理論。請問您認為那一學派的動機理論最適合應用於教師提升學生學習動機？請說明理由並舉例說明之。（95地三）

17. 試比較下列各組名詞相異之處：內在動機與外在動機。（94身三）

18. 解釋名詞：匱乏需求（deficient needs）。（94薦升）

19. 試比較下列各組名詞相異之處：學習目標（learning goals）與表現目標（performance goals）。（93身三）

第二節 動機、行為與學習

(1)學習動機的定義；(2)自我價值與自我設限；(3)衝突理論；
(4)習得無助感；(5)比馬龍效應；(6)標籤理論；
(7)歸因謬誤，是必考焦點所在。

壹、動機與學習

一、學習動機的定義（100原三；95地三）

麥克奇（Mckeachie）於1961年對學習動機的說明為：「當動機被活化之後，學生便會選擇一個可以達成最大滿足與最少後悔的策略……而將個人主觀喜好的預期和達成喜好的可能性結合，就組成了所謂的學習動機。」（引自謝宗耀，2001）。**張春興（1996）則認為學習動機**（motivation to learn）**是指引起學生學習活動，維持已引起的學習活動，並引導使該學習活動趨向教師所設定目標的內在心理歷程。**

二、動機如何影響學習

(一) 導引行為朝特定目標：動機會影響個體所設定的目標，且會影響個體所做的選擇。

(二) 使個體更加努力：動機會使個體在與目標有關的活動中付出更多的努力。

(三) 促使個體採取某種行動並堅持到底以達目標：學生較有可能從事其真正想做的事情。且在從事喜歡的事情時，雖然會遭遇到挫折，但皆會堅持到完成為止。

(四) 強化認知處理：動機會影響訊息的處理。學生會加以注意其所感興趣的事情（注意乃是訊息傳送到運作記憶與長期記憶的關鍵），且在學習過程中，會採用有意義的學習方法。

(五) 決定增強物：學生的動機決定了什麼是學習結果的增強物。若學生被鼓勵去追求好的學業成績，則當他得到好的學業成績時，將會感到自豪；如果得到不理想的成績時，則會感到沮喪。

(六) 導致較好的表現：由於上述原因（朝向某一目標、更努力、堅持、認知處理、增強），動機將可使學生有較好的表現。

三、自我價值與自我設限策略（103身三；103高考）

　　每個個體都想保護其自我價值，而成功則是保護甚至是增加自我價值的不二法門。然而，當個人面臨一項和能力有關的任務或具威脅性的評價情境，而又預期自己會有不好的表現時，個人將會事先採取減少努力甚至放棄，以保護自我價值。像這樣**為了避免損及自尊，而事先替自己製造障礙或尋找藉口，陷自己於不利的情境，以便能將後來的失敗或不好的表現歸因於個人能力以外的因素**，即稱之為「自我跛足策略」或「自我設限策略」（self-handicapping strategy）。自我跛足的行為有許多，例如：設定遙不可及的目標、延宕（procrastination）應完成的工作、故意減少練習時間、服用抑制表現的藥物或飲用酒精等。

　　以卡芬頓（Covington）的自我價值理論（self-worth theory）基礎而言，個體追求成功與避免失敗都是為了提升自我價值。**學習者會使用自我跛足主要是為了維持自我價值，因此，是與避免失敗有關，並非是一種追求成功的策略。**學生為了避免被貼上缺乏能力的標籤，他們會使用自我跛足策略為自己尋找一些失敗的理由。而有較高自我價值的學生較少使用自我跛足策略，且學業成就表現較佳。

貳、動機與行為

一、動機與效率

　　第一節時我們曾提及赫爾（Hull）的驅力理論（drive theory），當個體的需要得不到滿足時，便會在內部產生所謂的內驅力刺激，這種內驅力的刺激引起反應，而反應的最終結果則使需要得到滿足。1908年葉可與杜德森（Yerkes&Dodson）提出倒U理論（inverted-U theory），預測動機強弱與行為表現之間呈倒U曲線表現關係，他們認為提高動機強度到某一定值就可以提升表現，但超過該一定值後，繼續提高動機強度，表現不會隨著增加，反而逐漸降低。也就是**動機強度適中，行為效率最好，過低或過高的動機強度，行為效率反而變低**，如圖5-4所示。此理論又稱為「葉杜二氏理論」。

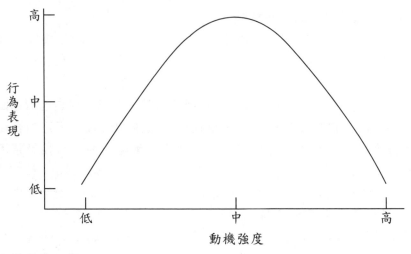

圖5-4　倒U理論圖

二、動機與情緒

當個體遭遇一項任務時所出現的感覺和心理狀態，稱之為情緒。動機與情緒是密切相關的。

(一) 熱認知（hot cognition）

Kunda（2000）與Thargard（1989）提出「熱認知」（hot cognition）**現象，認為有時候學習和認知處理是有情緒涉入的**。例如：當學生讀到科學上對醫治重大疾病有新的發現，會感到興奮。或當學習到過去南京大屠殺的慘狀時，會覺得生氣。

學習及認知是與情緒相關的。**學生會對引發強烈情緒（如興奮、悲傷、或生氣）的事物投注較多的注意。**當學生享受他們正在進行的事情，問題較容易被解決。而且當問題成功的被解決，通常會伴隨著興奮、愉悅及驕傲的感覺。

(二) 焦慮（anxiety）

個體對不能確定後果的事件而有的一種不輕鬆的感覺，稱之為焦慮。通常會伴隨著一些生理症狀，如：心跳加速、冒汗和肌肉緊張。**焦慮與害怕相似，其不同處在於：我們會知道「害怕」什麼，但我們通常不知道為什麼「焦慮」。**

1.狀態焦慮與特質焦慮（state anxiety vs. trait anxiety）

狀態焦慮是對即將面臨的情境產生的一種暫時性的焦慮感覺。而特質焦慮則是個體對一個不具威脅性的情境產生焦慮的反應。

2. 焦慮如何影響教室表現

少量的焦慮通常會刺激個體行動並幫助表現，稱為「催化的焦慮」（facilitating anxiety）。但是過度的焦慮則讓個體分心，無法專注於任務上，因而阻礙個體的表現，稱為「令人衰弱的焦慮」（debilitating anxiety）。**過度的焦慮會阻礙注意力的增進，降低有效處理資訊（有意義的學習、組織、精緻化）的能力，抑制記憶資訊以及使用過的學習技巧。**

(三) **特殊學習需求的學生**

下表是協助有特殊學習狀況與需求學生的可行策略：

類別	特徵	建議採取的策略
有特殊認知及學業困難的學生	● 對學業任務的成功缺少內在動機 ● 高度測驗焦慮 ● 不願提問或尋求協助（特別在中學階段）	● 使用外在增強物鼓勵學生在課堂的努力；當學生表現出內在動機就逐漸減少增強 ● 降低因測驗情境產生的焦慮 ● 適當提供協助
有社會或行為問題的學生	● 想在課堂中求勝 ● 強烈想凌駕於同學之上 ● 對可預測情境的需要 ● 過度焦慮	● 提供完成課堂任務的指引及協助 ● 幫助學生發現與同學互動的好處 ● 創造可預測的教室環境（特別對於自閉學生）
在認知及社會功能運作有遲緩情形的學生	● 比同年齡同伴較少內在動機；對外在動機敏感 ● 面對困難容易傾向放棄	● 使用外在增強物鼓勵學生有用的行為；當學生表現出內在動機就逐漸減少增強物 ● 增強堅持的行為
身體或感官有問題的學生	● 較少滿足親和需要的機會	● 指派同伴 ● 與家長合作
高度認知發展的學生	● 高內在動機 ● 對特殊任務的投入精神 ● 遇到困難能堅持 ● 社會孤立 ● 想與低成就者親近時，可能出現自我跛足現象	● 提供學生追求複雜任務和活動的機會 ● 提供學生具刺激性及挑戰性的任務 ● 組成特殊興趣團體幫助孤立學生 ● 將學生特殊成就當成秘密

三、動機與衝突

在真實生活與學習中，若個體同時有多種需要與希望的目標，而實際上又只能選擇其中的一種，無法全部獲得滿足，這樣的心理失衡現象就是「心理衝突」（mental conflict）。心理學家勒溫（K. Lewin）分析人類的心理衝突，可以分為以下四種基本類型：

(一) **雙趨衝突**（approach-approach conflict）（97原三）：又稱「趨趨衝突」。兩個都很有吸引力且動機強度相同的目標同時出現面前，迫於情勢必須選擇其中一個而放棄另一個時的心理衝突，稱之為雙趨衝突。有如中國人常說的「魚與熊掌難以兼得」，例如：談三角戀愛。

(二) **雙避衝突**（avoidance-avoidance conflict）（97原三）：又稱「避避衝突」。兩種不利於自己或令人討厭的事情同時出現，迫於無奈必須接受其中一件時的心理衝突，稱之為雙避衝突。例如：癌症進行手術治療有很大風險，但藥物治療副作用很大，兩者都不願接受，但為活命必須擇一。

(三) **趨避衝突**（approach-avoidance conflict）：既對人有吸引力，又要付出代價的目標出現在面前時所引起的心理衝突，稱之為趨避衝突。例如喜歡喝酒的愉快氣氛，又害怕喝酒會危害健康。

(四) **雙重或多重趨避衝突**（double approach-avoidance conflict）：兩個或兩個以上既對人有吸引力，又要付出代價的目標出現在面前時所引起的心理衝突，稱之。例如：換工作薪水較高、工作輕鬆且離家近，但是生活水平高、環境品質差且物價房價高得咋舌。

四、習得無助感（learned helplessness）（100高考；100身三；97身三）

塞利格曼（Seligman）在1975年提出「習得無助感」，**認為不當的歸因會導致個體產生「無所謂」的學習態度**。因為個體把失敗歸因於內在、穩定且不可控制的因素時，例如：學不好是因為我的能力太差，那麼對任何事皆抱著「我不可能做到」的態度。這類學生的**特徵為低估自己的能力、訂定容易達成的目標、避免挑戰、面對失敗時容易放棄等**。習得無助感是一種極端負面的自我概念。研究發現，八歲以下的學生較少顯示出習得無助感，因為他們仍相信成功來自於努力。青少年早期，習得無助感變得普遍。因此，學生在遇到困難時，應要有其他的資源協助之。例如額外補充閱讀、同儕協助、年長者協助等等。必須提供學生足夠的支持，讓他們相信如果我想要做，我一定能做到。

✗(一) **理論要點**

　　當個體在主觀上，預期自己的反應與結果毫無關聯，會產生動機、認知、情緒等方面的行為缺陷。在動機方面，個體的行為顯得十分被動，不會主動採取達成目標的行為，即使偶做反應，亦非常短暫。在認知方面，個體不相信自己有能力去學習，自認無能，故對未來不抱任何成功的期望。在情緒方面，表現焦慮的身心反應，神情沮喪，自尊心很低。

(二) **有關的實驗**

　　塞利格曼（M. Seligman）在以動物為對象的實驗研究發現，先將狗施予不可逃避的電擊，然後再把牠安置在一籠中，此籠中間以柵欄隔成兩邊，一邊通電會產生電擊，另一邊則無電擊。中間柵欄高度容許狗從中穿梭躍過。當把此條曾遭受不可避的電擊的狗安置在有電擊的一邊時，結果此狗放棄逃脫到另一邊，被動地承受電擊；而先前未曾受過電擊的狗，則能學到迅速地跳到無電擊的一邊……。研究的結論是，並非電擊本身，而是不可控制性引起習得無助感。

(三) **理論的修正**

1. 早期的模式：無法控制的情況 ➡ 覺知反應與結果無關聯 ➡ 不可控制的預期 ➡ 習得無助感

2. 修正的習得無助感：無法控制的情況 ➡ 覺知反應與結果無關聯 ➡ 歸因 ➡ 不可控制的預期 ➡ 習得無助感

3. 修正後的歸因分為三種向度，會產生不同的無助感，如下表（以語文測驗失敗為例）：

	內在的		外在的	
	穩定	不穩定	穩定	不穩定
全面性	我是笨蛋，所以考試得鴨蛋	我生病	出題老師喜歡刁難學生	最近老是黑色星期五
特定性	我欠缺語文細胞	語文科使我感到厭煩	出國語科考題的老師特別刁難學生	國語考試，我的運氣一直不好

(四) **習得無助與沮喪的預防與治療**

　　教導兒童改變對失敗的解釋，將失敗歸因於欠缺努力的可控因素，可減輕或去除無助感。

(五) 在教學與學習輔導上的應用

1. 提供學生成功的學習經驗，尤其對學業成就低的學生，應讓他們獲得對環境控制的經驗，以建立「反應——結果」有關聯的信念，方具行為的動機。
2. 教師避免出太難的作業，以免學生失敗而信心盡失，自暴自棄。
3. 教師避免罵學生「笨死了」、「腦筋不靈光」等，以免學生建立自己能力差的信念。
4. 老師對學生的反應、作業等的表現，避免不分青紅皂白的回饋說：「很好」、「不錯」、「好爛」等，形成「反應——結果」無關聯的信念，致喪失學習的動機。

五、比馬龍效應（Pygmalion effect）

「比馬龍效應」名稱出自希臘神話，意思是指「精誠所至，金石為開」。比馬龍是塞浦路斯（Cyprus）的國王，熱愛雕刻藝術，花了畢生的心血，雕成一個少女像，並視為夢中情人，日夜盼望雕像變成真人。他真摯的感情感動了愛神，愛神將雕像賦以生命化成真人，成為比馬龍的太太。《比馬龍》亦是英國著名作家蕭伯納的作品，描述一位學者在倫敦街頭找了個舉止粗魯的賣花女，加以訓練成為談吐高雅的貴婦，後來這故事被改編成名著《窈窕淑女》（My Fair Lady）。

(一) 比馬龍效應的意義（100身三；97身三）

比馬龍效應與「自我應驗預言」（self-fulfilling prophecy）相似，由心理學家羅森塔爾和傑卡布森（Rosenthal & Jacobson）提出，是指教師期待某些學生達到某標準，這些學生真的達到教師所期待的標準。也就是說，如果我們對某些人（通常是學生或孩子）期望較高，通常他們的表現就越好，會驗證教師的期待。因此，自我應驗預言又稱羅森塔爾效應（Rosenthal effect）或期待效應。

(二) 好的教師期待方式（100身三；97身三）

教師對學生的第一印象或先入為主的觀念，會影響教師對學生的期待。就算事實改變了，教師仍會只注意和他第一印象有關的訊息而忽略改變的事實。且教師對學生的期待與歸因受性別及族群刻板印象的影響。作為教師，應對學生的表現有樂觀的期待，以促進學生的學習及增加學生的動機。以下為教師應注意的有效策略：

1. 教師必須相信自己有能力幫助學生

   當教師有信心能幫助學生達到目標時，對學生才會有較高的期待。且教師必須相信能力和智力是會隨情境改變的（incremental view），當學生能力改變時，必須重新調整對學生的期待及歸因。

2. 發現並利用每位學生的優點。

3. 對學生作樂觀且可控制的歸因

   (1)教師對學生成功的歸因：教師可將學生的成功部分歸因為穩定的因素，例如能力（如此學生會樂觀的期待未來的成功），部分歸因為可控制的因素，例如努力或有效的策略（如此學生仍會繼續努力以獲得成功）。

   (2)教師對學生失敗的歸因：教師應將學生的失敗歸因為內在的、不穩定的及可控制的因素（努力不足或學習策略不佳）。以下兩種情況將成敗歸因為努力，會造成反效果：當作業很簡單，不須努力也能成功時；當學生已經盡全力卻仍失敗時。

4. 多了解學生的家庭背景及生長環境

   多了解學生的文化背景，尤其是來自少數族群的學生。如此一來，教師才不會因種族關係而對學生有較低的期待。

5. 定期並客觀的評量學生的進步。

六、標籤理論（labeling theory）（97身三）

標籤理論是美國社會學學者貝克（H. Becker）所提出，認為個體會犯罪是社會互動的產物。行為偏差的人，社會大眾往往會給他們貼上壞的標籤，如壞孩子、不良少年等「烙印」。即便有過初犯，但目前尚未再犯罪的人，社會亦給予歧視或偏見等不良的評價，造成被標籤者繼續犯罪，或促使自己的行為思想更加偏激窄化，這就是「標籤作用」（labeling effect）的結果。

七、歸因謬誤（attribution error）

當歸因的結果與預想的歸因模型有所偏差時，稱為「歸因謬誤」。其類型有以下幾種：

(一)**基本歸因謬誤**（fundamental attribution Error）（94地三）：心理學家羅斯（Ross）1977年認為，對於他人的行動，我們往往會傾向以個人內在的性情來解釋，而非外在的情境因素。例如：父母會把孩子考試考不好歸因於孩子的不用功，而忘了考慮是否試題太難，或是考試當天有外在的干擾使得孩子的心情浮燥等因素。

(二) **行動者與觀察者的歸因謬誤**（actor-observer attribution error）：指的是當我們為行動者，我們傾向作外在歸因，當我們是觀察者時，則傾向作內在歸因。心理學家海德（F. Heider）1958年發現，行動者與觀察者對於行為、情境、行為的起因等有不同的看法。

(三) **自利歸因謬誤**（self-serving attribution error）（92普考）：人們在作自我歸因時，會傾向把好的結果作內在歸因，而把不好的結果作外在歸因。也就是說，歸因時會做對自己較有利的解釋。例如：教師對於學生成績好歸因於教師本身教學成功，對成績差的學生歸因於學生本身努力不夠。

自我評量　**歷屆試題**

1. 試從自我價值論（self-worth theory）說明何以有些學生採用自我設限（selfhandicapping）的防衛策略逃避學習？有何教育方法可減低為維護自我價值而逃避學習。（103身三）
2. 教師如何避免或減輕學生「習得無助感」（learned helplessness），試就教學原則及方法加以說明之。（100高考）
3. 教師應如何善用教師期望之影響並避免其負面效應。（100身三）
4. 何謂「比馬龍（Pygmalion)效應」與「習得無助感（learned helplessness）」？如何運用於教育工作之中？（100身三）
5. 何謂習得無助感（learn ed helplessness）？在教學歷程中，教師如何幫助學生進行有效學習？（97身三）
6. 試說明「標籤作用」(labeling effect)、教師期望與自我應驗預言對人際關係的影響。（97身三）
7. 解釋名詞：雙趨衝突（approach-approach conflict）與雙避衝突（avoidance-avoidance conflict）。（97原四）
8. 何謂「學習動機」（motivation to learning）？歷來不同學派的心理學家們對學習動機的解釋提出不同的動機理論。請問您認為那一學派的動機理論最適合應用於教師提升學生學習動機？請說明理由並舉例說明之。（95地三）
9. 何謂基本歸因錯誤（Fundamental Attribution Error）？學界對此現象解釋為何？（94地三）
10. 解釋名詞：自利歸因偏差（self-serving bias attribution）。（92普考）

第三節　如何增進學習動機

 (1)學習動機的影響因素；(2)增進學習動機的策略與方法；
(3)激發學習動機的原則與方法，是必考焦點所在。

壹、影響動機的因素

一、認知因素

學習動機既然影響學習成果甚鉅，再探討如何增進學習動機之前，必須先瞭解影響動機的因素。

(一) 種族

來自多數族群的學生會對得高分抱有較高的價值感，來自少數族群的學生則對學業表現及成功有較低的期待。來自不同種族的學生對學業成功表現的定義不相同。不同的種族對成敗有不同的歸因方式。種族歧視會造成學生習得的無助感。

(二) 性別

男女生對各種學術領域的價值感受性別刻板印象所影響，此種認知方式會影響男女生努力的領域及課程的選擇。女生對長期目標的抱負較低，儘管研究顯示女生的平均學業成就較男生高，但因為女生在學業方面的自我效能感較低，所以會低估自己的能力，男生則會高估自己的能力。女生遇到失敗時比較會感到沮喪，可能的原因為男生會將成功歸因為能力，失敗歸因為努力；女生會將成功歸因為努力，失敗歸因為能力。提高學生動機的方法，因性別不同而有所差異。

(三) 社經地位

提升低社經地位學生的自我效能感或自我決定感，有助於增強其內在動機，學校必須將課程和學生的文化背景及生活作結合。

(四) 有特殊需要的學生

學習有障礙或心智遲緩的學生，在學業上會有習得的無助感。與人相處有困難者會將社交失敗的原因歸因為不可控制的因素。下表是促進特殊學生動機認知因素的主要策略。

種類	特徵	在教室上的策略
在認知或學術方面有障礙者	• 對課堂作業產生低自我效能感 • 將失敗歸因為低能力，成功歸因為運氣 • 容易放棄，對課堂作業產生習得的無助感	• 幫助學生建立挑戰但實際的目標 • 教導學生有效的學習策略並且經成功歸因為有效的學習策略 • 鼓勵學生將失敗作有效的歸因
在社交或行為方面有困難者	• 認為學校作業與自我需求和目標無關 • 將不好的結果歸因為不可控制的因素	• 提供多樣活動讓學生選擇以提升其自我決定感 • 將課程和學生的需求及興趣做結合 • 教導學生哪些行為會造成好的結果；告知學生行為和結果的因果關係
在認知和社會功能上發展遲緩者	• 訂定長期目標的能力有限 • 將不好的表現歸因為低能力或外在因素而非可控制的因素；習得無助感	• 幫助學生訂定明確的、短期的目標 • 幫助學生了解行為和結果的關係
肢體或感官困難的學生	• 自我決定感低	• 提供學生選擇課程的機會 • 教導學生自律行為及獨立的技巧
資賦優異的學生	• 高自我效能感 • 當課堂作業對其無挑戰性時會感到無趣 • 會自我尋求挑戰 • 有多方的興趣 • 有較明確的目標方向	• 鼓勵學生訂定較高的目標，但不要期待完美 • 提供需要付出相當努力及毅力的作業

二、動機的普遍原則

原則	教育上的啟示	例子
當學生對自己期待成功或認為自己對某些事情有選擇及控制權時，會有較強的內在動機。	給學生成功的機會以滿足其自我效能感，讓學生對課堂上的活動做選擇。	讓學生從多種完成相同教學目標的方法中自己選擇一種，注意每種選擇都會讓學生有成功的機會。
學生有和他人互動的需求。	在每個禮拜的課堂中包含人際互動的活動。	讓學生小組活動並討論沒有固定答案的問題。
當作業和學生的興趣及目標有關時，會較願意去完成。	將學業科目和戶外生活作結合。	要求學生對所關心的事件作調查。
學生在學業中如果只是想達到精熟而非和他人比較者，會學習得較有效率。	了解考試成績雖然重要，但要培養學生對新知識及技能產生內在的價值感。	告訴學生課堂教材如何有助於老師本身了解世界。
學生如果將情感融入主題或活動中會學習得較有效率。	讓學生對主題感到興趣及興奮，但不可使其過於焦慮。	對學生的行為有合理的期待並明確的告知學生這些期待。
當學生將成敗歸因為可控制的因素時，才會願意付出努力。	培養學生成功是努力與正確策略相結合的信念。	當學生正在為作業奮鬥時，教導學生正確的學習策略。

貳、增進學習動機的主要策略（104地三；101身三）

一、增加自我效能

(一) **提供促進能力的回饋**：正面的回饋對學生而言是有效的增強物。正面回饋可提高內在動機。

(二) **提供挑戰性的工作**：挑戰性的活動可增進認知發展。征服挑戰可增加自我效能，提升內在動機。

(三) **提供自我比較而不是與他人比較**：減少學生對其他同學成就程度的知覺，如採取絕對的標準代替競爭的標準。也可以提供學生時時刻刻評估自己的表現和監控改善的機會。

(四) **體認失敗是成功之母**：經常遭遇失敗，會發展出較低的自我效能，但多數成功的經驗中，體驗偶爾的失敗，可以發展出面對失敗的真實態度。

(五) **教學過程善用自我效能增強策略：**

1. 確認學生精熟基本技能。
2. 幫助學生在困難的任務上獲得明顯的進步。
3. 透過文字和動作傳達信心。
4. 接觸成功的同儕。

二、促進自我決定（self-determination）

　　自我決定是指個體深信他們是在自己命運的掌控之中，可以根據他們生活的方向來選擇。個體在目標之下，不受別人支配，只憑自己的信念所決定的行為活動，又稱為自我導向（self-direction）。當學生有自我決定的觀念時，能真正引起動機。也就是說，讓他們稍微感受到關於他們做的事和他們生活遵循的方向的自治。

　　自我決定會增加學生積極參與班級或課外活動，以及他們選擇待在學校而不是輟學。然而我們也不能完全放任學生想做或不想做的意願。教師可利用下列建議增加學生在課業上自我決定的能力：

1. 利用資訊的方法呈現規則和告誡，而非控制的手段。
2. 提供學生做選擇的機會。
3. 在學生組織的課外活動上給予大量的自治權。
4. 以非控制的方式評鑑學生的表現。
5. 除非迫切需要，否則減少依賴外在增強的次數。

三、展現學習目標

(一) 不同的目標設定，會影響學習的學習動機表現。

　　下表是展現學習目標與表現目標兩種目標的比較。

學習目標的學生	表現目標的學生（特指表現逃避目標）
相信能力可經由練習和努力發展	相信能力是穩定的特徵
選擇最大化學習機會的任務	選擇最大化機會的任務，來證明能力、避免使他們看起來無能力的工作和行為（如尋求協助）
對重複簡單的任務顯現無趣或失望的態度	對重複簡單的任務顯現自信或信服的態度

學習目標的學生	表現目標的學生（特指表現逃避目標）
視努力為增進能力的必需品	視努力為低能力的象徵；有能力的人不需太努力
較可能對學習課程教材有高度內在動機	有較高外在動機（外在增強和懲罰的期望）；可能因欺騙而獲得好成績
高度自我調節學習和行為	低自我調節
使用學習策略來提升課程教材的真實理解（如有意義學習、精緻化、理解性監控）	使用學習策略來提升機械式學習（如複誦、抄寫、單字記憶）
願意和同儕合作學習，當此舉行為可增進學習效果	唯合作學習可提供機會觀察他人能力或提升社會關係時，才顯示與同儕合作意願
使用進步的標準評鑑自我表現	使用比較的標準評鑑自我表現
理解失敗是他們需要再努力的象徵	理解失敗是低能力的象徵，預測未來失敗的指標
視錯誤為學習過程的一部分；利用錯誤來改善表現	視錯誤為失敗和沒能力的象徵；利用自我跛足作為提供錯誤和失敗的矯正
如果努力嘗試過、甚至導致失敗的結果，對自我表現也相當滿意	只有成功能滿足對自我表現的期許
視老師為一種資源，能指引、幫助他們學習	視老師為判斷者、獎勵者、懲罰者

(二) 培養精熟目標的策略

1. 鼓勵學生從事有意義學習而非機械式記憶。
2. 顯示學生進步的成果，並給予鼓勵。
3. 提醒有效的學習是由努力和錯誤中獲得，將幫助學生更加了解和精熟學科。
4. 培養學習者在學習目標上的注意力，特別是與學習者的生活相關，不同種族背景的學生受惠。

參、激發學習動機的原則與方法

一、透過有效教學策略，向學生展現自己對教學的熱忱

(一) 教師的教學方法必須適合學生學習。

(二) 以學生為中心的教學模式設計。

(三) **教學評量方式必須多樣、適當且有效。**（101身三）

善用成功的多元評量向度：多元處方箋理論或處方式的評量（prescriptive assessment）讓學習目標多元，有系統地收集有關學生學習行為的資料，加以分析處理之後，再根據預訂之教學目標給予價值判斷的歷程。

1. 種類：預備性評量、形成性評量、總結性評量。

2. 方式：考試、作業、討論、報告、出席情形……。

3. 目的：作為了解教學成效及改進教學之參考。

4. 成功的評量情境設計要素，如圖5-5所示：

　(1)表現的指標：明確傳達評量所期待的目標。

　(2)學生特質：瞭解學生的舊經驗及身心發展與成熟度。

　(3)課程內容與特性：編序課程（強調成就水準的評量）；螺旋式課程（強調迷思概念與錯誤的診斷評量）。

　(4)評量媒體與資源：高科技媒體輔助。

　(5)教學回饋：知識的建構、教學模式的效果、學習動機的增進。

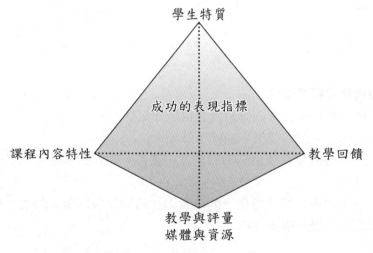

圖5-5　成功的評量情境設計

✄(四) 善用有效教學策略（如圖5-6），促進學生學習成效。（101身三）

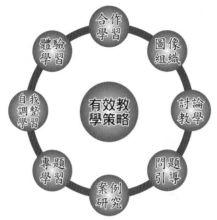

圖5-6 教師有效教學圖像

二、在學習活動中培養學生學習動機

(一) 有效促進學生的內在動機

1. 將成功定義為經過努力後，最後對學習教材的精熟而非立即的達到精熟，並告訴學生偶爾的犯錯是正常的。
2. 鼓勵學生自我比較而非和他人比較。
3. 讓學生對課堂上的作業和活動能自我決定。
4. 開始一個新主題時，激起學生對主題的興趣。
5. 傳達能讓學生「想」學習的信念。
6. 將教材和學生興趣相結合。
7. 準備多樣化的及新奇的活動以激起學生的興趣及注意力。
8. 鼓勵學生訂定精熟目標。

(二) 善用教師期待技巧，讓學生從成敗經驗中學到合理歸因

1. 對學生傳達教師的期待。
2. 將成功歸因為能力與努力及有效學習策略的結合。
3. 只有當學生完全盡力時，才可將學生的成功歸因為努力。
4. 將學生的失敗歸因為可控制及可改變的因素。
5. 當學生已經盡力仍失敗時，必須將失敗歸因為缺乏學習策略並指導其有效的學習策略。

(三) 透過有效的教學方法與策略，讓學生從需求滿足發展到價值追尋。

三、掌握激發學習動機的要領

(一) 在教學中激發學習興趣

(二) 維持好奇心

(三) 利用各種教學媒體

(四) 角色扮演或模仿

(五) 分組競賽

(六) 鼓勵學生朝向設定的目標邁進

(七) 使每一個學生都有成功的機會

(八) 提供立即的回饋

四、善用獎勵學生的方法

(一) 善用讚美與增強

(二) 獎勵全班成績最好的與成績進步最多的學生

(三) 教導學生自我獎勵

(四) 善用獎勵結構

　　Slavin（1995）認為獎勵結構的兩個基本要素：個人績效責任及小組獎勵：

　　1. 個人績效責任：小組的成績由個人的進步成績累計而定，因此每個人都必須盡最大的努力才能為小組爭取最好的成績。

　　2. 小組獎勵：提供小組成員完成目標的共同誘因，這種公開的誘因是增進學習表現的重要因素。

自我評量　　　　　　　　　　　　　　　　　　　　　歷屆試題

1. 依據認知取向的學習觀，教師應採取那些教學與評量的策略來支持學生的學習動機？（101身三）

2. 學生考試成績十分不理想，當學生對父母解釋為什麼成績這麼差時，請各舉出「悲觀」解釋和「樂觀」解釋的例子。（101原三）

第四節　動機理論在教育上的應用

考點提示
(1)動機理論在教育上的啟示與應用；
(2)有效學習策略，是必考焦點所在。

壹、動機理論在教育上的啟示

一、行為主義學習動機理論的啟示（102身三）

(一) 行為主義的教育目的是要幫助學習者達成行為的改變。

(二) 教師的職責在提供有利的環境和刺激；教學內容和方法必須經過審慎的設計，以引導學習者行為的改變。

(三) 教師必須善用獎懲，使用懲罰原則在施懲之前，一定要讓學生知道受懲罰的原因。

(四) 外在誘因不容易培養學生主動追求知識的熱忱，多數學生為了逃避懲罰而產生身心失衡。

二、認知主義學習動機理論的啟示

(一) **根據學生自我歸因可預測以後的學習動機**

(二) **學生自我歸因雖未必真實但卻是重要的**

從心理輔導的觀點言，培養學生從了解自己、認識別人的過程中，建立其明確的自我觀念。

(三) **長期消極歸因心態有礙於學生人格成長**

心理學家稱積極歸因的學生為「成就型學生」；消極歸因的學生，稱之為「避敗型學生」。

(四) **教師的回饋是影響學生歸因的重要因素**

三、人本主義學習動機理論的啟示（102身三）

(一) 利用學生的需求層次來安排或改進教學。

(二) 善用教學與評量策略，激發學生的內在動機。

(三) 教師教導學生了解自己、接納自己以及自我決定，培養學生自我發現學習（self-discovery learning）。

貳、有效學習策略（97身三）

　　為了幫助學生有效地學習，教學者除了教導學科內容之外，也要使學生獲得如何有效習得知識的技巧與策略，亦即教導學生學習「如何去學習」的策略。首先，教學者可以向學習者說明學習策略的重要性與其對學生學習上的幫助。教師可藉由示範與過程描述來指導學生習得重要的學習策略，並提供學生練習機會，以促進學生將所學運用至日後的學習領域或情境中。

一、做筆記

　　一般來說，有做筆記的學生通常有較好的學習表現。**做筆記可以幫助學習者注意訊息並加以編碼，並將學習內容有效地儲存在記憶中**。筆記內容必須反映閱讀作業中的重點部分，包括紙張的選擇、標題的分類、版面的配置，以及圖文搭配，是相當重要的技巧，可參考圖5-7。教師可以藉以下幾種方法幫助學生做筆記：

(一) 提供明確的組織架構。

(二) 經常檢查學生的筆記內容是否正確或是否為重要的部分，並且給予回饋。

(三) 提供上課大綱筆記，包括上課重要概念與空白處，並鼓勵學生完成筆記，以養成其做筆記的習慣。

(四) 將重要的提示與訊息，如概念架構圖，寫在黑板上或以口頭方式呈現，幫助學生記錄與做筆記。

(五) 在學生完成筆記之後，教師也可鼓勵學生以兩人小組討論的方式，藉由相互討論與激盪，產生新的想法，並修正筆記內容，以提升筆記內容的品質。

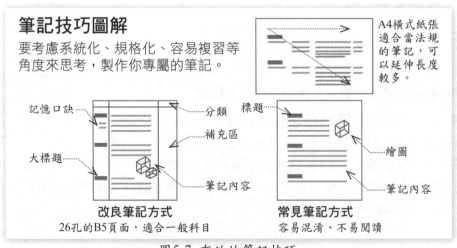

圖5-7 有效的筆記技巧

資料來源：建築人臉書，2014。

二、問題解決策略

　　一般而言，定義不清的問題通常比定義明確的問題較難解決。教師可教導學生使定義不清的問題變成定義清楚的問題的技巧，以及區分出重要與不重要的訊息，和找出遺漏的訊息的技巧。教師也可教導學生問題解決的策略，包括：

(一) 規則系統法（algorithms）：係指特定的、有步驟的解決問題策略。教導規則系統法方法包含：

　　1.描述及展示規則系統法和適用的情境。

　　2.提供例子，讓學生應用規則系統法解決問題。

　　3.幫助學生了解為何適用的原因。

　　4.檢視解決步驟，以發現錯誤所在。

(二) 啟發探索法（heuristics）：意指不一定能成功解決問題的一般問題解決策略。即使如此，仍有三個主要的啟發探索法，可以幫助學生在不同的背景之下有效地解決問題。

　　1.將問題分成多個子問題，讓問題目標更明確，更容易解決。

　　2.使用反證法解決問題。

　　3.尋找與問題情境類似的情境，並試圖從類推的關係中得到可能的解決方法。

三、閱讀策略

　　有效的閱讀策略可以幫助學生集中注意力，運用不同的方法，仔細思考問題的深層意義，並監控自己的理解過程。湯瑪士和羅賓森（Thomas & Robinson）曾提出「PQ4R」的閱讀策略，其步驟如下：

1	預習	**P**review	瀏覽主要主題與段落，並設立閱讀的目標。
2	提問	**Q**uestion	預設和寫下與閱讀目標相關的問題。
3	閱讀	**R**ead	開始閱讀文章內容。
4	反思	**R**eflect	在閱讀的過程中，試圖舉出相關例子或創造與材料內容相關的視覺心像，或是採用精緻化策略處理訊息。
5	背誦	**R**ecite	閱讀完所有段落之後，回想當初一開始所設立的目標與問題，檢視自己是否能不依賴書本，而成功地回答問題和達成目標。
6	回顧	**R**eview	回顧內容並將重要的訊息保留在長期記憶中，且不斷溫習先前的段落內容。

自我評量 ·· **歷屆試題**

1. 試比較行為論與人本論對學習動機的解釋與差異性。（102身三）
2. 試述成就目標理論（achievement goal theory）的要義及其對教育的啟示。（102高考）
3. 何謂學習動機？試舉一心理學者說明其動機理論，並闡述如何應用在教學上以增進學生學習動機？（100原三）
4. 何謂習得無助感（learned helplessness）？在教學歷程中，教師如何幫助學生獲致有效學習策略？（97身三）
5. 學習動機的自我價值論（self-worth theory）是美國教育心理學家卡芬頓（M. V. Covington）所提出，該理論在學校教學實際應用上甚具參考價值。請分別說明該一學習動機的理論要義及其在教育上的涵意。（96高考）

Notes

第 **6** 章　**智能、思考與創造**

[名師導讀]

本章談智力、思考與創造，是出題機率相當高的一章。內容包括智力理論、智力商數與智力影響因素；思考的種類；批判思考的意義、理論與教學策略；問題解決的意義、歷程、理論與策略；創意思考與創造力的意義、心理特徵、相關理論與教學策略，以及提升學生批判思考及創造力的方法等。其中智力理論、批判思考理論與創造力的理論與教育上應用，是最常考的焦點；其次，思考的種類、智力商數的種類亦不能忽視。綜合言之，本章重點無數，內容雖繁卻經常出現考題，考生必須精讀，並熟練之。

命題焦點就看這裡　[考題先覽]

1. 心理學者從不同的角度探討智力，提出了不同的智力理論。請列舉心理計量取向(從既有智力測量的相關入手，探討智力的結構與智力成分之關係)以及社會實用取向(認為智力是在特定情境下的認知表現)新近的智力理論各兩個並評論其對教育的影響。（105高考）

2. (一)何謂創造思考(creative thinking)？(二)何謂批判思考(critical thinking)？(三)在問題解決歷程中，二者各扮演之角色為何？（104年高考）

3. 請解釋「**歸納式推理**」（inductive reasoning）與「**演繹式推理**」（deductive reasoning）的意義，並各舉一實例說明。（103高考）

4. 依據**杜薇**（Dweck, 1999, 2002）的主張，學習者對能力的觀點可分為**實體觀**（entity view）與**增長觀**（incremental view）。請敘述這兩種觀點的意義，並比較這兩類學習者在**目標設定**、**學習任務的選擇**、**對學習失敗所持的觀點**等方面的差異。（103高考）

5. 請試述下列名詞之意涵：**錯誤的同意性效果**（false consensus effect）（103普考）

6. 語言如何影響思考？思考如何影響語言？請各舉一例說明之，並請分析**皮亞杰**（J. Piaget）與**維果斯基**（L. S. Vygotsky）針對**語言與思考之關係**的論點？（103普考）

學習地圖

智能、思考與創造

智力理論與發展

一、智力理論
1. Spearman智力二因論
2. Thorndike智力多因論
3. Thurstone智力群因論
4. Cattell智力形態論
5. Guilford智力結構論
6. Vernon智力階層論
7. Gardner多元智力論
8. Sternberg智力三元論
9. Dweck智力內隱論
10. Stern智力橡皮筋假說
11. Lord潛在特質論

二、影響智力的因素
三、智力商數
1. 比率智商
2. 離差智商
3. 情緒智商
4. 社會智商
5. 弗林效應

批判思考與問題解決

一、思考
1. 語言與思考
2. 思考的種類
3. 思考監控
4. 邏輯推理
5. 心像

二、批判思考
1. 意義
2. 能力
3. 教學理論
   (1) Ennis批判思考教學理論
   (2) Paul&Elder的批判思考教學模式
4. 教學策略

三、問題解決
1. 意義
2. 習慣定向
3. 問題解決歷程
4. 理論
   (1) 完形理論
   (2) 行為理論
   (3) 心理計量理論
   (4) 訊息處理理論
5. 問題解決策略

創造力理論與發展

一、創意思考
二、創造力
1. 意義
2. 理論
   (1) Sternberg&Lubart的創造投資論
   (2) Amabile的創造力成份模式
   (3) Gardner互動理論
   (4) Csikszentmihalyi的系統理論
3. Torrance的創造力測驗（TTCT）
4. 影響創造力的因素
5. 培養創造力的方法

教育上的應用

一、創造力的心理特徵
二、提升學生批判思考能力的方法
三、增進創造力的教學策略

第一節 智力理論與發展

(1)智力三元論；(2)多元智力理論；(3)智力內隱理論；(4)比率、離差、情緒、社會智商；(5)弗林效應，是必考焦點所在。

壹、智力理論（105高考）

對於智力，許多學者有著不同的看法，其概念性的定義有：特爾曼（L. M. Terman）與皮亞傑（J. Piaget）認為，智力是抽象思考和推理的能力；弗里曼（F.W.Freeman）指出，智力是環境適應的能力，也是一種學習能力；嘉德納（H. Gardner）認為，智力是問題解決的能力，是先天遺傳與後天環境交互作用形成。其操作型定義則為，智力是各種智力測驗所欲測量的能力。智力有其極限，稱為智力的「閾值概念」或「閾限概念」（threshold concept），一個領域或一個系統的界限稱為閾，其數值稱為閾值。在各門科學領域中均有閾值，智力也不例外。以下詳述最重要的幾種智力理論：

一、智力二因論

智力二因論是由英國心理學家**斯皮爾曼**（C. Spearman）於1927年提出，**認為智力分為兩種**，包括任何心智因素所共同使用的普通因素（general factor），與個別特殊能力單獨使用的特殊因素（special facter）兩個要素。**普通因素又稱g因素，特殊因素又稱s因素。**

二、智力多因論

桑代克（E. L. Thorndike）**認為人類的智力包含三種不同**的特殊能力：**(一)抽象智力**（abstract intelligence）：代表個人運用符號、語言、數字行事抽象思考事理的能力；**(二)機械性智力**（mechanical intelligence）：代表個人運用感官與肢體動作從事工具操作的能力；**(三)社會智力**（social intelligence）：代表個人在社會活動情境與人相處的能力。

三、智力群因論

智力群因論是由美國心理學家**瑟斯通**（L. L. Thurstone）於1938年提出，**也稱「基本心能論」**（primary mental abilities theory），認為智力並不像斯皮爾曼所說具有共同的部份，**智力是由一群主要的能力因素所構成，這一群因素包括七項：數字運算、文字流暢、語文推理、空間關係、記憶、歸納、知覺速度等。**

⚔ 四、智力形態論（98高考）

智力形態論由美國心理學家卡特爾（R. B. Cattell）於1963年提出，認為 g 因素智力可分為流體智力（fluid intelligence）和晶體智力（crystallized intelligence）。流體智力是指個人的推理思考能力，與大腦的功能有關，它不受學習、經驗與個人文化及背景的影響。晶體智力是指經由個人的學習和經驗，逐漸累積而成的能力，為個人智識和專門性技能之總體，受生長環境或文化背景影響。一般智力測驗所測量者以晶體智力為多。

⚔ 五、三維智力結構論

三維智力結構論是由美國心理學家基福特（J. P. Guilford）於1956年提出，如圖6-1所示，他採因素分析法將智力分成思考運作、思考內容和思考成果三維變項。思考運作即智力活動的過程，包括評價、聚歛思考、擴散思考、記憶、認知五種不同方式；思考內容包括圖形、符號、語意、行為四種材料；思考成果分成單位、類別、關係、系統、轉換、應用六種產物。如此，整個智力結構形成5(運作)×4(內容)×6(成果)共120個不同的組合。基福特於1982年又將內容中的圖形材料分成視覺與聽覺兩種，於是人類智力變成5(運作)×5(內容)×6(成果)共150個不同因素。其中，基福特已識別的智力因素多達70多個。

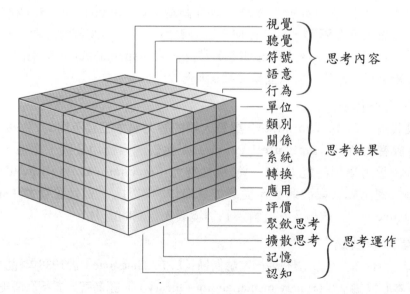

圖6-1 基福特的智力結構理論模式

六、智力階層論

　　智力階層論是由美國心理學家**佛能**（R. Vernon）提出，如圖6-2所示。智力階層理論綜合了上述斯皮爾曼的g因素、瑟斯通的群因素以及基福特的結構理論，**將人類智力分成四個層次，最高階層是普通因素**（即是斯皮爾曼的g因素），其下層分別是**主群因素**（分成語文與實用兩部份）、**小群因素**及**獨特因素**。上層的智慧對下層的智慧具有指導的能力，且影響力及範圍越廣。

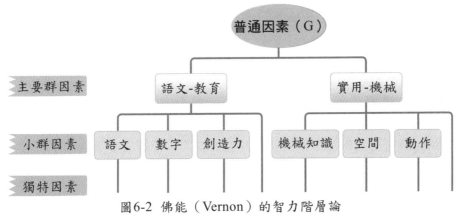

圖6-2　佛能（Vernon）的智力階層論

☆七、多元智力論（MI）（100高考）

　　多元智力論（theory of multiple intelligences，MI）是由美國哈佛大學教授嘉德納（H. Gardner）於1983年提出，此理論揚棄以往「以標準化智力測驗的得分來決定人類聰明程度」的作法，認為人類智力包括「語文」、「邏輯數學」、「空間」、「音樂」、「身體運動」、「知己」（intrapersonal）、「知人」（interpersonal）七種能力，並於1995年再增加「知天」（naturalistic）和「知命」（existential），成為第八、第九種能力。

　　多元智力理論對全人教育（whole person education）影響甚鉅，其中語文、邏輯數學、空間與IQ有關；音樂與美育與CQ（creative quotient，創意商數）有關；身體運動與PQ（physical quotient，肢體商數）有關；知己、知人、知天、知命與EQ（emotional quotient，情緒商數）、AQ（adversity quotient，逆境商數）、MQ（moral quotient，道德商數）、SQ（social quotient，社會商數）有關。

☆八、智力三元論（101高考；101身三；97高考）

　　智力三元論是由美國心理學家斯坦伯格（R. J. Sternberg）於1985年提出，此理論認為智力可分成三種不同能力的智力所組成，包含經由思考判斷

後才做決定的「組合性智力」（包含分析、思考、推理、判斷）、藉由過去經驗累積所得的「經驗性智力」，以及應用經驗於處理日常事務以適應環境的「實用性智力」。斯坦伯格認為，智力三元論是人類通往成功重要的三種智力，又稱「成功的智力」（successful intelligence）。

九、智力內隱理論（103高考）

德威克與雷格特（Dweck & Leggett）於1988年提出「智力內隱理論」（implicit theory of intelligence）的概念，認為個人對智力所持有的深層信念，稱為「智力內隱理論」，其個別差異會使個體在面對學習活動時產生不同的認知、情緒與行為。智力內隱理論主要可分為下列兩大類，表6-1並列出其相關的目標取向與行為模式：

(一) **智力本質觀**（entity theory）：又稱智力實體觀（entity view of intelligence）（100原三），認為智力是固定不變的特質，不論一個人如何努力，都無法改變他原有的智力本質。持智力本質觀的學習者，較容易產生「習得無助感」。

(二) **智力增進觀**（incremental theory）：認為智力是可變的，經由個人的學習可以使其智力獲得增長，他們比較肯定努力的價值，也較願意努力。持智力增進觀的學習者，傾向「學習目標」或「精熟目標」取向的學習型態。

表6-1智力內隱理論、目標與行為模式

隱涵理論	目標取向	察覺到的當下能力	行為模式
智力本質論（智力固定）	表現目標：目標在於獲得正向的評價	高	精熟取向（尋找挑戰、高度堅持）
	表現目標：目標在於逃避負向的評價	低	感到無助（逃避挑戰、低堅持度）
智力增進論	學習目標：目標在於增進能力	高或低	精熟取向（尋找增進學習的挑戰，高度堅持）

資料來源：Dweck & Leggett, 1988.

十、智力的橡皮筋假說（rubber band hypothesis）

史騰（Stern）**將智力發展的內在潛力比喻成橡皮筋，環境就像是在橡皮筋上施與的拉力，**個人受遺傳的智力發展潛能不同，在環境力量作用下，可能達到不同程度的智力，教育的功能就是延伸橡皮筋，讓個體達到遺傳的上限。

十一、潛在特質理論（latent trait theory）

現代心理學家**羅德**（Lord）首先**提倡潛在特質理論**（latent trait theory）。認為智力測量具有下幾種特質：(一)心智能力無法直接觀察，只能從受試者的外在行為加以推估；(二)估計測驗題的難度，應排除受試樣本程度的影響；(三)估計個人智能時，應排除測驗題目特性的影響；(四)解釋與預測個人測驗的結果，應先將試題難度和特性化成相同尺度。**根據潛在特質理論編制的測驗，可以適用於不同能力水準的受試者，這類測驗又稱為電腦化適性測驗，**需借助電腦技術。

貳、影響智力發展的因素

一、遺傳

遺傳因素會表現在血緣關係上，一般而言，父母智商高，孩子的智商也不會低。但若父母親血源太近，恐會影響孩子的智商發展。

二、營養

吃母乳長大的兒童比吃奶粉或其他代乳品長大的兒童智商較高，因母乳中含有多種兒童智力發展的重要物質。另外，飲食不均衡、不吃早餐、偏食等情況，都會造成兒童的腦力無法健全發展，連帶影響身體健康。

三、肥胖

過多的脂肪進入腦內，會妨礙腦神經纖維發育。根據研究，體重超過正常值20%以上的孩子，在視覺、聽覺、學習能力的平均值較體重正常的兒童低。

四、環境

生活在較少刺激、親子互動少、父母期望不高、外界回饋少、感受不到愛的環境裡，兒童智商會較低。根據研究調查，上述這些孩子3歲時平均智商僅61，反之，處於良好環境的3歲兒童智商平均為92，其差異甚大。

五、性別

性別智商高低的個別差異已有許多研究加以驗證，在語文能力與記憶力方面，女生較男生優；在數理邏輯能力與空間、推理、機械能力方面，男生較女生優。

六、藥物

某些藥物會影響兒童的智力，如長期服用抗癲癇藥物或是飲用含酒精類飲料及酒品，會使智商偏低。

參、智力商數（intelligence quotient，IQ）

最早測量智力高低是由高爾頓（Galton）以「生理計量」的方法測量，直到1905年法國**比奈（A. Binet）與西蒙（T. Simon）**發展出舉世聞名的**比西量表（binet-simon scale），才第一次以「心理計量」的方法測量智力，也是第一套測量智力高低的標準化測驗**，並為許多國家使用。該量表中有30個題目，按照難度由淺而深排列，主要測量兒童的判斷、理解和推理的能力，並無客觀的計分方法，以通過的題數多寡，作為鑑定智力高低的標準（101身三）。

一、比率智商（ratio IQ）

1916年**特爾曼（L. M. Terman）**修訂比西量表後，發表了**斯比量表（standford revision of the binet scale），以智力商數（intelligence quotient，IQ）為單位測量智力，並以心理年齡與生理年齡的比率，計算智商，稱為「比率智商」**。根據這套測驗的結果，將一般人的平均智商定為100，而正常人的智商，根據這套測驗，大多在85到115之間。計算公式為：

$$IQ = 100 \times \frac{MA}{CA}$$

MA = **心理年齡**（Mental Age，M.A.）
CA = **生理年齡**（Chrono-logical Age，C.A.）

如果某人智齡與實齡相等，他的智商即為100，標示其智力中等。但是比率智商卻無法展現出一個人在群體中所處的位置為何，無法進行人與人或群體與群體間的比較，於是有離差智商的出現。

二、離差智商（deviation IQ）（102高考）

　　魏克斯勒（D. Wechsler）是成人智力測驗的創始者，創立「魏氏成人智慧量表」，也是最早使用離差智商表示智力高低的人，即用一個人在他的同齡中的相對位置，也就是通過計算受試者偏離平均值多少個標準差來衡量，這就是離差智商。比率智商與離差智商最大的不同處在於離差智商加入了「常模」（norm）的概念，比如說，兩個年齡不同的成年人，一個人的智力測量得分高於同齡組分數的平均值，另一個的測驗分數低於同齡組的平均值，那麼我們就可以作出這樣的結論：前者的IQ比後者高。**目前大多數智力測量都用離差智商來表示一個人的智力水準。韋克斯勒將離差智商的平均數定為100，標準差定義為15**。計算公式為

　　　IQ=100+15Z=100+15(X−M)/S

　　　　Z＝**標準分數**
　　　　X＝**某人在測試中的實得分數**
　　　　M＝**人們在測試中取得的平均分數**
　　　　S＝**該組人群分數的標準差**

　　例如：一群測試者在測試中取得的分數平均值為60，通過計算得到該組人群所得分數的標準差為4，那麼一個分數為68的人，其智商為100+15×(68−60)/4=130。

　　IQ測驗結果近似常態分佈，色塊顯示標準差的不同，70%的人智商都位居中間區域，如圖6-3所示。120以上已是智優，90以下才算智能障礙，一般人介於90~110之間。

智商	智力等級
140以上	天才或近於天才
120～140	智力優異
110～120	智力較高
90～110	普通智力
80～90	遲鈍
70～80	於遲鈍與智能障礙者之間
70以下	可歸納為智能障礙者

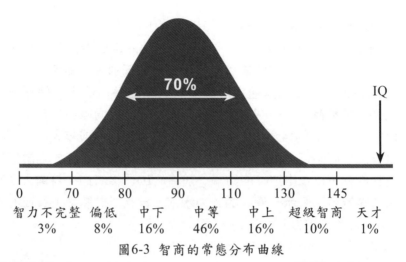

圖6-3　智商的常態分布曲線

三、情緒智商（emotional intelligence quotient，簡稱EQ）（102身三）

　　情緒智商是一種察覺、表現、瞭解、運用，以及管理情緒，以促進個人健康的能力。是關於個人對自己情緒的把握和控制，對他人情緒的揣摩和駕馭，以及對人生的樂觀程度和面臨挫折的承受力。情緒智商（EQ）亦被用來衡量一個人的情緒智力的高低。

(一) 梅爾(Mayer）與薩洛維（Salovey）的情緒智力理論

　　梅爾和薩洛維（Mayer & Salovey）於1997年最先提出情緒智力理論，認為情緒是一種知覺調整、思考與反省的心理整合歷程。主張情緒發展應包括三個階段：(一)情緒的評估與表達；(二)情緒的調整；(三)情緒的運用，以增進情緒和理智的成長，如圖6-4所示。

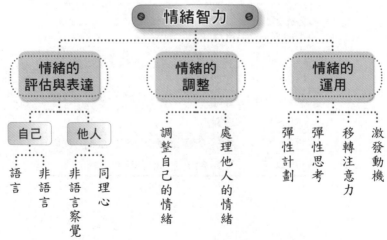

圖6-4　Mayer & Salovey的情緒智力理論概念圖

(二) 高曼（Goleman）將情緒智力視為人格

高曼（D. Goleman）在1995年出版的名著《情緒智力》中，提出新概念的「**EQ**」，**認為EQ並非天生而來，是可以透過後天五種學習能力加以培養**。於是提出了情緒智力的五大層面：

1. **認識自身的情緒**（knowing one's emotion）：當情緒出現時，能認出該情緒為何；並能隨時對情緒進行監控。
2. **妥善管理情緒**（managing emotion）：能掌握情緒，使情緒夠適切合宜；能自己我安慰，擺脫焦慮、灰暗、及不安。
3. **自我激勵**（motivating oneself）：能夠將情緒專注於目標的達成；能夠克制衝動，延宕滿足，保持高度的熱忱。
4. **認知他人的情緒**（recognizing emotions in others）：能夠察覺並同理他人的情緒，並從細微的訊息中覺察他人的需求。
5. **人際關係的管理**（handling relationships）：能夠管理他人的情緒，與他人產生良好的互動（吳宗祐、鄭伯壎，2004）。

四、社會智商（social intelligence quotient，簡稱SQ）

由**高曼**（D. Goleman）提出，認為「人是社會的動物」，**社會人際關係的好壞與群我管理能力**的培養，幫助我們可以跟別人共存共榮，生活在更融洽的環境當中，這樣的能力**就是「社會智商」**。社會智商讓我們能夠為了公共利益及社區和諧共榮，超越問題的局限，以更超然的角度解決問題。因此，我們真正要培養的是社會智商，就是希望人們廣結善緣，增進人際能力和社會能力，著重多角度思維，增加相對應變的能力，真正做到李嘉誠先生所說的：「用IQ解決問題，用EQ面對問題，而用SQ去超越問題！」

五、弗林效應（Flynn effect）

1982年心理學家**弗林**（James R. Flynn）**以實證的研究發現，現代人平均智商在逐漸增加**，被稱為弗林效應，但不了解其原因是智力實際增長還是因為測量的原因所導致。後來由美國心理學家**奈瑟**（U. Neisser）**證實**，近代**由於營養、教育的進步與電腦科技的日新月異，世界各國兒童的平均智力正在增長**。

1. 依據杜薇（Dweck，1999，2002）的主張，學習者對能力的觀點可分為實體觀（entity view）與增長觀（incremental view）。請敘述這兩種觀點的意義，並比較這兩類學習者在目標設定、學習任務的選擇、對學習失敗所持的觀點等方面的差異。（103高考）

2. 解釋名詞：離差智商（deviation IQ）（102高考）

3. 解釋名詞：情緒智商（102身三）

4. 解釋名詞：智能三元論（triarchic theory of intelligence）（101高考）

5. 請比較比奈（A. Binet）與史騰伯格（R. J. Sternberg）對智力（intelligence）所持的觀點之異同及其在教學上的意義。（101身三）

6. 試述美國嘉納德（Howard Gardner）提出多元智力（multiple intelligences）之內涵，並說明其在學校教育的啟示。（100高考）

7. 解釋名詞：智力實體觀（entity view of intelligence）（100原三）

8. 有人說：「年輕人的學習能力比較好，可以學會很多新事物」。有人卻說：「家有一老，如有一寶」，表示年長者從經驗中累積智慧。請根據卡泰爾和何恩（Cattell & Horn）對智力的觀點來評論上述說法。（98高考）

9. 試述美國著名認知心理學家斯頓柏格（Robert J. Sternberg）的「智力三維論」（triarchic theory of intelligence）內涵及其對學校教育的啟示。（97高考）

第二節　批判思考與問題解決

考點提示 (1)聚斂性與擴散性思考；(2)批判性思考與創造性思考；(3)可得性與代表性捷思法；(4)批判思考的教學策略；(5)問題解決的教學策略，是必考焦點所在。

高層次思考能力（higher-order thinking）是近年教育界努力培養學生的核心能力之一。Udall與Daniel（1991）認為高層次思考至少包括四種思考：批判思考、創造思考、問題解決與後設認知。本節先介紹批判思考、問題解決與後設認知，而創造思考因與創造力有關，留待第三節探討。

壹、思考

杜威（John Dewey）認為思考是一種心理的活動歷程，是當事者面對「問題」，察覺到問題的重要性時，因而想要著手去解決、釐清問題的一種處理過程。

一、語言與思考（103普考）

在第二章語言理論中，我們曾經探討語言影響思考的品質，在此提出兩種理論：

(一) 薩皮爾與沃爾夫（Sapir & Whorf）的語言決定論

又稱為**「薩皮爾－沃爾夫假設」**（Sapir-Whorf Hypothesis），**認為不同語言的族群，以用不同的方式認識世界。他們思想的方式決定他們說話的語言。**字彙的多寡與高層次思考關係極大。

(二) 露西（Lucy）的語言相對論（linguistic relativity）

露西（Lucy）的語言相對論修正薩皮爾與沃爾夫（Sapir & Whorf）的語言決定論，雖仍然肯定語言對思維和認知的影響，但其影響會因人、因文化不同而異，並非固定不變。

二、思考的種類

(一) 根據思考的歷程分類

　1. 聚斂性思考（convergent thinking）（90普考）

　　聚斂性思考的層次會受到舊有的知識與經驗的限制或控制，而循著獲得特定答案的方向進行，結論或答案通常只有一個，是複製性思考

（reproductive thinking）的一種，採一個接著另一個，每個成分分開處理的「序列分布處理」（serial processes）方式。

✗2. 擴散性思考（divergent thinking）（90普考；87地三）

在解決問題時擴散性思考會同時想到數個可能解決的方法，根據既有的訊息產生大量、多樣化的訊息，因此，結論或答案通常不只一個，如圖6-5所示，是一種創造性思考（productive thinking），採所有成分整列呈現，同一時間接受處理的「平行分布處理」（parallel processes）方式。但擴散性思考並不等同於創造力，只是創造力或創造思考的潛在歷程，可用來預測創造力的表現。

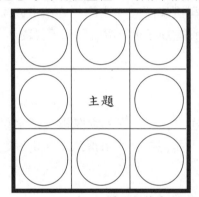

圖6-5 擴散性思考之九宮格法

(二) 根據思考的結果分類：

1. 複製性思考（reproductive thinking）

又稱再製思考，思考受限於舊經驗，用同一種思考方式產出，聚斂性思考是其中一種形式。

2. 創造性思考（productive thinking）（104高考）

以多樣的思考方法組合或變換訊息，激發創造力的潛能，運用於各種問題解決，產生更大的價值或效用。

3. 反思性思考（reflective thinking）

反思性思考主要是在探討訊息的真正內涵（context），瞭解其真實性、完整性，以及推理過程與因果關係。

✗4. 批判性思考（critical thinking）（104高考；97地三）

批判性思考主要是在檢討訊息的真實性、完整性，以及推理過程與因果關係，以確保其正當性或適切性。

(三) 根據思考的方向分類

✄1. 聯想式思考（associative thinking）

沒有方向性的思考，從一種觀念出發，聯想出特點與這相似、相關的事物，又稱「水平式思考」（lateral thinking）、戴勃諾理論（De Bono theory）、發散式思維法、水平思維法或「曼陀羅式思考」。可分成以下兩種：

(1)向四面擴散的輻射線式　　　(2) 逐步思考的順時鐘式

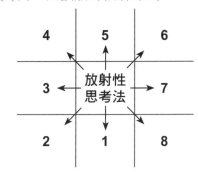
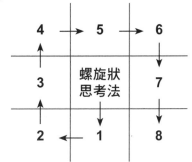

✄2. 導向式思考（orientation thinking）

傳統所用的思考模式，因受問題控制，而採用有方向性的思考，又稱為「垂直式思考」（vertical thinking）、邏輯思考法或收斂性思維。

(四) 根據思考的程序分類（101高考）

✄1. 定程思考（algorithmic thinking)

面對問題時，按思考邏輯與演繹推理等「程序法則」（rule of procedure)進行思考，又稱「算則法思考」（algorithms thinking）。

2. 捷徑思考（heuristic thinking）（101高考）

面對問題時，按「大拇指法則」（rule of thumb）進行經驗性、探索性的思考，並不完全按思考邏輯與演繹推理等程序法則進行，屬「非定程思考」的一種，又稱「啟發性思考」（discovery thinking）。分成代表性、可得性、定錨調整式、心智模擬式、因果性、態度捷徑思考法。

✄(1)代表性捷思法（representativeness heuristic）（93身三）

要判斷某一事件出自於某一母群體的可能性時，會比較此事件與母群體的「相似程度」來判斷。例如：認真讀書的好學生會戴眼鏡，看到戴眼鏡的人，會認為與認真讀書的人相似度極高，因此會認為他是好學生。

　　✄(2)可得性捷思法（availability heuristic）（100原三）

　　　　又稱「易得性捷思法」，指的是要判斷某一事件出自於某一母群體
　　　　的可能性時，會比較此事件與母群體的「聯想難易程度」來判斷。
　　　　例如：住在山邊的人常會看到美麗的夕陽，他們發現當彩霞特別
　　　　濃、特別紅的時候常常颱風就會來，以後他們就相信特紅的彩霞是
　　　　颱風要來的徵兆。

　　(3)定錨調整式捷思法（anchor-adjustment heuristic）

　　　　人們第一次印象或第一次經驗形成的感覺，可視為「錨點」。在進
　　　　行社會判斷時，由於訊息模糊不清，因此常以錨點為起點，再依
　　　　此做上下調整，這樣的價值判斷，容易產生定錨效果（anchoring
　　　　effect），就是「偏見」（prejudice）、「刻版印象」或「印刻作
　　　　用」（stereotype）。例如：第一次遇到狗就被咬，於是就認為世
　　　　界上所有的狗都會咬人。

　　(4)心智模擬式捷思法（mental simulation heuristic）

　　　　與可得性捷思法相似，對於事情發生的可能性，運用「想像的難易
　　　　程度」作為判斷。例如：汽車對撞和彗星撞地球的機率誰高？當然
　　　　是前者。

　　(5)因果性捷思法（cause-effect heuristic）

　　　　運用因果的連結性強度來評估情境成立之可能性。例如：善有善
　　　　報，惡有惡報。

　　(6)態度捷思法（attitude heuristic）

　　　　以某事物的「好惡程度」來推測某事件發生的可能性。例如：我喜
　　　　歡林佳龍，那林佳龍一定會高票當選臺中市長。

(五) 依據思考教學分類

　　✄1. 腦力激盪法（brainstorming）

　　　　由奧斯本（A. F. Osborn）於1938年首創，又稱為「頭腦風暴」，是參
　　　　與討論者隨意提出與討論主題有關的想法與見解，最後加以分類整理的
　　　　「集思廣益法」。此法可以激發創造力、強化思考力。其原則如下：

　　　　(1)想法數量愈多，見解愈多樣、多變愈好。

　　　　(2)所有意見都要記錄。

　　　　(3)過程中禁止批評任何意見。

　　　　(4)提倡與眾不同的想法。

　　　　(5)最後加以綜合討論，選擇出最優、最適的想法。

圖6-6就是川田喜二郎（Kawakita Jiro）根據腦力激盪的原理所創的「KJ法」資料處理術。

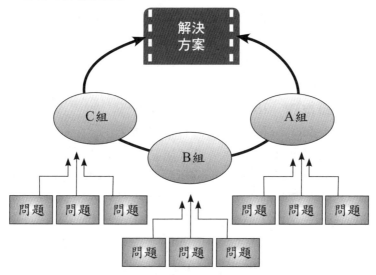

圖6-6　KJ法的腦力激盪術

2. 放聲思考法（think-aloud protocols，簡稱TAP）

又稱為「有聲思維法」，重點要將從外在無法觀察到的「內在思維」說出來。是一種施測者對受試者提出問題，並要求在解題過程中所想到的任何意見或想法要大聲講出來的思考方式。可以訓練個體具有把握重點、條理清楚、詞句妥切的表達能力。

三、思考監控（controlled thinking）

思考監控是一種重要的認知歷程（cognitive process），是人們進行思考、處理訊息時的心智歷程和表徵形式。可分成以下兩種：（101普考）

(一) 控制歷程（controlled process）

有意識且非自動化地進行訊息處理或思考、作業的過程。控制歷程佔用短期記憶較大容量，通常反應時間較多、較慢，但卻會使錯誤率減低。

(二) 自動歷程（automatic process）

大部分歷程表現不需要意識覺知，而個體卻可能察覺這些歷程正在進行的自動化訊息處理或思考、作業的過程。自動化歷程是練習的結果，例如：史楚普效應（Stroop effect）。自動化歷程的作用會使反應加快，但錯誤率增加。美國心理學家史楚普（J. R. Stroop）於1935年提出「史楚普效應」（Stroop effect），主張受試者受到自身對字義的認知影

響，會干擾其對於色彩的判斷。例如：當測試者被要求說出某個顏色和其字面意義不符的詞語時，會產生反應速度下降，出錯率上升的現象。**有很多人類的活動在剛開始的時候屬於控制歷程，經由不斷練習的結果，到最後「習慣成自然」，變成自動化歷程。**例如，開車在剛開始的時候是控制歷程，可是一旦我們學會開車，在正常的情況下，它就變成不需意識覺知的自動化。

四、推理或邏輯推理（logical reasoning）

(一) 演繹推理（deductive reasoning）（103高考）

係根據已知事實或假設條件，推演出結論的推理方式。三段論法演繹推理(syllogistic-deductive reasoning）是典型的演繹推理。三段論法包括：(一)表述普遍原則的第一命題，稱為大前提（premise）；(二)表述特殊事例的第二命題，稱為小前提（minor premise）；(三)表述結論的第三個命題，稱為結論（conclusion）。三個命題連在一起形成的推理陳述，稱為論證（argument）。例如：

大前提：凡男人皆為人；

小前提：小明是男人；

結論：故小明是人。

(二) 歸納推理（inductive reasoning）（103高考）

乃是以觀察所見多個事例所得經驗為基礎，歸結出一個概括性的結論。也可以說，是由群體中的樣本性質，「推論」出整個群體的「某個百分比」也具有該性質。因此，歸納推理並非是「絕對性的可能」，只能求其發生概率。

五、心像（mental image）與思考

心理學家認為人類的記憶結構包含了感覺記憶、短期記憶和長期記憶，其中感覺記憶對刺激只保留相當短暫的印象，這印象包括影像和聲音等，而影像的記憶就是個人對事物形成的心像。心像常被用來協助記憶訊息，如位置法、宇鉤法、關鍵字法等（國家教育研究院，2014）。

(一) **「遺覺心像」或「全現心像」**（eidetic imagery）：亦即個體有如照相機一般的能將視覺訊息清晰地持續一段時間，即使視覺訊息消失，他們也能如正在看著這個訊息般的說出訊息中的細節。

(二) **創造心像**（created image）：即使連經驗中並未經歷或並不存在的事物，在思考歷程中也能產生心像。

⚡六、錯誤的同意性效果（false consensus effect）（103普考）

　　錯誤的同意性效果屬於思考的歸因偏誤，個體認為自己的意見或行為與他人相同的程度，大於它真正相同的程度，稱之。也就是說，個體會高估其他人與自己意見或行為一致性的傾向，例如：支持建核四的人總是相信民意站在他們這一邊，因此，我們會傾向於選擇與我們相似的人做朋友（物以類聚）；政治人物身邊大都是與自己相似的人，總認為自己靠近民意。發生此效果的可能原因如下：

(一) 選擇性的曝光：我們交往的朋友，都是態度、行為和我們比較相似的人。

(二) 自己的意見或行為，特別的突顯。

(三) 人們傾向相信自己的信念與行為是好的、對的、正確的、典型的。

(四) 錯誤的獨特性（false uniqueness）：在能力或特長上，人們會高估自己的獨特性，認為這些能力或特長，是自己所特有的。

貳、批判思考

一、意義

　　批判思考（critical thinking）**是評斷訊息或論述的正確性及價值的心理思考歷程**。為一複雜的認知歷程，涉及思考者的知識、意向與技巧與所在情境的互動。一位良好的批判思考者除了必須具備足夠的知識、意向及技巧之外，尚需視問題發生的脈絡，建立一套有效及合理的判斷規準，對陳述或問題加以澄清與評估，以做成決策並解決問題。

⚡二、批判思考的能力（97地三）

　　批判思考的能力係指從事批判思考活動時，思考者操縱思考技巧的能力，包含了「能確認問題」、「能判斷訊息可信度」、「能從事正確推論」、「能做合理的價值判斷」（沈家平，2003）。批判思考至少包含分析、描述、解釋、確認與評鑑五個階段，如圖6-7所示。哈契爾（Hatcher，1990）主張，批判思考需要具備以下的能力：

(一) 澄清的能力（clarification）

(二) 分析與評斷論點（analysis and evaluation of arguments）

(三) 確認假設與結果（identifying assumptions and consequences）

(四) 構思與結合論點（formulation and articulation of arguments）

(五) 考慮其他觀點（consideration of alternatives）

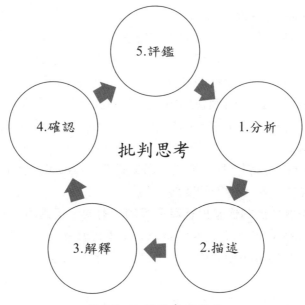

圖6-7 批判思考五階段

三、批判思考教學理論

(一) 安妮絲（Ennis）之批判思考教學方案

安妮絲（R. H. Ennis）以其對批判思考所持的論點，**提出五個提昇學生批判思考能力的教學步驟**：（沈家平、陳文典，2014）

1. 澄清批判思考學習的價值。

2. **診斷批判思考教學所需訓練的行為**：以批判思考量表測出學生缺少的部分，再據以組織訓練內容。

3. **呈現批判思考的層面**（邏輯、規準、實用等層面）、**概念**（瞭解、判斷陳述；檢視假設、原理、法則；進行論證；檢視術語；辨別問題）**及教學內容**。

4. **實施批判思考訓練**：安妮絲以十二種批判思考所應具有的具體行為內涵，組織成與之對應的訓練活動，讓學生從活動中練習批判思考的程序。

5. **評量訓練效果**：安妮絲指出批判思考訓練受到性別、年齡、社會階層、團體大小、成員心智能力等因素的影響。批判思考訓練之後，應再用所編好的評量，檢測、瞭解成員的批判思考能力，作為再訓練之參考。

安妮絲的教學模式主要由內涵分析、批判思考能力測驗及思考訓練練習所構成，安妮絲的批判思考教學模式是由心理智能的觀點出發，強調批判思考技巧的訓練，教學前後均施以批判能力的評量，作為教師調整批判教學之參考。而其缺乏之處，正是因為過度重視技巧訓練，卻忽略培養批判思考所需之態度傾向，見圖6-8。一個只熟練「批判思考的技巧者」並不能被稱為「批判思考者」，因其可能在實際生活中，從不使用這些批判技巧，而真正的批判思考者，必須要具備將這些批判思考技巧運用於日常生活中的傾向（葉玉珠、陳月梅，2000）。

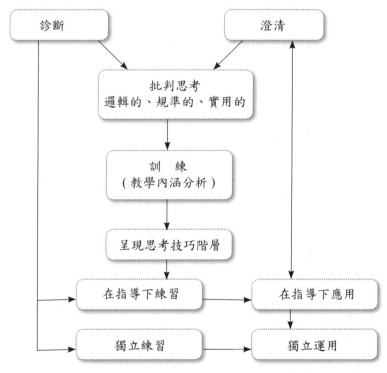

圖6-8 Ennis的批判思考教學流程圖
資料來源：王秋絨，1991。

(二) 保羅與艾德(Paul & Elder) 批判思考教學模式

Paul與Elder（2001）以批判思考的規準、要素與傾向，提出批判思考教學模式，認為思考的要素是思考的基礎結構，透過理智的規準來評價，即可發展理智的傾向。如圖6-9所示：

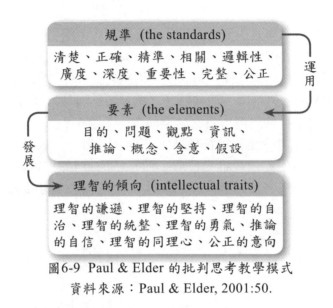

圖6-9 Paul & Elder 的批判思考教學模式

資料來源：Paul & Elder, 2001:50.

四、培養批判思考的教學策略（97地三）

批判思考教學是強調在傳統教學過程中，留意運用技巧或變化策略以啟發學生的批判思考。陳膺宇（1994）擬出有助於學生批判性思考的十項教學行為，分述如下：

(一) **發問技巧**：「發問」是激發學生思考最有效的方式之一。教師可以透過良好的發問技巧，以協助學生回憶並整合已有的知識，以創造新的認知。

(二) **候答時間**：給予學生較長的反應時間，有助於思考能力的增進。

(三) **重視討論**：教師應引導學生思考問題的「討論」，而非回憶事實的「複誦」。

(四) **多向溝通**：除了教師和學生之間的討論，應設法擴充到學生與學生之間的討論。

(五) **鼓勵發問**：教師應鼓勵學生提出問題，因為愈喜歡發問的學生，愈具有批判思考的能力與態度。

(六) **適切回饋**：教師可運用適切的回饋來維持並擴展學生的思考。

(七) **具體實用**：有關觀念性的問題，應儘可能引用具體的實例，或要求學生能援引實際生活問題進行分析。

(八) **整體認知**：訓練學生要有整體觀，體認整體和部份、部分和整體之間的關係密切，以培養批判思考的客觀性和周延性。

(九) **合作學習**：學生依合作的方式學習，更能促進學生應用高層次的推理，提昇其批判思考的能力。

(十) **身教示範**：具有充分批判性思考態度和行為傾向的教師，對於學生批判性思考態度和能力的培養，必大有助益。

參、問題解決（problem solving）

一、意義（99高考）

問題解決是指個體為達某一目標，或對達成目標的途徑有所抉擇時，所產生的思考心理歷程；這是一種認知策略與後設認知策略的綜合運用，解決問題的意願與背景知識同樣也是問題解決不可或缺的。

二、習慣定向（habitual set）

所謂「習慣定向」意指個體傾向重複使用先前成功的解決問題經驗來處理新問題。由於學習歷程中，在類似的問題中使用了相同的方法均能獲得解決，因此形成了解決問題的習慣方式（教育辭書，2014）。

三、問題解決的歷程

寶拉（Polya）於1957年提出「問題解決模式」，主張問題解決有四個階段（羅芝芸，1999）：

(一) **瞭解問題**（understand the problem）：瞭解問題的語文陳述、分析資料及問題情境，解決待答問題，利用各種方式呈現問題，並將問題的情境分為若干成分以利瞭解。

(二) **提出解題的計畫**（devising a plan）：以找出現有資料與問題的關連，考慮採用過的方法現在是否合用，並提出解題計畫。

(三) **執行計畫**（carrying out the plan）：檢查解題計畫中每一步驟，忠誠地執行與核對每一步驟。

(四) **檢核**（looking back）：檢查核對每一結果，並考慮如何應用所獲得的結果。

Newell與Simon（1972）以訊息處理系統說明問題解決的心理歷程，認為問題解的過程會經過接納者、處理者、記憶及作用者的流程，最後得到解決，如圖6-10。

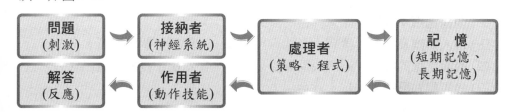

圖6-10　問題解決的訊息處理系統

資料來源：柳秀蘭，1994。

四、問題解決的理論

(一) 完形理論（gestalt theory）

問題解決的活動主要是關係間的重組（reorganization of relationships）和頓悟（insight）的發生，捨棄刺激─反應連結的觀念。

(二) 行為理論（behavorist theory）

問題解決和其他較高的認知過程皆依據操作制約及聯結法則來操縱。完形理論強調的是知覺，行為主義強調的是學習理論。

(三) 心理計量理論（psychometric theory）

心理計量的研究及模式，注重行為的結果而不是行為本身，認為個體的問題解決行為與智力的因素有關，如卡特爾（Cattell）的流體智力與晶體智力、基福特（Guilford）的智力結構論等智力因素會影響或預先決定了個體的解題能力。

(四) 訊息處理理論（information processing theory）

應用電腦處理訊息的概念研究人類的認知過程，認為問題解決過程主要有兩個層面──作業環境的要求（demand of the task environment）及個人的心理（psychology of subject），主張個體對問題的反應，主要受到對刺激的知覺在環境中行為結果所獲得的回饋所影響。

五、問題解決的策略（92地三）

(一) 規則系統法（algorithms）：特定的，有步驟的解決問題策略。

(二) 啟發探索法（heuristics）：不一定能成功解決問題的一般策略。其步驟包括：(1)切分成子目標；(2)反證法；(3)類推法。

✍六、影響問題解決的認知因素（99高考）

(一) 工作記憶容量：在一時間點內，腦中只能保留幾項訊息及調適這些認知處理。

(二) 問題編碼：改變新訊息儲存的形式。

(三) 個人知識及統整：擁有大量知識及組織化，較善於解決問題。

(四) 長期記憶的提取：要解決問題必須先從長期記憶中提取相關訊息。

(五) 後設認知歷程：監控，評估。

七、教導問題的解決策略

(一) 教導規則系統法。

(二) 教導啟發探索法。

(三) 綜合以上兩者

1. 提供鷹架。
2. 要求學生邊做邊解釋。
3. 小組合作學習。

自我評量　　　　　　　　　　　　　　　　　　　**歷屆試題**

1. 請解釋「歸納式推理」（inductive reasoning）與「演繹式推理」（deductive reasoning）的意義，並各舉一實例說明。（103高考）
2. 語言如何影響思考？思考如何影響語言？請各舉一例說明之，並請分析皮亞杰（J. Piaget）與維果斯基（L. S. Vygotsky）針對語言與思考之關係的論點？（103普考）
3. 請試述下列名詞之意涵：錯誤的同意性效果（false consensus effect）（103普考）
4. 進行問題解決時，可採用捷思法思考（heuristics thinking）或算則法思考（algorithmsthinking）來促進解題，試述這兩種解題思考的定義、特色，及如何善用。（101高考）
5. 解釋名詞：可得性捷思法（availability heuristic）（100原三）
6. 心理學家認為「問題解決」是高層次的認知活動，而這種活動受到許多因素的影響。試從認知的觀點說明問題解決的意涵並說明影響個體問題解決的因素為何？（99高考）
7. 國內學生習慣考試，偏重記憶式的學習，但在未來社會中，容易面臨被淘汰的命運。試論述教師應如何提升自己本身的批判思考能力及啟發學生的批判思考能力？（97地三）
8. 解釋名詞：代表性捷思法（representativeness heuristic）（93身四）
9. 試述問題解決（problem solving)的策略？（92地三）
10. 解釋名詞：聚斂性思考對擴散性思考（90普考）
11. 以腦力激盪法（brainstorming）進行教學，宜遵守哪些規則？（90身三）
12. 試說明智商的「閾限概念」（threshold concept）的意義？據以甄選資優學生時，有何啟示？（90身三）

第三節 創造力理論與發展

 (1)創造性思考與創造力；(2)創造投資論；(3)創造力成分模式；(4)Torrance創造思考測驗；(5)創造力的培養方法，是必考焦點所在。

壹、創造思考的意義

　　創造思考乃個體在特定的領域中，產生一適當並具有原創性與價值性的產品的歷程；此創造歷程涉及認知、情意及技能的統整與有效應用；即創意表現乃為個體的知識與經驗、意向（包括態度、傾向、動機）、技巧或策略與組織環境互動的結果。

貳、創造力

一、意義與內涵（97原三）

　　「**創造力**」是一個人運用其認知與情意特質，在環境的激勵下，逐步解決問題，產生既新穎又實用的成品之訊息處理歷程。影響創造力發展的表現的因素可分為內在與外在因素兩大類。內在因素包括：心智能力、思考風格、知識、人格與動機等項。外在因素則有：父母特性與期望、家庭氣氛、教學風格、教室氣氛、同儕關係、文化與社教活動等項。Wallas（1945）**認為創造力是一種心理歷程，主張創造性心理歷程主要分為五個階段，分別是：準備期**（preparation）、**醞釀期**（incubation）、**豁朗期**（illumination）、**驗證期**（verification）**以及修正期**（revision）等五大歷程為主要內涵（90身三）。

二、創造力理論

（一）斯坦伯格與盧貝特（Sternberg & Lubart）創造力投資論（100原三）

　　斯坦伯格與盧貝特（1995）以投資理論「買低賣高」投資的觀點來檢視創造力（investment theory of creativity），認為個體若是追求新奇或不受重視的觀點（買低），增加產生創意產品的可能性後，引發其他人對原本不受重視的觀點有重新的評估（賣高），此即創造力，稱為創造力投資論（investment theory of creativity）。而決定個人是否有買低賣高的能力，

則與個人的知識（knowledge）、智能（intelligence）、思考型態（thinking style）、環境（environment）、動機（motivation）、人格（personality）有關（張明媛，2014）。

(二) 阿馬貝利（Amabile）創造力成分模式（96地三）

阿馬貝利（T. M. Amabile）1996年提出創造力成分模式（componential model of creativity），主張創造力的成分要素包括了「工作動機」（task motivation）、「領域相關技能」（domain-relevant skills）及「創造相關技能」（creativity-relevant skills），見圖6-11。當三者的交集區愈大時，個體的創造力亦愈高，如圖6-12。

成分 ❶ 領域相關技能	成分 ❷ 創造力相關技能	成分 ❸ 工作動機
內容： ⊙有關的領域知識 ⊙必備的專門技能 ⊙特殊的領域相關技能	內容： ⊙適切的認知型態 ⊙啟發產生新創意 ⊙內隱或外顯知識 ⊙誘導式的工作型態	內容： ⊙工作態度 ⊙對所從事工作之自我動機的知覺
來源： ⊙先天的認知能力 ⊙先天的知覺與動作技能	來源： ⊙訓練 ⊙產生創意的經驗 ⊙人格特質	來源： ⊙對工作之內在動機的原始水準 ⊙明顯的外部限制之有無 ⊙個人對外在限制認知 ⊙最小化的能力
技能： ⊙正式與非正式的教育		

圖6-11　Amabile 的創造力成分之觀點
資料來源：Amabile, 1996.

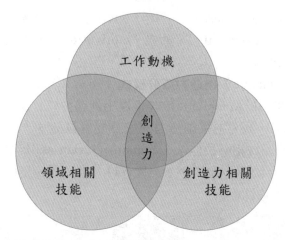

圖6-12　阿馬貝利（Amabile）對創造力的交互作用觀點
資料來源：Amabile, 1997~1998.

由於社會環境對於個體工作動機有著重要的直接影響。阿馬貝利將創造力相關「技能」（skills）改為「歷程」（processes），更加突顯社會環境影響創造者工作動機，進而增進其領域相關技能、創造力相關歷程的「動態」狀態，如圖6-13。

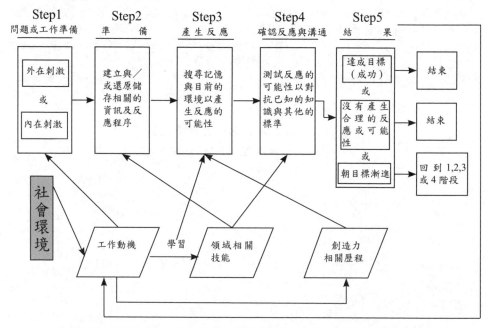

圖6-13　阿馬貝利（Amabile）社會環境對創造力的影響脈絡
資料來源：Amabile, 1996.

(三) 嘉德納（Gardner）的互動理論

提倡多元智慧論的**嘉德納**（Gardner），對創造力的觀點亦是多元的，於1993年提出稱為創造力的「互動觀點」（an interaction perspective）。**他認為創造過程有四個層次：**第一個層次是遺傳及生物因子的「**潛在個人**」（subpersonal）層次；第二個層次是人類智力發展的「**個人**」（personal）層次；第三個層次是知識領域發展的「**外在個人**」（extrapersonal）層次；第四個層次是互動領域之社會脈絡的「**多元個人**」（multipersonal）層次。

(四) 思南特密哈伊（Csikszentmihalyi）的系統理論

思南特密哈伊（Csikszentmihalyi）於1996年認為，創造力不是發生在人們的腦海裡，而是發生在個人的想法與社會文化脈絡的交互作用裡，**創造力是一個由個體**（individual）、**領域**（domain）**及學門**（field）**三種要素互動的過程**，稱為創造力的「系統觀點」（system perspective）。

✄ 三、創造力測驗（101地三）

創造力是一種優質的心理能力，最常用來測量創造力的測驗是托倫斯（Torrance）創造思考測驗（Torrance tests of creative thinking，簡稱TTCT）。簡述如下：

(一) 評量方式

托倫斯創造思考測驗有語文與圖形兩種版本，各又有甲、乙兩式複本，可做為實驗研究時前後測之用。

1. 語文測驗

語文測驗有七個活動，前三項活動以一幅圖畫為核心，由受試者(1)發問，(2)猜測原因，(3)猜測結果。其餘四項活動分為(4)產品改良，(5)不尋常的用途，(6)不尋常的問題及(7)假設。透過文字作為表達的工具。

2. 圖形測驗

圖形測驗有三項活動(1)構圖，受試者利用題本上印好的一小幅幾何圖型自行構成完整的圖畫；(2)未完成圖畫，將未完成的線段，由受試者自行加上線條完成有意義之圖畫；(3)線或圓圈，受試者利用題目上固定之平行線、圓圈或三角形作畫。透過圖形作為表達的工具。

(二) 評量指標（90身三）

✡ 托倫斯創造思考測驗，依據受試者的反應分為流暢力、變通力、獨創力、精進力做為創造力的評量指標。

1. 流暢力（fluency）：係指產生大量構想之能力，即在一定時間內所有有關反應的總和，反應之數量越多流暢力越高。

2. 變通力（flexibility）：指思考反應變化的程度，即在一定時間內所有反應類別的總和，反應之類別越多變通力越高。

3. 獨創力（originality）：指能想出與眾不同或很少人能想到之反應能力，即在一定時間內稀有反應之總和，分數越高獨創力越高。

4. 精進力（elaboration）：指個人思考時仔細周到或精緻化之程度，即在一定時間內在反應之基本條件以外，附加細節之總和，分數越高精進力越高。

四、創造力的影響因素

賽門頓（Simonton）認為，創造是受個體與情境交互作用的影響才發生的。提出影響創造力的因素之中，包括個體發展因素及個體所處之社會文化因素。在個體發展心理學層面的因素有出生序（birth order）、智力早熟（intellectual precocity）、童年創傷（childhood trauma）、家庭背景（family background）、教育與特殊訓練（education and special training）及角色楷模與良師（role models and mentors）等因素（郭誌光，2001），稱為創造力的「環境影響觀點」（the environment impact perspective）。

✡ 五、培養創造力的方法（97原三）

根據我國教育部所提「創造力教育白皮書」中，有關教師如何培養學生創造力的方法如下：

(一) 明定創造思考為教學課程目標之一，並納入各階段課程綱要。

(二) 規劃創造力取向之課程和教材，研發以培育創造力與創新為核心之教材。

1. 針對創造力教育教學方法與策略，編印有關之參考資料。

2. 教材適當減量，但教學不減質，使教師有充分時間，研發和從事創造力教學。

3. 設計彈性課程，有效運用空白時段，讓師生有自由發揮的時間。

(三) 將創造力培育融入各科教學。

　1. 加強閱讀指導，從楷模中學習。

　2. 教師協同教學，相互學習。

　3. 研發創造力之教材教法，進行有關創造力培育之行動研究。

　4. 成立創造力與創新教學社群。

　5. 參選「創意思考典範教師」，示範和推廣創意教學相關業務。

　6. 規劃「創意思考資源教室」，提供師生創意活動之空間。

　7. 輔導殊異學生發展創意潛能。

自我評量　　　　　　　　　　　　　**歷屆試題**

1. 創造力是一種優質的心理能力，試介紹廣泛用來測量創造力的托倫斯（Torrance）創造思考測驗；又教師如何在教育情境中啟發學生的創造力？（101地三）

2. 解釋名詞：創造投資論（investment theory of creativity）（100原三）

3. 何謂創造力？試述培養創造力的方法為何？（97原三）

4. 何謂創造力（creativity）？阿馬貝利（T. M. Amabile）創造力成分模式（Acomponential model）在教學上，對提昇學生創造力有何應用價值？（96地三）

5. 陶蘭思（Torrance）的創造思考測驗（TTCT）根據什麼作為衡量創造力的指標？（90身三）

6. 創造思考的歷程，依瓦拉斯（G. Wallas）的分析，可分成哪些階段？（90身三）

第四節　智能、思考與創造在教育上的應用

(1)創造力的行為或心理特徵；(2)提升批判思考的教學策略；
(3)提升創造力的教學策略，是必考焦點所在。

壹、創造力的行為心理特徵（95身三；90身三；87地三）

美國心理學家基福特（J. P. Guilfrod）指出，人類的創造能力，包含五種
行為心理特徵：(一)流暢性（fluency）；(二)變通性（flexibility）；(三)獨創性
（originality）；(四)精進性（elaboration）；(五)敏銳性（sensitivity），如圖6-14。

(一) **流暢性**（fluency）：指產生觀念多少，如思索許多可能構想或答案，可
　　以「源源不絕」。

(二) **變通性**（flexibility）：指不同方式思考，如從某一思維轉換到另一方式
　　類別，可以「觸類旁通」。

(三) **獨創性**（originality）：指反應的獨特性，如想到別人所想不出來的意
　　見，可以「與眾不同」。

(四) **精進性**（elaboration）：指一種補充概念，如在原來的想法再加上新
　　的，使其精緻，可以「深思熟慮」。

(五) **敏銳性**（sensitivity）：指能敏銳的觀察事物，並進而發現缺漏及不尋常
　　之處，可以「在不疑處有疑」。

圖6-14　基福特（Guilfrod）創造力的五種心理特徵

貳、智能、思考與創造在教育上的應用

一、如何提升學生的批判思考能力（97地三）

(一) 強化教師批判思考教學信念

(二) 提升教師批判思考教學的專業知識與能力

(三) 採用批判思考的正面教學行為

1. 提升批判思考的先備知識。　　2. 提升批判思考意向動機。

3. 改善批判思考行為技巧。　　　4. 增進批判思考運用能力。

Swartz和Parks（1994）提出概念融入取向（conceptual-infusion approach）的批判思考教學，將「批判思考技巧的教學」與「為批判思考而教學」進行統整，重新建構課程內容以利教導批判思考，可增強學生批判思考的運用能力，如圖6-15。

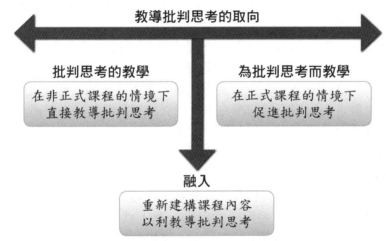

圖6-15　概念融入取向的批判思考教學

資料來源：改自Swartz & Park, 1994:9.

二、提升學生創造力的教學策略（97原三；95身三）

大衛思（Davis，2004）曾將創造力教育的主要目標加以項目化，並評論達到每項目標的方法。以下就是這些目標與作法：（張世彗，2013）。

(一) 提高創造力意識和教導創意態度

學生就像是明日的創造性生產者，必須懂得欣賞創造性觀念與革新，必須嘗試創造思考、遊戲觀念、顛倒（upside down）和翻轉（inside out）事物，必須接受不尋常或遠端（far-fetched）的觀念。

(二) 透過練習強化創造力

最知名的托倫斯創造思考測驗的評分層面包括：是流暢力、變通力、獨創力、精進力等認知性創造力，這類可以練習的創造性活動包括：類推思考、視覺化和想像、預測問題解決的結果和評鑑。

(三) 增進學生對創造力的後設認知理解

強化創造力理解可以提高創造力意識，協助說服學生呈現所擁有的能力及更有創造性的表現。

(四) 教導創造思考技術

多數具創造生產力的人會有意或無意的運用發現構想的技術。例如，腦力激盪、屬性列舉、型態組合、觀念檢核表，以及擬人類推、狂想類推、直接類推等類推思考法。

(五) 讓學生參與創造性活動

讓學生融入需要創造思考和問題解決的活動之中，可以強化其創意態度、能力和技巧。例如：

1. 阮汝里（Renzulli，1977）所提資優教育的「三合充實模式」（the enrichment triad model），包括：(1)一般試探性活動；(2)團體訓練活動；(3)個別或小組探討實際問題，其中第三類型充實活動，就是著重於發展個人和小組的創造力及探究真實的問題，培養高層次問題的研究能力。

2. Isaken & Treffinger（1985）的創造性問題解決模式（creative problem solving，簡稱CPS），是一種結合創造思考與問題解決的問題解決模式，此模式包含三成分六階段的實驗教學方案；其三成分分別是了解問題、激發點子與行動計畫，而六階段分別為發現困境、發現資料、發現問題、發現點子、發現解答與尋求接受，如圖6-16。CPS模式同樣是讓學生在發現事實、發現問題、發現構想等步驟訓練擴散性和聚斂性思考。

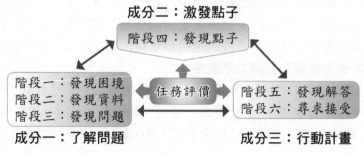

圖6-16　Isaken & Treffinger 的CPS模式

3. 托倫斯（Torrance，1978）的未來問題解決方案（future problem solving program，簡稱FPS）與派克（Parker，1989）未來學教學設計的四大階段，分別是第一階段考慮未來；第二階段想像未來；第三階段選擇未來；第四階段建立未來，如圖6-17。也是設計讓學生透過參與解決真實問題來教導創造力。

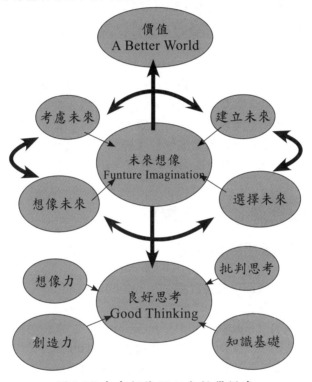

圖6-17 未來想像課程與教學模式
資料來源：林偉文，2014，頁2。

自我評量　　　　　　　　　　　　　　　　　　**歷屆試題**

1. 何謂創造力？試述培養創造力的方法為何？（97原三）
2. 國內學生習慣考試，偏重記憶式的學習，但在未來社會中，容易面臨被淘汰的命運。試論述教師應如何提升自己本身的批判思考能力及啟發學生的批判思考能力？（97地三）
3. 「創造力的培養」是當前教育改革的重要目標。試述創造力的心理特徵，並舉例說明提升學生創造力的教學策略。（95身三）

第7章 學校社會歷程與學生差異

[名師導讀]

本章探討學生的差異性與學校社會化歷程，在教育心理學中偏向社會心理學的領域，偶有題目出現。本章內容包括學校與師生的社會化歷程、學生的差異性與教學策略、認知風格與學習類型；考題大都聚焦於學生的個別差異情形、教學上的因應，以及不同學習類型與學習風格學生的教學之道。本章內容理論較少，是很好準備的一章，但考生仍不可大意，須就重點努力學習之。

命題焦點就看這裡 [考題先覽]

1. 請說明性別**角色刻板印象**（sex-role stereotype）如何形成？以及在教學中如何避免**性別偏見**（gender bias）？（103身三）

2. 如果要擬訂一個「**個別化教育計畫**」（individualized education plan），請說明那四種訊息是必要的？（101原三）

3. 何謂**多元文化教育**（multicultural education）？在學校如何實施多元文化教育？並試評論實施多元文化教育的利弊得失？（100原三）

4. 試論在社會科的教學上，教師對兩種不同**學習風格**（learning style）的學生，包括**場地依賴**（field dependence）與**場地獨立**（field independence），應如何展現不同的教學策略。（100地三）

5. 說明**同儕接納**（peer acceptance）對學生**學校生活適應**有何影響？以及如何幫助學生發展**社會技巧**？（96身三）

6. 隨著國際化、跨國聯姻、移民等逐漸增加，國內的中小學生也愈富多樣性，請說明班級教學應如何因應**學生個別差異多樣性**。（96地三）

7. 試述「**慎思型**」學生（students with reflective style）與「**衝動型**」學生（students with impulsive style）的特徵，並說明在教學上可能的因應策略。（95身三）

8. 個別差異有**個別之間的差異**（inter-individual differences）與**個體內在差異**（intra-individual differences）之別，試述其義，並探討如何估量此等差異。（92高考）

9. 試就柯隆巴（L. J. Cronbach）的「**性向與處理交互作用**」（aptitude-treatment interaction）理論說明別差異與教學的關係。（91高考）

10.何謂**同儕團體**（peer group）？試申論它對**青少年社會化**的價值。（88薦升）

11.解釋名詞：**社會化**（socialization）（83高考）

學習地圖

學校社會歷程與學生差異

學校與師生的社會化歷程

一、社會化歷程
1. 社會化
2. 除社會化
3. 再社會化

二、學校師生社會化歷程
1. 學校社會化
2. 師生關係與互動
   (1) 師生互動類型
   (2) 教室群體與同儕討論

三、同儕團體與影響
1. 同儕團體
2. 同伴關係
3. 同儕接納
4. 社交測量

學生差異與教學

一、學生差異的多樣性
1. 認知與語言差異
2. 遺傳與智力差異
3. 民族文化差異
4. 性別、社經地位差異
5. 氣質的差異

二、差異與因材施教
1. Cronbach的性向與處理交互作用
2. 個別間差異與個體內在差異
3. 多元文化教育
4. 個別化教育計劃

學習類型與認知風格

一、區別兩者

二、認知風格的類型
1. Cronbach和Snow的「視覺處理型與語文處理型」
2. Witkin等人的「場地依賴與場地獨立型」
3. Hunt等人的「高概念層次與低概念層次型」
4. Kagan的「慎思與衝動型」

三、不同認知風格的教學策略

四、學習類型
1. Kolb的「四種學習構念與類型」
2. Reid的「六種學習型態」

第一節 學校與師生的社會化歷程

 (1)社會化的定義；(2)同儕團體；(3)同伴關係；(4)同儕接納；
(5)社交測量法，是必考焦點所在。

壹、社會化（socialization）

一、社會化歷程

　　社會通過各種教育方式，使自然人逐漸學習社會知識、技能與規範，從而形成自覺遵守與維護社會秩序和價值觀念與行為方式，使自己由「生物人」（individual）轉變為「社會人」（person），接受社會的價值觀和規範的過程，稱為「社會化」。而教育是使個體服從社會、適應社會，使其社會化的最有效途徑。廣播、電視、報紙、雜誌，以及電腦網路等大眾傳播媒體，是青少年社會化的另一個重要來源。臺灣近年大眾傳播媒體數量激增，但品質方面仍有待提升。因為媒體經常出現暴力、色情、煽動情緒的新聞與劇情，有些節目流於庸俗、逸樂，對於身心正在發展的青少年，可能造成不利的影響，不能不慎。

二、除社會化與再社會化

　　若是一個人放棄個人的自我形象與價值，此過程就稱為「除社會化」（desocialization），例如：在軍中要除去士兵在民間養成的習慣。而「再社會化」（resocialization）則包括三種情況：(一)係指接受一種與原有經驗不同規範價值的教育，重新塑造人格的一部分；(二)在除去社會化之後，融合新的自我形象和價值的過程；(三)指一個人在一種與他原有經驗不同規範與價值的環境裡，重新社會化的過程。如洗腦、罪犯改造、軍事訓練等。

貳、學校與師生的社會化歷程

一、學校社會歷程

　　學校與班級是社會的縮影，也是學生接觸社會，學習社會化的開始。學校環境與人際關係是學生社會化的第一步。而學校組織社會中的社會環境或人際關係，狹義來說，僅包括「校長-教師-學生」之間的交互關係；但廣

義來講，可擴及校外之社會關係，例如：教育行政人員（上級教育主管、督學）、學生家長及社區人士等，均可包括在內。

(一) 校長與學校

學校組織中最重要，最具影響力的人，當然是領導者—校長。史普曼（Shipman，1968）指出三項校長的義務：1.校長應公正無私，對於全校師生應一視同仁；2.他應該做教師的後盾；3.有以校為家的精神。但當校長跟教師都根據他們過去的經驗而形成彼此的角色期望，期望落差大時就會產生角色衝突。

(二) 校園文化

學校是一個社會中的次級社會（或次級團體），有其特殊的文化體系（人際關係：和諧與衝突；教育功能：消極與積極；內涵：物質與精神（心理與制度））。

(三) 教師同儕團體

教師不但與校長及學生發生極為密切的關係，教師同儕之間也有某種程度的正式或非正式的社會關係；這些關係對於整個學校的風氣以及校務的推行具有相當的影響作用。Hargreaves（1972）分析英國中小學校人際關係，歸納出三種同事之間非正式團體的規範：

1. 教師的自主性：

   教師的教學、訓育方法自行選擇、自行決定，不受干涉。

2. 忠於同事：

   同仁之間互相信賴，一切言行以維護群體利益為重。

3. 平凡的規範：

   同仁之間步調一致，不刻意求表現，一種近乎「中庸之道」的規範。

(四) 學校與外部環境

學校是開放系統不能自絕於外在環境，而環境掃描所指的是蒐集並排序有關環境的資訊。例如社區家長背景、學生生活環境、各類社團、交通環境、鄰近同類型的學校等進行分析與瞭解，也可以擴大範疇，分析大環境之經濟、社會、政治及文化對教育的影響情形。

(五) 學生次文化

次文化（subculture）是指一個大社會中的次級社會（sub-society）或次級團體（sub-group）成員所形成的一套特殊價值觀念與行為模式－包括思想、態度、習慣、信仰與生活方式等，例如圖7-1「跳街舞」與「cosplay動漫角色扮演」都是學生次文化的一種。它們與社會整體文

化有關，卻又有其獨特的性質。學生次文化的衝擊會造成某些行為的偏差產生，例如：偶像崇拜的追求、快速成功的心態、忽視他人感受的思維、打破權威的觀念等，都是值得學校、家長擔心的問題，另外，師生關係日益淡薄，家庭教育逐漸鬆垮等怪異現象，更值得重視。

圖7-1　「跳街舞」與「cosplay動漫角色扮演」的學生次文化

二、師生關係與互動

(一) 師生互動類型

張春興（2000）認為，互動（interaction）是人際間的交感互動關係。而師生互動關係則是指發生在教師與學生之間，雙方經由語言、符號、非口語等溝通方式，互相影響、改變的歷程，也是一種社會化的歷程。在師生互動的教育研究發現，最能滿足角色的期待與要求的**最佳師生互動模式是巴雷特（J. H. Barrett）所提出的「交易模式」（exchange model），教師應提供學生某些誘因以滿足個人需求；則學生也會以時間和精力回報老師。**

孫旻儀、石文宜、王鍾和（2007）將師生互動的類型分成四種：

1. 高影響低接近型：影響高，接近性低，表示在互動過程中以教師為主，由教師指導控制互動的進行，唯師生之間呈現對立疏離的關係。

2. 高影響高接近型：影響高，接近性高，表示在互動過程中主要以教師為主，由教師指導控制互動的進行，不過師生之間仍維持合作且緊密的關係。

3. 低影響低接近型：影響低，接近低，表示在互動過程中以學生為主，主要是由學生負起引導互動的責任，不過師生之間具對立疏遠的關係。

4. 低影響高接近型：影響低，接近高，表示在互動過程中以學生為主，學生需對互動負起責任，且師生之間呈現合作且緊密的關係。研究結果發現，師生互動關係之「接近性」愈高，學生的和善性、嚴謹自律性、外傾支配性及聰穎開放性愈好。在學習過程中，學生的用功程度與好老師的指引，非常重要，如圖7-2。

(二) 教室群體與同儕討論

在教學上，教師應鼓勵學生去澄清和組織他們的觀念，並提供學生機會去精緻化（elaboration）他們所習得的知識，例如以推論產生假設，以及問問題的方法，幫助學生發現並接受人們在不同文化和種族背景中對世界不同的詮釋，藉由同儕討論讓學生接觸其他同學的觀點，有利於對主題有更正確的了解。同儕討論互動的優點如下：

1. 在同儕之間的爭論可以提升學生在認知與道德發展的階層。
2. 藉由和其他人爭論，學童會內化爭論的過程，並得到以多種角度去看單一事件的能力。
3. 在維果斯基（Vygotsky）的觀點認為，和別人對話是提升認知發展的必要條件。學生有機會混合教師和其他同儕說話和詮釋世界的方式進入他們自身的思考方式，並將社會事件發展成為內在心理事件，此過程稱為內化（internalization）。
4. 學生可以發展更多有效的人際技巧。
5. 學生可以模仿關於學習學科內容的有效思考方法。
6. 在辯論爭議性題材的過程中，學生可以得到一個關於知識和學習性質更複雜的觀點。
7. 學生有更多的動機參與學習活動，在其中也可滿足他們的社會性需求。

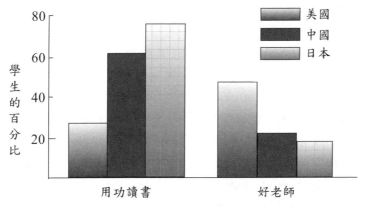

圖7-2　用功讀書與好老師的重要

三、學生同儕團體與影響

教師的支持是影響學生學校適應的重要因素，但同儕團體的影響同樣重要。從社會學習論及社會建構論的觀點來看，同儕關係對學生的學習與生活相當重要。當學生知覺到的同儕支持度越高、與同儕的相處越和諧時，越有助於其社會適應及學業適應，並且降低其感受到的各種困擾。

學生同儕互動的影響可分為四大層面：(一)行為層面：學生藉由與同儕的互動，感受到同儕間所形塑的團體規範，而這些團體規範也是指引及修正個體行為的根據；(二)學習層面：感受到較多同儕支持與家庭支持的學生，擁有較高的學業成就及生活滿意度；(三)心理層面：同儕的支持有助於個體對抗負向的生活事件，且對於提高個人的自尊有正向的影響；(四)社會適應層面：同儕諮商和同儕學習的方式可以改善個人的人際技巧和社會興趣。

✄(一) 同儕團體（peer group）

同儕團體（peer group）通常指年齡相當和社會地位相近的友伴因互動所形成之團體。尤其青少年時期會形成一小撮親密的小集團，稱為「死黨」（cliques）。同儕及同儕團體對一個人一生之影響甚深，尤其於青春期同儕之影響力，黃德祥（1997）提及，青少年在如何花錢、約會、穿著、休閒活動、性知識等大都傾向尋求同儕之意見與建議。

青少年必須歸屬於同儕團體，被同儕所接納和認同，並從同儕之間學習相互包容，尊重彼此之間的差異，同時也在團體互動過程中，學習互信和互賴。然而，同儕團體對於青少年有正面的影響，也有負面的作用。例如：為了尋求同儕的接納，在同儕壓力之下，可能會學到一些非志願、或者不當的行為，如吸菸等。對個體而言，同儕是每一個體的「重要他人」（significant others）之一，與父母、配偶、兄弟姊妹一樣，是一群對個人行為有相當深度影響力，且會產生重要情感的人。也是對個人的行為、態度具有價值引導作用的參考團體（reference group）。

✄(二) 同伴關係與同儕接納（98地三；96身三；95原三）

同伴關係（peer relationships）主要是指同齡人間或心理發展水平相當的個體間在交往過程中建立和發展起來的一種人際關係。而同儕接納（peer acceptance）是一種群體指向的單向結構，反映群體成員對個體的態度是喜歡或是不喜歡，接納或是排斥。同伴接納反映個體在同伴群體中的聲望和社交地位。同伴關係與同儕接納的好壞，也會影響學生性別角色（sex roles）的認同，也就是社會對不同性別者所施予的不同社

會規範與期望。例如：有些社會認為女性須具備溫柔體貼、善解人意的個性；男性則剛毅勇敢、果斷行事。

男性要陽剛，女性要陰柔，這是常見的性別角色刻板印象（sex-role stereotype）或（gender role stereotype），**亦稱「性別偏見」**（gender bias），**是人們對男性或女性角色特徵的固有印象，它表明人們對性別角色的期望和看法**（103身三）。要跳脫「性別刻板印象」，須從基本教育著手，重視「性別平等教育」，破除「男主外、女主內」的觀念，減低女性角色扭曲，如「知識是男性、無知是女性」等。擺脫性別刻板印象，我們更能專注於孩子的特質，幫助他發揮才華，讓孩子得到更好的發展。

1. 同儕關係與社會情緒發展

從同儕互動關係中，學生可以學習去解他人的想法、觀念與感受，了解自己的行為可能對他人造成影響，逐步調整其自我中心主義的認知基模。**良好的同儕關係有利社會行為的發展，利社會行為**（prosocial behavior）**是指自願對他人表現照顧、分享、安慰和合作等行動的行為**。而良好的接納更是導引學生發展適當自我概念與自尊的重要態度，也是提供玩伴、提供安全感、提供知識，以及建立社會規範與人際互動技巧的重要力量。影響同儕接納的人格特質包括認知能力、外表、行為風格等。

同儕人際關係是個體適應社會的一個重要指標，就心理發展的觀點言，從兒童進入學校到成年期間，其人格的形成，往往建立在他和友伴間的交往關係上。兒童在同伴中得到一定的注意時，他們的情緒會較不受歡迎的學生穩定，而且和人相處的態度亦較積極，人生觀在同伴的接納及支持下，亦較樂觀。

2. 學前時期的社交能力

🏹 芭騰（M. Parton）以遊戲活動測量2至4歲兒童在同儕互動的社交變化，將其分成四類：(1)非社交性的活動（nonsocial activity）：看別人玩或自己玩，完全不理會別人；(2)平行性的遊戲（parallel play）：鮮少互動，各自遊戲，不會設法影響別人；(3)相關性的遊戲（associative play）：彼此分享或交換物品，也會各做各事；(4)合作性的遊戲（cooperative play）：開始出現任務分配，為共同設定的情節彼此合作。表7-1表示嬰兒期至學前時期遊戲活動的變化。

表7-1　嬰兒期至學前時期遊戲活動的變化

遊戲型態	出現年齡	說明
平行性遊戲	六至十二個月	兩兒童進行類似的活動時，彼此互不注意。
平行性留意遊戲	一歲	兒童同時進行活動，但偶爾會注視或觀看彼此的活動。
簡單的模擬遊戲	一歲至一歲半	兒童從事類似的活動，同時談話、微笑、分享玩具，或以其他的方式互動。
互補並相互影響遊戲	一歲半至兩歲	兒童在社交性的遊戲，如追逐或躲貓貓遊戲中，表現出以行動為基礎的角色調換。
合作性的社交模擬遊戲	兩歲半至三歲	兒童扮演非實際（nonliteral）或「模擬」的互補角色（例如，媽媽和嬰兒），但並不預先計劃或討論這些角色的意義，或遊戲所採取的形式。
複雜的社交模擬遊戲	三歲半至四歲	兒童積極地計劃他們的模擬角色。他們為每個角色命名，明確地加以分派並提出劇本，如果遊戲出了問題，他們可能會停下來修改劇本。

資料來源：Howes & Matheson, 1992.

(三) 社交測量法在同儕關係的應用

1. 社交測量法

社交計量法（sociometry techniques）**是莫雷諾**（Moreno，1934）**提出的一種社會技巧的測量技術，此技術可以分析特定團體內的人際關係形態**。此外，更可評量團體內某一個體的同儕關係和人際間的支持力量。黃德祥（1991）發現眾多的社會計量地位分類中，以寇伊和竇基（Coie & Dodge，1988）所利用的標準分數分類的系統所得人數分配，與各類型在社會地位指數的差異情形最符合社會計量的理論。

利用社交測量可以幫助教育工作者了解班內每一個學生的人緣指數，班級凝聚度、分裂度，次級團體分佈，男女同學之互動情形等等。教育工作者更可利用社交測量的資料，幫助學生發現自己的人際關係情況、同儕關係。此外，更可將一些人緣好、成績理想的學生，平均分配到學業成績較差的學生中，學業成績較差的學生在互動學習下，學習效能不但能提升，更可藉此提高班內整體的學習氣氛，使班內的凝聚力增加，同伴的相處更和諧。

✂ 社交測量更可以為教育工作者提供一個訊號，為一些在人際關係有困難的學生，利用測量結果協助他們了解被同伴排斥的原因，幫助他改善缺點。**寇伊等人**（Coie，Dodge，& Coppotelli，1982）**將社交計量的資料經分析後，認為孩童通常可歸為下列幾類：**（98地三）

(1)**受歡迎的孩子**（popular children）

受歡迎的孩子都會擁有一些共通特質，例如他們較合作且幫助其他孩子。他們更擁有幽默感、主動、適應力強、體貼、精力充沛、熱心服務、知識豐富、功課好、愛說笑話、和藹可親、心地善良等。

(2)**不受歡迎的孩子**（unpopular children）

其主要原因與人格有關，不受歡迎的孩子常因缺乏自信而拒絕與人交往，他們的態度令他人也不願或不敢主動接觸他們。有些孩子更會有攻擊和敵意的行為、舉止怪異可笑、個人衛生差，而學習遲鈍、欠聰明的孩子也常被人拒絕，另外還有驕傲自大、粗野、脾氣暴躁、頑皮、骯髒等。不受歡迎的孩子依其程度高低，大概還可分成三類：

A. 被排斥的孩子（rejected children）：大多數人不喜愛，只有少數人喜愛他。

B. 被忽略的孩子（neglected children）：在同儕眼中幾乎不存在，沒有被列名喜歡或不喜歡他。

C. 具爭議性的孩子（controversial children）：許多同儕喜愛，也有許多同儕不喜愛他。

(3)**一般狀態的孩子**（average-statue children）

受歡迎程度適當的孩子，亦即喜歡他與不喜歡他的人，各佔一半左右。

2. 改善不受歡迎孩子的社交技巧

(1)採用介入教學（intervention teaching），引發學生學習興趣，並透過教學過程的體驗和感動，改善不受歡迎孩子的社交技巧。

(2)採用「增強與仿效」治療模式，從楷模學習中學習正確有效的社交技巧。

(3)透過補助性教學（coaching）、社交技巧訓練、社交問題解決訓練與學業技巧的訓練，改善孩子的角色替代技巧，以及社交問題的解決能力。

✗(四) 同儕順從（peer compliance）與從眾（conformity）

從眾（conformity）是指在沒有直接要求遵從團體時，對知覺到的團體壓力所做出的順應。順從（compliance）則是指在有直接要求或人們同意下根據要求而行動的情境。梅爾與安德森（Mayer & Anderson，2000）的研究發現，青少年會藉由順從（compliance）的行為來強化所屬團體的向心力，並從中經由同儕的增強，來肯定自己團體內的價值與地位，稱為「同儕順從」。

✗(五) 交叉壓力（cross-pressure）

父母（或家庭）與同儕雙方面所主張的價值觀或實際作法上的不同，所造成的強烈衝突，會造成青少年的「交叉壓力」，容易導致青少年的反社會行為（anti-social behaviour）出現。

自我評量　　　　　　　　　　　　　　　　　　　　**歷屆試題**

1. 請說明性別角色刻板印象（sex-role stereotype）如何形成？以及在教學中如何避免性別偏見（gender bias）？（103身三）

2. 學生在學校被同儕接受（peer acceptance）的程度相當影響他們的學校適應狀況。一般而言，就同儕接受度而言，可將學生分成幾種類型？各種類型的特徵與原因為何？請問教師有什麼方法瞭解學生在班上被同儕接受的狀況？有那些方法可以幫助不被同儕接受的學生？（98地三）

3. 說明同儕接納（peer acceptance）對學生學校生活適應有何影響？以及如何幫助學生發展社會技巧？（96身三）

4. 學生的學習受同儕關係影響深遠，請闡述兒童期及青少年期的學生之學習情形如何受同儕影響。（95原三）

第二節　學生差異與教學

> (1)學生的多樣差異；(2)因材施教；(3)性向與處理交互作用；
> (4)個別間的差異與個體內在差異；(5)多元文化教育；
> (6)個別化教育計畫，是必考焦點所在。

壹、學生差異的多樣性（92身三；91原三）

一、認知及語言的差異

(一) 學生在認知和語言發展的順序是相似的，但發展的速度各不相同。

(二) 學生的認知發展可能依文化環境而有不同。

(三) **語言能力不相同**：在字彙數量、複雜的構句知識的差異；學生可能用方言表達自己，不同於我們所使用的語言；其他學生有限的英語學力（對母語流利，英語則不流利）在溝通和了解他人有障礙；不同的家庭背景及文化有不同的社交對話及技巧。

二、遺傳、環境與團體在智力上的差異

(一) **遺傳會影響智力**：如：雙胞胎、養子女。

(二) **環境也會影響智商**：如：出生前營養不良、懷孕喝酒、學校環境。歷史明證：孟母三遷─改變環境可以刺激孩子學習，可以增加IQ十五個百分點。

(三) **遺傳與環境會交互影響孩子的認知歷程**，故智力測驗中無法分開分析這兩項因子。

(四) **經濟環境對智力的影響很大**，如：先天後天的營養、圖書資源與玩具，還有教育機會。

(五) **團體的差異（受經濟環境的影響）**，如：黑人（文化不利）、白人（主流優勢）。

三、民族文化的差異

1. 語言與方言：例如：正統華人與華裔美國人的不同。

2. 社會語言的傳統（sociolinguistic conventions）：它是實際生活上的用語、一般行為、與他人互動，習慣用語，獨特反應某些族群的文化行為。

四、性別、社經地位的差異

性別差異理論中的生物決定論（biological determinism）認為，男性天生有較高的攻擊性、較佳的數學與空間概念。女性則有較佳的語言能力。然而兩性在自尊心、成就動機、分析能力及社交能力並無顯著不同。而社會建構論（social constructivism）認為，男女兩性間存在許多生理差異及「更多的生理共同性」。然而風俗習慣、法律、文化、教育、媒體等諸多社會制度將某些差異誇大、強化，並賦以優劣、好壞的價值評判。

社經地位（social-economic status，簡稱SES）是社會經濟地位的簡稱，意指一個人的社會地位由經濟情況決定，其向度大致包括職業、教育程度、所得、住所等。法國學者布爾迪厄（P. Bourdieu）認為，社經地位的不同，家庭形態便有差異，而社經地位較低的家庭學生，在面對學校教育時便發生相對劣勢的現象。布爾迪厄的文化資本理論（cultural capital theory）認為：高社經地位家庭有較高程度文化資本的利用情形；階級地位不同，個體所具備的文化資本亦不同。

五、氣質上的差異

Cary、Fox和McDevitt（1977）將幼兒的氣質特徵分為五種氣質類型：(一)高度養育困難型孩子；(二)慢吞吞型孩子；(三)中度養育困難型孩子；(四)輕度養育困難型孩子；(五)容易養育型孩子。美國心理學家凱根（J. Kagan）1994年提出「氣質假說」（temperament hypothesis），將幼兒氣質分為下列兩種類型：

(一) **行為抑制型**（inhibited type）：對於陌生的人，無論同儕或其他成人都會感到害羞，對於陌生的人、事、物或情境，剛開始都會逃避或者感到恐懼、苦惱，或者會花較多的時間去接近陌生的同儕團體或遊戲情境，對於問題解決上，他們傾向於很快回應（衝動型）或者花很長的時間回應（沉思型），孩子較常感到害羞、常作惡夢、便秘或失眠，然而，此類型的孩子可能會因為經驗而學會在陌生人面前不再那麼害羞。形成此因在於交感神經的生理機制導致以上的各種現象。其表現出下列徵象：
1. 對於陌生的同儕團體會有抑制行為。
2. 在認知過程中，會有頻率較高且穩定的心跳。
3. 在聽能喚起孩子同理心的故事過程中，幼兒心跳會加速。
4. 會自願猜想不完全的圖案及周遭的聲音。
5. 在聽故事時，會執著在被動的角色上。
6. 會常目向主試者，較少不安的行為。

(二) 非行為抑制型（uninhibited type）

凱根認為非行為仰制型的孩子，他們對於陌生的人、事、物或情境，較具社交性，或者較有情感的反應，在問題解決上，他們傾向於以一般速度回應，不像行為抑制型的衝動或沉思；此外，也不似行為抑制型的孩子常做惡夢、便秘或失眠，或者交感神經易被喚起，對陌生的同儕不會害怕，在認知過程中，在生理上會有頻率較低且具變化的心跳。

貳、個別、團體差異與因材施教

一、理論基礎：「性向與處理交互作用」（102高考）

柯隆巴（Cronbach）1957年提出針對學生差異教學的「性向與處理交互作用」（aptitude-treatment interation，簡稱ATI），是一種個人性向、屬性與實驗處理交互作用的理論，認為不同類型之學生，應給予不同型態教學方式。也就是說，教師對不同性向、智力、興趣的學生，應提供不同的教育措施，以發揮最大的教學成果，即因材施教。

二、個別間的差異與個體內在差異（92高考）

(一) 個別間的差異（inter-individual differences）：個體與其同年齡或同班級同學在某一身心特質上能力的差異即稱為個別間差異，此種差異呈現常態分配。

(二) 個體內在差異（intra-individual differences）：同一個體內在的各種能力的發展，例如語文能力、算數能力、動作能力、社會成熟程度等，也可能具有顯著的差異，稱之為個體內在差異。特殊兒童往往具有較大的個別內在差異，故需要個別化的教學方案。

三、多元文化教育與個別化教育計畫

(一) 多元文化教育（100原三；96身三）

我國近年來外籍配偶日漸增加，來自這些家庭的學生可能受到不同語言文化背景的影響，於是學校多元文化教育的落實，頗為重要。

1. 意義

多元文化教育（multicultural education）意旨學校提供學生各種機會，讓學生了解各種不同族群的文化內涵，培養學生欣賞其族群文化的積極態度，避免種族的衝突與對立的一種教育。

2. 課程目標

多元文化教育主在培養學生批判思考、價值判斷和解決問題的能力，並進而充實知識及自我探究的能力，可透過四步驟循序完成：(1)自我文化意識 ➡ 培養學生的自我概念，使其認同自己的文化；(2)多元文化意識 ➡ 了解社會文化的多樣性，進而減低偏見及刻板印象；(3)跨文化能力 ➡ 透過群際關係的了解，培養自我多元文化的觀點；(4)公民意識與責任 ➡ 培養其社會行動力，使其付諸實行，並適應現代的民主社會（教育WIKI，2014）。

3. 教學行動方案

(1)教師扮演傳統的知識傳遞者角色，教學是積存式的教育（banking education），可以一點一滴的改變與累積。多元文化教育的內涵就是採「所有實質上的平等」態度對待學生。

(2)在面對學生時，不能帶著某些偏見或歧視，將會導致態度上的差異，例如：認為外籍配偶所生之子女學習成就低、智商低。

(3)多元文化教育主張教育強調師生的角色應該改變，在學校與班級營造出一種接納的氣氛，對所有的學生提供一個平等的環境，讓所有的學生有相同、平等的機會去學習。

(4)教師在教學上更應多探究單一族群的問題、支持雙／多族群兒童的自尊、探究所有多樣化的型式、辦理「反偏見」活動、提供融入式的多元文化課程與教學模式。

✄ **(二) 個別化教育計畫**（101原三）

我國《特殊教育法》於民國86年立法通過，最新於103年6月18日修正公告的第28條法令：「高級中等以下各教育階段學校，應以團隊合作方式對身心障礙學生訂定個別化教育計畫，訂定時應邀請身心障礙學生家長參與，必要時家長得邀請相關人員陪同參與。」由於身心障礙特殊兒童往往具有較大的個別內在差異，故比一般學童更需要個別化的教學方案。

1. 意義

個別化教育計畫（individualized educational program，簡稱IEP）是針對需要學童的教育需要，由一組的專業人員和家長共同擬定的教育方針及課程內容，以書面方式提出完整的規劃（教育Wiki，2014）。

2. 內容

(1)學生基本資料及目前能力水準的評估

學生姓名：張○○ 性別：男 身份證字號：V121291xxx 出生：76年10月7日

住址：臺北市xx路x段xxx巷x號x樓

家長或監護人：張xx 電話（白）：＿＿＿＿＿＿＿ 電話（晚）：2893xxxx

殘障手冊：■無 □有＿＿＿年度 手冊記載類別：＿＿＿＿ 需求程度：＿＿＿

臺北市鑑輔會鑑定結果： 學習障礙

****

1. 身體狀況：

■健康，很少生病 □偶生病 □常生病 □體弱多病（常缺席）＿＿＿
□特殊疾病＿＿＿ □服用藥物＿＿＿ □其它＿＿＿＿

2. 類別：

□智障 □聽障 □語障 □視障 ■學障 □肢障 □自閉症 情緒障礙＿＿＿＿

3. 整體外觀特徵描述：正常

****

家長教育程度	父：小學 母：小學	主要照顧者	父母
家長職業	父：商 母：自由	父母婚姻狀況	同住
家庭經濟狀況	普通	家族特殊案例	無
家長期望	能認真學習，往自己的才能和興趣發展，畢業後能升學適性的高職。		
家庭生活簡述	幫忙家裡做生意，喜歡看電視電影，偶爾打網咖、與同學出去玩。		

****

項目	能力現況描述	修改（+日期）
認知能力	（記憶、理解、推理、注意力等） 符號記憶差、記憶廣度、工作記憶差 非語文推理、聽力理解較佳 注意力中等，可維持30分鐘以上	91.9
學業能力	（聽、說、讀、寫、算等） 聽與說正常 抄寫性書寫正常，但自發性書寫困難 認字困難 數學基本運算能力不佳	91.9

(2)年度教學目標與課程規劃

年度目標	領域範圍
1. 能提升數學基本運算能力	實用數學
2. 增加國字常用字識字量達500個	實用語文
3. 能認讀常用英文字達50個	實用英語
4. 能投入各科課程參與度達70%	各領域
5. 能建立自己的生產目標	各領域
6. 能了自己所在的社區並能運用社區資源	社會適應

(3)實施預期與期限

(4)評量標準與程序

項目	評量工具或方式	日期	施測者	評量結果
智力測驗	◎S.P.M.測驗			
	◎魏氏智力測驗 曲線圖：（浮貼）附件 全量表：84　語文智商：65 作業智商：111 語文理解：68　知覺組織：117 專心注意：67　處理速度：90	86.4	趙○○	智商正常，屬中等水準。 惟FIQ=111與VIQ=65差距達46，故取其優勢智商為其智商水準。各因素指數差距亦大，顯示其內在能力差距大。語文理解及專心注意為其弱勢能力。
	◎學習行為特徵檢核表	89.4		讀寫障礙（重度）數學障礙（重度）發展性障礙（中度）
	◎中文認字測驗	89.4		得分16低於切截點91
	◎閱讀理解困難篩選測驗	89.4		得分5低於切截點13（自己讀的）
	◎閱讀理解困難篩選測驗	91.2	林○○	得分14高於切截點13（老師唸題目，個案回答）
	◎基礎數學概念評量表	89.4		
	◎聽覺記憶測驗	90.11	林○○	得分56低於切截點63（漏字多字情況多，較長的句子扣分較多）

基礎數學概念評量表評量結果：

	原始分數	切截點
乘法、橫式	0.69/0.92 0.5/1.0	0.55/0.73 0.68/0.84
三則、應用	0.30/0.30 0/0	0.42/0.42 0.4/0.4

優點（優勢學習管道）	缺點（劣勢學習管道）
口語理解	關於語文的小部件符號運作
口語表達	認字
操作能力	自發性書寫
注意力	閱讀理解

(5)特殊教育相關服務

1. 個案轉介來源：臺北市鑑定安置輔導委員會
2. 安置需求：（障礙狀況對普通班上課及生活之影響）：
   由於張生本身閱讀的困難，造成在普通班學習興趣低落，上課常睡覺，其潛能與成就間有一段落差，故將國、英、數等科目抽離安置於資源班。
3. 主要安置環境：◎普通班班級：303□資源班間接服務■資源班直接服務

資料來源：以上表格係參考臺北市個別化教育計畫內容

3. 編擬過程注意事項

IEP編擬過程必須考慮四個關鍵要素，包含參與IEP編擬的人員組成、IEP的內容、IEP的資料來源，及IEP目標編擬的考量，說明如下：（龔盈涵、鐘梅菁，2009，特教論壇）

(1)IEP編擬之人員組成

《特殊教育法施行細則》第9條規定參與編擬IEP之人員，應包括學校行政人員、教師、學生家長、相關專業人員等，並得邀請學生參與。必要時，學生家長得邀請相關人員陪同。

(2)IEP編擬之內容

IEP之內容除了應符合《特殊教育法施行細則》第9條之規定，應該更進一步加強IEP與普通課程之連結。

(3)IEP編擬之資料來源

編擬IEP之資料來源，必須兼顧其多元性與完整性。

(4)IEP目標編擬之考量

IEP長短期目標之選擇，應透過IEP團隊彙整所有資訊後，考量各方面的意見共同決定（吳淑美，2004；Burns，2006）。

4. IEP答問集

Q1 哪些學生要寫IEP？

答：(1)領有「身心障礙手冊」或各縣市鑑輔會核發之「鑑定證明」，經鑑輔會核定特教身分者。

(2)拿「重大傷病卡」、「醫院診斷證明（書）」者不在規定必寫的範圍之內，除非另做醫院或鑑輔會的鑑定，並拿到手冊或鑑定證明。

(3)必寫IEP的教育階段：就讀學前公立幼稚園階段、國小階段及國中階段。

Q2 IEP需邀集哪些人共同參與擬定？

答：學校行政人員、教師（含普通班及特教班）、家長（監護人）、相關專業人員（視情況而定）、學生（視情況而定）。

Q3 IEP會議一學年要召開幾次？

答：應視學生情況及特殊情形而定，一學年至少召開3次會議。學期的期初會議於開學後一個月內訂定IEP，期末檢討會議於學期結束前一個月內召開，目的在檢討身心障礙學生接受IEP之教學成效，並作為下次IEP之學習目標修正。

Q4 IEP會議中需針對哪些項目作討論？

答：(1)討論學生及家長的個別問題及特殊需求。

(2)討論學生的學期目標是否達成？是否需要調整？

(3)資源班教師與普通班教師討論學生在普通班之上課情形。

(4)原則上依據學生的個別需要提供各種服務，落實IEP「個別化」的精神。

(5)提醒學校不要把IEP會議流於形式，或只記錄行政單位為其申請之補助款等一般事項。

Q5 IEP是否應列入下一學習階段的主動移交？

答：IEP應列入下一轉銜階段的主動移交事項，並於下一轉銜階段所召開的轉銜會議前轉交銜接單位。為保障學生權益，並幫助下一轉銜階段教師迅速了解學生相關生活及學習情況，學校不應以任何理由，拒絕移交。

參、學生差異與因材施教

(一) 學生差異在教育上的啟示：

1. 教室要應用多元的教法，啟發學生多元的能力。

2. 在接受特定主題的時候，要掌握多元智慧的教育理念。

3. 對學生的潛力保持樂觀的態度。

   (1)依據斯坦伯格（Sternberg）、嘉德納（Gardner）的智力理論，認為孩子的智力是多元的，智力是由工具、社會團體、社會符號系統組成，所以孩子是潛力無窮。

   (2)學生在年幼的時候就要提供許多的刺激，激發多元的能力，方法如：玩具、圖書、同儕的交流與成人的對話

   (3)提供許多重要行為與認知技巧的練習機會，如果父母親無法提供這一些經驗，則可由幼稚園與課後課程來增進這些能力。

   (4)不同的文化背景，延伸的智力就不同，我們不要限制對智力的觀念，只要求學生在傳統的學業上獲得成就。

   (5)IQ分數並不能完美的評量出智力，所以我們要相信每個孩子都有相同的潛力發展智力與複雜的認知能力。

(二) 家庭與學校的文化差異的教育啟示（96地三）

1. 非主流文化的小孩較難適應主流文化的學校環境，因此教師必須包容學生不同的需求。

2. 不同文化的家庭期許，會與學校的設置造成衝突，而難以調適甚至影響學業表現。

3. 文化的不適應，乃因教師曲解來自不同種族的學生行為。

4. 當學生獲得學校文化經驗，他們更能夠了解老師及同學對他們的期望，更能熟練地轉換他們獨特的文化優勢，游移於家庭與學校之間。

5. 當學生抗拒適應調適學校文化，起因於學校文化與自己文化背景認同的不一致，如：回教徒。

6. 我們在教導學生一些主要語言外，也要鼓勵學生精通他們自己的地方語言。如：雙語教學。

1. 性向與處理交互作用理論（theory of aptitude-treatment interaction）（102高考）

2. 如果要擬訂一個「個別化教育計畫」（individualized education plan），請說明那四種訊息是必要的？（101原三）

3. 何謂多元文化教育（multicultural education）？在學校如何實施多元文化教育？並試評論實施多元文化教育的利弊得失？（100原三）

4. 臺灣近年來外籍配偶日漸增加，來自這些家庭的學生可能受到不同語言文化背景的影響，那麼學校教學在那些層面要調整，以因應多元文化教育的趨勢。（96身三）

5. 隨著國際化、跨國聯姻、移民等逐漸增加，國內的中小學生也愈富多樣性，請說明班級教學應如何因應學生個別差異多樣性。（96地三）

6. 「因材施教」古有明訓，試依據現代教育心理學的發現，闡述人之材性有何差別，並據以探討如何施教？（92身三）

7. 個別差異有個別之間的差異（inter-individual differences）與個體內在差異（intra-individual differences）之別，試述其義，並探討如何估量此等差異。（92高考）

8. 試就柯隆巴（L. J. Cronbach）的「性向與處理交互作用」（aptitude-treatment interaction）理論說明別差異與教學的關係。（91高考）

9. 國中學生個別差異的情形如何？在教學上應如何有效適應？試舉出一種施教模式為例說明之。（91原三）

第三節　學習類型與認知風格

考點提示 (1)場地依賴與場地獨立；(2)慎思型與衝動型；
(3)不同認知風格的教學策略，是必考焦點所在。

壹、認知風格與學習類型的區別

　　學習類型（learning style），或稱學習型態的研究，始於1970年代，源自早期1950年代實驗心理學對於認知風格（congnitive style）的研究。兩者在學理上有許多相似的觀點，但部分學者認為學習類型包含了認知風格。**認知風格偏向關注個人訊息處理的過程與方式的不同；而學習類型則重視學習者與學習情境的交互作用**，兩者比較如表7-2所示。

表7-2　認知風格與學習類型之比較

	認知風格	學習類型
興起時間	興起於20世紀50年代，盛行於60年代	始於70年代
研究取向	心理學取向。主張理論上的事實了解，不帶有特定目的。	教育心理學取向。希望能夠透過研究改善教育現象。
研究重點	個人訊息處理的過程	學習者與學習情境的互動
研究場域	在實驗室中進行研究	在教室中進行研究
因素數量	呈現兩端，二分法	類型較多，目的在了解偏好

資料來源：林良玉，2009。

貳、認知風格（congnitive style）

　　認知風格是學習者所偏愛使用的訊息處理方式，在問題解決、思考、知覺、記憶等的典型習慣模式，是個體在認知歷程中所採取的特有風格，也是個體在分析和組織資訊時的偏好情形，對個體學習影響甚鉅。

一、認知風格的類型

　　認知風格的研究甚多，湯韻蓉（2004）曾將各種理論整理如表7-3，本書限於篇幅，僅提出四種常見者如下：

(一) 視覺處理型與語文處理型

　　柯隆巴和史諾（Cronbach & Snow，1977）將認知風格分為視覺處理型（visual processors）與語文處理型（verbal processors）兩類；視覺處理者在給予視覺類教學（如插圖和圖片）時成績較好，而語文處理者則給予語文類教學時成績較好。在教學模式上，根據學生認知風格差異，把教學從傳統的語文方式轉變成較為視覺呈現方式（如繪圖和影片），對視覺處理型的學生較有助益。

(二) 場地依賴與場地獨立 （100地三）

　　魏肯等人（Witkin, Moore, Goodenough & Cox, 1977）將認知風格區分為場地依賴（field dependence）與場地獨立（field independence）。美國心理學家梅斯克（Messic）曾編有「藏圖測驗」（hidden figure test），以檢驗學習者的學習風格，愈快找出圖形者，表示愈「場地獨立」，如圖7-3所示。

1. 場地依賴型：學習時容易受到外界環境的影響而無法專心，較不能獨立地分離出所要學習的項目（item）來；場地依賴者由於依賴外在的線索當參考架構，因此有較佳的人際關係；學科興趣偏向社會科學方面的科目；職業選擇方面，喜歡從事醫生、護士、教師、民意代表等與人實際接觸的工作。

2. 場地獨立型：較少受到周圍刺激的干擾，能夠專心注意，也較能夠從複雜的環境脈絡中找出隱藏的要義或內容，成績通常較好。擁有高度自我認證的知覺能力，認知功能較為獨立，具有較高的分析能力，面對複雜、不確定的情境，較能有效的去組織、結構。適合從事研究人員、工程師等研發工作。

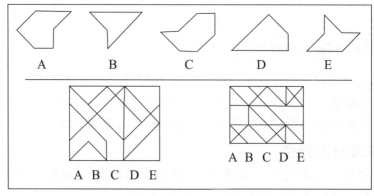

圖7-3 藏圖測驗範例
資料來源：吳靜吉，1975。

(三) 高概念層次與低概念層次型

韓特等人（Hunt, Greenwood, Noy & Watson, 1973）將認知風格分為「高概念層次」（high conceptual level）與「低概念層次型」（low conceptual level），用來表示一個人把概念知覺複雜和分化的程度。在教學模式上，高概念層次學生在非結構化的教學法（如歸納法或發現法）下成績表現較好；低概念層次的學生則在結構化教學法（如演繹法和原則教學法）下，成績表現會較好。

✄(四) 慎思型與衝動型（95身三）

凱根（Kagan，1966）認為，根據個人對事物的認知與了解，形成概念並做出反應的速度，稱為「概念速度」（concept speed）。根據學生學習行為概念速度的不同分成衝動型和慎思型兩類：1.衝動型：對問題反應快但錯較多；2.慎思型：對問題反應慢但錯較少。根據研究，女生多屬慎思型，男生則多屬衝動型。詳述如下：

1. 慎思型學生（students with reflective style）：對問題反應較慢但錯誤較少，擅長思考，處事沉著，先思考後行動，反應雖較慢，但失誤較少且效率與正確率高。
2. 衝動型學生（students with impulsive style）：是指對問題反應較快但錯誤較多，處事急躁，未經仔細思考即匆忙行動，通常事倍功半，或是徒勞無功，失誤較多且效率與正確率低。

表7-3　認知分類與描述

整體─分析分向度	內涵	提出學者
場地獨立─場地依賴	在分析結構或形式時，個體知覺對於環境的依賴程度。	Witkin and Asch（1948a.1948b）；Witkin（1964）；Witkin et al.（1971,1977）
同化─區分	對新訊息傾向於快速同化細節或強調細微改變。	Kelin（1954）；Gardner et al.（1959）
慎思─衝動	傾向於快速反應或仔細考慮後再反應。	Kagan et al.（1964）；Kagan（1966）
發散思考─聚斂思考	解題時，是以窄化、聚焦、邏輯、演繹的思考方式，或是以廣泛、開放、同化的思考方式。	Guilford（1971）；Hudson（1966,1968）
整體思考─依序思考	學習或解題時，整體性與同化的傾向程度。	Pask and Scott（1972）；Pask（1967）
具體依序─具體無序─抽象有序─抽象無序	學習者透過具體或抽象經驗，以無序或依序地學習。	Gregorc（1982）

整體－分析分向度	內涵	提出學者
同化－探索	在解決和創造歷程中，個體對於尋求熟識或新奇的偏好。	Kaufmann（1989）
適應－創新	在解題時，改編者偏好便利、既有的歷程，創新者則偏好重新建構，以新觀點解題。	Kirton（1976，1987）
直覺推理－慎思推理	以自發或推理來發展了解的偏好，在學習活動是主動參與或是被動反應。	Allinson & Hayes（1996）
抽象思考者－具體思考者	抽象的能力與偏好程度。	Harvey et al.（1969）
語文－視覺	在思考時，表徵知識的語言或視覺策略。	Paivio（1971）；Riding & Taylor（1976）；Richardson（1977）；Riding & Calvey（1981）

資料來源：引白湯韻蓉，2004。

二、不同認知風格的教學策略

(一) 瞭解學生的個別差異，就不同認知風格的學生，進行差異化教學。

(二) 妥善解釋並運用測量的理論，針對不同認知風格的學生，採用不同的多元評量方式。

(三) 配合學生的認知風格，作為擬定教學目標、選擇教材、進行教學活動、編擬個別化教育方案及補救教學的參考。

(四) 努力提昇教師教學效能，增進差異化教學、個別化教學等教學技巧，以增進學生的學習效果。

參、學習類型（learning style）

學習類型則重視學習者與學習情境的交互作用，說明學習者對學習情境的反應，包括認知、情意與生理等型態，與上述的認知風格息息相關，但不完全相同。目前所辨識出的學習型態多達21種，但其中常有過於瑣碎或概念上有重疊之處，目前最常用的是科博（Kolb，1984）提出的四種學習類型，以及雷德（Reid，1984）所提出的六種學習型態。分述如下：

一、科博（Kolb）的四種學習構面與類型

科博（Kolb，1984）依據經驗學習理論發展學習類型分類架構，將學習類型分成四種學習構面，此架構以兩個基礎概念做為核心，一是學習

者如何理解或接收新資訊訊，也就是資訊接收偏好，其兩端分別是具體經驗（concrete experience，CE）與抽象概念（abstract conceptualization，AC）；二是學習者如何處理或轉換已學到的經驗，係指資訊處理方式偏好，其兩端分別為省思觀察（reflective observation，RO）與主動實驗（active experimentation，AE）。四種學習構面介紹如下：（林良玉，2009）

(一) 具體經驗（concrete experience，CE）

具體經驗構面聚焦在於經驗。能夠以自己的方式，立即的處理個人處境。強調「感覺」，真實現況的獨特性與複雜性。以直覺作決定與處理問題。善於交際，且樂於享受人群。價值信念來自於對真實現況的認識與體會。對生活是採取多元的態度。

(二) 省思觀察（reflective observation，RO）

省思觀察構面聚焦在於了解想法的意義，對於仔細謹慎的觀察現況並且公平的描述之。強調了解與反思，關心事實的真相與產生的過程。由直覺知道現況或想法的意義。善於領會他人的暗示。能以多角度來考慮事物。能接納各種不同觀點。依賴別人給予建議與感受來建立自己的觀點。為人是有耐心的、公平的、深思熟慮的，仔細推敲後才會做出判斷。

(三) 抽象概念（abstract conceptualization，AC）

抽象概念構面聚焦在於利用邏輯、想法與概念。強調思考。重視理論的建立。以科學的方式來解決問題。善於有系統的規劃、抽象符號的運用與量化的分析。分析時是精確的、嚴格的、有條理的。有完善的概念系統。

(四) 主動實驗（active experimentation，AE）

主動實驗構面聚焦在於主動的影響人群與改變現狀。強調實際應用，是實用主義者，重視實作。善於將事物變得有意義。為了達成目的，願意承擔風險。會評估周遭環境給予的影響與觀察結果。

科博於是依據學習者之資訊接收與處理的方式，將學習偏好分為四種類型：（林良玉，2009）

1 **擴散型** （diverging）	擴散型的學習者主要是聚焦在具體經驗與省思觀察（CE+RO）。這類型的人擅長想像，以及意義與價值的覺察。具體經驗來自於個體的觀察，並且能夠將觀察到的東西組織成一個有意義的整體。此學習類型傾向以觀察的方式學習；喜歡人群、有創造力，較以感覺為導向的。擴散型的人格特質是內向的、感覺的，通常會選擇藝術類、英文、歷史或心理學方面的教育，專業領域在藝術或社會服務。

2 同化型 （assimilating）	同化型的學習者主要聚焦在抽象概念與省思觀察（RO+AC）。這類型的人擅長歸納與推理、創造理論，能夠將觀察到的東西同化並且加以解釋；適合獨立學習，重視理論是否精確與合邏輯。同化型是內向的與直覺的，多半接受數學或自然科學類的教育，科學、研究與資訊等工作較適合這類型的人。
3 聚斂型 （converging）	聚斂型的學習者主要聚焦在主動實驗與抽象概念（AC+AE）。這類型的人擅長問題解決、作決定，以及實際想法的運用。以假設、演繹與推理的方式獲得知識。傾向處理技術類的工作與問題。善於控制個人情緒。聚斂型是外向的、思考的，適合從事工程、醫學與科學等工作。
4 適應型 （accommodating）	適應型的學習者主要聚焦在具體經驗與主動實驗（AE+CE）。這類型的人依賴實作，以及實行計畫與任務來獲得新經驗。適合探索、有風險的任務與行動與變換快速的環境。較忽略理論與計畫、較喜歡重新檢視事實真相，比較依賴他人給予知識。傾向靠直覺解決問題。在人群是自在的，較無耐心且衝動的。適應型是外向的、知覺的，訊息傳達與行動服務等相關工作，如教師、護士與銷售員，都是這類型的專業呈現。

圖7-4　柯博（Kolb）學習類型模式

資料來源：Kolb. 1984.

二、雷德（Reid）六種學習型態

1	視覺型 （visual style）	以視覺刺激的型式學習時效果最好，例如喜歡長時間閱讀、用圖表輔助學習、上課時希望老師將重點寫在黑板上、相當依賴筆記等。但老師上課若只是偏重口語講演或討論，視覺型學習者可能會覺得比較吃力或捉不到重點。
2	聽覺型 （auditory style）	偏好利用聽覺感官來學習新知，例如上課喜歡聽講討論和老師的口頭解釋、回家收聽英語的廣播或影音節目、錄音帶或CD等教材。但聽覺型學生可能對閱讀或寫作活動感到困難。
3	動覺型 （kinesthetic style）	注重體驗的學習，偏好參與各項活動例如校外教學、或課堂內的角色扮演或肢體教學法（TPR）等。但對於長時間坐在座位聽課可能感到不耐煩。
4	觸覺型 （tactile style）	以需要動手操作具體實物的學習方式最佳，例如在實驗室執行研究、編製學習教材和圖表、或作報告等。但對於需要抽象思考的理論性題材可能感到吃力。
5	團體型 （group style）	與其它同學合作學習時可以提升成效，而且團體成員的互動和協助讓學習者覺得更容易吸收資訊，例如分組活動或小組報告等。
6	個人型 （individual style）	傾向於獨自學習時效果較好，喜歡一個人研讀學習，較難接受別人的干擾。

自我評量　　　　　　　　　　　　　　　　　　　　　　　　**歷屆試題**

1. 試論在社會科的教學上，教師對兩種不同學習風格（learning style）的學生，包括場地依賴（field dependence）與場地獨立（field independence），應如何展現不同的教學策略。（100地三）

2. 試述「慎思型」學生（students with reflective style）與「衝動型」學生（students with impulsive style）的特徵，並說明在教學上可能的因應策略。（95身三）

3. 何謂認知式態（cognitive style）？學生在認知式態上有何差異？其在教學上有何意義？（90高考）

第 **8** 章　　# 學習評量與測驗

[名師導讀]

學習評量與測驗是教育心理學中難度較高的一章，近年出題有增加的趨勢。本章內容包括評量的意義、尺度、類型、試題分析、信效度、多元評量，以及評量的編制與實施等，其中尤以信效度與試題分析兩部分是考生較為頭痛的部分。但教育心理學考的評量概念，較少出現計算題，大多為評量的基本理念，因此，考生只要熟讀本章的內容，即可戰勝此部分的考題。但若考生有意精進自身的考試功力，建議參考本人另一拙著「名師壓箱秘笈—教育測驗與統計（含概要）」一書的第一篇教育測驗部分，當可對本章的內容有更深入的瞭解與體會。

命題焦點就看這裡　[考題先覽]

1. 教學評量依其目的可分為「促進學習的評量」（assessment for learning）、「評量即學習」（assessment as learning）及「學習結果的評量」（assessment of learning），請比較此三種評量的用途與焦點、使用時機及主要的評量者，並舉出相對應的評量工具。（104年地三）

2. 過去國中基測成績是將各科轉換為量尺分數，依總分做出全體考生的PR值；而實施十二年國教之後，教育會考考試結果將採取每一科目的成績分為「精熟」、「基礎」、「待加強」3個等級的三等級加標示的作法，請問將分數轉換為PR值與分成3個等級在分數的解釋與應用有何不同意義與目的。（103身三）

3. 在評斷一份評量的效度時，通常會進行構念效度（construct validity）的檢驗。請列舉和說明三種用以檢驗構念效度的方法。（103高考）

4. 請說明實作評量（performance assessment）的意義與特徵。（102原三）

5. 解釋名詞：動態評量（dynamic evaluation）（101地三）

6. 解釋名詞：常模參照評量（norm-referenced evaluation）（100高考；94薦升；93身三）

7. 解釋名詞：行為評定法（behavior rating）（100高考）

學習地圖

學習評量與測驗

學習評量基本概念

一、評量
1. 意義
2. 良好評量的要素
3. 測量的尺度、名義、次序、等距、比例

二、評量的類型
1. 智力、性向、人格、成就測驗
2. 預備、形成、總結診斷評量
3. 主觀、客觀評量
4. 標準化、非標準化
5. 最高表現與典型表現評量
6. 標準參照與常模參照評量

三、評量的編製與實施
1. 評量理論
2. 編製原則

依效度與試題分析

一、信度
1. 意義與計算
2. 測量標準誤
3. 測量誤差
4. 信度的種類
    (1) 再測信度
    (2) 複本信度
    (3) 內部一致性信度
    (4) 評分者信度
5. 影響信度的因素

二、效度
1. 意義與計算
2. 效度的種類
    (1) 內容效度
    (2) 效標關聯效度
    (3) 建構效度
    (4) 增益效度
    (5) 交叉驗證
3. 影響效度的因素

三、試題分析
1. 質的分析
2. 量的分析
    (1) 難度
    (2) 鑑別度
    (3) 誘答力

評量的類別

一、教師自編評量
1. 步驟
2. 試題類型與命題原則

二、真實評量

三、動態評量

四、檔案評量

五、情意測量

編製標準化、結果解釋與應用

一、常見的教學評量

二、標準化編製過程

三、分數的解釋原則

第一節 學習評量基本概念

(1)良好評量的要素；(2)評量的尺度；(3)各種評量的類型；
(4)評量的編制與實施；(5)評量的編制原則，是必考焦點所在。

壹、何謂評量（102地三；100身三）

一、評量的意涵與測驗、測量、評鑑的分別

測驗、測量、評量、評鑑此四者字義相近，但實質意義卻不同。測驗（test）是一種工具，也是評量的一種形式，用來評定學習成效，例如：段考、學力測驗；測量（measurement）是根據約定程序進行測驗，得出一個數字結果的歷程，例如：英文聽力測驗得到80分的過程；而評量（assessment）是指所有能測得能力表現的測驗方式，是一種價值判斷，依據測驗與測量的綜合結果進行優劣評判，例如：經成就測驗與態度評估的結果，某人學習成就高但學習態度不佳；最後，所謂的評鑑（evaluation）是指經由系統化多面向的評估，瞭解整體績效，例如：校務評鑑。

二、良好評量的要素

一份設計良好的評量，是評量成功與否的關鍵。其要素主要包括良好的效度、信度、常模與標準化，而且應兼具實用性、適切性、參照性與客觀性等特徵，依序做詳細的介紹。

(一) 效度（97原三）

效度（validity）是指評量的正確性（accuracy）與精準度（precision）。一個良好評量的最重要條件就是效度要高。高效度的評量，測量的目的方能實現。有關效度的意義、類型、解釋與運用，以及影響效度的因素，留待本章第二節加以詳細說明。

(二) 信度（97原三）

信度（reliability）所關心的是測量分數的一致性或穩定性。換言之，同樣的評量在不同的時間對同一群受試者的評量結果，應該趨近於相同，才是高信度的評量。信度是效度的必要條件，信度低，效度一定不高。

(三) **常模**

　　常模（norm）是評量專家依一定的程序，將取樣對象的施測結果建立形成的一套比較標準，也是用以解釋個人評量分數的依據。常模的主要目的在提供個人成績在團體中的相對地位，也讓個人在不同評量上的分數可以直接比較。有關常模的基本概念與功用、建立常模分數的方法，以及常模品質的評鑑。

(四) **標準化**

　　標準化（standardization）是指：「評量工具的編製、施測、計分與解釋，整個過程按一定的標準程序進行。」教育與心理評量大部分為標準化評量，但一般的教師自編評量，例如：隨堂考、段考……，較難做到標準化的要求。評量的標準化包括評量前題本、答案紙的編寫與印製；正式施測時的指導語、評量材料與編製過程的說明、時間的限制、口頭指示，以及基本範例說明；評量後處理受測者的質疑，以及評量結果的計分與解釋，都是評量標準化的重點。如：我國施行多年的國中基本學力評量及大學學科評量都是標準化評量的例子。

(五) **適當的難度與良好的鑑別度及誘答力**

　　適當的難度是指評量題目的難易度要適中，才有發揮鑑別作用的可能性。如果試題的難度太高，無一人通過，或難度太低，全體受試者皆能通過，則失去鑑別不同能力程度的效用。試題的難度與鑑別度密切相關，前者是後者的必要條件，評量所包含的試題具有適當的難度，才有良好的鑑別度，也才能區別高低學習成就者。P值（難度值）0.5左右代表難度適中，不會太難也不會太容易，而D值（鑑別度）越高則代表試題越能區別受試者能力高低的程度，綜合以上兩者則為良好評量品質的指標之一。

(六) **實用、適切、客觀、參照**

　　良好的評量應符合經濟效益，也就是說同樣效度的兩個評量，施測、計分、解釋要愈簡單越好，實用性較高；另外，評量的使用要適切，同一種評量並不一定適用所有人；評量的實施要客觀，必須依照一定的程序與標準；評量結果的解釋要有參照標準才有意義，如前所言，若為瞭解個人的相對地位，採常模參照，若為瞭解個人是否達到預設的標準，則是絕對地位，採效標參照。

三、測量的尺度（量尺）

　　量尺是測量所用的尺度，瞭解量尺的類型，才能正確地處理評量分數，不致誤用。根據統計學對數字的尺度分類，由低階而高階共有四種測量的尺度或方式：

低

1 名義變項
名義變項（nominal variable）是定性的尺度。只是一種標記，無法運算也無法比較大小，又稱為類別變項（categorical variable），其主要作為分類的功能。例如：性別、學號、班級、國別……。

2 次序變項
次序變項（ordinal variable）是半定量的尺度。可以比較大小，但因不具相等的單位，因此無法進行四則運算。例如：學校段考的排名、等第制等，第一名與第二名的差距和第二名與第三名的差距不一定相等，但卻都相差一個名次，因此其單位並不相等。

3 等距變項
等距變項（interval variable）是定量的尺度，但不一定有絕對的零點。教育評量的成績通常屬於此類，因為具有相等的單位與範圍，可以比較大小，也可以進行運算。例如：數學科成績100分與90分的差距和英文科50分與40分的差距相同，都是10分，但卻不能說數學科100分同學的能力是英文科50分同學的兩倍強，因為工具不同，且分數沒有絕對的零點，全班最低分不一定為0。另外，溫度也有這樣的特性，60°C並非30°C的兩倍熱，因為化學上攝氏溫度的絕對零度是−273°C，60°C與−273°C相差333度，而30°C與−273°C相差303度，不是兩倍的關係。其原因在於0°C並非絕對的零點。

4 比例變項
比例變項（ratio variable）是定量的尺度，且有絕對的零點，因此可比較大小，可以進行四則運算，也可以直接形成比例。例如：身高、體重都屬此類，其絕對零點是0，不會有負數的身高體重，因此，我們可以說180公分是90公分的兩倍高，50公斤重是100公斤重的一半重。

高

貳、評量的類型與特性（102地三；100身三）

一、依功能而分

測驗的功能可提供個案的評估、診斷或預測，以做為教學與行政的參考，可分成：智力測驗、性向測驗、人格測驗與成就測驗，如表8-1。

表8-1　智力、性向、人格與成就測驗的比較

	意義	種類
智力測驗	智力測驗是用來測量個人或團體智力高低的工具，也是最早發展的心理測驗，測量結果以智商（IQ）表示。	可以分成測量個人智商的比西量表、魏氏量表、考夫曼兒童評鑑組合等，以及團體智力測驗所用的普通分類測驗、加州心理成熟測驗、瑞文氏非文字推理測驗……。
性向測驗	性向測驗是測量個人綜合能力或特殊能力的偏向，以做為升學或就業的參考。	可以分成綜合性向測驗與特殊性向測驗。特殊性向測驗一次只測量一種能力，如：語文推理測驗、空間關係測驗……；綜合性向測驗一次可測量數種能力，較為經濟，也可說是多個特殊性向測驗的合體，如：多元性向測驗（包含語文理解能力、知覺速度、數字推理、空間關係、學業潛在能力）。
人格測驗	人格測驗是測量人類態度、思想、習慣、興趣等內在心理特質或外在行為表現的工具。	包括情緒測驗、興趣測驗、性格測驗……，其測驗的方法可分成自陳、投射與評定。
成就測驗	成就測驗是測量學習者經過教育或訓練後的學習成果。學校的段考、基測、學測……，都屬於學業成就測驗。	教師自編測驗大都屬於成就測驗。依測量的內容可分成綜合成就測驗、單科成就測驗；依標準化的程度可分成標準化成就測驗、教師自編測驗。

二、依教學診斷目的而分

教師教學過程用以診斷學生學習概況與困難的評量，可分成：非診斷性評量與診斷性評量。

(一) 非診斷性評量：如篩選性評量，用以區分高低成就；安置性評量，用以評估教學計畫的適切性或分班分組依據。

(二) 診斷性評量：如單科能力診斷評量（數學能力診斷評量……），用以診斷學生學習成效。

三、依測量目標而分

依布魯姆（B. S. Bloom）的觀點，教學目標應包含認知、情意、技能三類，因此，依不同的測量目標可將評量分成：認知評量、情意評量、技能評量。

(一) 認知評量：由智力、性向、成就評量測量出的能力，屬於內在心理認知。

(二) 情意評量：由人格評量所測量出的態度、興趣、情緒、價值觀等，屬情意範圍。

(三) **技能評量：**較偏向實際動手操作的能力，如：運動技能評量、中文輸入技能評量……。

四、依測量時機而分

(一) **預備性評量：**教師為瞭解學生的起點行為、個別差異，於課前實施的教學評量。

(二) **形成性評量：**教師為瞭解教學過程中學生學習的概況，以調整或改進教學所做的正式或非正式的評量。

(三) **總結性評量：**教師於教學活動告一段落時，為瞭解學生的學習結果、教學成效所做的評量，用以評斷教學目標的達成度或教學方法的適切度。

五、依評分的方式而分

評量評分的方式是否受到評分者主觀意式的影響，可將評量分成：主觀評量與客觀評量。

(一) **主觀評量：**指評分的依據沒有一致的標準，受評分者主觀的影響，如：申論題、作文題。

(二) **客觀評量：**指評分者依循一致的標準進行評分，如：選擇題、是非題。

六、依是否標準化而分

評量的編製過程與細節是否遵守嚴格的規定，可分成：標準化評量與非標準化評量。

(一) **標準化評量：**評量的編製、實施、計分、解釋、應用，所有過程均嚴格遵守統一的規定，且建立常模。如：性向評量、智力評量。

(二) **非標準化評量：**評量的所有過程較有改變的彈性，且沒有常模的建立。如：教師自編成就評量、學校段考。

七、依評量材料而分

評量的素材包括語言、文字、圖形、繪畫、模型……，將評量分成：語言文字評量、非語言文字評量。

(一) **語言文字評量：**評量的內容是以語言或文字呈現，又稱「紙筆評量」。

(二) **非語言文字評量：**評量的內容以圖畫、實物、模型等呈現方式。

八、依題目難易而分

評量題目的難易程度會影響受試者答題的快慢，因此可將評量分成：難度評量（題目難且少）、速度評量（題目易且多）。

(一) **難度評量**：評量題目由易至難排列，受試者答對題數越多，能力越好。

(二) **速度評量**：評量題目難度相同，受試者速度越快、答對題數越多，能力越好。

九、依反應形態而分

評量的反應形態不同，有要求受試者盡全力得高分的評量，稱為：最高表現評量（maximum performarce evaluation）；也有要求受試者表現最真實自然的一面，稱為：典型表現評量（typical performance evaluation）。

✡(一) **最高表現評量**：評量結果有能力好壞高低之分，又稱最大表現評量（measurement of maximum performance）。如：智力、成就、性向評量（95身三）。

✡(二) **典型表現評量**：評量結果僅能區別能力的類型，無好壞高低之分，如：人格評量（95身三）。

十、依結果解釋而分

評量結果是與自己比較的稱為：標準參照評量，評量結果是與團體比較的稱為：常模參照評量。兩者比較如下表8-2。

✡(一) **標準參照評量**（criterion-referenced evaluation）：又稱「效標參照評鑑」，為考驗學生能力是否達到設定的標準，作為診斷與補救教學的參考（94薦升；93身三）。

✡(二) **常模參照評量**（norm-referenced evaluation）：為瞭解學生能力位於團體的相對位置，作為安置編班的參考（100高考；94薦升；93身三）。

表8-2　常模參照評鑑與標準參照評鑑一般特性之比較

比較的項目	常模參照評鑑	標準參照評鑑
功能	在確定學生在一個團體中的相對地位	評估學生是否達到特定效標或行為表現標準
主要目的	鑑別學生、學習成就的相互比較	測量事先設定的熟練程度
評鑑內容	包含廣泛的領域成就	針對界定的學習項目
量尺定準點	中間，事後決定	兩端，事前決定
參照點性質	相對的、實際的	絕對的、理想的
陳述教學目標時	詳述一般概念的結果或精確目標	詳述完整的教學目標
評鑑結果的呈現	百分等級、標準分數、甲乙丙丁	及格或不及格（滿意或不滿意）

比較的項目	常模參照評鑑	標準參照評鑑
計分制	常態等第制	傳統百分制
主要用途	安置：分班、分組	診斷：補救教學
適用情形	教材非累進、不必達到特殊能力水準（如：社會）；或測驗結果屬比較性質的（如：升學考試）	學習結果是累進的，進度越來越複雜的學科（如：語文、數學）

資料來源：朱敬先，2000；黃光雄編譯，1987；簡茂發，1992。

十一、依評量目的而分（104地三）

　　在教師決定如何評量學生前，必須釐清評量的目的。目前學習評量的目的，包含三個主要的概念：促進學習的評量（assessment for learning; AFL）、評量即學習（assessment as learning; AAL）、學習成果的評量（assessment of learning; AOL）（甄曉蘭，2008；吳碧純2009，2013）。三者的評量的用途與焦點、使用時機及主要的評量者，以及相對應的評量工具比較如下表：

	AFL	AAL	AOL
評量的用途與焦點	「促進學習的評量」指教師持續使用多元評量策略和回饋來了解學生各個方面的學習成長、進步與學習需求，並可作為教師教學的依據，學生本身、同儕思考決定學習的下一步。相當於一般所說的「形成性的評量」(formative assessment)。	「評量即學習」主要是鼓勵學生透過評量培養和應用自省及反思的能力，隨時思考自己的學習狀況，並作調整。也因此，學生在自己的學習過程扮演主動的角色，而非過去傳統被動的方式。	「學習成果的評量」用於評量學生的某項知識、能力和技能，以進一步了解學生是否達到課程期望或標準。提供不同時間、不同的資訊給教師、學校、甚至是教育主管單位、政策決策者，並可作為教育安置、升學或畢業的依據。相當於一般所說的「總結性的評量」(summative assessment)。
使用時機	在學習過程之中。	在學習過程之中。	在學習階段完全結束之後，或學習內容到一定的段落時。

	AFL	AAL	AOL
主要的評量者	學校教師	學生自己	學校教師，或執行考核的教育機關。
相對應的評量工具	隨堂考、平時測驗。	自我設計的提問或試題、課本所附的課後問題及習題。	段考、期末考、模擬考、教育會考、學測或指考、標準化測驗（如：學業成就測驗)。

參、評量的編製與實施

一、評量理論

(一) 古典評量理論

古典評量理論的內涵，主要是以真實分數模式為理論架構，該理論的基本假設認為：測得分數變異數=真實分數變異數+誤差分數變異數，公式簡單易懂，發展亦最久，適用於大多數的教育與心理評量與社會科學研究資料，目前評量學界使用最廣。然其缺失如下：

1. 評量指標的樣本依賴（sample dependent）。
2. 不合理的測量標準誤（standard error of measurement）。
3. 不符邏輯的的複本信度（alternate forms reliability）。
4. 忽略受試者的試題反應組型（item response pattern）。

(二) 現代評量理論－項目反應理論

當代評量理論是為改進古典評量理論的缺失而來，其特點自然可補古典評量理論之不足，詳述如下：

1. 評量指標的樣本獨立性（sample independent）。
2. 提供個別的測量標準誤。
3. 可比較受試者間的能力。
4. 考慮受試者的反應組型與試題參數。
5. 提供訊息函數（information function）進行選題。
6. 提供試題特徵曲線（item characteristic curve，ICC）進行試題分析。
7. 提供模式適合度考驗（statistic of goodness-of-fit）。

✿二、評量編製的原則（102地三）

(一) 以單元目標為根據。

(二) 兼顧多重教學目標。

(三) 確定評量的範圍與能力層次。

(四) 建立雙向細目表的細目以為命題的依據。

(五) 選擇適當的評量方式。

(六) 依據命題原則來編擬試題。

(七) 試題獨立且不互相牽涉。

(八) 適當的題數、難度與編排。

(九) 合理的解釋與運用評量結果。

(十) 兼重評量歷程與結果。

自我評量 　　　　　　　　　　　　　　　　　　　　　**歷屆試題**

1. 試述評量在教育上之目的、類別與設計評量時注意的原則。（102地三）
2. 試述教學評量的意義及說明教學評量的種類。（100身三）
3. 解釋名詞：常模參照評量（norm-referenced evaluation）。（100高考；94薦升；93身三）
4. 試述「最佳表現評量」（maximum performance evaluation）與「典型表現評量」（typical performance evaluation）的區別，並舉例說明在學校教育的應用。（95身三）
5. 解釋名詞：標準參照評量（criterion-referenced evaluation）。（94薦升；93身三）

第二節　信效度與試題分析

考點提示
(1)測量標準誤；(2)內部一致性信度；(3)內容效度；(4)效標關聯效度；(5)建構效度；(6)試題分析，是必考焦點所在。

壹、評量的信度（97原三）

一、信度的意義

　　信度就是評量的「可信」程度。相同受試者在不同時間，使用相同評量測量（或複本評量測量多次）或在不同情境下測量，所得結果若相當一致，就表示測量分數可靠性、穩定性高，信度就高。

二、信度的計算

　　任何測量都有誤差，誤差可說是評量結果（測得分數）和真實分數間的差距，因為真實分數無法得知，所以用實得分數來推估真實分數，也就是說：測得分數(X_0)＝真實分數(X_t)＋誤差分數(X_e)。舉例來說，小靜的國文科考92分，但其真正能力為95分，這3分是粗心寫錯答案，那麼92分稱為測得分數，95分稱為真實分數，而92－95＝－3就是誤差分數。測得分數變異數＝真實分數變異數+誤差分數變異數，亦即$S_x^2=S_t^2+S_e^2$，那麼信度就定義為：S_t^2/S_x^2，亦即真實分數變異數佔測得分數變異數的比例，本例$S_t^2/S_x^2=32.2/48.2=0.668$，此比例係數就稱為信度係數（reliability coefficient），習慣以r表示。信度係數介於0～1之間，越接近1，信度越好，表示測量工具越穩定。

三、測量標準誤

　　測量標準誤（standard error of measurement，SEM），簡單的說就是「誤差的標準差」。測量標準誤、測量標準差與信度的關係：(一)$SEM = S_x X\sqrt{1-r}$（測量標準誤=測量標準差乘以1減信度係數之開平方根）；(二)信度越低，表示誤差越大，測量標準誤S_e越大；(三)測量標準差越大，測量標準誤也越大。

四、測量誤差

(一) 系統誤差（systematic errors）

又稱常誤（恆定誤差）、偏誤（biased）或規律誤差。**對同一群受試者的每一個人而言，影響都是相同的**。系統誤差總是使測量結果固定一致地偏向一邊，或者偏大，或者偏小，因此，多次測量求平均值並不能消除系統誤差。系統誤差影響因素主要原因有學生學習、訓練、疲勞、衰老、遺忘、成長、評量情境……。**系統誤差小效度高，但不影響信度**。

(二) 非系統誤差（unsystematic errors）

又稱隨機誤差（random errors）、**機會誤差或機誤。沒有規則，隨機產生，出現的情境與機率不可預測**。非系統誤差影響因素如受試者身心狀況（動機、情緒、態度、意願、健康等），評量情境（噪音、溫度、溼度、照明、座位等）和評量試題（如題數、取樣、難度、計分、解釋等）。隨機誤差小，信度高。

五、信度的種類

常模參照評量的信度依照隨機誤差的來源不同，可以分成：再測信度、複本信度、內部一致性信度、評分者信度四大類。

(一) 再測信度或重測信度

1. 意義：再測信度（test-retest reliability）考慮的誤差來源是時間誤差。也就是在不同時間，重複實施相同的評量工具，有時稱為前測、後測，這**兩次測量結果的相關係數即是再測信度係數，又稱穩定係數**（stability coefficient）。

2. 優點：可以瞭解評量是否隨時間改變，用以預測受試者未來的行為。

3. 缺點與注意事項：穩定係數易受練習或記憶效果的影響，較適用於動作技能方面的評量。另外，重測的時間間隔不能太長，最好相隔2週～6個月，否則穩定係數會過低。

(二) 複本信度

1. 意義：複本信度（alternate forms reliability）又稱為等值係數（coefficient of equivalency）或穩定且等值係數（coefficient of stability and equivalency），考慮的誤差來源是內容取樣的誤差，需用兩個不同題本但內容等同的評量工具來施測。這兩份評量在指導說明、施測時間、施測內容、題型、題數、計分方式、難度各方面，必須類似或相等。**若兩個複本讓同一群受試者同時間連續施測，就稱為**

等值係數，由於是同時實施，因此是一種**複本立即信度**，可用以說明評量內容取樣的誤差；**若間隔一段時間再實施，稱為穩定且等值係數，由於不同時間施測，因此是一種複本延宕信度**，這樣可以同時兼顧試題抽樣與時間，用以說明評量內容與時間造成的誤差。

2. 優點：因不受練習或記憶效果的影響，是最佳的信度。

3. 缺點與注意事項：因必須在題本各方面均類似或相同，因此不易編製。一般標準化評量尚可做到，但教師自編評量便很難達成。

(三) 內部一致性信度

內部一致性信度係數（internal consistency reliability coefficient）考慮的誤差來源是內容取樣誤差、內容異質性誤差，關心受試者在各個評量題目上表現一致的程度。也就是說，**信度係數的大小反映的是內容取樣的誤差以及題目的同質性程度**。

1. 折半信度

(1)意義：折半信度（split-half reliability）考慮的誤差來源是內容取樣的誤差，其做法是將一份試題拆成兩半（依單雙數題或隨機方式）進行施測，求其相關，即得折半信度。

(2)優點：施測簡易，只須一次。

(3)缺點與注意事項：易受意願、身心狀況的影響，不適用於速度評量。

2. 庫李信度

(1)意義：庫李信度（Kuder-Richardson reliability）受到內容取樣與內容異質性的影響，關心整份評量所有題目的一致性，不須將題本分成兩半。

(2)優點：施測簡易，只須一次。解決折半信度無法產生單一信度係數的缺點。

(3)缺點與注意事項：計算繁瑣，僅適用於二元計分（答對/答錯；同意/不同意）的評量，不適用於速度評量。

3. 克朗貝賀 α 係數

(1)意義：克朗貝賀 α 係數（Cronbach's alpha coefficient）受到的誤差來源是內容異質性誤差，亦是整份評量所有題目計算其一致性。

(2)優點：施測簡易，只須一次。

(3)缺點與注意事項：僅適用於多元計分的評量，不適用於速度評量。

(四) 評分者信度

因考量不同評分者產生的誤差，**採用不同的評分者或同一評分者在不同時間評閱多份評量卷，估計評分的一致性，稱為評分者信度**（scorer reliability）。評分者信度多用在主觀評量類的評分，如：觀察法、判斷法、人格評量、申論題、作文等。

六、影響信度的因素

(一) 樣本特徵
1. 樣本團體異質性：團體異質性越高，評量結果變異量越大，信度越高。
2. 樣本團體平均能力：各團體的平均能力水準不同可能會影響信度係數。

(二) 測量長度（題數）：
一般來說，在一個評量中增加同質性的題目，分數受到猜測因素的影響就會減少，可以使信度提高。

(三) 評量難度：
理論上說，只有評量難度為50%時，才能使評量分數分布範圍最大，求得的信度也最高。

(四) 時間間隔：
時間間隔只對重測信度和不同時測量時的複本信度有影響，間隔時間過長，信度會降低；間隔時間過短，由於記憶效應的影響，信度可能偏高。

(五) 題目設計：
如果試卷本身設計不合理或是出現自相矛盾的題目，試卷的信度會降低。

(六) 身心狀況：
受試者評量時的情緒、態度、意願、健康，評量情境（噪音、溫度、溼度、照明、座位等）疲勞程度、動機高低等因素，均會影響到評量的結果。

(七) 時間限制：
作答時間的限制與否，會影響評量的信度。

(八) 內容取樣：
內容異質的影響，評量內容性質愈一致，則評量的信度愈高。

(九) 評分者誤差：
諸如評分者標準，評分時間等均可能影響評分的客觀性，進而影響評量的信度。

(十) 評量情境：
評量結果的一致性尚可能受到評量情境的影響，諸如評量時的溫度高低、光線強弱噪音、溼度、座位安排等，均會影響評量的信度。

貳、評量的效度（97原三）

一、效度的意義

效度是指評量分數的正確性。易言之，就是指一個測量能夠測量到它所想要測量的特質的程度。

二、效度的計算

真實分數變異量S_t^2中應包括所有受試者共同被測量的部分，稱為共同因素變異量（common factor variance）S_{co}^2，這是評量真正要測到的部分，除此之外，真實分數變異量S_t^2中應還包括評量技術上的困難所無法排除的部分，是評量不願測到的無關變異量，稱為獨特因素變異量（specific variance）S_{sp}^2。因此，我們可說真實分數變異量＝共同因素變異量＋獨特因素變異量，亦即$S_t^2=S_{co}^2+S_{sp}^2$，將此式代入$S_x^2=S_t^2+S_e^2$可以發現$S_x^2=S_{co}^2+S_{sp}^2+S_e^2$，其中$S_{co}^2$佔$S_x^2$的比例大小就是效度。因此，**效度可以定義成：共同因素變異量佔測量總變異量的比例，亦即S_{co}^2/S_x^2。效度係數都小於信度係數，甚至可說信度是效度的極大值。**

三、效度的類型

依照不同情境的要求，效度的類型可以分成：內容效度、效標關聯效度、建構效度三大類。

（一）內容效度（93原三）

內容效度（content validity）是指評量反應評量目標與評量內容的程度。又稱為取樣效度（samping validity）、專家效度（expert validity）、邏輯效度（logic validity）、課程效度（course validity）。內容效度不可與表面效度（face validity）混為一談。表面效度是缺乏邏輯系統的分析，只是指給人的表面印象，因此，表面效度不能代替客觀的效度。一般而言，具有內容效度的評量，通常也具有表面效度，但是，反之則不盡然。表面效度有時是重要的，因為具有表面效度，可使受試者感到親切感，而願意合作。

（二）效標關聯效度

1. 意義：效標關聯效度（riterion-related validity）效度係指「評量能夠測量到我們所想要測量特質的程度」，而效標（validity criterion）（91原三）就是指評量所要預測的某些行為或量數，例如學業成就、平均收入等，是實用性最高的效度。又稱為實證效度（empirical validity）、統計效度（statistical validity）。

2. 分類

效標關聯效度依效標取得時間又分為同時效度以及預測效度。依人事心理學分類成合成效度與區分效度。

✗(1)同時效度（concurrent validity）：是指評量成績與效標成績同時取得，再求兩者間的相關程度。施測者在同一時間測量二者，雖然目的是想用某測量結果以預測另一結果，但進行的方式是在同一時間以相關或迴歸的方式進行。其目的在評估當前的實際表現狀況。

(2)預測效度（predictive validity）：是指評量實施一段時間之後才取得效標。其目的在預測未來的行為。

(3)合成效度（synthetic validity）：預測受試者整體的工作效率。

(4)區分效度（differential validity）：以兩種不同性質的職業的相關係數為效標，再以兩相關係數之差為區分效度。

3. 效標的類型：因其具有適切、可靠、客觀、實用性。

(1)學業成就；(2)特殊化的訓練成績；(3)實際工作表現；

(4)對照團體；(5)心理治療的診斷結果；(6)先前的有效評量。

✗(三) 建構效度（103高考）

1. 意義

建構效度（construct validity）又稱構念效度。是指以實證方法求評量分數能解釋理論構念的程度。構念是指無法直接測量的抽象、假設概念或變項，例如：智力、性向等。構念效度包含三個成分：(1)信度：量表本身可信的程度；(2)輻合效度（convergent validity）：可以測出構念的程度，當測量同一構念的多重指標彼此間聚合或有關連時，就有此種效度存在；(3)區辨效度（discriminant validity）：不包括其他構念和誤差的程度，也稱為分歧效度（divergent validity），此類效度與聚合效度相反，是指一個構念相聚合的多重指標必與其相對立之構念指標有負向相關。例如與「臉書成癮」相關的多重指標應會與「臉書不成癮」相關的多重指標間存有負向相關。這三種成分必須靠合乎邏輯的推理，使它們合為一體的概念。

2. 考驗建構效度的方法

(1)內部一致性相關：同一題本的題目，由於測量同一種屬性，彼此間應具有極高的相關存在，因此各題與全量表總分的相關係數越低，表示越無法測出受試者反應的程度，題目越差。因此，以總分為效標，檢驗各題目與總分之間的相關性。相關係數越高，表示內部題目一致性越高，整份評量越能測出同一特質。

(2)外在相關：找出評量之外已知具有效度的另一評量作為效標，計算兩者的相關係數。

(3)因素分析法：多變量統計分析法的一種，透過因素分析，可使隱藏在題目背後許多概念相似的變項，透過數學關係的轉換，簡化成幾個足以代表整個量表的同質性因素結構，其優點可以協助評量的編製，進一步修正項目分析的結果，並檢驗試題的優劣好壞。

(4)多元特質—多項分析法（multitrait-multimethod，MTMM）：可用以建立輻合效度（convergent validity）和區辨效度（discriminant validity）的主要方法。以多元特質—多項方法矩陣（multitrait-multimethod matrix，MTA）考驗一個評量的建構效度。例如：機械性向評量的分數應與學生在校的數理成績高相關（輻合效度），但卻應與社會科評量的分數呈低相關或無相關（區辨效度）才是。

(5)實驗研究：人類的行為或心理特質常因某項實驗處理或情境而產生不同結果，或維持不變。例：實施教學之後，學生的後測分數應該會比前測分數高，如果這個預測得到支持，將可用來支持構念效度。

(四) 增益效度

增益效度（incremental validity）**是指，某特定評量對於準確預測某一效標，在考量其他測量分數對於效標的影響後的貢獻程度。**對於某一個評量分數A，效標為Y變項，增益效度是指A對於Y的解釋是否優於另一個B變項對於Y變項的解釋。如果A變項優於B變項，那麼A變項對於Y變項的解釋，在B變項被考慮的情況下，應仍具有解釋力。

(五) 交叉驗證

交叉驗證（cross-validation）**係指一個評量的測量結果在許多不同群樣本下，能夠複製的程度，亦即具有跨樣本的有效性。**其主要目的在檢測評量的預測效度。通常皆以隨機方式將原來的分析樣本分成兩半，以其中一半的樣本來建立最佳模式，並拿該模式來預測另一半樣本，看看預測誤差的變異數是否達顯著水準，以判定該模式的預測效度，稱作「複核效化」或是交叉驗證。

四、影響效度的因素

(一) 評量品質：評量之效度取決於試題的性能。

(二) 評量實施：避免外在因素影響評量結果的正確性，效度自然提升。

(三) 受試者反應：避免受試者依照某種反應的型態對評量的題目作一致性的反應，如總答「是」或總是答「否」的「反應心向」（response set）。

(四) 效標品質：選擇適當的效標是提升實證效度的先決條件，評量會因其所採用的效標不同，效度係數就有差異。

(五) 樣本團體：團體的異質性越高，信度高，效度也高。

參、試題分析

試題分析（item Analysis）可分為質的分析（qualitative analysis）與量的分析（quantitative analysis）兩部分。所有試題均必須經過質和量兩方面的分析，最後才能以適當的試題編成一份可靠又有效的評量。有時試題分析又稱「項目分析」或「題目分析」。

一、質的分析

質性的試題分析指的是就試題的內容和形式進行分析，包括內容效度（如：雙向細目表、能力指標、取材範圍是否適切……）、表面效度（如：試題的字體大小、編排、裝訂……），以及編擬試題的技術等。

二、量的分析

量的分析包括試題的難度（item difficulty）、鑑別度（item discrimination）、選項誘答力分析。評量試題經過預試（try-out）之後，逐一分析其難度、鑑別度與受試者對各個選項（options）的反應情形，作為修改試題或選擇試題之依據。本書限於篇幅，有關試題分析的詳細介紹，請見作者另一專書，千華數位文化出版《名師壓箱秘笈—教育測驗與統計（含概要）》第一篇第三章第四、五節內容。

自我評量　　　　　　　　　　　　　　　　　　　　　　　　　　　**歷屆試題**

1. 在評斷一份評量的效度時，通常會進行構念效度（construct validity）的檢驗。請列舉和說明三種用以檢驗構念效度的方法。（103高考）
2. 解釋名詞：信度（reliability）與效度（validity）（97原四）
3. 解釋名詞：同時效度（concurrent validity）（93原四）
4. 解釋名詞：內容效度（content validity）（93原四）
5. 解釋名詞：效標（validity criterion）（91原三）

第三節 評量的類別（含多元評量）

 考點提示 (1)教師自編評量；(2)真實評量（實作評量）；(3)動態評量；(4)檔案評量；(5)情意評量方法，是必考焦點所在。

壹、教師自編評量

一、自編評量的步驟與命題原則

　　教學進行班級評量與評量設計的步驟，主要有四大部分八個步驟，分別為(一)決定評量的目的和目標；(二)編製評量所需的雙向細目表（two-way specification table）；(三)選擇適當的題型與評量方法；(四)編輯評量（命題工具、軟硬體、評量的原則）；(五)組卷與印刷；(六)施測與計分；(七)審查及評鑑（含建立題庫）；(八)善用結果（含試題分析、改進教學）。前(一)～(三)項為設計評量的計畫，第(四)、(五)項為編印，第(六)項為評量的實施，而最後的第(七)、(八)項為評量的檢討與回饋部份，用以改進學生學習和老師的教學。

二、試題類型與命題原則

(一) 選擇題

　　選擇題是由題幹與題項兩個部分組成，題幹是問題的敘述，題項是幾個可能的答案供選擇。其選項的答案型式有最佳答案型與唯一答案型。

1. 優點：命題與計分較申論題客觀、內容取樣更具代表性、適用於六個認知層次的知識評量、可以避免申論題、簡答題題意不清或答題範圍太廣的缺點。
2. 缺點：比申論題等建構反應題型不易評量學生高層次能力、比申論題等建構反應題型不易編寫，尤其是誘答選項的設計。
3. 命題原則：每個題目只針對一個問題、問題的敘述應簡單明確。

(二) 是非題

　　是非題乃非對即錯的對立反應（alternative response），有是非式、訂正式、組合式幾種類型。

1. 優點：適用於問題事實僅有對錯之分的測量、適合用於一般學生容易犯的錯誤概念。

2. 缺點：不適用於該問題事實有所爭論的題目、容易受猜測因素的影響。

3. 命題原則：每個題目只測量一個概念、盡可能正面敘述問題。

(三) 配合題

配合題是選擇題的變形，題目在左，選項在右，並配有作答說明。

1. 優點：製作簡便、可以測量多個概念。

2. 缺點：較適用記憶型的教材、尋找同質性的題目較不易。

3. 命題原則：題目與選項都須為同質性、問題項目與反應項目數量應不等。

(四) 簡答題與填充題

簡答題一般用完全敘述語句來問，填充題則是用不完全敘述語句請做答人填入答案，兩者皆屬選擇題的應用試題。

1. 優點：填充題必須填入答案以完成語句，較難猜測；填充題題目編製容易。

2. 缺點：填充題僅能考出片段記憶，難以測出其他高階層的能力；評分容易受字體美醜、版面配置等因素影響評分客觀性，信度較低。

3. 命題原則：一個問題只能有一個非常明確的答案、同一題空格不宜太多，以1～3格較適宜。

✗(五) 解釋性試題

解釋性試題（interpretive exercise）的出現，是為改進前述幾種試題較無法測出學生高層次思考能力與認知能力的缺點。其命題方式主要提供受試者一些導讀性材料（introductory material），諸如：文章、圖表、實驗過程、照片、資料或情境……，其後伴隨著試題。受試者從導讀性材料中發現隱含的意義或知識，經思考、推理或研判用以找出試題的答案。

1. 優點：可以培養學生對閱讀材料的理解、詮釋與判斷；更能測出多項目、高層次、較複雜的學習結果。

2. 缺點：材料必須兼顧新穎性與正確性；需要相當的閱讀能力，較不適合用於閱讀能力較低的成人或兒童。

3. 命題原則：導論性文章應精簡有意義，圖表為主，文字為輔；導論性材料必須新穎有趣，最好與生活相關。

✗(六) 申論題或問答題

前述幾種試題的類型都稱為客觀式評量，主要精神在於評分較客觀。而問答題與申論題則是主觀式評量，評分較主觀。其型式分成兩種：(一)延伸反應題（extended response）：答案範圍較廣、較深、較開放，答案長度

亦較長，適合報告、小論文或家庭作業，可以測量學生綜合、批判等高層次思考能力；(二)限制反應題（restricted response）：題目中已限定特殊的答案範圍與情境，答題範圍較窄，是一般評量問答題常用的型式。

1. 優點：比較能測出高層次、較複雜的學習能力；對學習知識的整合與運用最有幫助。
2. 缺點：要編製有效且優質的申論題相當不容易；閱卷較費時；評分較不客觀；評分容易受到月暈效應、偏見、字跡等因素的影響。
3. 命題原則：應清楚告知答題的方向；每題申論題的答案長短應盡量接近。

貳、真實評量（102原三；102高考；99地三）

　　真實評量（authentic assessment）主張教學即評量，評量即教學，教師透過觀察、對談，以及學生的作品，直接測量學生的實際操作表現，使教學與評量密切配合，稱為「真實評量」，有時也稱為「實作評量」（performance assessment）或「直接評量」（direct assessment）。

一、目的
(一) 彌補傳統紙筆評量等方式的不足。
(二) 提供教師教學更明確的方向。
(三) 對學生的學習成效更能精確地掌握。

二、具體作法
　　其評量方法可以包括以下的技術：書寫能力評量、問題解決能力、實驗操作技巧、表演、展示、作品、教師觀察、訪談與口試、檢核表、評定量表、問卷……，其形式可包括形成性評量、總結性評量或特殊教學計畫。

三、優缺點

優點	缺點
1. 與生活經驗較能結合，增進學習遷移的可能。 2. 能同時評量認知與技能方面的能力。 3. 真實直接的測量，可排除語文能力高低的干擾。 4. 多元多樣的評量，可提供豐富的訊息。	1. 設計與實施較耗時費力。 2. 以人為主的判斷，評分較不易客觀，易產生月暈效應、溜滑梯效應、天花板效應、效標混淆效應、個人偏誤、邏輯謬誤等「評分者誤差」。 3. 評量情境較難控制，信度較低。 4. 難覓合格專業的評分人員，影響評分結果。

四、實作評量評分規準的發展

　　評分規準（scoring rubric）亦可稱為評分標準（scoring criteria）或評分方案（scoring scheme）。它是由評分者事先設計的評分規則、指引或標準。實作評量依據教師對學生作品的觀察評定方式，可以分成整體式（global rating）評分規準與分析式（analytic rating）評分規準兩大類。其功能對評分者而言，可以引導評分公平客觀，並有助於評量信效度的提高。評分規準的要素、步驟與種類如下敘述：

(一) 使用評分規準的要素

　　評分規準的設定至少應包括下列要素：

1. 評量應區分不同層面的特質，以評量學生不同的反應結果。
2. 每一個特質的表現內涵須清楚加以界定，並以連續量尺分數加以區分成就高低。
3. 對特殊實作水準必須提供範例，讓學生有所遵循。
4. 完整的評分規準應包含等第、評分項目和評分指標。

(二) 建立評分規準的步驟

1. 查看優劣樣本的特質，作為評分的高低標準。
2. 列出評量項目。
3. 排列重要性：依邏輯、學習順序或重要性將評分項目加以排列。
4. 界定評分指標：針對每一項目寫出評分高低的標準。
5. 決定量尺等級的劃分：具體描述各量尺等級的換算與表現程度的對照。
6. 收集範本：收集優良作品，可協助學生楷模學習。
7. 不斷修正。

(三) 評分規準的種類

1. 整體式評分規準

　　將作品視為一個整體加以評分或比較，而不對作品細項表現進行分析。適用於大規模作品評分、作品細項單純、必須快速計分、總結性評量或作品不易細分項目時使用，例如：國中基本學力評量的寫作評量是以滿分六級分的量尺分數來評定學生的作文分數，由於考生人數眾多且必須快速計分，因此，閱卷老師必須客觀地考慮學生在「立意取材」、「結構組織」、「遣詞造句」、「錯別字、格式與標點符號」四項能力上的整體表現，而不能單憑某項能力來評分。因此，國中基本學力評量的寫作評量就是一種整體式評定法的運用。整體式評分規準常用的方式有作品等第量表、等第排列法與心像比較法三種。

2. 分析式的評分規準

分析式的評分規準是針對作品的細項表現進行分析並加以評分後，加總計分成為作品的總分。適用於診斷學生的學習長處或弱點、測量較複雜的特質、形成性評量或提供教師明確的學生學習訊息，例如：教師於教學過程中使用的精熟評量或診斷性評量。分析式評分規準常用的方式有檢核表（checklists）、評定量表（rating scales）和評分規程法三種。其中，檢核表用於是、否的二分法評定，而評定量表則用於多等第的評定。

參、動態評量（101地三）

動態評量（dynamic assessment）主要是相對於傳統評量的靜態測量形式所提出，其意義是指：教師以「前測 ➡ 介入 ➡ 後測」的形式，對學生的學習歷程進行互動性與持續性的評量。用以診斷學生學習錯誤的原因，提供教師教學改進的訊息，以進行適當的補救教學。

一、目的
(一) 評估學生的潛能而非目前的表現。
(二) 透過師生互動，提供學習訊息。

二、具體作法
動態評量的實施方式有：

(一) 學習潛能評量計畫模式（learning potential assessment device，LPAD）：
以「前測 ➡ 訓練 ➡ 後測」方式，評量學生經訓練後的潛能表現。

(二) 極限評量模式（testing-the-limits）：
運用「評量中訓練」的標準化介入模式，評估個體能力的上限。

(三) 連續評量模式（continuous assessment）：
以數學、閱讀為材料，採取「前測 ➡ 訓練 ➡ 再測 ➡ 訓練 ➡ 後測」的程序，實施漸進提示或中介學習訓練。

(四) 漸進提示評量模式（graduated prompting assessment，GPA）：
根據「可能發展區」概念，採用「前測 ➡ 學習 ➡ 遷移 ➡ 後測」漸進提示，瞭解學生的學習能力和學習遷移效率。

✄三、優缺點

優點	缺點
1. 較能評量文化不足與身心障礙學生的認知潛能。 2. 重視學生的潛能表現與認知歷程。 3. 評量歷程連續且互動，效果較能持續。	1. 設計與實施較耗時費力且成本太高。 2. 研究題材仍有待開發。 3. 執行不易，信效度較低。 4. 評量結果較難解釋。

肆、檔案評量（100原三）

　　檔案評量（portfolio assessment），有時稱為卷宗評量，是實作評量的一部分。攝影家、畫家通常保有個人的成果檔案，透過檔案的資料，可以了解其創作成長歷程。同樣地，教師透過學生的檔案資料，可以了解學習歷程的特色與發展、優缺點及其成果，客觀評量整體表現，以協助其學習。

一、目的

(一) 重視學生個別差異的評量。

(二) 讓學生主動參與、收集，能更瞭解其學習歷程。

✄二、具體作法與檔案類型

　　其評量方法可以包括：

(一) **成果檔案**：用以展現學生個人獨特本質與能力。

(二) **過程檔案**：著重呈現學生學習歷程進步的觀察和紀錄，有助於深入了解與診斷學生的習過程。

(三) **評量檔案**：將檔案內涵與評量標準化，可引導學生有系統檢視、反省作品，更可提高評量的效度，方便與他班或他校的學生比較。

✄三、優缺點

優點	缺點
1. 兼顧歷程與結果的評量。 2. 獲得更真實的評量學習結果。 3. 呈現多元資料，激發學習動機與創意。 4. 培養主動積極、自我負責的學習精神。	1. 批閱耗時費力，評分容易不客觀。 2. 檔案評量的製作經費負擔較高，且須用去學生不少時間。 3. 易受月暈效應、語文表達能力等影響，降低信效度。

伍、情意測量方法

一、觀察法

(一) 軼事記錄法

軼事記錄法（anecdotal record）**係採質性研究方法，將事件發生當時的人事物與反應加以詳實記錄，可提供真實細微的觀察線索。**其缺點是費時費事，且亦受教師主觀意識的影響，因此，進行軼事記錄前必須過良好的訓練，最好在事件發生後立刻記錄，且要正負面行為同時記下。

(二) 評定量表法（100高考）

又稱「行為評定法」（behavior rating）（100高考），指教師在觀察學生行為表現時，從事先擬好的評定表中勾選出符合的數字大小、圖示位置或文字描述，以評定行為表現的差異程度，此種評定方式稱為評定量表（rating scales）法。此法較適合評定程序性知識（procedural knowledge）、作品、個人心理或社會發展，可採自評（自陳量表）、互評，或教師評定。其缺點是易受到評分者的偏見、填答習慣（過寬或過嚴）、月暈效應、邏輯謬誤的影響。

(三) 項目檢核法

項目檢核法又稱檢核表（check list），教師觀察學生行為，符合者打〇，不符合者打×，是一種二分變項的計分法，較評定量表容易計分，但較難進行推論。

二、社會計量法（93原三）

1934年莫瑞諾（J. L. Moreno）首先提出社會計量法（sociometry），它包含所有測量人際關係的技術，主要在評量友伴團體中的人際吸引或排斥關係的工具。社會計量法是一種評定量表的變形，施測方式有提名式、量表式、混合式三種。

(一) 社會計量矩陣

莫瑞諾式社會計量性評量，通常會要求學生寫出他們最喜歡（或最不喜歡）的同伴，回收答案後整理成「社會計量矩陣」，根據獲選數的多寡，可以瞭解學生的人緣好壞。

(二) 社會關係圖（92高考）

社會關係圖（sociofram），是社會計量法其中一種，適用於班級組織的小團體，可瞭解團體關係結構並改善個別學生的社會適應。實施方式是

以不同的圖形代表不同的性別，習慣上用三角形代表男生，圓圈代表女生，讓團體成員互選，單向選擇用→，兩人互選用↔，依被選的次數多寡決定位置，被選越多的在越內圈，繪製社會關係圖。

(三) 猜是誰技術

猜是誰技術又稱為猜人評量（guess-who test），是利用熟識的同班同學間相互評量，得知學生的各種人格特質。其實施方式是請學生將符合題目特性的同學名字填入空格中。例如：（　）熱心／樂於助人↔自私／獨享其身（　）。

三、語意分析技術

語意分析技術由美國心理語言學家奧斯古德（C. E. Osgood）於1957年提出，是以一群含有兩個相反概念的形容詞讓受試者在七點或九點量表中選擇，包含評價、力量、行動因素，可用以瞭解個人或團體間對某一概念解讀意義的差別。

四、Q技術

Q技術又稱為Q資料分類技術，由史蒂芬生（Stephenson）於1953年所提出，主要根據研究目的設計一系列描述行為特質的敘述句如：「好學的」、「友善的」，並將每一敘述句寫於卡片上（卡片數以60～90張最好），請受試者就每一卡片上字句符合自己的程度進行分類，通常依標準九的常態分配百分比分成九等級，再按照符合程度高低分別給予9、8、7……1的分數。其優點是最後的分數可進行相關或變異數分析，其缺點是隨機取樣難、樣本小，不適合橫斷性研究。

五、人格測驗

(一) 自陳量表（94地三）

是由受試者在人格測驗題目中，選答最適合描述自己行為模式的答案工具，這種量表在人格測驗中最常使用。題目就像：「我喜歡別人的稱讚，對或錯？」但是受試者在填答時，不一定坦誠作答，所以自陳量表式的人格測驗有時需要使用校正量表或效度量表，來避免失真。

(二) 情境測驗

情境測驗又稱表現測驗，是指主試者預先布置一種日常生活的情境，要求受試者完成交代的任務，但受試者並不知道測驗目的真正關心的行為，並由主試者觀察受試者在此情境中的行為表現，從而判定其人格或某些能力。情境測驗的發展與解釋相當主觀，因此，須由受過臨床訓練

之專業心理人員進行。例如：日常情境測驗、情境壓力測驗、無領袖團
體討論、角色扮演……。

✡(三) 投射技術（94地三）

投射技術是指受試者在無拘束的情景中，不知不覺地投射出其心理上的
需求、個性、情緒、動機、內在衝突等對測驗刺激的主觀解釋和想法，
這些方法包括沒有規則的線條、沒意義的圖片、有頭沒尾的句子，讓受
試者自己透過無限地想像來編排過程與結果，於是通過不同的回答和反
應，藉以瞭解不同人的個性。投射測驗的發展與解釋與情境測驗一樣，
主觀性很強，因此，須由受過臨床訓練之專業心理人員進行。根據受試
者的反應方式，投射技術可分成以下幾類：

1. 聯想法

   聯想法又稱聯想技術（association technique），係要求受測者根據
   主試者提供的圖畫、墨跡圖、字詞等刺激，說出自己聯想的內容。例
   如，榮格文字聯想測試（Jung word association test）和羅夏克墨跡測
   驗（Rorschach inkblot test）等。

2. 完成法

   完成法又稱完成技術（completion technique），係要求受測者將一
   系列未完成的句子自由填寫，補充成完整的句子。例如：「當看到她
   時，我……」，通過受測者的反應可以對受測者的人格進行解釋。常
   見的有羅特未完成語句測驗（rotter incomplete sentences blank）。

3. 表達法

   表達法又稱為表達技術（expression technique），係要求受測者通過
   書寫、談論、唱歌、繪畫等形式，自由地表露其個性特點，從中分析
   其人格。常見的有畫人測驗（drew a person test，DAP）、玩玩具、
   房樹人遊戲、卡爾柯乞的畫樹測驗。

4. 編造法

   編造法又稱編造技術（construction technique），係要求受測者依主
   試者給予的圖畫或文字來編造一個含有過去、現在、未來的故事，
   以測量其人格特點。常用的有莫雷（Murray H. A.）的主題統覺測驗
   （thematic apperception test，TAT）（93身三）和羅氏逆境圖畫測驗
   （Rosenzweig picture-frustration study，RPFS）。

5. 選擇或排列法

選擇或排列法（choice or ordering devices）係要求受測者依據特定的程序或原則對主試者提供的材料進行選擇或予以排列。如：宋迪測驗（Szondi test）。

自我評量　　　　　　　　　　　　　　　　　　歷屆試題

1. 試述評量在教育上之目的、類別與設計評量時注意的原則。（102地三）
2. 請說明實作評量（performance assessment）的意義與特徵。（102原三）
3. 解釋名詞：真實性評量（authentic assessment）（102高考）
4. 解釋名詞：動態評量（dynamic evaluation）（101地三）
5. 近年來檔案評量（portfolio assessment）在教育界廣受重視，試說明其意義、特性並評論其在教學應用上的優缺點？（100原三）
6. 試述教學評量的意義及說明教學評量的種類。（100身三）
7. 解釋名詞：行為評定法（behavior rating）（100高考）
8. 試述「實作評量」（performance assessment）的內涵並評論其教學應用之得失。（99地三）
9. 請說明「自陳量表式人格測驗」與「投射技術式人格測驗」在內容上有何不同，以及各有何特點與限制。（94地三）
10. 解釋名詞：主題統覺測驗（Thematic Apperception Test，TAT）（93身四）
11. 解釋名詞：社會計量法（sociometry）（93原四）
12. 何謂「社會關係圖」（Sociofram）？並請說明其使用時應注意的事項？（92高考）

第四節　編製標準化、結果解釋與應用

(1)教學評量的種類；(2)評量標準化過程；
(3)分數的解釋，是必考焦點所在。

壹、常見的教學評量

教學評量的分類繁多，例如用對象來分，就有教師的教學效率評量、學生的學習成就評量、課程的設計與實施之評量等三類。若用價值標準區分，教學評量的種類就有絕對評量、相對評量和自我評量。每一種評量法都有優缺點或適用時機，教學者應詳加比較，選擇最佳的評量工具或評量方法。在此，選擇兩種較常見的分類方法及其之各類型來做介紹：

(一) 依嚴謹程度而分

依嚴謹程度而言，分為正式評量與非正式評量。

1. 正式評量（formal evaluation）：受評對象在相同的情況下接受相同的評量，且所採用的評量工具亦較為客觀，如評量、問卷、檢核表等。
2. 非正式評量（informal evaluation）：指教師在教學過程中以觀察的方式了解學生之行為表現，可補正式評量之不足（朱敬先，民89）。

但若以近年多元化、適性化的觀點來看，如觀察紀錄等之所謂「非正式評量」卻是相當重要的參考資料，因為有許多諸如情意、技能的能力非「正式評量」所能測得的，所以現在多不以此分類。

(二) 依評量目的而分

依評量目的而言，分為準備性評量（preparative evaluation）、形成性評量（formative evaluation）、診斷性評量（diagnostic evaluation）與總結性評量（summative evaluation）等四種。為便於了解，將上述四種評量類型之適用時機、主要目的及其應用整理列於表8-3：

表8-3 準備性、形成性、診斷性、總結性評量之適用時機、主要目的及應用

類型	適用時機	主要目的	應用
準備性評量	教學前	① 擬定教學目標 ② 確定學生起點行為	① 實施分組參考 ② 選擇教學方法 ③ 擬定補救教學計劃 ④ 決定是否調整原先計劃 ⑤ 是否加入補充教材
形成性評量	教學中	① 使教師及學生了解學習進展情形	① 了解教材、教法上的得失 ② 控制與檢查教學的品質 ③ 考查學生的進步情形 ④ 提供學習的回饋 ⑤ 作為實施再教學、個別輔導或調整教學計劃之參考
診斷性評量		② 診斷學習困難之所在	
總結性評量	教學後	① 考核學生的學習效果 ② 考核教學目標的達成程度	① 評定成績 ② 決定各科教材教法的得失 ③ 用以考量學生學習方法是否正確 ④ 提供學生學習增強 ⑤ 指導學生未來努力的方向 ⑥ 作為教師下次教學前準備性評量之參考

貳、評量編製過程的標準化

(一) 擬訂計畫

評量編製者提出評量編製計畫，包括：評量的目的、評量的架構；命題的內容細則、試題評鑑、計分程序及評分規程（rubrics）、修訂評量及評量出版……。評量出版商評估評量計畫的可行性後始簽約出版該評量。

(二) 確立目標

評量的目標包括安置性、診斷性、形成性、總結性評量……，根據評量所要達成的目的與功能，才能精確地指出評量題目編擬的方向。

(三) 設計雙向細目表

雙向細目表是編擬成就評量試題的設計藍圖，以教學目標為橫軸，教材內容為縱軸，畫出的一個二向度的分類表。

(四) 選擇題型

選擇對的題型進行評量編製，可以提高評量的效度。可選擇的題型有客觀評量（選擇題、是非題、配合題、填充題、簡答題、解釋題）或主觀評量（作文題、申論題、限制反應題），或混合使用。

(五) 編擬試題

使用各種評量類型的命題技術（教師自編評量的命題技術請見本章第三節）來發展題目。編擬試題時，取材應均勻分佈且要涵蓋教材的重要部分，文字應力求簡單扼要，說明清楚。還有題目間要互相獨立，不要互有牽連。

(六) 預試

預試的目的在於未進行正式評量之前，對評量題目進行檢測的工作，用以確認評量的信、效度，以及評量內容或材料的適切性。其注意事項如下：

1. 應設計比所預定要的題數多，從中擇優汰劣以便淘汰後有足夠的題數可使用。
2. 預試對象宜取自將來正式評量欲施測的母群體，並注意代表性。
3. 預試的實施過程應與正式評量時情況相似。
4. 預試時，應使受試者有足夠的作答時間。

(七) 試題分析與評鑑

試題分析的功能在於瞭解題目的品質，經由試題的內容和形式、試題的難度、鑑別度、題項的誘答力等分析，改寫或刪除品質不佳的題目，進而提升題目的品質。預試試題分析應包括內部一致性分析（包括：高低分組平均數差異分析、題目與量表總分相關分析）等項目分析，以進行刪除不適合的題目。再進行因素分析與克郎貝賀 α 係數分析，以考驗評量的建構效度與信度。同時，也需進行試題的難度、鑑別度分析，以為選題的參考。

(八) 編輯正式題目

根據預試試題分析的結果，正式編排施測的題目。依評量屬性的不同，成就評量一般的題目安排是先易後難，速度評量則是將難度相當的題目建置在一起。

(九) 正式施測

包括施測時間的訂定、樣本數的選取、題本的印製、施測人員的訓練、評量的回收與整理……。

(十) 考驗信、效度與常模

以正式樣本為對象建立，施測後進行的信、效度分析或是建立評量的常模。良好的信、效度是一份優質評量的必要條件，常模可據以比較個人在團體中的相對位置。

(十一)編寫指導手冊

評量指導手冊的內容通常包括：評量類別、作者（或修訂者）、評量來源、出版單位、出版時間、評量功能、評量內容、適用對象、評量時間、實施方法、注意事項、計分解釋……。

(十二)修訂評量

根據評量施測過後的缺失，例如：標準化的過程不夠嚴謹、評量題目排列不當、評量難度或鑑別度不理想、施測程序不理想或計分解釋的不客觀…等，加以改善。

（教師自編評量省略上述(六)～(十)的過程，其餘均與標準化評量的編製過程相同）

參、評量分數的解釋

一、評量分數解釋的類型

高德門（Goldman，1971）曾提出以三個向度做為評量分數解釋的模式。三向度分別為：**解釋的類型、資料的處理方法、資料的種類（來源）**。其中，「**解釋的類型**」有四種：**敘述的解釋，溯因的解釋、預測的解釋、評斷的解釋**；「**資料的處理方法**」有兩種：**機械的處理、非機械的處理**；「**資料的來源**」也有兩種：**評量資料、非評量資料**。將此三個向度加以組合，可有4×2×2=16 種不同的解釋方式。例如：某生做完性向評量後，以「預測的一機械的一評量資料」的解釋方式，可以將評量結果解釋為「從性向評量的側面圖分析中，可看出某生在數學科未來的發展比語文科成功。」

上述「資料的來源」中評量的資料（test data）指的是，由各種標準化評量所得到的分數：非評量資料（nontest data）指的是，由非正式標準化評量蒐集到分數，如學校在校成績、模擬考、段考、訪談、觀察所得資料。「資料處理方法」中機械處理（mechanical treatment）是指常模表、側面圖、預期表、相關、差異分析、迴歸預測等統計分析處理；非機械處理（nonmechanical treatment）是指主觀直覺的臨床診斷處理，資料較不易量化比較。

至於分數的解釋類型以下詳述之：

(一) 敘述解釋（descriptive interpretation）

敘述解釋是描述個體的心理特徵狀態，如聰明程度、語文性向是否高於數理性向、內向學生……。

(二) 溯因解釋（genetic interpretation）

溯因解釋是回溯個體過去的原因，以解釋個體目前的發展狀況。如學生的學業成績低落是否因用功不夠造成？其閱讀能力低落是否與家庭環境有關？

(三) 預測解釋（predictive interpretation）

預測解釋即預測或推估未來個體可能發展情形。如學生上大學的數理成績會怎樣？學生未來的數理成績是否會優於語文成績？學生繼續升學可能性多大？

(四) 評斷解釋（evaluative interpretation）

評斷解釋依據分數做價值判斷或做決定。通常此種判斷是綜合以上各種解釋類型判斷的結果加以研判。如學生應該升學高中或高職？學生未來可以從事哪一種職業？評斷解釋通常須有相當的證據，因此，若沒有充分資料當做解釋分數的依據，最好避免做評斷解釋，以免過於主觀。

✡二、評量分數解釋的原則（103身三）

(一) 評量前應瞭解受試者的需求為何，選擇最合適的評量。

(二) 評量後解釋分數時，應由專業人員進行評量分數解釋的工作。

(三) 評量解釋過程應鼓勵學生的參與，並與學生進行雙向溝通。

(四) 瞭解評量的目的、功能與性質，評量結果在評量架構下解釋才具意義。

(五) 評量的解釋應參考其他有關的資料。如受試者狀況、身心發展、家庭文化背景、評量內容、教育經驗、習慣態度、興趣、動機等。

(六) 解釋時應以一段分數取代點分數，避免只給數字而不加以解釋。最好當面說明數字的意義並加以文字的解說。

(七) 最好以圖形代替分數，如性向評量以側面圖取代總分。

(八) 應進行多元評量，如此分數較為客觀。

(九) 評量資料與分數應加以保密。

(十) 評量順解釋時應質量並重。

(十一)解釋分數只做建議，不做決定也不妄下斷語。

(十二)對低分者的解釋要特別小心，避免貼標籤。

(十三)瞭解學生感受，避免過度比較。

(十四)適度的評量進步分數，並重視學生的成長。

(十五)要依評量目度選擇適合的評量型式，常模參照較適合比較，標準參照較適合精熟與診斷評量。

(十六) 評量分數的解釋要考量受試者練習因素的影響。

(十七) 評量分數的解釋要考量受試者動機與焦慮因素的影響。

(十八) 評量分數的解釋要考量受試者的作答心態。例如：寬大誤差、嚴格誤差。

(十九) 評定分數應避免評量者的評分偏失。包括：「嚴格偏失」（severity error）（常將學生的表現一律評定在較低等級）、「寬容偏失」（generosity error）（常將學生的表現一律評定在較高等級）。

(二十) 解釋分數應避免主試者的月暈效應或稱光環效應（halo effect），導致高估結果；也應避免尖角效應（horn effect），導致低估結果。

(二一) 解釋分數應避免主試者的個人偏誤（personal bias errors）或偏見（bias），以及邏輯謬誤（logical error）。

(二二) 要謹記任何的測量都有誤差。因此，評量解釋切勿誇大，應以一般可信賴範圍加以解釋分數。例如：某生智力評量得分105，該評量的測量標準誤為10，則他的智力落在95～115之間的機率有68%。

(二三) 評量解釋後應實施補救教學或教育輔導。

自我評量　　　　　　　　　　　　　　　　　　　　　　　　　　**歷屆試題**

1. 過去國中基測成績是將各科轉換為量尺分數，依總分做出全體考生的PR值；而實施十二年國教之後，教育會考考試結果將採取每一科目的成績分為「精熟」、「基礎」、「待加強」3個等級的三等級加標示的作法，請問將分數轉換為PR值與分成3個等級在分數的解釋與應用有何不同意義與目的。（103身三）

2. 小明的媽媽獲知小明的智力測驗85分，她不知道85分是什麼意思，因此，她到學校去請教王老師。(1)請問王老師必須先蒐集那些訊息，才能解答小明媽媽的困惑？並請針對每項訊息的必要性簡要陳述。(2)王老師在閱讀智力測驗文獻時，學到弗林效應（Flynn effect）。請問何謂弗林效應？造成此一效應的可能因素為何？此效應與智力測驗有何關係？（98地三）

第**9**章

教師教學、班級經營與心理衛生

[名師導讀]

本章介紹教師的教學理論、教學策略、班級經營、教師效能、領導風格、心理衛生與學生行為的關係，雖然出題率較低，但是教學理論與教學策略、班級經營理論與技巧卻是教育心理學頗為重要的部分，不可偏廢。近年的考題集中於專家教師與生手教師的比較、班級經營的有效方法，以及教師的心理衛生問題，題目不難，但牽涉層面較廣，值得考生好好精讀。

命題焦點就看這裡 [考題先覽]

1. 專家教師與生手教師有那些不同特質？另外，從認知學徒制的觀點，說明一位生手要成為專家的歷程。（105年身三）
2. 何謂差異化教學？教師可以依據學生那些特性在那些面向進行差異化教學？在各面向舉出至少三種可能的策略。（105年高考）
3. 試述教師期望、教室歷程和學生成就之間的關係及其影響因素。（104高考）
4. 列舉三項建構主義對學習的核心主張，並舉出三種教學方法說明其如何符應建構主義之學習要素。（104地三）
5. **憂鬱症**的主要症狀為何？形成的可能原因為何？治療的重點為何？（103普考）
6. 解釋名詞：**心理健康**與**心理衛生**（102身三）
7. 請闡述下列名詞之意涵：**馬太效應**（Matthew effect）（102地三）
8. 當前以學生為中心的教學設計多以**建構論**（constructivism）作為主要的理論基礎。請列出符合建構論觀點的教學環境應具備那些主要的特性。（101原三）
9. 試述**相互教學法**（reciprocal teaching）的理論淵源、適用對象、教學內容、教學過程及評論。（101地三）
10. 何謂「**漣漪效應**」（ripple effect）？在進行**班級管理**時，如何避免產生漣漪效應？（98高考）

學習地圖

教師教學、班級經營與心理衛生

教學理論與策略

一、教學理論
1. 教學目標
2. 三規準
3. Herbart教學階段論
4. Winnetka計畫
5. Dalton計畫
6. Keller計畫
7. Carroll學校學習模式
8. Bloom精熟學習理論
9. 個別化教學策略
10. Palincsar和Brown相互教學法

二、教學策略
1. 講述教學法
2. 討論教學法
3. 探究教學法
4. 合作教學法
5. 創造思考教學法
6. 電腦輔助教學法
7. 教師中心與學生中心教學法
8. 教師表達技巧
9. 教師發問技巧
10. 激發學習動機技巧
11. 差異化教學

三、當代重要的教學觀

領導風格與班級經營

一、領導風格
1. 單層面
2. 雙層面
3. 權變與情境領導
4. 轉化領導
5. 交易領導

二、班級經營
1. 意義與功能
2. 班級經營理論
   (1) Skinner行為改變模式
   (2) Glasser現實治癒模式
   (3) Gordon教師效能訓練
   (4) Canter果斷訓練模式
   (5) Dreikurs邏輯後果模式
   (6) Kounin有效動力模式

三、有效班級經營方法
1. 良好的班級氣氛
2. 適切的教學活動
3. 合宜的教室環境
4. 有效的班級常規
5. 公平的獎懲制度

教師效能與心理衛生

一、教師效能
二、專家VS.生手教師
三、學校心理衛生
1. 意義與教學
   (1) 預防性機制
   (2) 改正性機制
   (3) 支持性機制
2. 健康校園
   (1) 憂鬱
   (2) 自傷
   (3) 挫折與壓力
3. 心理健康的促進策略
   (1) 校園環境
   (2) 教師教學
   (3) 學生健康
   (4) 家長與社區

第一節　教學理論與策略

(1)教育三規準；(2)精熟學習理論；(3)相互教學法；
(4)建構教學法；(5)電腦輔助教學，是必考焦點所在。

　　教學活動本是一複雜的歷程，除了與課程密切相關外，更與學生及教師的特質有關。教學的目標、內容、方法都必須適合學生的學習需要與學習型態。而教學的成效更受教師的行為、人格及教學信念影響。

壹、有效能的教學理論、模式與原理

一、教學目標

(一) 認知目標：布魯姆（Bloom）

　　1. 共六項，依次為：知識、理解、應用、分析、綜合、評鑑。

　　2. 2001年，安德森（Anderson）修正認知領域最高層次是創造。

(二) 情意目標：克拉斯和爾（Krutwohl）

　　共五項，依次為：接受、反應、評價（價值判斷）、組織（價值組織）、性格化（價值形成）。

(三) 技能目標：綏勒（Saylor）

　　共七項，依次為：知覺（認知）、心向（準備狀態）、模仿、機械反應、複雜反應、適應、創作（創造）。

二、教育的三項規準

　　皮德思（R. S. Peters）提出，認為教學首先要遵守認知性、價值性、自願性三項規準，才能算是真正的教學。

(一) 合認知性（cognitiveness）：教學的認知性指教學的內容必須符合事實的認知，而認知的要件是要有充分的證據或能夠證實。只有能被證實的內容才能成為知識，因此，教學重在教導真理和事實，否則即是不真或無效的教學。

(二) 合價值性（worthwhileness）：教學的價值性是指教學的結果，要符合道德的適切性和合理性，具有普遍奉行的價值。若學生在校所學對其個人生活或社會大眾不具價值，甚至反而貽害個人或社會，則教學將不具意義。

(三) **合自願性**（voluntariness）：教學的自願性規準是指教學方法應要尊重學生的意願，並配合其身心發展，不得施以強制的手段或用脅迫、洗腦的方式去強迫學習者。

　　從以上三項規準的分析可知，合價值性乃是教學目標的規準，合認知性應屬教學內容的規準，而合自願性乃是教學方法的規準。教學活動應符合這些規準的要求才是有意義及有效能的教學。

三、有效能的教學理論

(一) 赫爾巴特的教學階段論

　　德國著名教育家赫爾巴特（J. F. Herbart，1776～1841）提出教學四階段論：1.明瞭階段：教師將經驗清晰的呈現出來，使學生容易明瞭、吸收；2.聯合階段：將學習內容與其他原有類似的舊表像群相結合；3.系統階段：使學生具有完整的邏輯體系和關係，形成系統的知識；4.方法階段：學生最後能夠自由的將系統化知識，經由思考的過程應用於各種場合，使前後之知識表象具有一致性。

　　赫爾巴特的弟子戚勒（T. Ziller，1817～1882）和雷恩（W. Rein，1847～1929）以赫氏的教學四階段為基礎提出了「形式階段說」。戚勒將赫氏的明瞭階段分成分析與綜合兩步驟。雷恩則修正名稱成為預備、提示、聯合、總括與應用等五階段，教學都應遵循這些階段順序展開。茲分別略述如下：

Step **1**	預備	引出學生舊有的學習經驗以便產生類化作用。此一階段即現在所稱的引起學習動機或學習心向。
Step **2**	提示	在學生具有學習心向之後，即可呈現或提示新教材。其方法可以文字或實物。
Step **3**	聯合（比較）	將前二階段所有舊經驗與新教材加以比較並發現其關係，以便學生系統瞭解並使概念抽象化。其方法有討論、問答、圖示等。
Step **4**	總括	在將比較結果予以系統整理，使之形成系統的知識概念。
Step **5**	應用	將習得的新知識應用於日常生活，可驗證新知並熟練所學。

　　赫爾巴特學派的形式階段學說強調教學過程要有明確的步驟，使學生舊經驗能與新知識結合以發展成有系統的知識架構。赫爾巴特理論對今日學校教育最明顯的影響即是教案設計和教學計畫的步驟。然而教師在應用赫氏的教學法應瞭解班級教學情境的差異。

(二) 文納特卡計畫

文納特卡計畫（Winnetka plan）是華虛朋（C. Washburne）於1919年接任美國伊利諾州文納特卡市的教育局長時，在該市的公立中、小學推廣施行的教育計畫。該計畫**是個別化教學法的一種，十分重視課程的研究和發展**。文納特卡計畫的實施所根據的原理主要有三（Washburne，1926）：

1. **採個別化制度**，每一學科都分成許多單元，每單元都有具體目標。
2. **由學生自我教學**，並自我校正，因此每一科目都編有供學生自學的練習材料。
3. **重視學生的自我表達和社會性的團體及創造性活動。**

文納特卡計畫中編有練習教材，可供學生依照他自己的速度逐步練習，直到每一部分都熟練為止。通常學生若未能通過單元測驗即可利用練習教材自我學習。學生在準備熟練後才參加單元測驗，單元測驗若未通過即須再自行練習，再參加考試，直到通過。文納特卡計畫的特徵是打破嚴格的班級年級限制，採單元教學設計的方式，允許學生自我控速的學習，直到通過成就測驗為止。

文納特卡計畫與以下提到的道爾敦計畫、凱勒計畫，以及卡羅的學校學習模式，基本上都是個別化教學的類型，教師教學歷程首先應進行全班性的優化教學，其次再針對部分無法達到學習標準的學生進行小組支援教學，最後再針對少數未達標準的學生進行個別化支援教學，如圖9-1所示。

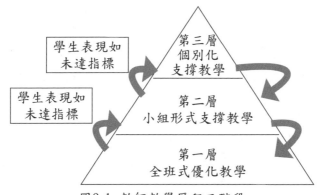

圖9-1 教師教學歷程三階段

(三) 道爾敦計畫

道爾敦（Dalton）是美國麻薩諸塞州的一小城，**道爾敦計畫即是指1922年在該地的道爾敦中學**（Dalton High School）**所施行的一種個別化教學**

計畫。此一計畫的創始人是海倫・派克赫斯特（Helen Parkhurst），**其特色在於以自學輔導的方法，按照個人能力進行學習活動**。其教師教學有四個特色：1.強調學生的自學：教師只在必要時提供協助；2.重視個別學習：學生必須依自己速度學習，不受其他人的干擾或影響；3.打破傳統年級限制與課表式的教學：不受傳統上課時間表的束縛，每一學科都有一間實驗室，在實驗室裡有各該科之參考書籍和設備；4.教師與學生訂定學習合約。合約制可使學生瞭解自己的作業，可以培養學生的責任感。道爾敦計畫即根據柏爾的自我練習、自我測驗和校正的個別學習原理加以修正而來。在學校組織上也打破，以適應學生的不同學習速度。

(四) 凱勒計畫

美國哥倫比亞大學心理學教授**凱勒**（Fred S. Keller）**在1960年代提出個人化教學系統即所謂的凱勒計畫**（Keller plan），**是屬於個別化教學理論之一**。凱勒計畫可以說是受到行為主義心理學家史金納（B. F. Skinner）的增強理論和編序教學理論的影響。

凱勒教學過程與一般教學有別。教師幾乎不講課，完全由學生自我學習直到自認熟練後，即可在固定上課時間要求參加評量考試。因此，學生可在任何地方學習，可利用任何時間學習，凱勒的教室主要是作為領取教材和參加評量考試的場所。學生走入教室內要求教師給予評量考試，考完後教師或助理立即批改，如果通過熟練標準，學生可決定繼續參加下一單元考試或立即離開教室去做其他活動。假如學生未能通過單元評量時，教師會指示學生錯誤之處，學生即需離開教室再去準備原單元，等到下一次上課時段再來參加該單元之評量考試。

教師的主要任務是在課前編選該科目學習教材、編製評量試題、決定評量方式和標準及安排各種激勵酬賞的情境。具體而言，教師的職責包括下列六項：

1. 選擇這門課的全部教材。
2. 將教材加以系統組織。
3. 提供學習指引，包括教材內容的分析及問題的提示等。
4. 編製多套的單元評量試題。
5. 擔任一些講述、演示或主持討論會。
6. 解答學生各種學習的問題。

(五) 卡羅的學校學習模式

卡羅（J. B. Carroll）認為「性向」是學習速度的指標。學習的程度決定於個人學習的時間因素，學習成果的決定因素與個人的性向、機會和教學品質有關。卡羅認為所有的學生在學習方面都具備某種程度的潛力，學習的展現只是所需學習的時間不同而已，主張性向應定位於學習速率，而不是學習成就方面的指標。根據卡羅的觀點，**不同的學生需要有不同的教學方法才能到達熟練，因此，必須鑑定出學生的學習方法，然後儘可能採用合於學生特性、能力和時間的個別化教學方法。**

教師的教學首先必須瞭解學生不感興趣、不願去學習的問題所在，然後擬定出適合他程度的學習目標，利用增強的方式使他逐步去學會教材，並提供立即的回饋和補救教學。學生在獲致成功的學習後，會提高其興趣而更願意去學習。

(六) 布魯姆的精熟教學理論

布魯姆（B.Bloom）的精熟教學理論又稱「單元教學法」，「精熟」定義是指在一個測驗或其他評量中，能得到80～90%的分數。布魯姆特別重視影響教學品質的因素，教學成效的好壞與學生的性向、對教學的瞭解能力、學習的時間量、教材的安排、教學目標等都有密切關係。透過小步驟的教學、足夠的練習機會、充裕的學習時間及補救教學，可以讓學生精熟每一個學習步驟。精熟學習法的教學過程如下：在每一單元間的教學活動，由第一次形成性測驗以評估其能力，通過者進行充實活動，未通過者依據學生的錯誤給予必要之教學，最後進行第二次之形成性測驗，使其達成預期之教學目標（Guskey，1985）。精熟學習法的教學過程如圖9-2所示。

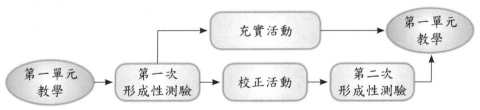

圖9-2　精熟學習法的教學過程
資料來源：楊錦潭、林振欽，2014。

他認為沒有任何一種教學方法能適合全班學生的學習需要，每一位學生可能要有不同型態的教學方法。也沒有任何一種教學目標能滿足所有學生的需求，因此每一位學生都應有符合其學習能力的目標。此外，所有

的學生也都有各自的學習速度，因此在教學上更不宜強求一致的速度。採用精熟教學，學生的成績不相互比較，而是以每位學生是否達到單元測驗所定的標準來決定。布魯姆的教學過程包括兩階段：

1. 引導階段：在此一階段，教師通常利用上課時間告訴學生他們要學習什麼、如何學習、熟練標準評量程序及成績評定方式等。

2. 正式教學階段：在引導階段後，學生已瞭解本科目的學習程序和各種要求，教師就可開始以其一貫採用的班級團體教學方式正式進行精熟教學了。

(七) 個別化教學的策略

個別化教學的策略因學者的主張而各有不同的重點。但**基本上所採取的策略可歸納為下列四種**（Mohan & Hull，1974）：

1. **調整學習速度：**在班級教學中，由於課程和教學的設計，使得學生的學習進度保持一致，因此教師必須調整學習速度較快及遲緩學生的學習時間，才能適應他們的需求。

2. **提供多樣性教材：**有些個別化教學模式偏重於教材設計和編製。通常將教材細分成許多單元，並編製成不同程度的多套教材。有些模式另編有自學教材、練習教材、補充教材、補救教材等供學生選擇使用。

3. **調整評量的標準：**在我國班級教學中，一般教師無法改變學校的課程標準，因此只能在所任教學科中有所因應個別化的需求。教師可以採取的方法是：對於能力較高學生允許免上部分學科和作業要求，另訂個別獨立研究計畫和評量測驗之標準；對於學習明顯有困難之學生另訂學習計畫，根據其能力擬定適合程度之目標和進度。

4. **調整教師角色與任務：**在我國中小學教育環境裡，教師是知識主要傳遞者，我國的學生則因長期依賴教師而形成被動學習態度。教師在整個教學活動中扮演著主要的角色。今後若要因應個別化教學的需要，教師應減少其權威，保留更多教學時間給學生主動學習，教師的任務可以調整到以編寫學生的補充教材，擬訂部分學生的學習規範及提供學習困難學生的補救教學活動上。

個別化教學的模式雖然在形式上各有不一，但其核心概念不外乎為診斷、計劃、教學、評鑑、修正的循環機制（如圖9-3所示）。教師若能體認學生的個別差異所造成的教學影響，並著力改善教學，教學的品質與效果則可望提升（柯俊瑋、王姿媛，2008）。

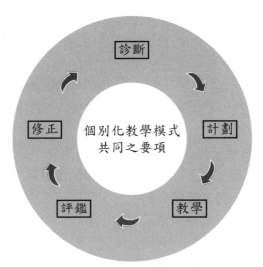

圖9-3　個別化教學模式
資料來源：柯俊瑋、王姿媛，2008。

✗(八) 相互教學法（101地三）

交互教學法（reciprocal teaching）又稱「相互教學法」或「互惠教學法」，是帕利沙及布朗（Palincsar & Brown，1984）根據建構主義而發展的閱讀教學方法。目的是透過師生及同儕的對話和討論，訓練學生四項閱讀策略，以提高學生自我監控和理解文意的能力。交互教學法與傳統的命令式教學法不同，命令式是在教學過程中，教師決定教學的一切，從教學計畫、執行、評量及回饋等，學生只是去遵照、服從和學習，其關係如圖9-4。

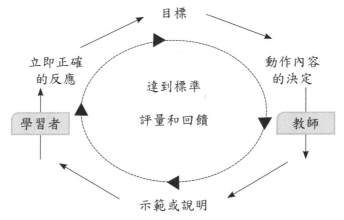

圖9-4 命令式目標、教師與學習者間之關係圖
資料來源：引自周宏室，1994。

相互教學法是非常重視教學策略的教學方法，其四項策略如下：1.摘要：要求學生用自己的話表達所理解的內容的要點，從中反思能否理解文章的要點；2.提問：要求學生就文章中重要的概念提出問題，自我檢視能否掌握文章的內容重點；3.澄清：要求學生解決閱讀時所遇到的困難，使他們能了解文章的意思；4.預測：要求學生就已有知識及所知道的部分內容，確認「線索」，推測下文的內容，訂出閱讀的方向。

相互教學法在教學過程中非常強調「師生對話」的歷程，透過師生對話，老師利用放聲思考方式示範以上四項閱讀策略，接著學生輪流扮演老師的角色，逐步將責任轉移給學生，發展成學生之間相互提供支持的「同儕對話」，這就是維果斯基（Vygotsky）所謂的由他人調整到自我調整。Palincsar和Klenk（1992）指出，學生在相互教學法中就是透過高社會性、互動性及完全的對話才獲得並內化四項閱讀策略。專家根據研究，提出有效「交互教學法」之三項建議：(1)責任轉移宜漸進，即從教師主導到學生自己負責之轉移，必須是漸進的；(2)要求須與能力配合，工作及責任之難度，應予每個學生能力配合，並隨學生能力發展提升之；(3)診斷思考，教師宜細心觀察每位學生「教學」表現，以探索學生思考及其所須之教學類型為何（林清山，1996）。

相互教學在體育科的教學應用更為具體，周宏室（1994）認為，相互教學形式是以教師（teacher）、觀察者（observer）、動作者（doer）三元素組成的教學型態，教師事先設計好活動動作內容和動作的標準，在實施中監督、觀察、回饋觀察者的行為表現，並直接與觀察者溝通意見，不糾正動作者的動作，抑制與動作者於活動時的互動關係。Goldberger（1992）也指出相互式的學習是與同伴一起活動，並協助同伴學習。Mosston和Ashworth（1994）再指出：相互式教學形式就是將教師許多直接、立即回饋的決定慎重的轉移到學習者的身上，使學習者有責任學習使用回饋的決定，讓學習者了解其所做的動作，以及更多的機會去修正他的動作（陳玉枝，2012）。依以上之敘述，教師、觀察者、動作者三者的關係如圖9-5。

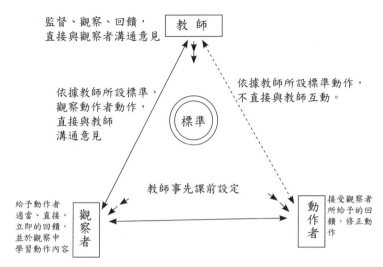

圖9-5　教師、觀察者、動作者的關係（相互教學法）

資料來源：王麗如，2014。

四、有效能的教學策略與技巧

(一) 講述教學法的意義及要領

講述教學（didactic instruction）又稱為講演法（lecture），其意指教學活動以講話（talk）、告訴（telling）、解釋（explanation）、表演（presentation）為主。**這是一種以教師、講解、說明、演示等方式將知識概念傳授給學生的單向式教學法**。因此，學生大部分時間是在傾聽及筆記，師生之溝通呈單向式，鮮少有其他互動。由於學生大多是在安靜聽講，較少發言或討論，因此，講述教學常流於靜默式教學或成為廣被詬病的填鴨式教學。

講述教學法的主要功能有二，其一是較能給學生完整的知識：教師對於書面教材的清晰講解將有助於學生完整知識的瞭解。因此，教師的講述除必須注意其講述技巧和清晰度之外，教師的講述若範圍太廣，必須再將講述的重點加以整理，使學生獲取較有系統的知識。其二是較容易形成基本的概念：概念教學則意指教導學生各學科中的基本或重要的概念，以作為較高層思考能力發展的基礎。

雖然講述教學仍然是當今學校教師最常採用的方法，但並非人人都擅長講述，身為教師必須瞭解講述法的適用性和限制性。成功的講述大都依賴講述的教師能把握以下幾個要領：

1. **講述的時間不宜太長**：中小學階段，講述的時間以二十分鐘為原則。講述時間如過長，主講者就必須有高度的技巧來吸引聽眾、避免分心或作白日夢了。

2. **應注意講述時的動作和語言**：講述的動作要自然，不誇張、不輕浮。表情要有親和力，不宜太嚴肅或毫無表情。在用語上，避免使用太多的俚語、方言及一些人酸刻薄的話。教師在講述時要隨時注意學生是否仔細聽講，因此要隨時注視學生，保持與學生的眼神接觸，如此可以維持其注意力，並瞭解學生的反應。

3. **善用教學媒體**：教師可常使用板書並利用各種教學輔助器材。如此可使教學活動生動而富有變化，亦可增加學生的注意力。

4. **多提供講義**：除口頭講述外，最好能再提供講述大綱或其他相關的書面資料，如此將有助於學生的聽講、記憶和瞭解。

5. **訓練學生聽講的能力**：在班級教學活動中，師生之間的口頭表達和聽力扮演相當重要角色。尤其在講述教學和討論活動中，口頭的溝通佔大部分的時間。因此，教導學生聽懂教師的口頭講述是重要的教學技能。教學生有效地聽講可以把握下列要領：
   (1)先告訴學生今天上課所要講的主題、目的、主要概念是什麼。
   (2)在正式講述之前，先把可能使用的生字、專有名詞寫在黑板上。
   (3)先解釋較難懂、易混淆的概念。
   (4)先提出一些問題讓學生回答。
   (5)講述的速度不可太快，音調要平和，並鼓勵學生隨時發問。

6. **選擇適當的前導組體**：教師所選擇的前導組體必須與學生先前所學的知識有關，而且要比即將要學的新教材的內容在層次上要更抽象。此外，教師在提供前導組體時必須清楚、明確，可以利用書面方式、圖表、黑板或投影片來顯示。基本上教師必須讓學生瞭解所選擇提供的前導組體的意義。前導組體與內容概述及摘要不同，其比較如表9-1，郭建志（1995）也曾提出前導組體可以產生最佳的學習效果，並提出其中的學習條件與模式，如圖9-6所示。

表9-1 前導組體內容概述與摘要之比較

項目	前導組體	內容概述	摘要
呈現時間點	學習材料之前	學習材料之前	學習材料之後
本質	基於學生既有之經驗	學習材料之重點濃縮	學習材料之重點濃縮

項目	前導組體	內容概述	摘要
目的	扮演新舊學習材料的橋樑	提供閱讀新材料的引導	提供閱讀新材料後的重點複習
設計方式	以簡明性、一般性和涵蓋性等高層次概念，來統整新材料，同時包括新舊材料的訊息	概念層次與材料內容平行，不須以較高層概念描寫，只包括新材料的訊息	概念層次與材料內容平行，不須以較高層概念描寫，只包括新材料的訊息
學習者的認知處理	建立學習者的外在聯結	建立學習者對訊息的注意	建立學習者對訊息的複習

資料來源：李正聖，2006。

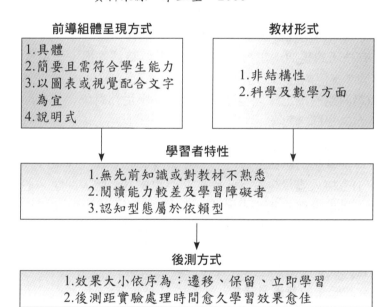

圖9-6 前導組體產生最佳學習效果模式圖
資料來源：郭建志，1995。

(二) 討論教學法的意義及要領

　　討論法是一種由團體的每一成員共同參與的活動，它不像講述法只由教師獨自扮演教學的角色。在討論法中，教師與學生共同就某一主題進行探討，以尋求答案或能為人多數成員所接受的意見。 因此，在討論的過程中，所有成員的不同意見可以充分溝通，在討論的過程中學生更能針對問題仔細思考，提出不同的答案，因此討論法也有助於思考能力和價

值判斷能力的發展。此外，在討論之中，學生有機會養成接受不同觀點和意見的胸襟，這種經驗對於民主社會中未來公民的養成頗具價值。

討論會的準備有賴教師妥善規劃。而在討論會的開始和進行的過程，也要靠教師或擔任主席的學生運用一些技巧來維持討論會的順利進行。教師必須具備下列三方面技巧，才能進行有效的討論教學：

1. **安排適當的討論場所及座位**：討論法的特色之一是各成員的意見能夠獲得溝通和表達，因此，成員間的互動作用乃是基本要件。教師在選擇討論場所和安排座位上，首先要考慮到能使各成員有充分的交互作用。討論座位的安排則依各類討論型態而有不同，而較適合面對面溝通的是圓形或半圓形座位。這種安排可使討論會的每一成員都能見到所有成員的表情和動作。四方形也是常見的討論座位型態，這些方式比較能夠使成員間順利互動。

2. **有技巧的提問**：主持人在討論會開始時常先提一些事實性的問題供討論，提問的技巧如下：

    (1)問題的提出應以全體參與討論的學生為對象，不宜以某位特定學生為提問之對象。

    (2)在某位學生發表意見後，可再指定某位學生評論或表示意見，以增加學生的參與討論。

    (3)主持人儘量少說話，除非必要也儘量少回答問題。把發言機會讓給其他參與討論的人。

3. **避免偏離討論會的主題**：主持人經常面臨的難題就是要避免討論會偏離主題。通常主持人可以提出一個與主題有直接相關的問題來使討論會回到中心議題上。

(三) **探究教學法的意義及步驟**

探究教學法是一種古老的教學法，遠在古希臘時期蘇格拉底的「詰問法」就是屬於探究法的類型之一。在教學法領域或教育心理學中，探究法常與發現法相互並用。**探究是指由學生主動去探尋並尋求解決問題的過程**。探究教學可分為下列幾個步驟：

Step 1 教師先選擇某一種可引起學生興趣的問題，通常是一種有矛盾事件或是某一類神秘事件，例如百慕達三角沉船的故事。

Step 2 教師要先向學生說明整個探究的過程和規則。

Step 3 指導學生提出各種與假設有關的問題，並給予回答。教師只就某些能用「是、否」來回答的問題給予答案，而不回答那些須由教師「思考」的問題。

Step 4 學生驗證自己所提的各種假設，並逐漸發展暫時性的理論，並將各種理論寫在黑板上。

Step 5 全班學生共同討論這些理論的合理性，並由個別學生解釋其理論的建立過程。

Step 6 理論被全班接受後，教師即指導學生討論這些理論的應用性和價值。

Step 7 師生共同檢討分析整個探究的過程有何缺失及改進之道，以增進學生的信心。

(四) 合作學習教學法的意義及教師角色

合作式教學主要是植基於社會心理學的小團體理論。此一理論是認為小團體的成員會相互依賴並產生隸屬感、榮譽感。此種團體的感情促使成員相互幫助、利益與共、團結一致。根據此種理論，若**能將大班級再分成小組，將可使班級內部的小組成員獲得相互幫助學習的機會，使成績好的學生協助成績較低的學生，從而提升學習成效**。合作式教學的主要目標有三，其一是在增進學生彼此的溝通技巧和瞭解能力，其二是在培養學生的合作能力，其三則是在養成學生善待他人的態度，建立良好的人際關係。

在合作學習的教學情境中，教師的角色與傳統的大班級教學中，有所不同。教師的角色只是協助者，學生才是學習的主角。在準備階段，教師的任務有二。第一是教材的內容、重點、目標的分析，第二是進行分組工作，使學生能和諧有效的進行合作學習。在實際教學階段，教師的任務有二，第一是清楚的說明學習目標、活動進行的方式。第二是在合作學習的過程中給予必要的協助，例如指導學生合作的技能。在合作學習中，教師能夠觀察到學生的社會技能，瞭解學生擁有的社會技能是否足夠、正確。當學生的社會技能不成熟時，教師有責任加以指導。

簡言之，教師在合作式教學中所扮演的是學習輔助者及教學活動的經理人角色，安排合作學習的機會，給予必要的指導，使學生從合作中增進社會技能和態度。

(五) 創造思考教學法的意義與原則

創造思考教學的意義是指教師根據創造力發展的原理，在教學過程中採取各種教學方法或策略，啟發或增進學生創造力、想像力為目標的一種歷程。就實際的運作而言，創造性教學不宜視為某種特定的教學方法，而是泛指各種融合創造思考原理原則所設計的教學活動歷程。教師在進行創造思考教學所要把握的原則有六項：

1. 要有自由、和諧、民主式的教室氣氛。
2. 要能接納學生不同的意見，容多納異。
3. 鼓勵學生獨立的學習。
4. 善用發問技巧。
5. 創造性教學並不限定在某一科目中實施，可在各種合適的科目中實施。
6. 創造性教學並不要求教師在整節課中實施，還可以兼採其他教學方法。

創造思考教學最常使用的技巧或策略，就是發問技巧。以下僅就創造思考發問技巧介紹於後：

假如的問題	你可以利用日常生活的一些狀況來問孩子，例如，看見消防車時，可問孩子：「假如家裡失火了，你怎麼辦？」
比較的問題	所謂比較的問題是指拿兩樣、或兩樣以上的東西讓他比較，比如：「人腦和電腦有什麼不同？」「這個茶杯和那個茶杯有什麼不一樣？」
替代的問題	例如：「如果你去郊遊，卻忘了帶茶杯，你可以利用什麼東西來替代它？」「你今天很高興，你可以用什麼語詞來代替它？」
除了的問題	「要到美國去，除了坐飛機之外還有什麼方法？」「學校除了教你讀書寫字之外，你還能學到什麼？」

✄(六) 電腦輔助教學法意義及困難（95原三）

電腦輔助教學（computer-assistance instruction，簡稱CAI）是在1960年代繼編序教學與教學機之後才開始出現的一種教學法。這是利用電腦來輔助教師的教及學生的學的新嘗試。不過，電腦在1960年代由於體積龐大、價格高昂，因而在教學的應用上極為有限。直到1975年微電腦（microcomputer）出現之後，電腦輔助教學才開始蓬勃發展。

電腦輔助教學在中文方面的意義可以從電腦、輔助、教學六個字來瞭解其內涵，電腦輔助教學是以電腦來協助教師教學的一種教學方法。電腦在教學活動上的應用極廣泛。可從下列幾方面來瞭解：

1. 視電腦為教學的對象，例如教學生學習「電腦程式語言」、「認識電腦」或「電腦素養」等課程即屬此類。
2. 以電腦為學習工具，例如在教學過程中學生可以用電腦來解答複雜的計算題，則其功能就如同計算機。也可用微電腦來作文字處理、畫圖、分析資料、寫報告及作業等。

3. 以電腦來輔助教學，這是最常應用的方式。利用電腦系統來呈現教材、傳遞知識，並安排學生直接與電腦溝通互動以達成教學目標。由於各種溝通方式的不同及電腦呈現教材的方式不同，電腦輔助教學遂有各種模式出現。

4. 以電腦來輔助教學管理，此一應用方式與第三種不盡相同。這是指用電腦系統來管理學生的學習表現和各種學習材料，以便有效控制和規範學生的學習。例如利用電腦進行診斷測驗、評分、登記成績及擬定每位學生的學習途徑和步驟等。

由以上的說明可知，電腦輔助的對象包括教師的教和學生的學雙方面。但在教學的過程中，電腦只居輔助者的角色，它不能取代教師的功能。電腦輔助教學有其教學上的價值，但也有施行的限制。它最主要功能是可以協助教師在教材的呈現及學習的評量考試方面適應學生的個別差異的需求。但在實施上必須有足夠的電腦硬體設備及軟體。以我國目前的人力和經費條件來衡量，則我國未來在中小學教學上發展CAI勢必先克服下列三方面的難題：

1. 教師缺乏電腦基本素養：目前多數中小學教師仍欠缺對於電腦的基本認識。為使未來之教師能具備電腦素養，師範及教育院校所有學生均應有基本的電腦訓練。但辦理師資訓練也必須有相當充裕的經費才可行。在目前我國教育經費不充裕的情況下確是一大難題。

2. 課程及教材軟體不足：目前國內對課程軟體之編製有深入研究者不多，而每種課程軟體之編製所需花費的時間又很長，以現有人才之數量，實在很難設計足夠的課程軟體以供學校教學的需求。

3. 經費的不足：發展軟體、辦理師資進修訓練活動及購置硬體軟體設備必須有足夠的經費來支持。故在未來幾年內，國內在電腦輔助教學的發展上，必須克服學校教育經費不足的難題。

(七) 教師為中心和以學生為中心的教學法

以教師為中心的方法是強調教師為整個教學活動的中心，教師屬於主導的地位，因此又稱為「指導式教學」（direct instruction），強調由教師來引導學生練習、指導學生思考和參與學習活動。屬於這一類型態的教學方法最常為教師採用的如講述、練習、示範、表演等，這是目前學校教學中最普遍的教學型態。有些學者又將之稱為明顯的教學。

以學生為中心的教學方法是強調由學生主動參與學習，教師只居於次要地位，因此又稱為「非指導式教學」（indirect instruction），也稱「建

構式教學」（constructive instruction），其教學流程如圖9-7所示。由於整個教學過程較無明顯的步驟，教材內容結構較不完整，所要獲得的知識、內容、概念也都不具體明確，這類的教學又稱為「不明顯的教學」。

在實際的教學中，每一位教師很少是只使用某一種單純的教學方法，大都是融合了某幾種方法或者是交互使用各種方法。但無論教師是兼採哪些教學方法，最重要的是必須知道自己所使用的是哪一種方法及其適用性。

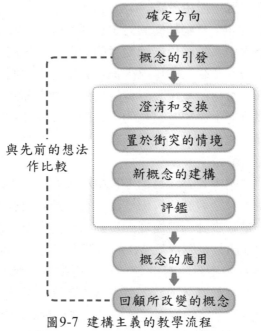

圖9-7　建構主義的教學流程

資料來源：Driver & Oldham, 1986, p.119.

(八) 教師的表達技巧

表達溝通的技巧可說是教學所必備的基本技能。表達常是單方面的傳達，溝通則是雙方面的互動，從教學的角度來看，教師如果善於表達，則有助於師生之間溝通、互動，自然有利教學。教師的教學必須善用語言及非語言的技能，但並不意味要成為雄辯家或名嘴，也不需要有一流的口才，更不必要有各種舞臺動作和姿態，但仍然要瞭解一些基本的表達溝通原則和技巧，才能有效教學。在語言表達上應：

1. **用字遣詞恰當：**教師要仔細選用語詞，以適合學生年齡及程度和理解能力。太專門用語、深奧語詞都應避免。口頭禪、方言、俚語亦不宜。此外有些語病亦應儘量改正，例如每句開頭常加那麼、再來、然

後、總之，結尾語如懂不懂、好了、呢等。這些語病在日常生活應用上是無傷大雅，但在教學情境中就成了贅字、廢詞。

2. **語音聲調及速度得宜：**教學語言除要易於理解外，在語音聲調上要能讓全班學生聽到。因此，教師音量要足夠，使坐後排及角落位置之學生都可聽到。今日某些中學教師則以麥克風補音量之不足，但在使用時也應考慮前座學生，音量不可太大。教師的發音要求準確，口齒清晰、音調要自然、富抑揚頓挫，變化得宜，才能使教學生動活潑不枯燥。在說話速度方面要快慢得宜，能根據段落做適度之停頓，避免冗長不停的解說，每句話的長度都要顧及學生聽講的速度。

3. **扼要清楚達意：**教師的講解說明要簡潔、扼要，避免冗長敘述，亦即要注意語言表達的簡易性，不宜複雜化，其次要說明清楚，不宜用含糊字眼、語詞。此外，還要注意語言的連續性和順序，避免前後順序倒反，重複敘述解說。教師若能在講述時把握簡明扼要清楚的原則，自然能作明確有效的表達。多數教師之所以詞不達意常是未能顧及前述各項因素所致。

4. **避免傷害性的語詞：**語言是重要的溝通工具，善用語言可作有效溝通。反之，使用不當的或具傷害性的語言，也會產生負面的效果。言詞的傷害對於學生自尊心的損傷最大。雖然口頭的責罵常被視為管教的方式之一，但不當或過度的使用應該避免。今日學校教師最常見的言語傷害詞句例如：笨蛋、豬腦袋、皮癢、賤、爛、無可救藥、不要臉、廢物、白痴……，這些詞語造成對學生人格的羞辱、貶抑，將很難彌補，也會傷害到師生的關係，教師應避免使用。

在教學情境中，非語言的表達常與語言同時出現，其在教學上的重要性不容忽視，以下是幾種常見的肢體語言，茲略述於後。

1. **面部表情生動自然：**教師面部的表情也是重要的溝通媒介。教師可運用各種表情來傳達各種期望、態度、觀點、情緒。例如教師的微笑，可使班級氣氛和諧，使學生感到親切、鼓勵。反之教師的表情嚴肅，會使學生感受緊張、焦慮、不安。同樣的，教師也可由學生的面部表情覺察到學生的情緒、精神狀況。青少年學生對於教師的神情舉止都有敏銳的察覺，因此，教師的心情常寫在臉上，要能控制不佳的情緒，顯現出教學的熱忱及親切從容的神情，經常保持笑容乃是不二法門。

2. **眼部接觸頻繁：**眼睛是極重要的溝通器官。眼睛被稱為靈魂之窗，從每個人眼神之中可以流露出各種訊息，如心思、情緒、態度，而且眼

神比面部表情更為真切，個人的喜怒好惡可從眼神中顯現。教師的眼神可傳遞出令學生警覺、注意的訊息。教師可利用凝視來警告學生，減少學生不當行為表現，維持班級秩序。教師的眼神也可流露出對學生的關懷和親密感，有助於師生良好關係的建立。師生之間眼神的接觸愈頻繁，所顯示的關係愈佳，但亦應避免過度注視單一學生。若師生之間欠缺眼神的接觸、互動，則彼此間疏離感愈大。因此，教師若經常背對學生、抄寫黑板，目視窗外、天花板，都會減少與學生眼神接觸的機會。在大班級情境，教師應經常環視所有學生，注意每位學生的神情舉止變化，才能掌握學生的學習動機及態度。

3. **動作與姿勢端莊**：教師的動作是指教師在教室內移動的狀況或位置。多數教師習慣站在講桌之後，也感覺此一位置較為自然。也有教師則站在講桌兩旁，有些教師則經常會穿梭學生座位行列之間，有些則整節課只站在講臺上而不曾移動。教師的動作與中小學生人數多寡及座位排列有關，也與教師是否善用此種肢體語言有關。而教師在課室內的移動還必須顧及學生的聽講距離，務必使全體學生都能看到、聽到。至於姿勢如立姿、坐姿、手勢、身體前傾、向後、雙腳位置等都會顯露出教師的態度和情緒。緊張姿勢如雙手抱胸、雙腳並立代表個人與群體的疏離感、冷漠感；放鬆的姿勢則如雙腳平放、雙臂張開，則顯示友善、親密、和諧。教師宜保持平易近人、友善的姿勢，避免冷淡，不友善的負面姿勢。教師應常用輕鬆自然的手勢來輔助解說並表達溫暖與教學熱忱，避免讓學生感受到不滿、不耐、不親切、不關心。此外，教師的動作要保持端莊，避免某些小動作，例如玩弄粉筆、銅板、原子筆或敲打講桌、黑板等。

4. **維持適當的師生距離**：距離的大小與人的內心感覺有密切關係。距離愈近，常表示兩人之感情愈佳。一般人在談話時總會視彼此關係維持一定的談話距離，而隨著距離的大小，人們談話的音量高低會隨之調整。

綜上所述乃是教師在口語及肢體語言的應用上所要掌握的原則與技巧。教學活動和表演藝術一樣，都必須充分運用口才和動作才能傳遞教學內容和表現卓越演技。身為教師，必須是個善於言詞表達，會說話、會說故事的演員。但並不意味每一位教師都是精彩的演說家或金像獎演員。教師長於表達則師生溝通無礙，反之若拙於言詞將使教學陷入困境。表達技巧是為人師者首要之利器，要成為有效能的教師，口才訓練不可或缺，不斷地學習、訓練將會使教學更精彩生動。

(九) 教師的發問技巧

發問是一種引發他人產生心智活動並作回答的語言刺激。任何一位教師，任何一個學科，任何年級階級的教學，都可以採用發問技術以激發學習動機，增進學生參與學習活動。此外，發問還有下列功用：

1. 提供學生表達機會，增進表達能力。
2. 增進學生創造思考能力。
3. 幫助學生發現疑難問題和困難所在。

〈學記〉有云：「善問者攻堅木，先其易者，後其節目」。教師之提問亦應由淺入深，並注意問題之內容難易、繁複性及其連續性。

發問的十大技巧如下：

1. 講解重點後，再發問或應用問題引導學生了解上課之重點。
2. 問題必須事先設計其比例。
3. 問題集中於上課的重點，先問問題再讓學生回答問題。
4. 給予每一位學生相等的機會。
5. 不鼓勵舉手搶答。
6. 不依照座號的次序或排列的順序發問，請利用姓名籤筒。
7. 給予學生思考的時間至少三秒，等待時間是十分必要的。
8. 不替學生回答問題。
9. 依學生程度來發問：等待學生作答時間會影響學習成就與學生參與的意願。
10. 答對的學生請讚美，答錯的請鼓勵並再給予機會，成功經驗對學生學習成就有絕對的關係。

(十) 激發學習動機的技巧

學生的學習動機和教師的教學有密切的關係。動機可以說是引發學生認真學習的原動力，有了它，學習會有明顯的效果。身為教師必須能了解班上學生的學習動機才能使教學具有成效。

在教學活動歷程中，引起學生的學習動機是正式教學活動的首要步驟。而在教學活動進行之中，教師仍須隨時維持學生的動機，甚至要能激發學生更強烈、更高昂的動機。因此，激發動機的技巧是教學領域中重要的課題。

動機極為複雜，因為影響動機的因素極多。但動機與學生的學習實有密切的關係。要瞭解動機的複雜性可以從學科的性質、學生的個別差異及教師特質等三方面略加說明（Biehler & Snowman，1982）：

1. 學科的性質：有些必修學科本身極為枯燥無味，毫無吸引人之處；但另有些學科或活動本身就極具吸引力。此外，也有些有趣的學科卻因教法的不當而變成無味的科目，但有些原本艱深或枯燥的學科卻因教學方法而變得生動有趣。因此，如何使任教的每一學科對學生都具有吸引力而產生學習的動機和興趣，乃是教師不容忽視的課題。

2. 學生的個別差異：學生的個別差異也表現在學習動機上。動機強者，學習表現佳，動機弱者，則成就較低。此外，有些學生多才多藝，學習能力強，成績經常名列前茅；但有些學生能力差，毫無潛能，成績一直不好。有些學生家庭環境好、身體健康且快樂；有些學生經常被獎勵；但有些學生較少獲獎勵，甚至常被懲罰。常獲獎勵者會有較強的動機，而常被處罰者，動機會較弱。因此，身為教師都必須瞭解每位學生動機的高低，這是極艱巨的任務。

3. 教師特質：教師的特性也會影響到學生的動機。有些教師熱忱、開朗、富同情心；但有些教師對教學缺乏興趣、缺乏熱忱，也無同情心，甚至討厭教學工作。有些教師遇事勇於負責，能儘可能解決學生的困難；但有些教師視教學為一種謀生工作而不願花費精神或時間處理學生問題。有些教師經驗豐富，教學技巧熟練；但有些教師才初次任教，對於如何激發或提升學生的動機方面還不純熟。在教學活動中，能影響學生對學習的動機和興趣的因素實在太多。因此，教師在從事教學的首要任務就是要瞭解自己的教學特質、教材特性，更重要的是，要認識班上學生的學習特性，才能針對個別學生給予適當的激勵。

由於每一位學生的學習動機高低不同，動機又常受到各種因素的影響也會降低或改變，因此，教師的教學可以考慮下列各種策略來激發或維持學生的學習動機。

1. **布置舒適的教室環境：**教室在外在物質環境與學生的學習動機和學習成效都有關。學生置身在整潔、美觀、亮麗、空氣流暢的教室中，不僅容易激起學習的動力，而在舒適的教室裡更可能維持較長久的學習。因此，教師除應維持教室的整潔外，對於座位的安排、各種布告、海報、作品的展示和張貼等都應講究和諧、美感，如此將會使得班級學生處在有利於學習的物理環境和班級氣氛之中。

2. **激發內在的動機：**有些學生似乎天生就能自動自發的學習，對學習有高度的興趣。但大多數學生則需要教師去鼓勵、刺激他們的內在學習動機。教師可以採用下列方式來激發學生的動機：

(1)經常給予學生正面的回饋例如稱讚，讓學生經常具有信心。

(2)指定的作業或任務切合學生的能力，使學生有成就感。

(3)使學生感受到自尊和被尊重，利用機會表揚學生的優點和成就。

3. **導引學習的心向**：在學習之前應讓學生先具有某種心情（mod）或心向（set），這種導引心向的策略有助於學生動機的激發。根據赫爾巴特的形式階段理論認為在教學過程中能結合學生舊有的知識，將新知識統一於舊有經驗體系中而使之相結合是極重要的一步。教師在新教材的教學中，首先要讓學生有機會去回憶一連串的學習經驗，才會促使學生認識到新教材學習的意義與目的何在，而產生有興趣去追究原因。新舊知識、經驗的有效統整則有賴於學習心向的形成。其次，教師要預先安排學生的實際活動。即在進行新知識教學之前，先安排一些遊戲或活動，使學生認識到自己能力的不足，從而想要進一步的學習。此外，教師也可以利用「前導組織」，例如上一單元的一首詩來作開場白。教師在正式講述之前，將單元內容大綱或重點寫在黑板上，或先準備教學媒體如幻燈片、圖表等教具，都可使學生產生強烈的學習動機。

4. **教學活動多樣化**：教師若能靈活採用各種教學方法和身體活動的方式，將使學生對整個學習過程感覺有變化和新鮮有趣，如此有助於高昂學習動機的維持；教師的教學方法不應侷限於冗長的講述，可以隨時引導全班學生進行「討論」或「分組學習」、「角色扮演」、「模擬遊戲」等。教學活動也可在教室外進行，例如參觀博物館、科學館、美術展、電影欣賞、野生標本採集與製作等。

5. **多用獎勵少用懲罰**：行為主義心理學中的正增強原理可用來增進學習的動機。教師在學生每一次的學習活動獲得進步時就應立即給予獎勵、稱讚，以增強學生繼續學習的動機。也可允許學生自己選擇獎勵的方式。而對於學生表現不佳時，亦儘量避免公開責罵甚至體罰的方式。長久以來，我國教育當局都明文規定學校教師不可以體罰學生，例如打手心、打耳光、舉桌椅、跑操場、青蛙跳等方式，但上述情況卻依然可見之於學校而無法禁止。近年來教育部為使適當的體罰合法化，曾有制定所謂的「暫時疼痛法」之議，但迄今並未通過立法。身為教師，在未有體罰之法源下，更不可採用體罰方式。有效的教師，絕對可以用各種教學、輔導方法來改變學生的不當行為，不宜依賴體罰或處罰。

⚡6. **給予適度的期望**（104高考）：教師期望對於學生的學習表現有極大的影響。**馬太效應**（Matthew effect）（102地三）是由美國科學史研究者莫頓（R. K. Merton）1968年提出，原用以概括一種「贏者通吃，好的愈好，壞的愈壞，多的愈多，少的愈少」的社會心理現象，這個術語用在教育上，**會反應比賽得獎者、學業優秀者，集所有榮耀於一身的往往都是教師所喜歡的同學**。因此，為避免「馬太現象」，教師在指定作業、分派工作上都要對學生有適度的期許。換言之，所分派的工作要切合學生的能力，恰能激發學生高度的動機且順利完成任務而獲致成就。反之若任務過於艱難，使學生產生挫折，將不利於學生的學習。因此，身為教師，要對學生有適切的期望水準，並能幫助學生建立合乎其能力的抱負水準。

7. **成績評量不宜過於嚴苛**：今日一些明星中學對學生的要求、期望都很高，常在段考、月考上以艱深題目來評量學生，甚至考倒學生，使學生無法獲得較高的分數，或使多數學生不及格。此一現象往往使學生喪失信心、失去學習的興趣和動機。這是今日中學在評量成績上的一大問題。

總之，學生的學習若具有強烈的動機，特別是內在的動機，則其學習會自動、持久而有成就。引起學習動機不僅是教師從事教學活動的第一步，事實上也是最重要的一步。因此，教師應熟悉各種激勵的策略和方法，針對學生的個別差異去促使學生積極參與學習。總之，教師若能對所任教學科有高度的熱忱，對學生的個別差異特性有深入瞭解，才能有效的激勵學習動機。

(十一) 差異化教學（105高考）

1.差異化教學的意義與功能

學生的學習差異來自於認知能力的差異、學習背景知識的差異、家庭文化經濟資源的差異，或是學習風格型態的差異。教師能依據並回應學生學習差異及需求，彈性調整教學內容、進度和評量方式，以提升學生學習效果和引導學生適性發展，稱為「差異化教學」（differentiatedinstruction）。吳清山（2012）認為，差異化教學是用以補傳統講授法之不足。

差異化教學不是要教師將所有的教學活動都予以差異化，而是由教師專業自主判斷，以正式(如：紙筆測驗)或非正式(如：口頭詢問)評量為基礎，將部分的教學程序予以差異化處理。差異化教學可以展

現教師專業、表達對學生的關心與支持、增加學生學習歷程的成功經驗、提升學生學習效果。

2.**差異化教學的面向與策略**

落實差異化教學的策略，首先必須了解學生個別差異及學習風格；然後採行不同教學策略和教學活動（例如：實施彈性分組教學、個別化教學或問題導向教學…等）；最後則採行多元質性學習評量，來了解學生學習成效，作為未來教學之改進。差異化教學涵括五個面向，各個面向所使用的教學策略如下：（吳清山，2012）

(1)內容（content）的差異：指教學內容及如何教二個向度，也就是教材及教法。其教學策略包括：依學生的程度不同給予不同的教材與教法、實施充實教學或補救教學。

(2)過程（process）的差異：指的是教師透過教學活動的安排，使學生將學習內容內化的過程。其教學策略包括：小組的學習與討論、發表、實作，以及讓程度較好的學生充當小老師。

(3)成果（product）的差異：指學生在經過一段時間之後，學生可以展示其學習成果的樣態。其教學策略包括：以學生最擅長的方式呈現學習成果、重視過程評量與形成性評量、建立屬於個人風格的學習歷程檔案。

(4)學習氛圍（affect）的差異：學習氛圍的差異重點在於強調學習的氛圍對學生的影響。其教學策略包括：建立適合的學習環境、配合班級的學習氛圍作最好的導引、公平而尊重地對待每一個學生。

(5)學習環境（environment）的差異：指學習的空間、學習的時間、教具的支援等的差異。其教學策略包括：考量空間、時間、教學軟硬體的差異，營造溫馨的學習環境，並克服學習環境的時空限制，例如校外教學參觀、角色扮演或學習劇場等方式，給學生多元感受。

五、當代重要教學觀

(一) 效能／效率導向教學觀（effectiveness/efficiency）

效能／效率導向立基於結構功能論、邏輯實證論、行為主義教育思想，以教育卓越為訴求，依學生學習結果評估教師的教學成效。效能導向較傾向於重視學生基本能力的發展，效率導向較重視教師教學策略的經濟效益。企圖以最少的經費、人力與資源，在最短的時間內，使學生達到最高的學習成就。

效能／效率導向教學觀採取「工廠生產模式」的比喻，將學生視為原料，課程當作生產工具，教師的任務乃在利用各種技術（教學），善用教學科技與系統化的教學，控制生產工具（課程），希望按照預期方式將原料（學生）塑造成理想的產品，如圖9-8所示。教師透過專業知識、技能與科學研究精神，以能力本位的方式，善用教學事件，進行有效教學。例如：家長以考上明星高中或大學的升學率，來評斷國中或高中的辦學績效，就是效能／效率導向教學觀的表現。

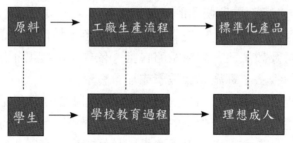

圖9-8 效能/效率導向教學觀的工廠模式

（二）人本導向教學觀（humanistic-oriented）

人本導向教學觀植基於人文主義、存在主義、現象學的教育思想，且深受馬斯洛（Maslow）及羅杰斯（Rogers）的影響，強調全人教育，重視人的尊嚴與價值，認為人性的最高成就在於自我實現。此派學者相信透過教育歷程可以開發人的潛能，實現人的最高價值。並主張成功的教學不在於教師給學生多少知識，而在於教師能否啟迪學生從知識中獲得個人的意義；不在於學生的學習成就能達到教師的期望標準，而在於學生的學習潛能是否被激發，產生不斷的創造與超越，進而達到自我實現的人文主義教育理想。

人本導向教學觀認為教學應以「學生為中心」，重視學生內發（inside out）的選擇與決定，透過自由學習與合作學習，啟發學生內在動機，以開放教育激發潛能，重視自我實現的情意教育與道德教育。因此，每個人都有天賦的潛能，教育應協助個人身心成長及促進自我實現。教師無法強迫學生學習，學習的活動應儘量由學生自己決定和選擇。例如：國內外開放教育的夏山學校、臺北市田園教學、森林小學、種籽學苑等，就是人本導向教學觀的展現。

(三) 建構導向教學觀（constructionism）（101原三）

建構導向教學觀立基於知識社會學、科學哲學與認知心理發展理論，認為「學習是主動建構知識的過程」。也就是說，知識是學習者主動建構，不是被動接受或吸收；知識是學習者經驗的合理化或實用化，不是記憶事實或真理；知識是學習者與別人互動、磋商而形成的共識。學習者以既有的概念（舊經驗）為基礎，建立學習意義，主動參與知識的社會建構（與人互動或討論），而不是被動的接受知識；學生是學習活動的中心，是知識與意義的詮釋者、創造者、發明者，以及問題的探究者。而教師則為問題和情境的促進者，討論溝通的引導者和調節者，以及知識的促進者，學習者的知識成長乃是一種協助學習者創造或發明知識並且培養解決問題的能力，表9-2比較建構教學與傳統教學的不同。

表9-2　傳統教學與建構教學之比較

	傳統教學	建構教學
哲學基礎	客觀論（真理）	建構論（主觀經驗）
	知識本身有恆真的價值	意義是由社會協調而來
教育的目標	培養知識豐富的學生	培養能夠獨立學習的個人
學習目標	對教材內容的記憶與對各種技術精熟演練	理解教材內容的意義，並達到應用的目的
學習者的角色	被動學習	主動學習
學習情境	正式教學	情境教學
	安靜聽講	互相磋商
教學方法	根據學科知識的結構，嚴謹的安排課程	安排接近學生生活的環境，讓學生在環境獨自或和人合作一起探索知識
教師的角色	學科專家，並是知識的傳授者	一方面將知識傳達給學生，另一方面也向學生學習
教師的態度	忠實的傳授知識	有效的建構環境，以促進學生的學習成效

因此，建構導向教學觀認為，教學應以「學習者的學習活動為中心」，教師透過合作學習、情境學習、概念轉變與心理能力提升的教學與評量活動，使學習者主動建構其知識。教師的建構教學方式有三，稱為「建構教學三元論」，如圖9-9：

1. 主動建構：又稱為「一般個人建構主義」（trivial constructivism）。
   這類教師基本上還是會採用傳統式的教學去激發學生主動求知。有些
   教師或許會參雜採用一些建構主義式的教學策略，但基本上還是很傳
   統的教學內涵，故稱為普通或一般的建構主義。
2. 經驗建構：又稱為「急進建構主義」（radical constructivism）。此
   類建構主義強調，知識是個人主觀經驗建構，不是用客觀方法去記憶
   或背誦。因此，教師必須提供一些教學活動的操作、參與或示範，讓
   學習者有機會能具體的獲得一些經驗去建構個人的知識。
3. 社會建構：又稱為「社會建構主義」（social constructivism）。此類
   建構主義強調個人建構知識是在社會文化的環境下所建構的。它需要
   與別人不斷的互動與磋商，加以調整個人所主觀建構的知識。因此，
   教師常用合作學習、小組討論方法，引導學習者產生知識的社會建
   構，補充個人建構知識的不足。

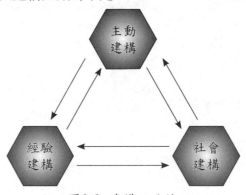

圖9-9　建構三元論

(四) 批判導向教學觀

批判導向教學觀係立基於新教育社會學、意識型態，認為學習是意義與
符號在社會互動中交換與磋商的過程，其焦點放在意識型態的探討，強
調主體意識的覺醒、反省與批判，並重視師生互動與意義建構的動態過
程。透過潛在課程的反省與批判、社會階級再製的批判，建立學習者主
動批判思考與創造的機會。

批判教學觀認為，教育應該培養學生獨立思辯的能力，訓練學生發展自
己獨有的思考模式，建立自己的價值觀，畢竟自己思考出的答案比別人
直接給予的答案更具有意義與價值，且易於記憶。

(五) 多元智能教學觀

嘉德納（H. Gardner）1983年提出多元智能理論，認為智能是解決問題或製造產品的能力，受到一或多種文化環境的重視。多元智能理論主張每個人都有多元智慧，如給予鼓勵指導，能使智慧發展到適當水準，人的智慧可經由參與相關活動而被激發。語言智慧從幼年早期即發展，直到老年仍可持續緩慢發展。邏輯數學智慧在青少年及成長早期達到發展高峰。肢體動覺智慧隨生理成熟而日趨發展；音樂智慧的發展關鍵在兒童早期。智慧雖有強項與弱項的分別，但八種智慧是相互作用而非單獨存在。

多元智能教學觀的意義就是，教師安排教學活動時要同時兼顧多種智慧的學習內容，綜合運用多樣化的教學方法，例如語言表述、批判思考、實地操作練習、合作學習、觀察記錄……，以博物館學習模式（museums as learning model），結合維果斯基的「學徒制」、杜威的「做中學」和感官教育，讓任何學科教學都能跟其他智慧連結，使不同智能的學習者有機會運用其他認知優勢，均衡發展不同的智能。

自我評量 **歷屆試題**

1. 請試述下列名詞之意涵：馬太效應（Matthew effect）。（102地三）
2. 當前以學生為中心的教學設計多以建構論（constructivism）作為主要的理論基礎。請列出符合建構論觀點的教學環境應具備那些主要的特性。（101原三）
3. 試述相互教學法（reciprocal teaching）的理論淵源、適用對象、教學內容、教學過程及評論。（101地三）
4. 試述電腦化的教學對於促進學生學習的助益。（95原三）

第二節　領導風格與班級經營

(1)權變與情境領導；(2)轉化與交易領導；(3)教師效能訓練；(4)邏輯後果模式；(5)果斷訓練模式；(6)有效的班級經營策略，是必考焦點所在。

壹、教師領導風格

教師領導風格大致上可分為下列三種領導方式：

一、單層面領導方式

愛荷華州立大學研究領導學者勒溫（Lewin）將教師領導行為依據權威的使用程度區分為權威型、民主型、放任型三種（朱敬先，1995）：

(一) 權威型領導：教師強調權力、賞罰分明、重視上課秩序與禮節，嚴格要求學生須遵守教師命令與規定。

(二) 民主型領導：教師鼓勵學生發問、參與班級活動並主動關懷學生。

(三) 放任型領導：教師任由學生自由活動，對學生無任何要求、約束，不重視教室秩序與學生較疏離。

二、雙層面領導方式

雙層面領導的產生是由於單層面領導的研究不足而產生的，由俄亥俄州立大學企業研究中心的約翰與艾民（John & Alvin）所設計出的「領導行為描述問卷」（leader behavior description questionnaire，LBDQ），經過修正後即可分為為「倡導—關懷」兩層面：（施懿倩，2007）

(一) 倡導層面：是指指導者以實現團體目標為前提，對工作程序預先計劃，指派成員工作講求績效。

(二) 關懷層面：是說明指導者關懷成員需要，重視成員間人際關係，相互信任，相處融洽。

最後各層面再細分為高、低兩層次，而交織成四種類型：

	高倡導	低倡導
高關懷	工作績效與成員需求兩者兼重	領導者關心成員需求勝過對工作的要求
低關懷	領導者關心工作績效少關懷成員	對團體目標和成員需要均不注重

三、權變與情境理論

　　1960年代後，情境領論成為領導的主流，研究焦點拓展到領導者、被領導者與情境之間三種層面。情境理論又稱為「情勢理論」、「情遇理論」，領導的作用在於影響人們的行為，而人們的行為又受其動機和態度等因素的影響。

　　領導權變理論的研究甚多，較具代表性之理論大致有：(一)豪斯（House）的「途徑—目標」理論；(二)費德勒（Fiedler）權變領導理論；(三)瑞汀（Reddin）的三層面領導理論。分別說明如下：

✡(一)豪斯（House）的「途徑—目標」理論（path-goal theory）

　　「途徑—目標」理論係西元1974年由House & Michell提出，他們認為領導行為對於下列三項部屬行為具有影響作用：1.工作動機；2.工作滿足；3.對於領導者接受與否。

　　在領導者的任務上，設定達成任務之獎酬及協助部屬辨認達成任務與獎酬之徑路，並替部屬清除可能遭遇之障礙。若高度結構化，由於其徑路已十分清晰，則應偏重人際關係，以減少人員因工作單調引起之挫折與不快。反之，工作富於變化與挑戰性，此時領導者應致力於工作上之協助與要求，而非人際關係上。

　　因此，領導者應視部屬特性以及任務結構兩項情勢變數而定。如果任務結構十分明確，工作途徑十分清晰，則應偏重人際關係，控制為多餘，使部屬獲得較大的心理滿足。反之，任務結構缺乏準則，富於變化和含混，部屬產生挫折感，則應致力工作上的要求和控制，部屬自能視為正當而樂意接受。

✡(二)費德勒（Fiedler）權變領導理論（contingency theory of leadership）

　　任何領導型態均可能有效，要視情勢因素而定；因此，一位有效的領導者，必須是一位有適應性的人。權變模式指出影響領導效果的情勢因素有三個：

1. 領導者與部屬的關係：良好或惡劣。
2. 任務的結構：具體明確程度的高或低。
3. 職位權力：領導者職權的強或弱。

(三)瑞汀（Reddin）的三層面領導理論（three dimension theory）

　　瑞汀（W. J. Reddin）延續雙層面領導研究，根據費德勒（Fiedler）提出的「任務行為」與「關係行為」的觀念，增加效能的層面，發展

出來「三層面領導理論」。瑞汀認為領導者的領導行為是三個層面的組合體，即1.任務導向（task behavior）；2.關係導向（relationship behavior）；3.領導效能（effectiveness）。

瑞汀以三個層面中之「任務」及「關係」兩層面，組成四個基本的領導型態；而第三層面「效能」，分為高效能和低效能，視領導者的行為是否能適合情勢而定，共形成八種行政形式，如表9-3說明。如果領導者的行為能適合情勢，則能有高效能；反之，則產生低效能。

1. 隔離型：任務導向及關係導向均低，既不重視工作，亦不重視人際關係。
2. 奉獻型：高任務導向低關係導向，不重視人際關係，一心想達成任務，秉公辦事。
3. 關係型：高關係導向低任務導向，只求與部屬和睦相處，關係融洽，不重視任務。
4. 統合型：任務導向及關係導向均高，兼顧群體需求及任務達成。

表9-3 三層面領導理論八種行政形式之特徵

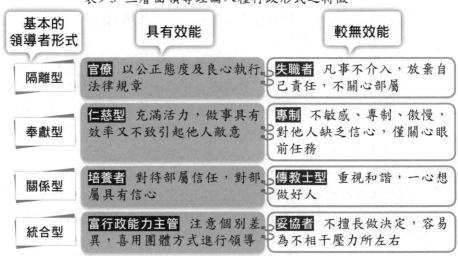

資料來源：引自林麗琴，1995。

四、新領導理論

(一) 轉化領導（transformational leadership）

1. 意義

轉化領導的概念最先由道頓（Downton）所提出。而正式將其作為一種領導行為的研究則為政治社會學家柏恩（Burns）。柏恩以馬斯洛

的需求層次論來對轉化領導做詮釋。他認為轉化領導的領導者能瞭解部屬的需求，為成員開發潛能、激發動機，培養部屬成為領導者。所謂的「轉化」，指的是針對舊有的領導方式做改變。

轉化領導的意義為：領導者運用個人的魅力去影響部屬，取得部屬的崇敬、信任並將部屬動機層次提升，分享願景並鼓勵部屬共同去完成，以激發同仁對於工作及自我實現更加努力，而讓部屬所表現成果超乎預期。

2. 轉化領導之層面與特徵

Bass & Avolio（1994）在《改進組織效能》（*Improving Organizational Effectiveness*）書中提出具體的行為層面為：魅力、激勵、個別關懷、智力刺激四個層次。

(1)魅力

領導者透過自信、理念、態度及情緒上的特質，令人尊重與信任；領導者具有吸引人的個人魅力，以激發部屬的忠誠及參與學校活動的意願；領導者有令追隨者心悅誠服的特質與行為。故又將魅力分為兩個層面，一為理想化特質，另一者為理想化行為。

　A. 理想化特質：理想化的領導者呈現最高轉化領導之層次，其領導者本身或其行為，成為追隨者崇拜景仰的目標，因為成員們如此信任領導者，他們仿效領導者的行為，他們接納領導者所描述的價值觀，他們被託付去完成領導者的遠景，甚至於必要的犧牲。

　B. 理想化行為：藉由領導者特別行為的表現，能獲得成員的景仰、崇拜，領導者常展現的行為是堅持道德與理想，設定具挑戰性的目標及標準，他們鼓勵成員去分享共同遠景和目的，認同他們的領導者和發展高層次的信任。成員相信領導者能確保團體的成功。

(2)激勵

溝通高度的期望，用心匯集努力，以簡單的方式表達重要的目標。係指領導者藉由激勵部屬的行為，凝聚共識並分享目標，發揮領導影響力，提升部屬對於成功的追求，讓部屬一起完成任務或目標。

(3)個別關懷

給予個別的注意，對每一位部屬個別對待、訓練與勸告。係指領導者關心部屬的個別需求亦尊重每一位部屬之獨特性，協助部屬成長、發揮個人的潛能。

(4)智力刺激

提昇智慧、理性和謹慎解決問題的能力。領導者要求成員以問題假設、問題的重新結構方式來重新看待問題，並鼓勵成員能夠創新，但不會公開批評成員的錯誤，即使其創新想法與領導者不同，亦不會受到領導者的質疑。

✡(二) 交易領導（transactional leadership）

1. 意義

交易領導又稱「互易領導」，是依循伯勞（Blau，1974）所提出的社會交換理論（social exchange）而來。交易領導即為領導者基於工作目標的達成及角色詮釋的基礎上，適時運用協商、利益交換、獎賞處罰等方式，激勵部屬努力工作完成任務目標的一種領導歷程。

2. 交易領導層面與特徵

(1)權宜獎賞：訂有努力及獎賞的契約，對良好績效予以獎賞、讚賞成就。即領導者使部屬清楚知道，有表現就有獎勵，當部屬完成所交付之任務時，便給予適當的獎勵。

(2)積極的例外管理：注視、找尋偏離規則和標準的活動，採取修正的措施。即領導者能注意並了解事情的執行未能達到標準時，遂進行必要的介入及修正。

(3)消極的例外管理：只有在不符合標準時才介入。即領導者關心部屬的錯誤行為而給予負增強及處罰的歷程，並將注意力放在部屬錯誤與偏差行為的指導上。

貳、班級經營

一、班級經營的意義

張春興（1996）指出所謂班級經營（classroom management），是指在師生互動的教學活動中，教師對於學生學習的一切處理方式；包括消極地避免學生違規行為的發生與積極地培養學生遵守團體規範的習慣，藉此以形成良好的教學環境。

二、班級經營的功能

✡　朱文雄（1992）認為班級經營的目的有三：第一是維持教室情境；第二是進行有效教學；第三是達成師生教學目標。班級經營有以下的功能：

1. 維持良好的班級秩序，使學生心無旁騖。
2. 培養正確的行為習慣，使學生守法重紀。
3. 啟發主動的學習興趣，使學生勤學樂學。
4. 增進身心的生長發展，使學生適應愉悅。
5. 發展團體的自治自律，使學生動靜得宜。
6. 增進班級的情感交流，使學生樂群善群。

三、班級經營的理論

(一) 斯肯納（Skinner）的行為改變模式

斯肯納（B. F. Skinner）用食物獎勵適當的行為，制約了老鼠壓桿和鴿子打桌球的行為。其班級經營概念係鼓勵學生遵守班規，且立即回應，處置公平。根據學生能力，訂定讚許標準，有效運用讚許並根據違規程度予以適度懲罰。Skinner設計第一個「寶寶箱」（baby box），是一種經過控制或管理的空間，幼兒在那兒能夠生長與發展。班級經營秘笈：1.獎勵貼紙的應用；2.形成例行性的班規。行為改變模式與人文主義是班級經營模式的兩個極端，比較如表9-4。

表9-4 行為改變與人文主義班級經營模式比較

斯肯納	羅杰斯
win-lose（我贏你輸）	win-win（雙贏）
praise（讚美）或獎賞	encouragement（鼓勵）
Free will是錯覺	Free will是存在於現實中
權威領導	知識領導
控制力	影響力
壓力	刺激
命令合作	爭取合作
主導	引導
外在懲罰	自我懲罰
缺乏信任	充滿信任
操作	協助
環境後效	自我實現
學生是遊客（只要通過即可）	學生是居民（需承擔責任）

(二) 葛拉瑟（Glasser）現實治療模式

葛拉瑟（W. Glasser）現實治療模式（reality therapy）是根據其用以處理班級行為問題的「控制論」與「選擇論」而來。控制論的基本假定是：學生表現行為的適當與否，視其內在的基本需求是否滿足而定。葛拉瑟主張學生有五種基本的心理需求：生存、歸屬、權力、自由、樂趣。由於學生缺乏滿足自己需求的權力，致使他們工作不力，無法實現潛能。學校須營造滿足學生需求的情境，教師需提供鼓勵、支持和協助，而不運用責備、懲罰或矯治等策略。而選擇理論則認為，只有學生自己能夠控制己身的行為。因此，優質的學校與教師，是幫助學生滿足一種或多種心理需求的殿堂。

教師的作為必須在開學首日起，營造溫馨、友善的氣氛接納學生，並激發學生透過班會做民主式的討論。而學生的作為必須遵守校規，須為自己的行為表現負責，學習遵循班級一致同意的行為規則。

(三) 高登（Gordon）教師效能訓練模式

高登（T. Gordon）是教師效能訓練（teacher effectiveness training，T.E.T.，1974）的創立者，在班級經營理論倡導教師效能訓練模式，以及學生自我紀律訓練。他認為：1.教師要以關注和照顧的態度對待學生，學生將會以相同的表現來尊敬教師；2.教室發生問題的主體是學生時，教師應積極傾聽學生的說法，以便協助解決；3.高登強調「我—訊息」的概念，認為欲改變學生行為的最佳途徑，需透過所謂我—訊息，即第一描述該偏差行為，第二描述該行為對教師的影響，第三告知學生該行為給予教師的感受。

✡(四) 肯特夫婦（Canter & Canter）果斷訓育模式

肯特夫婦（L. Canter & M. Canter）提出果斷訓育模式（assertive discipline）的班級經營模式，主要精神是老師對於學生所表現出來的行為要有果斷的堅持。班級經營仰賴教師的能力和果斷的意願，不允許學生破壞，以致影響教學的過程。學生表現破壞行為時，教師採取之作法，依序為：登載名字，放學後留校，轉送學校當局處理，請家長來校處理。其目的在使學生瞭解與相信規章及其限制。Canter的果斷理論具相當實用性，重視環境限制，其原則：1.沒有人可以任何理由干擾教學；2.沒有人可以任何理由干擾學生學習所盡的努力；3.沒有人可以引起學生身心傷害；4.好的行為應該獎勵；5.應該讓學生知道違反規定的結果；6.規定應少、簡單、清楚且直接；7.因果關係需界定清楚；8.規定需能保障人權。

(五) 德瑞克斯（Dreikurs）邏輯後果模式

德瑞克斯（R. Dreikurs）提出邏輯後果（logical consequence）模式，認為學生表現不當行為可能與其追求目標有關。輕則在引人注意，重則在追求權力或對人報復。又稱「民主式教學與班級經營理論」、「目標導向型理論」，主張以「合理的處分」取代懲罰，提出學生得不到社會肯定，轉而會有：獲取注意、尋求權力、尋求報復、顯現無能等四種不當行為的目標或錯誤目標。教師的角色是以一對一方式，協助學生瞭解其行為背後的目標，以避免抱持上述的偏差行為。而學生的角色則為自己行為負責，自尊尊人，影響同儕表現適當的行為，認知適當行為並為不當行為後果負責。

(六) 康寧（Kounin）有效動力經營模式

康寧（J. Kounin）提出有效動力經營模式（the effective mometum management），又稱為「教學管理模式」。該模式的焦點置於團體的特徵，而不在於個別的教師和學生個人。其關鍵構念是以「漣漪效應」、「同時處理」、「掌握全局」、「進度管理」、「團體焦點」、「避免厭煩」的原則和程序探討班級經營焦點主題：1.**重視漣漪效應（ripple effect）（98高考），所謂漣漪效應，就是當教師指責或處罰學生不良行為的方式，對於班上其他學生也會產生「殺雞儆猴」的影響**，對於處理學生的不良行為效果奇佳；2.掌控全場，關注上課流程；3.學習任務以及學習任務內推動力量的平衡轉換，維持團體焦點的目標，提供學生多元學習機會。

四、有效的班級經營方法（97原三）

(一) **良好的班級氣氛**：教師應善用民主式的領導，鼓勵孩子共同參與制定計劃，常給予學生客觀的表揚及建議，孩子的學習意願高，班級氣氛愉快良好。

(二) **適切的教學活動**：老師需思考如何教學與安排活動，才能喚醒學生的舊經驗，也透過活潑多樣的教學活動，讓學生在彼此互動中達到教學目標，並建立新的知識與經驗。

(三) **合宜的教室環境**：教室佈置的原則應是溫馨與實用，在佈置教室時應先設立一個主題，這樣佈置起來會有整體性，再將教學目標、進度融入其中，使佈置不只是佈置，還多了一些實用的功能。

(四) 有效的班級常規：常規的制定，乃是用來輔導並鼓勵良好的行為表現，是屬於積極面的，並不是制定一些消極的、限制的公約，以用來懲罰學生不當的行為。常規的制定必須積極有效，全班同學才會一體遵行。

(五) 公平的獎懲制度：設定簡明扼要、具體、清楚的規則及標準，一致性公平對待每一位學生，並進行有效的鼓勵方案，多獎勵少懲罰。教師在處理學生問題時，千萬不可有個人喜好出現，不然很容易讓學生認為老師不公平，且會失去對教師的信任（95原三）。

自我評量　　　　　　　　　　　　　　　　　　　　　　　　　　　歷屆試題

1. 何謂「漣漪效應」（ripple effect）？在進行班級管理時，如何避免產生漣漪效應？（98高考）
2. 試述有效的班級經營方法？（97原三）
3. 簡述在班級管理與學生個人學習上，如何應用行為塑造（Behavioral shaping）與部分強化時制（Partial reinforcement schedule）兩項操作制約的原則。（95原三）

第三節 教師效能與心理衛生

考點
提示
(1)專家與生手教師；(2)支持性心理衛生機制；(3)憂鬱防治；
(4)挫折與壓力調適；(5)心理健康促進策略，是必考焦點所在。

壹、教師效能（teacher effect）

一、定義

近二十年來，對於好老師或有效能的老師（effective teacher）的界定有了新的方向，即從某些教師的具體行為對學生認知及情意態度等行為的影響上來判斷。根據美國教育心理學者波立（Borich，1988）的歸納，共有五項教師行為可作為研判有效能教師的依據。這些教師行為包括：

(一) 教學的明確性： 指教學有系統，講述內容和目標清楚明確。

(二) 教學的多樣性： 即教學活動、方法和內容富變化。

(三) 教學的任務取向： 即認真教學，關心並幫助學生達成學習目標。

(四) 投入教學的程度： 包括教師準備教學及實際用於教學的時間。

(五) 中等至高度的學習成功比例： 指教師若投入百分之六十至七十的教學程度，則學生大致可瞭解學習內容而獲得滿意成果。

學者史密斯（Smith，1969）認為有效能的教師必須具備下列要件：

(一) 豐富的學理基礎，包括學習及人類行為方面。

(二) 與學生、家長有良好、積極的態度。

(三) 熟悉任教學科的知識。

(四) 純熟的教學技巧以增進學生的學習。

另一位美國教育學者麥爾（Myers，1995）則將與有效能教學相關的研究歸結成下列四項，並以之作為研判教學是否有效能的指標：

良好的班級氣氛	指溫暖、鼓勵、民主、和諧、學習取向的教室環境氣氛。
時間的有效運用	包括教學時間的長短、學生實際學習的時間量等皆與教學成效有關。
積極的教學策略	包括學習心向的導引、教材的展現、教學評量、良好的教室的管理等。
教師期望與獎勵	合適的教師期望影響學生的成就、適當的獎勵增進學習效果。

▲二、專家教師與生手教師（105身三；97地三；95地三）

(一) 專家教師的發展過程

所謂「專家」，就是對某事十分熟練或對特定學科相當了解的人，專家教師就是在教學領域的專家。Berliner（1988）曾提出專家教師的形成分成五個階段：1.生手教師：實習教師或任教第一年的教師；2.進階的初任教師：擁有二至三年教學經驗；3.能力教師：任教三至四年；4.幹練教師：任教五年以上；5.專家教師：用直覺處理問題。

Berliner（1987、1994）也歸納了專家教師的教學特質如下：1.專家教師主要擅長於自己的領域及特定的學科；2.專家教師經常為了完成教學目標，不斷重複運用教學技巧及方法，以發展自動化；3.專家教師在進行問題解決時，對任務的需求及社會的情況較敏感；4.專家教師教學時比生手教師更具彈性；5.專家教師注重問題的潛在因素，生手教師只看問題的表面；6.專家教師有快速正確的模型（pattern）認知能力，生手教師就無法對所經驗的有所感受；7.專家教師能覺察其所經驗的領域中之有意義的模型；8.專家教師一開始解決問題較慢，但他們具有更豐富及更多個人的資訊來源，以應付他們所嘗試解決的問題；9.專家教師對所得到的資訊，能從假設中做大體上的推論；10.專家教師比生手教師更會評價，因為生手缺乏自信也缺乏成功的經驗；11.專家教師較注意反常的事物，因為他們知道這些可能是過程中的重點。

(二) 專家教學的典型（prototype）

Sternberg & Horvath（1995）從領域知識（knowledge）、問題解決效率（efficiency）及洞察力（insight）三方面，說明專家教學的典型：

1. 知識方面：(1)學科知識：專家教師知道學科的原理；(2)教學法知識：在教特定的學科內容上，專家教師會進行有效的教學設計；在非特定的學科內容方面，專家教師會建立教學常規；(3)實務知識（practical knowledge）：專家教師能在實務工作所累積的經驗中，自行得到一些原則及有效的做法，並加以歸納、分析、整理，以便隨時可以取用。

2. 效率方面：(1)專家教師較具流暢的工作程序；(2)專家教師於課程規畫時，即能預期學生可能有的困難；(3)專家教師知道學生的學習興趣，以及能檢測學生學習失敗的原因；(4)專家教師能根據所遭遇的困難修正教學計畫;(5)專家教師將學生作業視為觀察及評鑑特定學生的一種機會。

3. 洞察力方面：(1)專家教師能選擇最佳的資訊來源；(2)專家教師能選擇性地將表面似乎無關的資訊，重組出有效的問題解決方案；(3)專家教師能選擇性地比較資訊，並能將其他環境中有效的方式遷移到新的情境中使用。

(三) 教師教育課程

舒爾曼（Shulman，1987）把教師教育課程分為七大範疇：1.內容知識：學科本位的知識基礎，學生必須對所任教的學科有專業的和深刻的認識；2.學科教育學知識：教授這些知識所需要的教學技巧；3.學習者的知識：認識學習理論和學習者的特徵，如教育心理學、發展心理學和學生輔導等；4.一般教學法知識：針對課堂管理與組織的理念和策略；5.課程知識：課程的基本理論以及對學校課程的認識；6.教育脈絡知識：瞭解教師群體的文化特徵，學校、社區及政府政策之間的關係；7.目的、價值、哲學和社會背景知識：即教育哲學、教育社會學、教育價值的知識。因此，專家教師必須對此七種教育知識相當熟稔。

Glaser & Chi（1988）的觀點認為，專家教師主要在於指導其認知與問題解決上所擁有的基模，能具備的前導知識越多，所擁有的處理訊息能力越多，知識的精緻化就越有可能。因此，專家教師的主要特徵：1.具備豐富的專業知識；2.有效解決問題的能力；3.敏銳的觀察力；4.良好的思考能力。

(四) 生手成為專家的歷程—認知學徒制（105身三）

Collins, Brown 與Newman（1987）提出「認知學徒制」（cognitive apprenticeship），乃將傳統學徒制的方法和精神應用到學校教育中，有關於閱讀、寫作及數學等認知領域的教學主張。在傳統學徒制，學徒於知識和技能所存在的真實情境脈絡之中，透過觀察(observation)、實作練習(practice)、反思（reflection）及師傅之教導（coaching）等方式，進行學習(潘世尊，2012)。因此，應用於生手教師成為專家教師的學習歷程與養成訓練，至少應該包括以下幾個階段：

1. 教室觀課與教學觀摩

生手教師首先必須參加教師觀課，累積教學經驗與教學素材後，舉辦教學觀摩，聽取更多專家教師的意見。認知學徒制認為，透過觀察，學徒會在心中形成完成某一工作任務之概念模式（conceptual model）。此概念模式不但會對學徒之實作練習產生引導作用，還能讓學徒得以理解師傅之回饋與暗示。

2. 師傅教師不斷引導修正

經過觀摩學習之後，生手教師必然有所體會與成長，此時師傅教師的引導非常重要，可幫助生手教師從中修正自己的教學行為，提升自己的近側發展區(zone of proximal development，簡稱 ZPD)，獲得更高一層的教學知識與技巧。透過不斷的觀察及師傅的引導，學徒會藉由反思，比較自我之表現和師傅或同儕的知識與技能之差異，進而更新先前之概念模式及調整後續之實作行動。

3. 提供支持性鷹架與示範

生手教師教學過程中，師傅教師可以透過說明、示範或暗示之方式，提供生手教師所需要之支持性的鷹架(supporting scaffolding)，以協助他們學會完成工作所需之種種技能。鷹架作用包括水平鷹架與垂直鷹架，可使師傅教師對生手教師所提供的學習支持，擴展及延伸到其他領域的學習及思考上，並更進一步擴展生手教師潛在發展區的發展。

4. 給予更複雜具挑戰性的教學任務

當生手教師逐漸掌握某一技巧與知識，師傅教師必須跟著漸漸減低他的參與、引導和協助，並引導生手教師學習更為複雜、重要與核心之技能。經由此種方式，教師慢慢由生手進展到如該領域專家一樣，能全盤的掌握各項知識和技能，且能實際用以解決此一領域之種種問題。

認知學徒制（cognition apprenticeship）的教學策略：示範、教導、提供鷹架並逐漸撤除、闡明、反省和探究，是培養生手教師成為一個能獨立思考及問題解決的專家教師，最重要且紮實的養成訓練歷程。

✡三、專家教師與生手教師之差異比較（97地三；95地三）

周書毓（2005）將專家教師（expert teacher）與生手教師（novice teacher）進行差異比較，結果如下：

	專家教師	生手教師
在知識庫及知識結構方面	具有程序性的知識，且擁有大量的知識、技巧及經驗。	具有陳述性的知識，而缺乏串節知識。
在心理表徵及訊息處理方面	在解決班級問題的訊息處理過程時會採取精緻化的捷思法來處理班級問題，並且會利用資訊做為訊息的基礎，統整各種資訊，並從學生的言語中獲知行為的線索。	無法控制訊息流程而採取不確定的解決方式，並且缺乏先前的知識和經驗，會錯誤解釋學生的行動。

	專家教師	生手教師
對教學目標的看法	對教學目標的看法比生手教師來得更為正確。專家教師注重學習目標，將學習視為學生成長的過程，注意學生的個別差異及需求。	注意工作目標，視工作表現為其最主要的任務。
對計畫教學的看法	能做有效的計畫，並對於專業情境的特性較敏感，他們會注意不同的教學層面而選擇有用的訊息。	欠缺充分的教學計畫，過分依賴教科書而較少變化。
對教學時間的看法	對於教學時間的管理較佳，他們在設計教學時能考慮時間對教師的影響，也就是具有改進及修正教學計畫能力，能依需要而採取適切的因應措施。	無法有效掌握時間，以及缺乏變通的能力。
對教學方法的看法	採取統整式的教育方式。	採取教師中心型的教學方法。
對教學事件的理解	對於教學事件的理解可以作較深入的推論，他們能把所擁有專家知能應用到教學情境中，賦予教育的意義。	往往只能從表面上或字義上來判斷。
在發問技巧方面	良好的教學必須注重發問技巧的應用，教師不僅應該利用發問來增進學生的智慧成長，更應該利用它來協助學生建立自信心、培養人際才能以及建立正確的人生觀。專家教師對於發問的次數較多，且對將問題呈現的方式加以變化，以符合學生的個別差異，並在必要的時候給予適切的支持。	發問次數較少，且會忽略學生的反應，而沒有給予應有的回饋與支持。
在教室常規管理方面	事先將教室常規的問題作妥善的處理，使學生明確地掌握教學中言行的規範。	無法妥善的處理教室常規的問題。
在學習評量方面	能夠清楚地表達他們評量的理由，且了解學生如何成功及為何進步。	往往依表現結果來解釋學生的成就，而較少在教學進行中評估學習。

貳、學校心理衛生

一、學校心理衛生的意義與教學

　　心理健康是指個人生活適應上所表現的智能成熟、情緒成熟、社會成熟、道德成熟的和諧狀態。而心理衛生則是達到心理健康狀態所採用的方法，包括：(一)預防性的心理健康；(二)改正性的心理健康；(三)支持性的心理健康（102身三）。

(一) 預防性的心理健康機制

預防性的心理健康機制可分成五層次：（王智弘，2006）

1 健康促進層次 ▶ 健康促進的重點不只是在預防心理健康問題的發生，更要以積極的作為以促進學校人員的心理健康。

2 初級預防層次 ▶ 初級預防的重點在透過發展性與預防性的心理健康措施，以避免學校人員心理健康問題的發生。

3 預警制度層次 ▶ 預警制度的重點在建立學校人員之心理健康問題之預警系統。

4 次級預防層次 ▶ 次級預防的重點在避免學校人員心理健康問題之惡化，進行轉介以應用心理健康專業人員，提供所需之心理健康專業服務。

5 三級預防層次 ▶ 三級預防的重點在避免學校人員之心理健康問題在學校中擴散與蔓延。

(二) 改正性的心理健康機制

　　改正性的心理健康機制係聯結「矯正性系統」，學校結合「社會輔導網絡」以及「醫療網絡」，採用「諮商與心理治療方法」，改變學校人員的心理健康層次。理論與方法如下：

1. 精神分析治療法：弗洛依德（S. Freud）提出，主要的觀點認為，行為是受制於心理能量與幼年時性心理事件影響的「決定論」。
2. 阿德勒學派治療法：阿德勒（A. Adler）提出，又稱個體心理學，強調人性的正面觀點，認為行為受到社會興趣、追求意義與目標的影響，探討個人的成長模式，強調負起責任，創造出自己的命運。
3. 存在主義治療法：代表人物有Frankl、May、Yalom等，治療過程中會與當事人探索自我覺察的能力，追求自我認同與人際關係的意義。
4. 個人中心治療法：羅杰斯（C. Rogers），堅信人是自由的、有能力來自我引導。主張治療者應具備一致、無條件積極關懷、同理心等特質以促進個案的成長。

5. 完形治療法：培爾斯（F. Perls）提出，主張整合當事人目前存在的內在衝突，進而追求思想、感覺及行為的完整與統一。

6. 現實治療法：格拉瑟（W. Glasser）提出，人能有自由作自己的選擇，重點放在當事人要弄清自己在做什麼，並以控制理論（control theory）來解釋人的行動（doing）、思考（thinking）、感覺（feeling）、生理反應（physiology）的總和行為。

7. 行為治療法：拉扎陸斯（A. Lazarus）提出，運用行為的改變技術，透過鬆弛訓練、系統減敏感法、果斷訓練、自我管理方案等，讓當事人瞭解與學習到有能力與自由來改變自己。

8. 認知行為治療法：艾理斯（A. Ellis），認為認知歷程會影響個體行為與情緒，可以經由改變認知歷程來改變行為與情緒。

9. 溝通分析治療法（transactional analysis therapy，簡稱TA）：伯恩（E. Berne）創立，藉由分析當事人與他人及自己的溝通型態，即父母、成人及小孩自我狀態（ego state）來教導當事人發現問題所在，並做改變。

(三) 支持性的心理健康機制（94高考）

支持性的心理健康機制又稱為「社會支援系統」或「社會支援網絡」（social support network），其人員包括家庭、親屬、朋友。學校或教師可運用的社會支援網絡包括：學生家長會、教育志工隊、區公所、教育基金會、縣市政府教育局、家庭教育中心、學生輔導諮商中心、縣市政府社會局、家庭暴力及性侵害防治中心、縣市政府文化局、美術館、圖書館、博物館、社教館、縣市心理衛生中心……。

二、健康校園—憂鬱關懷、自傷防治、挫折調適

世界衛生組織對健康促進學校（Health Promoting School）的定義是：「學校社區的全體成員共同合作，為學生提供整體性與積極性的經驗和組織，以促進並維護學生的健康。」健康促進學校的三大領域包括：(一)健康教學；(二)健康服務；(三)健康教學環境。健康促進學校六大範疇包括：1.學校衛生政策（school health policies）；2.健康教育與活動（health curriculum and activities）；3.學校物質環境（school physical environment）；4.學校社會心理環境（school psychosocial environment）；5.社區關係（community relations）；6.健康服務等（health services）。因此，所謂健康校園，就是依

據健康促進學校的六大範疇，營造有歸屬感的健康校園，並積極推動健康教育與活動，將之融入生活中，內化為自我健康概念，以培養學生及教師彼此相互尊重，建立自尊與自信。

(一)憂鬱關懷（103普考）

憂鬱症是一種精神疾病，會造成一個人無法工作，生產力下降，同時造成家庭社會嚴重的負擔。憂鬱症的九大症狀包括：憂鬱的情緒、罪惡感、自殺念頭、睡眠障礙、活動量減少、不明疾病症狀、胃口食慾減退、妄想、性慾減退。憂鬱症的種類有：1.重鬱症；2.低落性情感疾患；3.適應障礙症；4.雙極性疾患（即是躁鬱症）。

憂鬱症形成原因最主要有下列九點：1.家族史；2.基因遺傳；3.壓力情境；4.過去的經歷；5.物質濫用；6.藥物的使用；7.其他疾病的交互作用；8.心理因素；9.精神疾病。

憂鬱症的治療主要分為兩個部分：1.心理治療，主要是支持性的，認知改變為取向的心理治療。支持性的心理治療，支持憂鬱患者的自我強度，給予鼓勵、肯定、說明、傾聽、同理與再保證。認知心理治療，則在於教導患者辨識並改變不合理認知，發展新的思考模式。2.藥物治療，新一代的抗憂鬱藥物，可以改善大腦血清素、或是正腎上腺素的調節分泌，副作用很少。

(二)自傷防治

有自傷傾向學生，大致包括1.嚴重情緒困擾，2.高頻率身心疾病者，3.曾自傷、自殘、自殺行為者，4.重大災害身心受創者，5.遭受性侵害者。學校或教師可從圖9-10嗅出孩子可能具有自傷的傾向或意圖。

王美玲（2014）曾提出自傷防治十步驟：

Step 1 傾聽：傾聽個案對自身問題的概念想法。

Step 2 探尋憂鬱情緒：詢查有關哀傷、無表情、無樂趣、易怒或焦慮情緒，評估這些情緒出現的頻率、強度及持續時間。

Step 3 評估無望感：詢查憂鬱狀態是否合併悲觀或無望感，評估無望感出現的頻率、強度及持續時間。

Step 4 詢查有關死亡或自殺的任何想法。

Step 5 了解個案是否只被動地想到死亡。

Step 6 了解個案是否已考慮任何特定的自殺方法。

Step 7 了解自殺的可能性？詢問個案是否在不久的將來，會實現自殺意念，為什麼要進行及為什麼不進行？

Step 8 ▶ 了解個案考慮的各種自殺方法，已在心中盤算多久，以及計畫是否已付諸行動。

Step 9 ▶ 探尋傷人想法。詢查個案對於死亡或自殺的想法是否包含其他人。

Step 10 ▶ 在適當時機下告知個案的家人及親密朋友，個案的問題及自殺危險性。詢查個案是否曾經表達病態或自殺想法，不管方式是多麼地模糊或間接。

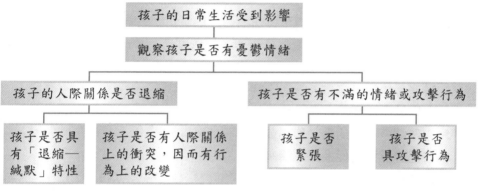

圖9-10　孩子有自傷傾向的線索

資料來源：王美玲，2014。

(三) 挫折調適（98身三；95地三）

挫折產生壓力，現代人如何調適挫折與壓力，是相當重要的課題。建設性調適挫折的方法如下：1.瞭解自我，接納自我；2.正視現實，適應環境；3.接受他人，善與人處；4.熱愛工作，學會休閒。調適壓力的不適感的處理策略包括：（楊淳斐，2014）

1. 身心鬆弛：肌肉鬆弛法、自律鬆弛法、意象鬆弛法、泡澡、按摩。
2. 參與活動：旅遊、運動、戶外活動、公益活動、藝術活動。
3. 飲食營養：多吃礦物質鈣、鎂、鋅、維生素B群、維生素C、及天然纖維的食物，並多喝水，少吃油膩、鹽分高、高糖等食物，少喝含咖啡因飲料。
4. 修正認知：有建設性創意性的思考、自我對話練習（準備、面對、應付、自我強化）、閱讀書籍、改變觀念。
5. 幽默樂觀：培養幽默感，樂觀看待事物。
6. 社會支持：人際支持網絡、醫療或保險系統的支援。
7. 專業協助：專業助人者的協助。

三、學校心理健康促進策略

(一) 校園環境

1. 舉辦壓力調適或情緒管理工作坊。
2. 佈置舒適溫馨的校園環境，提升壓力舒解的功能。
3. 設立校園休憩空間。
4. 舉辦心靈成長團體。

(二) 教師教學

1. 印製心理健康學習護照（包括學習課程與相關活動）。
2. 辦理心理健康促進各項文藝競賽（包括書法、書籤、海報、作文、網路作文……）。
3. 辦理心情故事寫作、繪畫比賽。
4. 心理健康促進文宣、海報資料展。
5. 心理健康促進活動，如心情娃娃設計競賽。
6. 辦理心理健康促進專題講座。
7. 情緒檢測：融入實施憂鬱情緒自我篩檢、自傷防治活動。
8. 組訓學生心理健康促進相關社團，如保健服務隊、愛心服務隊。

(三) 學生健康

1. 對於優先關懷（高關懷）學生電訪或家訪。
2. 對於高危險群學生定期約談與陪伴。
3. 設置心理輔導諮詢電話與信箱。
4. 校園網路建置健康促進學校專屬網頁並進行網路衛教。
5. 對於高危險群學生列冊管理。
6. 對於心理疾病學生進行個案管理。
7. 進行學生小團體輔導。
8. 必要時，轉介個案至社區心理健康資源。
9. 提供合適的諮商環境。

(四) 家長與社區

1. 邀請家長參與學校或社區之心理健康促進相關活動。
2. 社區、鄰里及校際進行心理衛生推廣策略聯盟。
3. 社區服務：結合社區學校、機構辦理「憂鬱關懷、自傷防治、挫折調適」活動。
4. 邀請學者專家蒞校演講。

自我評量

1. 憂鬱症的主要症狀為何？形成的可能原因為何？治療的重點為何？（103普考）
2. 解釋名詞：心理健康與心理衛生（102身三）
3. 試列舉建設性調適挫折的方法。（98身三）
4. 在許多領域中，需要花費十年到二十年才能夠成為一名專家，因為專家的形成需要累積大量的知識與經驗，才能有效及彈性地運用知識而獲致最大的效果，在教學領域上也有同樣的情形，試述專家教師與新手教師的差異。（97地三）
5. 教師要協助學生學習，就要先瞭解學生學習後形成的知識結構（knowledge structure）與教師知識結構之異同。請就知識結構的意義、專家與生手知識結構的差異及教學上如何應用說明之。（95地三）
6. Folkman 和 Lazarus（1998）提出一個人們在面臨壓力情境時，如何進行評估並產生因應方式的模式。是由一個學生常面臨的壓力事件為例（例如：期末考），由此模式說明學生在面對此壓力事件的評估與可能的因應方式，並討論壓力情境和人格因素與健康三者間可能產生的互動。（95地三）
7. 何謂「社會支持網絡」（social support network）？它與現代教師過大的生活壓力及心理健康之間有何關連？請詳細加以分析說明之。（94高考）

第10章 教育心理學最新重要議題

[名師導讀]

本章是本書的創新之舉，坊間參考書對於最新的教育趨勢，以及教育心理學的重要研究與發展，往往未能提及，不但可惜，而且使得考生錯過學習最新資訊與知識的權利與機會，何況這又是未來教育心理學考試的新方向與考題重點。本章內容包括：(一)前面九章限於篇幅未能提及或不可遺漏的重點，如：腦部發展、發展性資產……；(二)近年（2013年後）各校教育系或教育相關研究所最新研究主題與方向，因為國家考試典試委員幾乎都是各大學教育科系的教授，其最新的研究興趣，很容易變成考題，如：適性教育、正向心理學……。另外，近年最新流行且重要的教育心理學新名詞則收錄於隨書電子書中，如：文化回應教學、翻轉教室……，雖未曾考過，但考生可能在不久的將來會發現，考題在此命中。因此，本章可說是教育心理學的「未來學」，其重要性不容忽視。

命題焦點就看這裡 [考題先覽]

1. 請分別說明「**表達型失語症**」（expressive aphasia）及「**接受型失語症**」（receptiveaphasia）在大腦受傷部位及症狀上有何不同？（94地三）
2. **約制性道德**（morality of constraint）與**合作性道德**（morality of cooperation）（92身三）
3. **道德的現實觀**（realism）與**道德的主觀責任**（subject responsibility）（92身三）
4. **報復性懲罰**（punishment by retribution）與**恕道性懲罰**（punishment by reciprocity）（92身三）

學習地圖

身心發展

1. 身體發展
2. 腦部發展

自我發展

1. Cooley鏡中自我
2. Mead兩個我
3. Freud三個我
4. Marcia四模式

性別發展

1. 性別基模論
2. 性別類別化

友誼發展

1. Selman人際理解
   五層次
2. Selman友誼發展
   五階段

生涯發展

1. Super生涯發展理論
2. Ginzberg生涯發展論

正向心理學

1. 正向情緒
2. 正向經驗
3. 正向意義

適性教育

1. 有教無類
2. 因材施教
3. 積極差別待遇

中輟輔導

危機樹理論
1. 土壤
2. 樹根
3. 樹幹
4. 樹枝
5. 樹葉、花果

發展性資產

1. 20種內在資產
2. 20種外在資產

復原力

1. 認知
2. 調適
3. 復原

道德觀

1. 約制性道德
2. 合作性道德
3. 義務性道德
4. 期待性道德
5. 道德的現實觀
6. 道德的主觀責任

懲罰觀

1. 懲罰、管教與輔導
2. 種類
   (1) 報復性懲罰
   (2) 懲戒性懲罰
   (3) 感化性懲罰
   (4) 恕道性懲罰

一、學生身心發展

(一) 身體發展

　　身心發展的基本原則：(1)順序性：先首部後下肢、先軀幹後四肢、先整體後特殊；(2)階段性：以發展過程中某些重要事件、特徵的出現，標示某種不同性質或能力的發展。**不同器官的生長速度不一樣，生長陡增（growth spurt）是普遍現象，常導致青少年情緒困擾**（性驅力不能滿足是最大的原因）。愈早出現性成熟，成長陡增就會愈快緩和下來而停止。另外，**身體意象（body image）是指，青少年對自己外表與身體形象的滿意程度。**

　　青春期階段情緒表現強烈不穩定，暴起暴落的現象，稱為狂飆期（storm and stress period）。發展過程充滿個別差異，其原理是交互作用（interaction or correlation）而不是補償作用（compensation）。早期發展成熟因素（maturation）比較練習重要。身心成熟度（準備度）還不足前，訓練固然有幫助，但效果不長。未訓練的個體在達到成熟時施以訓練，很快就趕上達到同樣純熟的程度。

(二) 腦部發展

　　人類腦部在不同時期的生長速度不一樣。人腦在胎兒發展後期、出生到大約18個月、二至三歲、六到八歲、以及14到16（男性）／10到12歲（女性），其神經聯結呈陡增現象。神經聯結狀態有所謂「修剪現象」，也就是大腦褪除不用的神經聯結，意即「用進廢退」。**左腦側重語言、邏輯推理、數學、科學，右腦側重情緒、空間辨識、藝術與音樂，稱為「大腦側化現象」（lateralization）。**左右腦與肢體動作交叉控制，大腦功能左右不同，但是大腦是整體運作的器官。

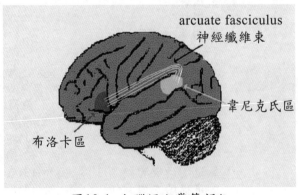

圖10-1　大腦語言掌管部位

- 人類的大腦皮質分區主要掌管運動、體覺、視覺、聽覺、及語言區的功能。個體接受及表達語言的主要掌管部位，是在大腦皮質的布洛卡氏區（Broca's area）及韋尼克氏區（Wernicke'sarea），布氏語言區在大腦左半球額葉靠近側裂之上方，主要功能為管制語言的表達；韋氏語言區在大腦左半球顳葉部份，主要功能為管制語言的記憶與理解（94地三），如圖10-1。
- 當我們唸「讀到」的字詞，訊息必須首先傳到「視覺皮層」（primary visual cortex）。然後從視覺皮層，再傳到後方的語言區域，包括韋尼克氏區。然後從韋尼克氏區，再傳到布洛卡氏區，最後到運動皮層（primary motor cortex）。而當我們唸「聽到」的字詞，訊息必須首先傳到「聽覺皮層」（primary auditory cortex）。從主要聽覺皮層，再傳給後部語言區域，包括韋尼克氏區。然後從韋尼克氏區，再傳到布洛卡氏區，最後到運動皮層（primary motor cortex）。因此，語言使用產生障礙時通常也與韋尼克氏區、布洛卡氏區二部分受傷有關（94地三），如下表10-1所示，布洛卡氏區與韋尼克氏區損傷所造成的語言問題相當不同，而常見的腦部疾病（brain's disease）則如下表10-2。（94地三）

表10-1　布洛卡氏區與韋尼克氏區損傷所造成的語言問題

布洛卡氏區損傷（布洛卡失語症）	韋尼克氏區損傷（韋尼克氏失語症）
• 使一個人無法講話 • 可以了解語言內容 • 無法用字詞 • 說話緩慢並且不連貫	• 無法了解語言內容 • 可以清楚的說話但是字詞的使用是無意義的組合，這種現象被稱為「字詞沙拉」，因為他們把字彙就像生菜沙拉混合在一起使用

表10-2 常見的腦部疾病

疾病名稱	部位	病徵	備註
癲癇（epilepsy）	大腦皮質（cerebral cortex）	從神經科學的角度而言，認為梵谷的畫呈現出癲癇所產生的幻覺，看起來像外星人降臨地球的樣子。	
阿茲海默症（Alzheimer's disease）	大腦皮質邊緣系統（cerebral cortex limbic system）	線條及繪畫方法愈來愈簡單，此即為腦力退化的證明。	
接受性失語症（receptive aphasia）	韋尼克氏區（Wernicke's area）	無法理解語言的意思。	臨側裂區失語症（Perisylvian aphasia）的一種。
表達性失語症（expressive aphasia）	布洛卡氏區（Broca's area）	可發聲而且舌頭功能是完整的，卻無法形成語言，甚至亂講。	
傳導性失語症（conductive aphasia）	弓狀纖維（arcuate fiber）	無法重複語言。	
命名失語症（anomic aphasia）	顳頂側壁（parietal）以及額葉（frontal lobe）的整合皮質（association cortex）	可以聽可以講，但無法說出複雜或特殊的專有名詞。	

二、學生自我發展

自我發展形成的理論主要有四：

(一) 顧里的「鏡中的我」

美國社會學家顧里（Charles Cooley，1902）認為，一個人自我概念的形成是在生活中，經由人與人之間不斷互動而來的。我們經常把別人當作一面鏡子，從別人對自己的反映，使我們了解自己是怎麼樣的人。「鏡中的我」（looking glass self）的形成又可分為三個步驟：

❶想像自己的容貌或行為如何出現在別人的腦海中。

❷想像別人對於這個容貌或行為的一種評價。

❸藉由別人的評價，形成一種自我的感覺和反應。

(二) **米德的兩個「我」**：主我、客我

美國心理學家米德（George Mead，1934）認為**「我」可以分為兩個部分**：(1)**主我（I）：是主觀的**、還沒有社會化的、容易衝動的，以及具有創造力的我；(2)**客我（Me）：是客觀的**、已經社會化的、遵守規範的、受過薰陶的我。

人類日常生活的各種行為，都是「主我」與「客我」之間，經過內在不斷互動、不斷對話的結果。通常一個人面對的社會規範比較嚴格時，「客我」會支配「主我」，從而表現出比較合乎社會期望的行為，但是這種情況容易失去個人的獨特性。相反地，一個人所面對的社會規範比較鬆散時，「主我」會超越「客我」，從而表現出比較獨斷或自我中心的行為，這種情況有時可以產生創造力，造成某種改變。在「主我」與「客我」相互激盪的過程中，有時候會以「重要他人」（significant others）的所作所為，做為自我抉擇的參考。

(三) **弗洛依德的三個「我」**：本我、自我、超我

奧地利心理學家弗洛依德（Sigmund Freud，1922）認為每一個人都同時具有三個「我」—本我、自我與超我，如下表10-3：

表10-3弗洛依德的三個「我」

三個我	本我（id）	自我（ego）	超我（superego）
意　義	生物的我	真實的我	道德的我
原　則	快樂原則	現實原則	完美原則
內　涵	原始的衝動、內在的驅力	本我與超我間的調節器	道德規範、社會約束的力量
作　用	追求食、性與刺激等立即性的滿足（滿足個人的慾望）	協調本我與超我，使個體能在現實環境中得到滿足（協調本我與超我）	管制或壓抑本我的衝動，以滿足社會的期待和要求（滿足社會的期待）

(四) **瑪西亞自我認同四模式**

瑪西亞（Marcia）用危機及投入兩個要素，將青少年的自我認同進行分類，共有四種模式，如表10-4：

表10-4 瑪西亞（Marcia）自我認同四個模式表

職業選擇、宗教信仰、政治理念、性別角色等問題		個體是否對價值做出承諾？	
		是	否
個體是否投入對認同的尋求？	是	定向型統合 (identity achievement) ●自我意識堅定職業、宗教、性別角色的承諾 ●對其他人的觀點、信念、價值觀做出考慮，但透過向外尋找而得到自己的答案	未定型統合 (identity moratorium) ●正在經歷認同的危機或是轉機 ●對社會沒有明確的承諾 ●沒有明確的認同感 ●積極地想要獲得認同感
	否	早閉型統合 (identity foreclosure) ●對職業以及不同的意見立場產生承諾 ●沒有自我建構的跡象，且為仔細的探索與職位就採取他人的價值觀 ●排斥尋得自我認同的可能性	迷失型統合 (identity diffusion) ●缺乏生活的方向 ●對正式、宗教、道德、或甚至職業議題漠不關心沒有質問原因就從事工作 ●對別人從事的事物漠不關心

三、學生性別發展

當認知能力成熟到一定的程度時，兒童會主動以「性別」為組織訊息及瞭解世界的方法。性別成熟的發展階段：(一)差異性：認知兩種性別存在。(二)穩定性：性別不因時間而改變，然而可以透過某些外在方式而改變；(三)恆久性：性別的永久性，不因任何因素而改變。主要理論有二：

(一) 性別基模理論

邊姆（Bem）主張，孩子依本身的性別角色做社會化，他們首先透過組織有關性別基模的訊息，發展出何謂女性或男性的概念。他們選擇此種基模是因為看到社會對人們做分類，兒童看到男孩、女孩被認為該做，以及所做之事—**這是文化的性別基模，同時他們也調整了自己的態度和行為，稱為「性別基模理論」**（gender schema theory）。

(二) 性別類別化理論

邊姆（Bem）的性別基模論認為，**中性化（androgynous）是性別類別化中最好的類型，男生有女生特質，女生也具有男性特質，適應力最強，稱為「性別類別化」**（sex typing）。

四、學生友誼發展

　　心理學家認為，個人對友誼的看法會隨著年齡而改變。賽爾門（R. Selman）提出了「人際關係理解五層次」如下表10-5：

表10-5　賽爾門（R. Selman）人際關係理解五層次表

0	零層次 自我中心期	3-6歲	不能分別人的外表與內心感受是可以分開的。
1	一層次 主觀期	6-8歲	兒童能分辨依個人可以有外在與內在的不同表現。但他仍以外在表現去推斷對方感受。
2	二層次 交互期	8-10歲	角色取替發展的關鍵期，能跳開自己以第二人的觀點或反省的觀點來看別人。
3	三層次 共通期	10-12歲	能以第三者的角度來看他人和自己。
4	四層次 深入期	12歲 以上	可以從先前第三者的觀點解析人際關係，發展至更抽象的社會分析水準。人際互動是發生在多向度或深層的溝通上。而多向度又可包含社會的、法律的、或道德上的觀點。由雙方能共同分享的社會觀點溝通，才能促進雙方較正確的互相了解。

　　賽爾門（Selman）並根據人際關係理解五層次，提出友誼概念發展的五個階段：

Step 0（3～7歲）

　　友誼是短暫的物質玩耍與外在互動階段，不涉及個人感情。在這階段，個人無法分辨心理特質對友誼的形成會有影響，他們認為距離相近的人，或在一起玩的人就是朋友，又會認為友善的、可親的人就是好朋友。

Step 1（4～9歲）**單向協助階段**（one-way assistance）

　　個人了解到內在的特質影響外在交往，但無法理解人際互動是什麼。好朋友只是知道自己的喜好且能配合的人。

Step 2（6～12歲）**公平功利階段**（fair-weater cooperation）

　　在公平氣氛之下，雙向的順境合作，個人能站在對方的立場來看人際互動，因此會考慮對方的感受。但了解朋友最終的目的是為了滿足自

己的需求，而且關係不太穩定，要因事或因地才有合作關係或衝突，而嫉妒也會因為朋友不顧自己而選擇和別人在一起。

Step 3 **階段3：（9～15歲）親密共享階段（intimate and mutual sharing）**

個人視友誼是穩定而不斷發展的關係。經過一段時間交往，雙方都發現對方的特質和興趣，分享私人的想法，並努力維持這種關係。他也會了解衝突是因為人格不同而造成的；衝突發生時，解決衝突可以增進友誼。信任建立在雙方願意分享自己不願與他人分享的內心世界。

Step 4 **階段4：（12歲開始）自主相互倚賴階段（autonomous interdependence）**

是友誼發展的最高階段，個人了解到每個人都有複雜的需求，而人和人之間會因為不同的需求而形成不同的友誼關係。親密的友誼是經常修飾再成長的過程，是有彈性和可改變的。信任建立在雙方互相協助以發展的獨立關係上。

五、學生生涯發展

(一) 舒博（Super）生涯發展理論

舒博（D. Super）將生涯分成五階段：1.成長階段（0～14歲）：最顯著的角色是子女；2.探索階段（15～20歲）：是學生；3.建立階段（30歲左右）：是家長和工作者；4.維持階段（45歲左右）工作者的角色；5.退出階段（65歲左右）：突然中斷，指退休生活。他並將生涯發展理論，繪製成「生涯彩虹圖」，展現了生涯發展的時空關係，如圖10-2。

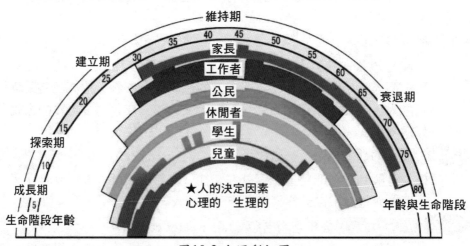

圖10-2 生涯彩虹圖

✄(二)金滋伯（Ginzberg）生涯發展理論

金滋伯（E. Ginzberg）的生涯發展理論分成三期：1.幻想期：處於11歲之前的兒童時期。2.探索期：11～17歲，這是由少年兒童向青年過渡的時期。3.現實期：17歲以後的青年年齡段。各階段特徵如下表10-6：

表10-6 金滋伯（Ginzberg）生涯發展三階段

幻想	兒童 （11歲前）	初期為玩樂導向，末期成為工作導向，應對某類活動的興趣。
探索	青少年初期 （11～17歲）	逐漸認識工作的要求。 分四階段：興趣、能力、價值、轉換。
現實	青少年中期 （17～成人初期）	能力與興趣的整合，價值的進一步發展。 分三階段：探索、結晶化、特定化。

✄六、正向心理學

教育不應只是知識傳授的線性過程，應注重人文精神與人文素養，取得感性與理性的平衡。正向心理學重視個人的主觀正向經驗與正向特質，正向經驗是指感到幸福、滿意、快樂、充滿樂觀與希望感，或是富有活力與自信的感覺；正向特質包含了愛、勇氣、堅毅、寬恕、誠實、智慧、人際能力、美感、創造力等等。透過正向心理學，可以幫助個人找到內在的心理能量，包括挫折忍受力與復原力（resilience），幫助我們發現或創造正向經驗，利用自己本身具有的正向特質，獲得正向的意義，進而提昇生活品質，建立正向的生活環境。

正向心理學（positive psychology），是一種自我應驗預言（self-fulfilling prophecy），與教育學的「比馬龍效應」（pygmalion effect）一樣，都指出「你怎麼期待這個人，這個人的發展也會如你所期待般發生」。將正向心理學的精神實踐於生活中的方法有：(一)培養正向情緒：正面情緒是開心、快樂、幸福，具有明顯的「醫療價值」，而負向情緒例如憂鬱、悲傷、憤怒等會導致「心因性疾病」（psychogenic diseases）。(二)增加正向經驗：正向經驗就是當你產生正面情緒時的生活經驗，可以讓孩子看見自己身上所具備的正向特質。(三)賦予正向意義：正向意義的核心概念是在自己的生活經驗中創造出正向的價值與意義。

七、適性教育、適性教學與適性學習（十二年國教）

很多學者強調適性教育的重要性，也就是發展適合學習者本性和個性的教育。孔子倡導的「因材施教」，可說是適性教育最好的詮釋。為讓孩子有

效學習，教師要去了解學生身心發展和學習需求，然後採用適切的教學方法和內容，教學效果才容易看得出來，也才不會讓孩子視學習為一種苦差事。要做到適性教育，有以下策略（教育WIKI，2014）：

(一) 有教無類

1. 無論個人的條件背景如何，學生應均等地分享教育資源。
2. 政府應保障各種人們（殘障、種族、性別、居住地區等），使其享有一樣的入學機會。

(二) 因材施教

1. 教育應依據個人的才質能力、潛能性向而給予差別待遇。
2. 學校應考慮學生學習能力與學習特性，提供個別化教學、特殊教育、適性教育，以滿足不同能力者之要求。

(三) 積極性的差別待遇

1. 為使受教者在起點獲得均等的地位，教育應採取「積極性的差別待遇」，以消除社會地位不利的影響。
2. 政府應在學生入學之前提供補償性刺激，彌補個別環境間的差異，使各種背景之學生的能力在入學時均達到某一標準。

八、中輟輔導—危機樹理論

　　麥霍特（McWhirter）提出的「危機樹」（at-risk tree）理論架構，以土壤、樹根、樹幹、樹枝及果實的各個樹木部分，比喻青少年的不同成長環境和狀況。危機樹理論以較全面的觀點，包含微觀及鉅觀的角度解釋學生中途輟學的原因，並以土壤、樹根、樹幹、樹枝、花果樹葉來比喻不同的個人、社會環境因素與危機少年。McWhiter同時將危機行為區分為五類型，分別是輟學、藥物濫用、不安全的性行為、犯罪與自殺等危機行為。

(一) 土壤： 比喻社會環境因素，如家庭經濟狀況、文化因素及社會變遷等環境，單親家庭、低收入家庭、雙職家庭、網絡文化等均可列入這部分。

(二) 樹根： 將家庭功能不良及學校環境限制比喻為「危機樹」的兩大主根。當父母離婚或學校過於重視成績，缺乏生活技能及探索自我的課程，「樹根」便無法供應健康的養分給樹木。

(三) 樹幹： 比喻青少年個人特質上的缺陷，包括個人行為、態度、技能、喜好等方面，出現憂鬱、焦慮、自卑等情況，通常經由家庭和學校兩大主根傳送而來。

(四) 樹枝：形容青少年結交不良同儕，沾染陋習，以致產生危機行為。危機行為分為5個類型，分別是輟學、濫藥、不安全的性行為、犯罪及自殺。

(五) 樹葉、花朵與果實：指有危機行為的青少年在貧瘠的「土壤」下，無法吸收養分，以致其「樹幹」和「樹枝」不健康，最終產生受傷、異狀與容易掉落的「樹葉」、「花朵」和「果實」（比喻產生危機行為）。由於危機青少年的「果實」營養不良，就算落在土壤，只有孕育出下一代的「危機樹」，意指有危機行為的青少年所生的子女，受到父母影響，長大後很大機會會成為有危機行為的青少年。

九、發展性資產

資產（assets）的概念，來自於會計學的專有名詞，指的是企業或組織所擁有的一切經濟資源，如員工、顧客、現金、應收帳款、建築物、機器設備等，這些資源能創造利潤，並對未來提供經濟效益，是企業組織中定位為具有價值且積極保護的重要資本與財產。因此，若將青少年比喻為企業組織，前述影響青少年邁向成熟歷程的生理、心理與社會等因素，即是青少年企業組織所擁有的重要「資產」，這些資產與青少年發展有關，稱為青少年「發展性資產」（developmental assets）。

發展性資產的概念是由美國明尼蘇達州Minneapolis城Search Institute機構的學者Benson、Scales、Leffert和Roehlkepartain於1997年首先提出。根據他們多年的研究指出，**青少年發展性資產是青少年未來獲致成功所需要的正向關係、機會、能力、價值與自我覺知**（Lerner，2002）。也就是說，**建構優質的青少年發展性資產，可以增加青少年在學校生活以及生命中獲致成功的機會。這些視為是關係、機會、價值觀或是技能的資產，同樣可以幫助青少年遠離危險行為**（risk behaviors），並且在學校生活、人際關係各方面獲得成功。

Search Institute機構在1996~1997年調查美國213個社區將近十萬名學生擁有的資產種類，經交叉比對整理，建立了**40種獨特的發展性資產，共可區分成兩大範疇，分別為外在資產**（external assets）**20種與內在資產**（internal assets）**20種**，各種資產的名稱與定義如表10-7所示。

表10-7　四十種發展性資產的定義與架構

20種外在資產	
向度	資產名稱與定義
一　支持 Support	1. 家庭支持：家庭提供高度的真愛與支持。 2. 正向的家庭溝通：親子間能正向溝通，且青少年願意徵求父母意見並聽從公告。 3. 與其它成人的關係：除了父母之外，青少年能接受另外至少三位以上成人的意見。 4. 賦關懷的鄰里關係：擁有互相關懷、彼此照顧的鄰居。 5. 賦關懷的學校氣氛：學校提供具有關懷、激勵性的環境。 6. 父母的學校參與：父母主動參與，協助青少年在校獲得成功。
二　賦權 Empowerment	7. 重視青少年的社區：青少年在社區中能感受到成人對之重視。 8. 視青少年為資源：青少年在社區中被賦予重要的角色。 9. 服務他人：青少年每週在社區中服務一小時以上。 10. 安全：青少年在家、在學校、在社區都能感到安全。
三　界線與期望 Boundaries and Expectations	11. 家庭管教：家庭有清楚的規定和行為後果，並掌握青少年的行蹤。 12. 學校管教：學校提供清楚的規定和行為後果。 13. 鄰里管教：鄰居能協助掌握青少年的行為。 14. 成人角色楷模：父母與其它成人提供正向、負責任的楷模。 15. 正向的同儕影響：青少年的好友能提供正向的楷模。 16. 高度期望：父母與師長鼓勵青少年。
四　善用時間 Constructive Use of time	17. 創造性活動：青少年每週花三小時以上的時間在課業上、音樂上、戲劇或其它藝術上。 18. 青少年方案：青少年每週花三小時以上在運動、社會或其它學校、社區組織。 19. 宗教型社區：青少年每週花一小時以上在宗教組織上。 20. 在家時間：青少年每週低於兩次從事與朋友無所事事的外出。

20種內在資產	
向度	資產名稱與定義
五　學習投入 Commitment to Learning	21. 成就動機：青少年在學校中有表現良好的動機。 22. 學校參與：青少年主動參與學習。 23. 家庭功課：青少年放學後至少花一小時做功課。 24. 與學校連結：青少年關心其學校。 25. 樂在閱讀：青少年每週至少因樂趣而閱讀三次以上。

20種內在資產		
向度	資產名稱與定義	
六 正向價值觀 Positive Values	26.**關懷**：青少年重視幫助別人。 27.**公平與社會正義**：青少年重視公平及減少飢餓與貧窮等社會議題。 28.**正直**：青少年能捍衛自身的信念。 29.**誠實**：青少年盡可能說實話。 30.**負責**：青少年接受個人責任。 31.**克制**：青少年相信不從事性行為，或不使用酒精、毒品是重要的。	
七 社會能力 Social Competencies	32.**計畫與決定**：青少年知道如何去計畫與做決定。 33.**人際能力**：青少年有同情心、同理心和友誼技巧。 34.**文化能力**：青少年知道如何與不同文化、種族、民族背景的人相處。 35.**拒絕的技巧**：青少年能拒絕負面的同儕壓力和危險的情況。 36.**和平的衝突解決**：青少年能尋求非暴力的衝突解決方案。	
八 正向辨識 Positive Identity	37.**個人力量**：青少年感覺他能控制發生於他身上的事件。 38.**自尊**：青少年能有高度自尊。 39.**目標感**：青少年認為自己的生活有目標。 40.**正向未來覺知**：青少年對於個人未來抱持樂觀態度。	

資料來源：Lerner, 2002, p.123-124.

十、復原力

　　Benard（1995）認為，復原力（resilience）是一組特質或保護機制，使得個體在發展過程中，遭遇到高危險情境時，能成功地適應。是一種在危險困境中，能有效的處理壓力，做出健康、正向的選擇方式，而免於心理健康失調，發展出健康的心理發展能力。其內涵包括（朱森楠，2001）：

(一) 人自有自發調適復原潛在認知、情感或行為的能力取向

個體知覺到壓力困境就會去維持內在需求的平衡。因此表現在外的就是能力顯現，掌控情境。

(二) 復原力的運作就是一種調適修補歷程

個體既使遭遇到創傷、挫折等壓力困境，仍可透過自我解釋經驗以激發潛力來調適，使個體恢復能力來適應情境互動需求，而不會造成崩潰。

(三) 復原的結果是朝向正向、積極追求良善幸福的目標

個體與情境的互動的結果，最後的目的在於得到最大的利益，有利個體的生存，因此個體面對壓力的因應結果是有效得到紓解，恢復正常狀態，以重新面對壓力積極採取適當策略調適，以獲得最大正向利益。

十一、道德觀

✡(一) 約制性道德（morality of constraint）（92身三）

皮亞傑（Jean Piaget，1896~1980）將兒童道德判斷發展分成三個時期。從五歲起至七、八歲左右，兒童從道德的無律，漸漸意識到成人的權威、長輩的命令，以及學校、家庭、社區的一些常規與約制，並認為它們都是神聖不可侵犯的。在這時期裡，兒童的道德行為只是一種盲目的、被動的遵守這些現成的規則與約制，稱為他律期。該階段兒童的道德意識尚未發展成熟，道德理性或道德良心尚未形成。兒童還不能作獨立的判斷，其所關心的是由成人規定的法則或命令決定的義務與價值來判斷行為的結果，而絲毫不考慮到意向與關係。這種對成人及權威命令的片面尊重和一律接受的態度，皮亞傑稱之為約制的道德觀（the morality of constraint）（教育大辭書，2000）。

✡(二) 合作性道德（morality of cooperation）（92身三）

皮亞傑認為八、九歲以後的兒童開始能根據個人的價值結構，對行為的善惡作獨立判斷。其道德標準也具有相當的理性，能考慮到行為的動機及互惠的思考，已具備可逆性的道德推理。因此兒童之間能維持相互尊重，而且由約制的道德觀（morality of constraint）轉為合作的道德觀（morality of cooperation）（教育大辭書，2000）。

(三) 義務性道德（morality of duty）

富勒（L. L. Fuller）1964年在所著的《法律的道德性》一書中提出「義務性道德」與「期望性道德」的概念。所謂義務性道德是人類社會行為的最低標準，常言道「法律是道德的最低要求」，因此，義務性道德又稱「法律性道德」，是社會生活的基本要求。Duty這個字在中文可以是「責任」或「義務」，所謂義務心，即是當天理與人慾衝突時，不得不順天理而制人慾的一種感覺。道德義務這個概念可以用以說明上述善的意志的概念。也就是說，一種行為是否有道德價值（是否為道德或是否屬善），全在於它是否是「出於義務」。康德（I. Kant）認為道德行為必須出自義務，才有道德的價值。

✡(四) 期望性道德（morality of aspiration）

富勒（L. L. Fuller）所謂的期待性道德又稱為「渴望性道德」、「願望性道德」，是人類如何透過行動追求完善的生活，以及超凡求勝的渴望。期望的道德是關於幸福生活，優良和人的力量的充分實現這些方面

的道德，換句話說，這種道德是人們較高的道德追求，其實現的目的是「人之為追求超凡的聖人」。

(五) 道德的現實觀（moral realism）（92身三）

道德現實觀或譯為「道德實在論」，指兒童根據行為結果的獎懲，以為對該行為作是非、善惡判斷依據的一種道德思考方式。Piaget道德認知結構發展論認為，兒童在五、六歲至八、九歲之間，處於一種他律的道德，道德選擇與判斷係根據行為後果而定，而不考慮行為的動機。此時期兒童對行為的是非善惡判斷，完全以行為後果的獎懲作為判斷的依據，持絕對的道德觀，無法從各種不同的情境和角度來思考道德的相對標準（教育大辭書，2000）。

(六) 道德的主觀責任（subject responsibility）（92身三）

「責任」可以分成主觀責任和客觀責任（objective responsibility）兩種。主觀責任：意指忠心（loyalty）、良心（conscience）及認同（identif-ication），是指個人內心主觀認為所應擔負的責任；客觀責任：是指法令規章及上級所交付的客觀應盡的義務責任，意指負責任（accountability）和義務（Obligation）。因此，道德的主觀責任是指，個人基於內心道德良知，主觀認為所應擔負的責任，思考如何用心負起責任，不歸咎外力，並學習如何遵循較高的價值與道德勇氣做人處世。

十二、懲罰觀

(一) 懲罰、管教、輔導之區別

1. 懲罰（punishment）：是對犯過或違規者給予身心上適當的痛苦或不適之報復，是管教活動的一部份。包括報復性、懲戒性、感化性及恕道性之懲罰。懲罰掌握無據不罰、無效不罰、無益不罰、無需不罰之原則（歐陽教，1998）。

2. 管教（discipline）：包括消極面與積極面之管教：(1)消極面：有效處理學生問題，避免破壞秩序或不當行為發生。(2)積極面：營造有利的教學環境，激發學生更多優良表現或行為進而培養學生自尊自重好習慣。

(三) 輔導（guidance）：抱持人性本善的觀點，激勵學生向上向善發展。以接納、關懷、尊重、包容、同理心的方式，誘導學生去惡向善，提供必要的生活協助與心理輔導，激發潛能發展（陳穎部落格，2014）。

☒(二) 懲罰的種類

1. 報復性懲罰（punishment by expiatory or retribution）（92身三）：「以眼還眼，以牙還牙」，或「有罪必罰」的方式，為最原始的懲罰原理。其主要觀點是：(1)懲罰的目的是報仇，或者以相同的錯誤行為加諸犯罪者，不考慮過失行為的動機與性質。(2)懲罰並非在喚醒罪犯，而是在糾正犯行。例如：學生打人，學校按校規記大過一支。

2. 懲戒性懲罰（punishment by reprimand）：與報復性懲罰相似，但差別在報復性懲罰旨在報復對方；懲戒性懲罰重在懲戒作用，即「殺雞儆猴」。例如：把獎懲名單公佈在公佈欄上面就是屬於一懲戒性懲罰。

3. 感化性懲罰（punishment by reform）：認為「朽木可雕」，較富有教育性的動機概念，由消極性的防治轉為積極性的矯正與感化，藉由適當地限制其權力或自由，目的在使受教者改善其行為，使其自覺破壞社會規範所引起的惡果，進而改正其行為，且安排適當的補過及贖罪機會，使其學會改過遷善、重新做人。

4. 恕道性懲罰（punishment by reciprocity）（92身三）：其原理乃基於「公平對待」與「分配正義」的概念，懲罰動機完全合乎教育理想，使其發自內心真正願意改過遷善，並考慮其行為動機與性質，從輕發落，勸導其切勿再犯，並給予戴罪立功的機會，此懲罰方式具有人道精神與恕道之念。

十三、防疫教育

因應嚴重特殊傳染性肺炎（新冠肺炎）疫情，校園於開學前及開學後的教學活動的防疫整備工作與防疫教育如下：

(一) 開學前準備工作

1. 準備充足的防疫物資：洗手乳、肥皂、乾洗手液、酒精、口罩、體溫計、額溫槍或耳溫槍等。請優先以地方教育發展基金學校相關費用調整支應，如有不足以補辦預算或併入決算方式處理。

2. 加強環境清潔消毒：調配適當漂白水進行環境消毒，包含學生經常接觸之物品表面（包含鍵盤、課桌椅、門把、公共空間等），必要時可邀請家長協助到教室協助環境消毒工作。（另開學後每日學校課程結束，亦請消毒一次）。

3. 掌握校園教職員工生旅遊史或接觸史：由中港澳入境之學生及教職員工，請其於入境後起14日內在家休息，不要到校上課上班，並請

學校造冊列管追蹤，請上開對象進行在家自主管理14天，落實自我
健康管理紀錄，如有發燒或呼吸道症狀，戴口罩儘速就醫，並由學
校落實通報。

4. 加強衛教宣導：加強勤洗手教育、落實生病不上課等防疫觀念。

(二) 開學後教學活動

1. 鼓勵學生勤以正確方式洗手。
2. 自備飲水或以自用容器於飲水器盛水。
3. 視疫情狀況決定師生戴口罩的必要性。
4. 保持教室及其他室內教學場所清潔、消毒及通風。
5. 師生經常觸摸物件（如樓梯扶手、門把等）應該定期以稀釋的居家用
   消毒漂白水消毒。
6. 室內室外應避免群聚性質活動，如必須辦理室內群聚活動時，應保持
   窗戶開啟，並使用風扇促進空氣流通。
7. 馬桶沖水時應蓋上馬桶蓋。

十四、行動後學習

行動後學習（after-action review, AAR）又稱行動後檢討、行動後反
思，係指針對一事件的專業性討論，群體中參加者探究發生了什麼、為何
發生，以及如何維持優點，從成敗中得到教訓，進而改進缺失與增進未來
的表現。

行動後學習具有開放思考、促進學習、反思改進三大特性。行動後學習
的主要目標有三：1.檢視在事件每個階段所採取的行動，以確定哪些行之無
效、哪些行之有效以及其原因；2.展現組織在準備、偵測和回應某事件方面
的能力；3.確認事件管理中的任何經驗教訓，制度化所需的改進措施（吳清
山，2020）。

Baird等人（2018）建議，行動後學習的帶領者必須把握以下帶領原則：

(一) 依循客觀原則：重現現場所發生的真實，是AAR行動後學習討論中非常
重要，也費時良多的部分，領導者應當致力於讓客觀真實得以浮現，而
非只依一人的觀點判斷而下斷語。

(二) 平衡主張與探詢（balance inquiry and advocacy）：領導者應當致力在
AAR行動後學習討論中，透過詢問以了解他人觀點，每個人都能平衡主
張與探詢，以達到有效的對話。

(三) **協助檢視推論階梯**（ladder of inference）：檢視推論中所須要的相關事務，利用過去的經驗來導引問題的解決途徑，同時，必須解釋過程，而非跳躍式思考，要研析推論的背後原因，進行確認、理清。

(四) **必須不斷調整與行動**：AAR行動後學習並不是目標管理的協商歷程，目標並不是固定不變的，討論中的焦點、目的、意圖或框架等，常需要不斷地往前修正與重新對照。

十五、柴嘉尼效應

(一) 有一種心理現象叫「柴嘉尼效應」（zeigarnik effect），指的是我們對未完成的事情總是念念不忘，甚至比起已完成的事情更容易會想起。

德國學者柴嘉尼（B. Zeigarnik）在1927年發現了一種現象，即是回憶中斷（未完成）的工作要比回憶已完成的工作更容易。這種未完成的工作反而不易遺忘的現象稱柴嘉尼效應。

(二) 在柴嘉尼的實驗中，分派給受試者15至22個簡單工作，如穿珠子、拼圖。受試者先完成半數的工作，而在完成另外一半的工作時，研究者打斷他們，並且要求他們做其他工作。最後要求受試者回憶所有工作。結果發現，所回憶的未完成工作與已完成工作的比率都大於1，即回憶較多的是未完成的工作。

有幾種說法能解釋柴嘉尼效應：（教育大辭書，2020）

1. 因為中斷或停止工作，增加了此項工作在受試者心中的顯著性。

2. 中斷的工作成為一件未竟事業，工作者認為隨後會把它完成。

3. 中斷的工作使工作者主動形成一種新驅力（指對中斷本身及打斷者的遺憾），因而記得更牢。

4. 中斷的本身就強調了被打斷的工作。

5. 在過去經驗中，可能曾因堅持未完成的問題而受到獎賞，因而對未完成工作的回憶量較高。

十六、梅迪奇效應

(一) 創新的時代，必須用新思維、新做法，如何產生新思維或創意，我們知道常用的方法很多，「梅迪奇效應」（medici effect）是約翰森（Frans Johansson）的創見，並出版《梅迪奇效應：思想，觀念和文化交匯處的突破性見解》一書，表達他的看法。

(二) 約翰森所謂「梅迪奇效應」，是利用不同領域專家的想法，把他們在交會點所發生層出不窮的新構想，結合成一個嶄新的觀念。

梅迪奇（Medici）是佛羅倫斯的銀行家族，他們資助許多不同領域的創
作者，如雕刻家、科學家、詩人、哲學家、金融家、建築家、畫家，讓
這些來自不同領域的人士，因為Medici在佛羅倫斯相遇，彼此交會、互
相學習，打破不同領域的知識與文化界線，合力打造一個以新觀念為基
礎的新世界，也促發後來的文藝復興。

十七、GATE跨域自主學習模式

聯合國教科文組織於2015年提出二份重要宣言：《仁川宣言及行動
框架》與《青島宣言》，旨在實現2030年教育新願景。接續發表《青島宣
言》，以教育資通訊化推動終身學習，在《青島宣言》中敘明：「科技為縮
短長期存在的學習鴻溝提供了前所未有的機會。在《仁川宣言》裡，我們承
諾要實現無歧視教育、性別平等和賦予婦女可持續發展的權利，使用資通訊
科技是必不可少的條件。」

(一)《仁川宣言及行動框架》

主要為了達成聯合國所提出的永續發展目標4（SDG 4）「確保有教無
類、公平以及高品質的教育，及提倡終身學習」，強調「確保包容和公
平的優質教育，讓全民終身享有學習機會」。

(二)《青島宣言》

是全球第一份針對教育領域資通訊技術的宣言，《青島宣言》中指出
在未來的15年科技可以如何實現永續發展目標4（SDG 4），且為了在
2030年之前實現包容和公平的優質教育以及終身學習的目標，應善用資
通訊技術來加強教育系統、增進知識傳播、優化資訊的獲取、倡導優質
有效的學習以及提供更高效的服務。

(三) 課程規劃

在課程規劃推動方面，108學年度實施十二年國民基本教育課程綱要中
已新增「科技領域」，其中「程式設計」並列入此領域「資訊科技」科
目的學習內容。

(四) GATE學習模式

國內高中跨科教師團隊為研發提升學生自主學習的跨領域課程，結
合地理（geography）、藝術（art）、科技（technology）與經濟
（teconomics）四個學科，開發適合學生學習的自主學習模式，稱為
GATE學習模式。本模式以地理、環境教育為基礎，運用科技融入，加入
藝術美學課程，最終以參與式計畫的跨領域教學作為GATE模式之呈現。

(五) GATE模式設計

GATE模式課程設計從以教師為主的資訊融入教學課程，逐漸深化為運用科技輔助探究社區環境議題，進而建置出學生、社區及環境共同融合的自主學習模式。讓學習者基於對社區環境的自發性動機，依據本身的學習需求及目標，找尋適當資源與學習策略，並在最終進行學習成果反思與自評，期望培養學生成為具有未來關鍵能力、環境意識及責任感的世界公民。

十八、教育內捲化

(一) 所謂內捲化（involution），主要含義是內捲、內纏、退化復原等。就是一種社會或文化模式在發展階段達到一種確定的形式後，便停滯不前或無法轉化再升級的現象。簡而言之，教育內捲化就是一種系統性的教育退化。在越來越嚴重的社會競爭當中，幾乎每個人都面臨著內捲化的風險。

(二) 當教育界開始內捲化後，讓更多的家長感到焦慮。教育領域的內捲是指教育體系內部採取增加課程與教學的勞動投入來獲得學生成績的增長，但其實教學的效率和結果都沒有明顯的提高，教育內捲化最明顯的表現就是考試教育。因此，不止各種教育機構面臨著內捲化，學生和家長也在面臨內捲化的危機。

(三) 教育原本是為了讓學生擁有更開闊的眼界，但是當成績成為評判孩子的標準，填鴨式教育就不可避免的出現，這種教育形式只是徒增大量人力、財力的花費，對教育品質的提升毫無作用。

十九、自媒體教育

隨著互聯網及社群媒體技術的進步，人與人間的生活與自媒體越來越緊緊相扣。然而生活中，卻少有機會學習到完善的自媒體教育系統，在現今各階段的教育系統中，更缺乏真正道地的自媒體教育。

新冠病毒疫情期間之「停課不停學」，凸顯出自媒體應用在教育議題的急迫性。尤其自媒體發展的背景，乃源於網路、公眾與連結等三要素。因此自媒體教育至少包括以下幾個重要的教學內容：

(一) **抓住觀眾目光：** 這是有關如何設定精準觀眾群，培育未來潛在的訂閱客群的秘訣，屬於目標明確化框架的媒體技巧。

(二) **關鍵字調查：** 關鍵字調查是媒體曝光率的重要關鍵。尤其必須掌握有效的步驟，將複雜難懂的SEO邏輯化，讓任何新手都能獨自進行調查。掌握市場的關鍵字，就能長期為頻道帶來源源不絕的流量。

(三) **媒體工具與技巧：**自媒體的產生首先來自優異的拍攝器材與剪輯技巧。包括燈光、相機、收音、剪輯的技術，教學內容必須全面觸及自媒體的入門器材與使用方法。

(四) **吸引人群與流量：**自媒體成功的不二法門就是觸動人心的文案撰寫，以及吸引流量的演算法構造，這些都是創造自媒體必須修習的基本課題。

二十、資料領導

(一) 隨著大數據時代來臨，績效責任要求、證據本位教育改進的興起，教育機構愈來愈重視資料分析，以產生可據以行動的資訊，或是作為對話討論的基礎。資料領導主張領導者，尤其是學校校長，應該「建立反饋迴路」，不要總是把注意力放在階層任務或是活動流程上，應該鼓勵下屬就資料呈現的實際狀況和解決問題的不同見解，進行頻繁且公開的對話。

(二) 資料領導強調讓每個人都參考資料，並利用背景專業知識來發現有用的見解，為民主過程創造空間，並且發現更快、更好的決策。身為領導者與執行者領袖的校長，擁有最初和最後的話語權。當領導者優先考量以資料驅動決策時，組織和學校將取得未來不斷進步的最佳起跑點。

(三) 資料本身是很好的黏著劑，透過探究，可以強化學校團隊解決學校問題的能力，而校長在其中扮演的角色非常重要。

二一、優勢本位領導

(一) Peter F. Drucker（2021）指出，領導者成功關鍵在於做對的事情，並且用最有效率的方式把事情做對。哈佛商學院管理學教授Bill George強調「優勢本位領導」（strength based leadership, SBL），即領導者需清楚自身優勢並對其加以發展，讓自身的優勢引導工作方向及願景價值。

(二) 校長如何成為真實的領導者？取決於是否能清楚自身的優勢並對其加以發展，讓優勢領導工作方向及願景價值，並根據學校組織內成員之優勢進行激勵和培養，將優勢最大化地轉化為組織的內在動力，從而實現組織的共同目標。

因此，校長若能發揮優勢本位領導，激勵教師善用自身優勢參與校務並分享領導的責任，提供合適的學校組織文化來促進教師領導，集合大家的智慧與專業，相信必能帶領學校教師共創永續發展，共享優質成果，成就學校教育的卓越目標！

二二、學習羅盤

　　基於「環境、經濟、社會」三方面快速且深度的改變，OECD（經濟合作發展組織）發表了一篇2030教育願景論述—The Future of Education and Skills。OECD集結30餘國上百位學者專家，共同發展2030學習架構，簡稱學習羅盤（Learning Compass），期能達到個人和集體安康的願景。學習羅盤首先描述，未來公民應具備的「知識、技能、態度和價值觀」三方面的學習需求。其次說明未來青年應具備的三個轉型能力：「創造新價值、調解緊張和困境、承擔責任」，以及培養轉型能力應利用的三道處理程序：反饋（reflection）、預判（anticipation）、行動（action）。最後，提供研究證據，點出世界各國推動教育訓練轉型皆將面臨下列五項挑戰：

(一) 將焦點從「增加學習的時間」轉變為「提升有品質的學習時間」。

(二) 縮短今日課程和未來需求的差距。

(三) 製作高品質的教材，讓學生融入學習並獲得深度的認知。

(四) 課程創新必須促進學習均權。

(五) 詳實的規劃以利改革的有效執行。

二三、跨界領導

(一) Ricardo（2010）指出跨界領導是跨組織、部門或界限來建立夥伴關係，一同協力創造公共價值的過程。而學校中校長的教育理念、專業知識，和教師社群、行政人員、社區、家長等共同塑造學校的願景與目標，如能擴大參與規畫成員，可更有效地管理與發展學校願景藍圖（連俊智，2008）。

(二) 校長跨界領導是校長能跨越學校內外界線，採取目標、變革、多樣、關懷、誠信及協同合作的領導方式，追求學校的公共利益。謝傳崇與朱紋秀（2011）將跨界領導建構為以下五個內涵：關注任務、激勵關懷、組織變革、多樣創價及誠信特質。

二四、滑坡效應

　　滑坡效應又稱「滑坡謬誤」（slippery slope effect），或稱為「山泥傾瀉效應」（landslide effect）。其意涵是指決策者對於行為的細小變化很難察覺，很難將其界定為不符合規範，而對於大的變化，人們很容易發現行為的不道德性。

　　滑坡效應在教育上的應用意指，一旦開始便難以阻止或駕馭的一系列事件或過程，通常這也會導致更糟糕、更困難的結果下場，就好似從一個斜

坡上滑下來，如果慢慢地從斜坡上滑下來，則可能沒有太大的感覺，而如果從高處一下子跳到低處，則會明顯感覺到身體不適。滑坡效應與破窗效應（Break Pane Law; Broken windows theory）有異曲同工之妙，只是滑坡效應誇大了事件與結果件間可能存在的因果關係。

　　例如，學生如果不上好國中，之後就考不上好高中，再來就考不進好大學，接著會找不到好工作，然後會窮困潦倒，一生就毀了！然而，孩子如果不上好國中也不表示之後就考不上好高中，就算考不上好高中也不表示必然考不進好大學，就算考不進好大學，也不表示就會找不到好工作，就算找不到好工作也不表示會窮困潦倒，就算窮困潦倒也不表示一生就毀了，這些事件與結果間沒有必然的因果關係存在。

自我評量　　　　　　　　　　　　　　　　　　　　　　**歷屆試題**

1. 請分別說明「表達型失語症」（expressive aphasia）及「接受型失語症」（receptiveaphasia）在大腦受傷部位及症狀上有何不同？（94地三）
2. 約制性道德（morality of constraint）與合作性道德（morality of cooperation）。（92身三）
3. 道德的現實觀（realism）與道德的主觀責任（subject responsibility）。（92身三）
4. 報復性懲罰（punishment by retribution）與恕道性懲罰（punishment by reciprocity）。（92身三）

一、面對身心障礙學生，在教學與多元評量方面，有那些需要調整以適應其個別差異？並請舉例說明之。

破題分析　本題考身心障礙學生的教學評量調整策略，比較常出現於身心障礙特考，較少出現於高考。因此，本題對於準備高考的考生難度較高，必須從12年國教課程綱要切入，並與過去的課綱做比較，才能得高分。

答：民國96年起，教育部開始推動特殊教育課程大綱的修訂工作，朝向與中小學普通教育課程接軌的方式規劃，並自民國100年起試用。12年國教課程總綱針對特殊教育的部分多有著墨，例如課程審查、特殊需求課程規劃、協同教學及公開授課等。因應新課綱，教師面對身心障礙學生在教學與評量的調整策略如下：

(一)教學歷程與方法的調整：依特殊需求學生的需要，善用各種能引發其學習潛能之學習策略，並適度提供各種線索及提示，採工作分析、多元感官、直接教學、多層次教學、合作學習、合作教學等教學方法，並配合不同的教學策略及活動，以激發並維持特殊需求學生的學習興趣與動機。

(二)教學環境與資源的調整：以提供特殊需求學生安全、安心且無障礙的學習環境為首要考量，再依據個別學生之身心狀況與需求，進行教室位置與動線規劃、學習區的安排、座位安排等環境的調整，並提供所需的人力、輔具與行政資源與自然支持。

(三)教學課程與內容的調整：針對各類特殊需求學生可採「加深」、「加廣」、「簡化」、「減量」、「分解」及「替代」的方式來調整各項能力指標，再根據調整過後之指標以課程與教材鬆綁的方式決定教學內容。

(四)評量方式與內容的調整：為因應特殊類型教育學生之個別需求，學校與教師應提供適當之評量調整措施。依IEP實施個別

評量，包括學生起點行為評估、持續性形成評量、總結性評量。評量調整內涵詳述如下：

1. 評量計畫的調整：特殊教育評量一向主張依學生之個別化教育計畫實施個別評量，包括學生起點行為之評估及持續性的形成性評量，並依據長期目標作總結性評量。

2. 評量方式的調整：特殊教育評量方式可採動態評量、檔案評量、實作評量、生態評量與課程本位評量等多元評量的方式，充分瞭解各類特殊需求學生的學習歷程與成效，以做為課程設計及改進教學的參考。其中課程本位評量是近年相當流行的方式，其類型有三：

   (1) 流暢性課程本位評量：以單元時間內學生正確作答的題數作為評量的標準，著重學生答題的精熟度。

   (2) 正確性課程本位評量：不設定作答時間，重點在於評量學生能正確解答的比例，著重學生答題的正確性。

   (3) 標準參照課程本位評量：以教師實際教學之行為目標，逐項編擬成具體可觀察之試題作為評量工具，是三種課程本位中最強調內容效度的一類，唯耗時耗力，在學校使用不廣。

3. 評量內容的調整：視學生需要提供評量時間（如延長、分段實施等）、地點（隔離角、資源教室等）與方式（如口試、指認、使用科技輔具或專人協助等）的形式調整，或進行內容、題項與題數增刪等評量內容的調整。

觀念延伸

與本題相關的概念尚有：融合教育課程調整策略、普通教育課程、平行式課程、調整型課程、多層次課程、全方位課程。

二、何謂成就動機？何謂自律學習？兩者之關聯為何？有效提昇兩者之教學原則與策略為何？並請舉例說明之。

破題分析　本題考的成就動機與自律學習都是常考的概念，得分的關鍵在於兩者關係的論述能否說服評分委員，當然最重要的是「舉例」說明有效增進兩者的原則與策略，理論不要太多，重心放在說出恰當且有力的例子，對得分最有幫助。

答：(一)成就動機（achievement motivation）：Murray認為成就需求是指個人想要盡快的、盡可能的把事情做好的一種慾望或傾向。也就是指個人追求成就的內在動力，是個人去追求、去完成自己所認為重要或有價值的工作，並欲達到完美地步的一種內在推動力量。

(二)自律學習（self-regulated learning）：自律學習也稱為自我調整學習，自我調節的過程包括自我觀察（self-observation）、自我判斷（judgemental process）和自我反應（self-reaction）三個階段。自我調整學習論認為學習是一種主動、建構的過程。在學習的過程中，學習者能為他們的學習設立目標，並試著監控、調整和控制他們的認知、動機和行為，其歷程包括行為反應前的自我設定目標、反應中的自我監控與反應後的自我評估。

(三)成就動機與自律學習的關係：艾肯遜（Atkinson）的冒險偏好模式（risk-preference model）主張個人的成就行為是「追求成功」動機及「逃避失敗」動機二種力量的合成，個人主觀認定完成該作業是追求成功動機及逃避失敗二種力量的合成。根據該模式，追求成功動機大於逃避失敗動機者，較偏於選擇中等難度的作業，而逃避失敗動機大於追求成就動機者偏向選擇極難或極容易的目標。因此，懂得規劃、監控並改進自己學習的自律學習者，必定也是一個知道自己的成就動機模式，並能妥善選擇合適自己的模式，以達最好的成就動機。

(四)提升成就動機與自律學習的策略：要提升成就動機與自律學習，教師必須指導學生辨認高成就動機者的特徵、如何設定目標及訂定達成目標的策略。

1.辨識高成就動機者的行為特徵—努力。

2.定目標：目標要明確且有挑戰性。可以設定近程、中程、遠程目標，目標要一次比一次更高，才能高度的激發成就動機。

3.達成目標的自我調整策略：經過自我觀察、自我判斷、和自我反應的自律過程後，必須訂定具體可行的「自我強化」步驟。自我強化是指個人按個人按自訂標準評判自己的行為結果之後，對自己滿意與否做獎懲，獎勵有強化作用，而獎懲有鞭策自己的作用，更是增強成就動機最直接的方式。

觀念延伸

與本題相關的概念尚有：內在動機、外在動機、成就動機理論、避敗求成理論、制控信念理論。

三、現代師生關係與傳統有何差異？請以「友善校園」的觀點，說明教師如何營造良好師生關係與學生同儕關係？並請舉例說明之。

破題分析 本題考良好師生與同儕關係的建立策略，看似簡單不必讀書也能寫的題目，其實不容易得高分。因為每個考生的答案如果都如出一轍，用較為白話的實務經驗去寫，自然分數不高。本題師生關係的差異比較，要以學者所提的理論當基礎進行論述，如此才能鏗鏘有力，策略的部分也要擲地有聲，讓評分老師眼睛一亮。

答：韓愈說「師者，傳道、授業、解惑也。」傳統觀念中，師道較具權威，老師發號施令，學生較為服從。然而現代師生關係的轉變，讓師生的角色不再如過去一般，因此，了解目前師生關係與過去的差異，並從友善校園的立場營造良好的師生關係與同儕關係，便是教師班級經營的重要區塊。以下詳述之：

(一)現代師生關係與過去的差異

1.師生間的對等合作，取代過去的任務交付：德國教育學家布柏（Martin Buber, 1878~1965）曾以「吾——汝關係」來描述師生關係這樣相互的關係是一種「對等關係」與「合作關係」，提供師生間相處之道。

2.教師以愛為出發點，取代過去的打罵教育：德國哲學家強納斯（Hans Jonas, 1903~1993）提出的責任倫理學（ethics of responsibility），教師對學生應有「自然責任」，並以愛為基礎，照顧學生各方面的需求。

3.訂立班級契約，建立良好師生關係：法國哲學家列維納斯（Emmanuel Levinas, 1906~1995）提出的「為他倫理學」（ethics of responsibility-for-the-Other），教師應以建立良好的師生關係為前提，透過與學生共同討論，訂立班級契約。

4.重視學生的需求與願望，化解師生衝突：美國社會學家華勒（Willard Walter Waller, 1899~1945）強調師生關係是「支配——

　從屬」（institutionalized dominance and subordination）的關係，必須重視學生的需求與願望，才能適度地化解師生衝突，建立良好師生關係。

(二)營造良好師生與同儕關係的策略：友善校園最重要的精神就是以正向管教的理念與方法，進行班級經營與學生常規領導。因此，若以友善校園的觀點，教師欲營造良好的師生關係與同儕關係，其有效策略如下：

1.學生中心：班級經營必須重視學生的尊嚴、權益，才不會產生教師威權統治。

2.民主管理：民主的教室管理模式，與學生討論訂立可以遵守的班級契約。

3.避免權威：教師不要用權威方式對待學生，否則容易產生怨懟。

4.行為究責：學生要接納表現適當行為的責任，而不是服從權威。Waller認為教師採用的班級管理技術，依次可採取命令、處罰、管束、生氣與懇求。

5.正向引導：引導學生具備正向學習的態度與行為模式，並給予學生正向行為支持，可以協助教師建立良好的師生與同儕關係。

觀念延伸

與本題相關的概念尚有：「吾—汝關係」、責任倫理學（ethics of responsibility）、為他倫理學（ethics of responsibility-for-the-Other）、「支配—從屬」（institutionalized dominance and subordination）關係。

四、俄國發展心理學家維克次基（Vygotsky）的理論是針對人類那方面的發展而提出？對於「鷹架作用」（scaffolding）有何啟發？影響各級教育的部分有那些？請舉例說明之。

破題分析　本題算是常考簡單題，唯一較難的是社會文化理論應用於教育的啟發與影響，考生只要根據維克次基（Vygotsky）的理論要點切入，並與學校教學活動相連結，應不致離題。

答：俄國發展心理學家維克次基（Vygotsky）的理論乃是針對人類認知發展而提出的社會文化理論（sociocultural theory）。其理論重點、對「鷹架作用」（scaffolding）的啟發，以及對各級教育的影響，舉例說明並詳述如下：

(一)Vygotsky認知發展的社會文化論：蘇聯心理學家維克次基（Les S. Vygotsky）研究個體的認知發展，相信成人社會透過有意義及具有挑戰性的活動可以培育兒童的認知發展，並強調社會和文化對促進認知成長，具有關鍵的重要性，稱為社會文化論。其理論重點認為，透過引導的參與（guided participation），較年長的家庭成員或學校教師交予學生任務，支持並適當地提供達成任務的方法，可以幫助學生的認知發展，讓兒童得以跨越近側發展區（zone of proximal development, ZPD），增進其潛在發展層次至更高的境界。

(二)對「鷹架作用」（scaffolding）的啟發：根據維克次基的社會文化理論，Bruner、Ross 和Wood在一九七六年將兒童得自成人或同儕的這種社會支持隱喻為「鷹架支持」（scaffolding），鷹架，能幫助兒童在近側發展區內完成任務，即是鷹架作用。經由教導與協助後，兒童一旦自己有能力獨自解決問題或克服困難時，鷹架就變得較不需要而應移除並給予學習者更多的責任，此稱為隱退（fading）。

(三)Vygotsky理論對各級教育的影響：

1. 學校與教師應重視學生活動：兒童複雜的心智歷程始於社會活動，隨著認知發展，逐漸內化並能獨立運用。

2. 教學應鼓勵教師與學生進行對話：透過正式學校教育及非正式對話，成人將其詮譯世界的方式傳遞給兒童。

3. 教育應提供學生適當的鷹架：藉由能力較強的同儕提供協助，兒童在較具挑戰性的任務中可以表現更佳。

4. 建立提升近側發展區的師徒關係：學生藉由師傅的示範、教導，提供了鷹架並學習如何表現任務，最後透過師生一起分析狀況、共同討論、檢討反省並發展出最佳的解決途徑。當學生較熟練時，師傅就會提出較複雜、有挑戰性及不同的任務，讓學生不斷磨練技巧與能力。

觀念延伸

與本題相關的概念尚有：學徒關係（apprentice relationship）、鷹架作用（scaffolding）、近側發展區（zone of proximal development）、引導的參與（guided participation）。

107年地特三等

一、請分別詮釋以下三項「動機」所以能促進學生學習的理由，並且提出四個可具體應用於教育情境，以增進學生學習動機與成就的策略。
(一)信心或自我效能（confidence or self-efficacy）。
(二)目標（goal）。
(三)興趣（interest）。

破題分析 本題考信心或自我效能（confidence or self-efficacy）、目標（goal）、興趣（interest）三種增進學習動機的原因，並要考生分別舉出四個策略。考生只要略將此三種動機加以說明其所以能促進學生學習的理由，繼而提出四個可以有效運用於教育現場以增進學習動機的策略，應可輕鬆得分。

答：(一)班杜拉（Bandura）提出自我效能論（self-efficacy theory）作為社會認知理論（social cognitive theory，簡稱SCT）的核心概念，所謂自我效能指的是個人對其表現能力的評估與信念，以及對於結果可達何種程度的主觀評價。自我效能的組成因素有「結果期望」（outcome expectations）和「效能期望」（efficacy expectations）當個體具有高效能預期，且對行為反應結果的預期是正面時，則會採取更有自信、更適切的行為，對學習動機的增進具有正面效果。其有效策略如下：
1.過去成就表現（performance accomplishments）
親身經歷的成敗經驗對自我效能感的形成影響最大，成功的經驗可以提高自我效能感，多次的失敗會降低對自己能力的評估。
2.替代的經驗（vicarious experience）
在教育上可以提供替代性經驗或是楷模學習（modeling），以增進學習動機。替代性經驗是指通過觀察與自己水平差不多的他人獲得成功時，能夠提高自我效能判斷，相反的，若付出努力仍遭失敗，就會降低自我效能感。
3.言語上的說服（verbal persuasion）
他人的鼓勵、評價、建議、勸告可以加強人們認為自己擁有的能力信念，較容易增強其自我效能。

4.情緒上的激發（emotional arousal）

生理上的疲勞、疼痛和強烈的情緒反應，容易影響個體對自我能力的判斷，降低自我效能感。相反地，在情緒上的激發與鼓勵，可以增進自我效能的學習動機。

(二)美國心理學家德威克（C. Dweck）於1986年提出「成就目標理論」（achievement goals theory），認為學習動機來自「學習目標」（learning goal）與「表現目標」（performance goal）。學習目標可以引發較強的內在學習動機，自信心較強且積極，願意挑戰困難任務；而表現目標則引發較強的外在學習動機，學習的目的是想讓別人覺得自己很厲害，避免別人覺得自己沒用。自信心較弱且消極，面對困難時堅持力較弱。其有效策略如下：

1.提供合適的教學活動，激發內在學習動機：當學生對某些知識或技能需要時，就會引發學習內驅力，喚起內部的激動狀態，並且使得學生的學習行為指向一定的目標並且推動這個目標而努力。因此適當的目標，才能引發更多的內在學習動機。

2.善用活潑的教學方法，加強教學內容的新穎性：新奇的事物與有趣的教學方式能引起學生的注意，如學習英語聖誕節一課時，可以加入聖誕歌曲、互換聖誕禮物或者是遊戲的方式讓學生身臨其境的學習。

3.將學生的動機目標從表現目標提升為學習目標：表現目標的學習者傾向與競爭者比較，目標為勝過他人，如此較為消極。教師應積極透過活動設計與鼓勵，讓學生以學習為樂，熱衷於感興趣的知識，專注於個人能力的精進，並積極追求自我的進步。

4.設定明確的目標，增進學習動機與承諾：經驗主義學者洛克（E. Locke）曾提出目標設定理論認為，目標可以引起個體的動機，引導個體行動與努力。因此，個體設定的目標越明確、困難度越高，達成目標的承諾越高，績效越好。

(三)興趣（habit）是個體欣悅而樂於從事活動的個別驅力。海德（Heider）的歸因論（attribution theory）將人的行為原因分為內在歸因（internal attribution）與外在歸因（external attribution）。其中內在歸因是指存在於行為者本身的因素，是一種「性格歸因」（dispositional attribution），例如：興趣就

是一種引發學習動機的內在歸因。凱勒（Keller）提出的ARCS動機模式，其中第一個字A就是attention，主張任何一種教學或教材，必須能引起學習者的興趣或專注，學習才能有效。提升學生興趣，增進學習動機的策略如下：

1. 引起注意：吸引學生的興趣和刺激學生的好奇心。
2. 教學策略：擅用詢問技巧，提供變化性教學材料，激發學生求知需求。
3. 興趣激發：學習興趣是學習動機中最活躍的心理成分，具有學習興趣的學生，會把學習看作是內心的滿足，而不是負擔，從而取得好的學習效果。
4. 高度期望：利用期待效應提高學習動機。父母的期待和教師的期待對孩子們有深刻影響，把他們看作是渴望學習的人，並且不斷的傳遞信息，他們才能更有可能成為渴望學習的人。
5. 擴展視野：烏克蘭著名教育實踐家和教育理論家蘇霍姆林斯基認為，讓學生變聰明的方法不是補課，不是增加作業，而是閱讀、閱讀、再閱讀。實驗也證明，課外閱讀和課外活動對於培養興趣，增長知識，開闊視野是增進學生學習動機的極好手段。

觀念延伸

與本題相關的學習動機理論尚有Harter 目標導向理論、Dweck 成就目標理論、Weiner歸因理論、Covington自我價值理論、Bandura自我效能理論、Vroom期望價值理論、Miller勢力場分析理論、Alderfer的ERG理論、Rubenson期待價量理論、Boshier一致模式…等。

二、 Piaget的建構觀點、Vygotsky的建構觀點、社會建構主義在培育人才上的目標、班級教學活動的重點、老師的角色、學生的角色上的設定有何不同？並分別舉一具體教學實例說明。

破題分析　本題考Piaget 的建構觀點、Vygotsky 的建構觀點、社會建構主義的比較，建議考生分別論述，最後一定要進行三者在培育人才目標、班級教學重點、老師角色、學生角色設定上的比較，最好能建立表格，最後並分別舉一具體教學實例說明。

答：Piaget 的建構觀點、Vygotsky 的建構觀點、社會建構主義在教育意涵上的比較如下，並整理如下表所示：

	Piaget 的建構觀點	Vygotsky的建構觀點	社會建構主義
理論要點	身心發展先於學習建構	發展與學習同時並進且相互影響	學習建構先於身心發展
培育目標	順應兒童發展	提升兒童發展	培養獨立學習
班級教學	配合兒童現階段發展	引導參與及鷹架作用	合作學習、小組討論
老師角色	醫生	師傅	團體領導者
學生角色	病人	學徒	團體成員

(一)皮亞傑（Piaget）的建構觀點在教育上的意涵

　　1.身心發展先於學習建構：皮亞傑的認知發展理論（cognitive development theory）認為，孩童是從學習經驗當中建構知識、形成基模，孩童的基模會透過經驗不斷修改，並且整合其他基模而變得更好，強烈主張兒童的發展先於學習。

　　2.教育措施應配合兒童發展：皮亞傑認為認知發展四個階段的發展順序固定不變，各階段的認知思維方式不同。因此，學校培育人才的目標乃在順應兒童發展，配合兒童現階段的發展設計教學活動，老師的角色是對症下藥的「醫生」，學生角色是「病人」，飲藥治病。

　　3.舉例：小孩拿到鈴鐺之後會搖動它，久而久之，他會進一步去試探用力搖動和輕輕搖動所發出的聲音有何不同。為此，他會一再反覆「搖動鈴鐺」這個動作，以搖動的經驗逐步建構聲音大小與搖動力量的關係。

(二)維果斯基（Vygotsky）的建構觀點在教育上的意涵

　　1.發展與學習同時並進且相互影響：後皮亞傑學派之一的維果斯基也認同發展具有階段的說法，但是他強調經由學習與練習，認知發展可以被加速，而且個體的知識發展未必呈階段性（順序性），個體的認知內容可以跳躍或停滯，端賴學習的結果。

　　2.教育措施應考慮社會文化環境：皮亞傑忽視社會文化對兒童認知發展的影響，因此維果斯基主張，學校培育人才的目標乃在

提升兒童發展，透過引導參與（guided participation）及鷹架作用（scaffolding）設計教學活動，老師的角色是提升兒童近側發展區（zone of proximal development）的「師傅」，學生角色是觀摩師傅的示範、教導而完成任務的「學徒」。

3.舉例：上述兒童搖鈴的學習過程如果加上教師在旁的引導，如「以手指觸鈴鐺」的結果，使得兒童無論用力多大，鈴鐺聲音始終悶住不響。此即為社會文化環境的影響，教師提供較難的任務，以提升兒童認知發展。

(三)社會建構主義在教育上的意涵

1.學習建構先於身心發展：新皮亞傑學派提出社會建構論（social constructivism），強調人類高層次的認知能力，以及語言、符號等對高層次認知能力的重要性，認為學習先於發展，隨著發展階段，兒童處裡訊息的方式會變得更複雜。

2.教育措施要能培養學生獨立學習：社會建構論認為，學校培育人才的目標乃在培養獨立學習的態度，透過與別人不斷的互動與磋商，調整個人主觀建構的知識。因此，教師是「團體領導者」常用合作學習、小組討論方法，引導「團體成員」的學習者產生知識的社會建構。

3.舉例：在合作學習活動中，學生在小組內進行討論、反思，一起學習以達共同目標。教師透過三步採訪、輪流說、思、寫、論、享等教學策略，鼓勵組內每一位成員參與及作出不同的貢獻，以建構其知識。

觀念延伸

與本題相關的概念尚有效能/效率導向教學觀、人本導向教學觀、建構導向教學觀、批判導向教學觀、多元智能教學觀⋯等。

三、教師專業成長，可透過教師研究來達成。請舉導師、一般任課老師、兼行政職的老師，可能面臨的一個教育現場實務問題為例，針對這個問題，可用描述性研究、相關性研究、實驗性研究、行動研究，來解決其問題，請具體描述每個研究法的資料蒐集方法（含多元評量方法）、分析方法。

破題分析　本題是教育心理學考題中極少出現的研究法問題，題目難度不低，考生須有較強的研究法功力。答題首先舉例導師、一般任課教師、兼行政職的老師共同可能面臨（或分別面臨）的實務問題，用描述性研究、相關性研究、實驗性研究、行動研究等方法加以研究，並分別列點說明每個研究法的資料蒐集方式（含多元評量方法）、分析方法，方能穩定得分。

答：(一)描述性研究

　　1.研究目的：描述性調查（descriptive research）基本上在於描述現狀，試圖測量存在之事物，但不質疑其所以存在之理由。描述性研究可以是定量或定性的，其涉及關於描述和組織、列表、描繪（depict）及資料收集的說明。描述性研究的主要方法學包括：(1)調查法；(2)訪談法；(3)問卷法；(4)觀察法；(5)個案研究法。

　　2.問題舉例：學校教育人員用於準備上課（備課）之平均時間長度為多久？

　　3.資料收集與分析：利用問卷調查每位老師準備上課的時間，再以SPSS分析計算其平均。

(二)相關性研究

　　1.研究目的：相關研究是以數量之術語描述諸變項之關係程度；易言之，相關研究係指蒐集資料，以決定量個或多個可數量化之變項之間是否有關係存在，以及彼此之間之關係及於何種程度；關係程度以相關係數（coefficient of correlation）表之。

　　2.問題舉例：教師的備課時間與學生學業成就有何關係？

　　3.資料收集與分析：首先利用問卷調查每位老師準備上課的時間，以及每位老師任教班級的段考成績。其次以SPSS分析計算備課平均時間與段考成績平均數，進行相關分析，求其相關係數大小，如此便可得知教師的備課時間與學生學業成就的關係。

(三)實驗性研究

　　1.研究目的：實驗研究法的研究對象取樣方法是隨機分派（random assignment），與實驗無關的變項會加以控制。教育研究涉及的不可控因素較多，多採用準實驗設計。

　　　(1)優點：可控制無關變項、可確認因果關係、可重複驗證、研究結果較準確。

(2)缺點：研究情境不易掌控、僅限單向（自變項對依變項）因果關係的推論。

2.問題舉例：差異化教學法對班級學習成就有無幫助？

3.資料收集分析：採準實驗研究不相等控制組設計，設計步驟如下：

(1)將受試者以非隨機方式分派為實驗組及控制組。

(2)實驗處理前兩組均接受前測。

(3)實驗組接受實驗處理，而控制組則否。

(4)實驗處理後，兩組均接受後測。

最後結果若實驗組的成績明顯提升，而控制組則無，就可證明差異化教學法對班級學習成就確實有幫助。

(四)行動研究

1.研究目的：是由實務工作情境中的研究者，針對情境中遭遇的問題，進行系統性的研究行動與反思。

2.問題舉例：教師如果覺得自己教學技巧不好，想進行研究改進自己的教學。

3.資料收集與分析：上述例子的研究步驟為首先發現問題（教學技巧不好）、界定並分析問題（不懂得方法的運用）、草擬計畫（精進之道）、閱覽文獻（書面資料收集閱讀）、修正計畫（補原計畫之不足）、實施研究（如何讓自己懂得教學方法運用之妙）、檢討、修正、再實施、結論與報告。

觀念延伸

與本題概念相近的考點尚有觀察研究法、俗民誌研究法、事後回溯、歷史研究、個案研究、德懷術…等。

四、有位數學老師想用Gardner所提出的多元智能（multiple intelligences），做為教學方法來教導學生「分數」的概念，請寫出如何用五種智能為教學方法來教「分數」。

破題分析 本題考Gardner所提出的多元智能，並以五種智能為教學方式來教「分數」，屬於真實情境題，有教學經驗的考生最有利。答題首先簡單介紹多元智能理論，再選其中五項應用於分數教學，必須清楚說明如何教的過程，才能拿高分。

答：(一)多元智能理論：嘉德納（H. Gardner）1983年提出多元智能（multiple intelligences）理論，認為智能是解決問題或製造產品的能力，受到一或多種文化環境的重視。多元智能理論主張每個人都有多元智慧，如給予鼓勵指導，能使智慧發展到適當水準，人的智慧可經由參與相關活動而被激發。嘉德納認為人類智力包括「語文」、「邏輯數學」、「空間」、「音樂」、「身體運動」、「知己」（intrapersonal）、「知人」（interpersonal）七種能力，並於1995年再增加「知天」（naturalistic）和「知命」（existential），成為第八、第九種能力。

(二)以其中五種智能教「分數」概念

1. 語文：例如一篇文章共有五段，其中有成語出現的段落有三段，請問沒有成語出現的段落占全篇段落的幾分之幾？

2. 邏輯數學：例如5，依此法則請問15的三分之二等於多少？

3. 空間：例如魔術方塊有六面，小靜已經轉好四面，相當於轉好了幾分之幾？

4. 音樂：例如請同學將周杰倫歌曲《告白氣球》的副歌唱過一次，已知副歌共8句，整首歌曲有24句，請問副歌占整首歌曲的幾分之幾？

5. 身體運動：例如5000公尺的長跑比賽必須跑操場12圈，已知小明努力跑完4圈，他總共跑了多少公尺？佔全部賽程的幾分之幾？

觀念延伸

與本題相關的概念尚有智力二因論、智力多因論、智力群因論、智力形態論、三維智力結構論、智力階層論、智力三元論、智力內隱理論、智力的橡皮筋假說（rubber band hypothesis）、潛在特質理論（latent trait theory）。

108年高考三級

一、王老師在國中擔任導師，想用行為學派的方法，包括古典制約、操作制約、觀察學習、塑造（shaping）、區別性增強（differential reinforcement），進行班級管理。請分別就這五個方法，提供王老師具體可行的教學策略建議。

破題分析　本題考行為學派教學方法的運用，考生只要詳細說明古典制約、操作制約、觀察學習、塑造（shaping）、區別性增強（differential reinforcement）等的班級管理與教學策略即可得分。

答：美國心理學家華森（Watson）於1913創設行為學派，是心理學第一勢力（the first force），建立心理學的基本架構。行為學派的學習理論（behavioral school theory）認為，學習是刺激與反應之間的聯結，著名的方法有古典制約、操作制約、觀察學習、塑造（shaping）、區別性增強（differential reinforcement）等。詳述並舉例可行的策略如下：

(一)古典制約的班級管理與教學策略：古典制約是以制約刺激（CS）取代非制約刺激（UCS），引發個體反應，進而產生相同或相似的反應，亦即刺激替代的學習歷程。例如王老師可以先下令學生進行打掃，下令作為制約刺激，指引學生做完打掃動作，再給予喝飲料獎勵，作為非制約刺激。反覆進行數週後，只要下令就可以使學生做完打掃動作。

(二)操作制約的班級管理與教學策略：操作制約是因為反應後的增強物，是後效強化的結果，與古典制約不同。例如王老師可以給全班學生各自不同的學習任務，如果能達成任務者，就給予獎勵卡點數的獎勵，累積一定點數還可以換取學生喜愛的獎品。

(三)觀察學習的班級管理與教學策略：班杜拉（Bandura）的人格社會學習論（personality social learning theory）強調，人類在身處的社會環境中，透過主動的觀察學習與楷模仿效，經他人或社會的讚許獲得增強。因此，王老師可以運用學校資源邀請作家或是學生偶像蒞校演講，與學生互動，讓學生透過觀察學習成功人士的言行舉止。

(四)塑造（shaping）的班級管理與教學策略：行為塑造主要是將行為反應分解動作，依序分別進行學習，用漸次接近法（method of successive approximation），連續增強與期望行為有關的反應，最後達到預期的行為反應，藉以塑造並建立新行為。例如王老師教導學生雙氧水產生氧氣的實驗，從實驗儀器的認識、化學藥品的特性、反應的過程，到產物的收集與分析，一個步驟一個步驟教導讓學生精熟後加以增強，可使學生的實驗技能提升。

(五)區別性增強（differential reinforcement）：區別性增強最常見的就是替代行為的區別性增強，意思就是出現正向行為取代原本不適當目標行為，就予以增強。例如，對於上課愛講話的學生，如果他增加勇於公開發表自己看法的次數，並減少私下交頭接耳的次數，王老師就給他一張獎勵卡。

觀念延伸

與本題相關的概念尚有正向增強（positive reinforcement）、負向強化（negative reinforcement）、正向懲罰（positive punishment）、負向懲罰（negative punishment）等。

二、混齡教學，或稱多元年齡分組（multi-age grouping）、無年級別班級，是指同一個班級有不同年齡的學生。請分別由合作學習、自我概念發展、社會比較、近側發展區（zone of proximal development）、評量偏誤等五個層面來申論，混齡教學是否適用於臺灣小學或中學的學生？

破題分析 本題考混齡教學，並從五個層面來申論其是否適用於臺灣小學或中學的學生。考生應簡要說明混齡教學的要義，並一一從題目所示的五個層面中清楚論述適用或不適用的原因。

答：混齡教學，顧名思義就是把不同年齡學生放在同一個班級內進行遊戲和學習，它能使學童有更多機會和不同年齡的學童互相交流，充分學習與人交往的正確態度和技能。但混齡教學對學校與教師而言，課程需要設計不同的版本，班級管理與照顧會較吃力，則是混齡教學的缺點。以下從五個層面來剖析混齡教學是否適用於臺灣中小學的教育現場：

(一)以合作學習論之：合作學習係指在教室裡，學生依不同性別及能力，混合編成若干「合作學習」小組（每組3~6人），小組成員共同合作，互相指導，一起學會老師每節課指定的內容，並達到預期的學習目標。只要在學習過程中可以讓能力不同的學生，就不同的程度，發揮不同的意念，便能學得更好。因此，混齡編班即是讓不同能力與成熟度的學生一起學習，從合作學習的角度論之，適合我國中小學。

(二)以自我概念發展論之：美國社會學家顧里（Charles Cooley）認為，一個人自我概念的形成，是在生活中，經由人與人之間不斷互動而來的。混齡教學的分組教學，不同年齡可以彼此觀摩學習、互相照顧，增強自我概念與人際關係，甚至調節在家的排行角色，不會是永遠的老大或老么。因此，從自我概念發展的角度論之，混齡教學適合我國中小學。

(三)以社會比較論之：社會比較理論（Social comparison theory）是美國社會心理學家費斯汀格（L. Festinger）提出，是指每個個體在缺乏客觀評價的情況下，利用他人作為比較的尺度，來進行自我評價。社會比較常會存在「同齡者應該獲得相同待遇」的迷失，因此在傳統「同齡教學」的班級中，同年齡的學童產生社會比較的情況較混齡編班嚴重。因此，從社會比較的角度論之，混齡教學適合我國中小學。

(四)以近側發展區（zone of proximal development）論之：所謂近側發展區就是個體原先的能力與經過指導協助後所表現的能力之間的差距，又稱為「可能發展區」或「潛能發展區」。兒童藉由較為成熟有能力的他人（例如：混齡教學班級中較年長的學生）指導與協助，可以增進其近側區間。因此，從近側發展區的角度論之，混齡教學適合我國中小學。

(五)以評量偏誤論之：評量的偏誤大多來自受測者的心理或身體狀況、實施評量的環境與條件、計分程序等。混齡教學最大的難度之一就是教學評量，跨年級的教學必須針對不同年級的學生，實施不同標準的評量，才能在教學最後階段，檢驗出學生的學習效果。因此，在同一個班級中實施許多不同的評量，較容易產生測量偏誤，從此角度論之，混齡教學較不適合我國中小學。

觀念延伸

與本題概念相關的尚有多元年齡分組（multi-age grouping）、無年級別班級、混齡教育、偏鄉小校混齡教學。

三、高中階段宜男女分校或合校為佳？請分別就課堂師生互動、學業自信心、合作與競爭學習、男女測驗分數差異、性別刻板印象等五個觀點，申論這五個觀點的立場，宜採男女分校或合校？理由分別為何？

破題分析 教育真實情境題最近幾年正夯！本題考高中階段宜男女分校或合校為佳。以如今臺灣高中教育大多為男女合校為例，可見其優點應該大於缺點。但若從課堂師生互動、學業自信心、合作與競爭學習、男女測驗分數差異、性別刻板印象等觀點切入，男女合校仍具優勢嗎？每一點都要如上題一樣，深入論述並提出批判性的觀點。

答：(一)男女合校增進師生互動：男女合校除了可以增加男女學生同校互動的機會，男女合班更能增進課堂師生互動氣氛。有女學生在現場的教學，男老師一般較為喜歡傾聽女學生不同的感受與想法；而女老師也較會注意男生的學習投入狀況。

(二)男女合校增進學業自信心：在男女合校或合班的學校，一般男生理科較強，而女生文科較好，如此在學業成就上男女生產生互補，並可因此平衡學業成績帶來的挫折感，增進男女生的學業自信心。

(三)男女合校有競爭有合作：真實的社會環境本來就有男有女，學校與班級就是社會的縮影，教育的內涵是學習，並非殘酷的競爭。雖然學業成績有高低就會競爭，但是男女結構有別，各有擅長科目與能力，因此，雖然身處競爭環境，男女也各有勝場。尤其許多的學習任務必須兩性共同合作完成（例如：性別平等教育與議題），因此，男女合校較易促成兩性學習合作。

(四)男女合校有助縮小測驗分數的差距：許多研究顯示，男女兩性測驗分數間沒有顯著的差異，縱有差異發現，也非完全偏於某一性別。男女合校，因為男女思考邏輯不同，可互相交流彼此的讀書心得與策略，可以開拓男女生學習的廣度與寬度，有助於縮小男女測驗分數間的差異。

(五)男女合校較能破除性別刻板印象：性別刻板印象（gender role stereotype）亦稱性別偏見，是人們對男性或女性角色特徵的固有印象，它表示人們對性別角色的期望和看法。男女合校是一種較符合整個大社會結構的型態，可以讓同學在生活中學習真正社會的互動關係，有助於男女更加了解彼此的異同，較能破除性別刻板印象。

觀念延伸

與本題相關的概念尚有混合性別教育（mixed-sex education，co-education）、單一性別教育、性別平等教育⋯等。

四、翻轉教學（flipped teaching）是指於課前、透過資訊科技盡可能教導學生課程中基本的學習內容；同時將課堂時間主要用於以學生為中心、達高層次教學目標的教學。請寫出三種評量方式來了解學生的課前學習成果及二種課堂中以學生為中心的教學方式。

破題分析 本題考翻轉教學的運用，考生除了寫出三種評量方式來了解學生的課前學習成果及二種課堂中以學生為中心的教學方式，並應簡要說明其運作方式。

答：翻轉教室又稱為翻轉課堂、翻轉教學（flip teaching）、翻轉學習（flip learning）或反轉課堂（inverted classroom），其實施的關鍵有二：(1)上課前，教師將自錄的講授內容（或相關的現成素材）上傳或連結到學習平台，學生在平台上「自主學習」這些內容，並記錄學習上碰到的問題；(2)上課時，教師回應學生自學時碰到的問題，並「以學生為中心」進行以討論為主的合作學習或個別指導。

(一)了解學生課前學習成果的評量方式

　1.一分鐘報告：抽點學生進行一分鐘報告，將昨天在家自主學習的課程主題、內涵與問題大致簡要地說明，這個方法對於學生預先學習的成效可以有一個初步的了解。

　2.記憶矩陣（memory matrix）：教師首先發展一個表格，每一欄代表不同的概念或種類，每一列代表主要的概念或內容單元。在課堂上，你要求學生於每個細格中填入正確，這些問題概念的答案主要來自於學生預習的教材內容。

3. 關連卡片：由學生填寫至少一個和他們預習所得的概念應用的索引卡片，可幫助學生專心思考所學習的材料內容，並設法和他們已知的學習經驗相結合。

(二) 以學生為中心的課堂教學方式：以學生為中心教學方法是強調由學生主動參與學習，教師只居於次要地位，因此又稱為非指導式教學（indirect instruction）。由於整個教學過程較無明顯的步驟，教材內容結構較不完整，所要獲得的知識、內容、概念也都不具體明確，這類的教學又稱為不明顯的教學。主要方法有二：

1. 團隊導向學習法（team-based learning）：團隊導向的學習方式是將「翻轉教學」的設計加上團體學習的模式，將原來課堂授課的內容與時間，和學生課外做作業的內容與時間對調，學生在課堂上與老師和其他同學一起運用課前預先了解的知識，共同學習、解決較深的問題，一起做「課外作業」（家庭作業）。團隊導向學習法一方面深化學生的學習，同時也讓學生學習在團隊中與人共事的素養。

2. 「以評量促進學習」（assessment for learning，下稱AFL）的教學法：一直以來，評量都集中於完成教學後實施，被視為「對學習的評量」（assessment of learning, AOL）。而AFL則是從師生對話、展示和觀察中，尋找、反思和回應有關資訊，以促進持續學習。而AFL的最終目標，就是通過種種途徑搜集學習的資訊，反饋學生，以便學生在學習上自助和互助，持續發展，最終能自主學習。SIA的概念源自Stiggin與Chappin（2005），目的是增強學生的自信及縮小學習成果差異。SIA的策略主要有兩方面：(1)通過開放評估途徑，讓學生參與訂定評估標準；(2)改變學生角色，加入學生自評和互評的活動，增強他們對評估要求及其應用的認識，從而訂定學習目標、方向和策略，發展自我監控的能力。

觀念延伸

與本題相關的概念尚有自我調整學習、高層認知技巧、課堂評量策略、多元評量策略…等。

108年地特三等

一、何謂大魚小池效應（Big-fish-little-pond effect）？產生此一效應的心理機制為何？舉出符合此效應的實例並說明其在教育上的意涵。

破題分析 本題主要在於大魚小池概念的理解與說明，考生對於較為艱深的專有名詞，必須以大眾化的「俗話」或「流行語」說明較為貼切。例如以「寧為雞首，不為牛後」點出概念真諦，再輔以實例（例如資優班與普通班的比較），才容易得到閱卷老師的青睞與分數。

答：自我概念影響學生的學習成就至鉅，其中「大魚小池效應」（Big-fish-little-pond effect）就是學生在不同教育情境中所持的一種自我概念的狀態，近年受到教育心理學界的高度重視。

(一)大魚小池效應的意涵

對於學生的學習，我們常說：「寧為雞首，不為牛後」。這個意思與Marsh與Parker從教育心理學的角度提出的「大魚小池效應」有異曲同工之效，同一條魚，在小池塘內，和小蝦比較，魚便是最大。這兩個說法都是形容具備相同能力的兩學生，在高能力學校的學生比在低能力學校的學生具備較低的學業自我概念。這就是學生在名校或成績較好班級，學生學業自我概念較低；反之學生在一般學校或班級之自我概念較高的現象。

(二)產生機制與實例

大魚小池效應的產生機制就是一種「社會比較」，且與「參照團體」具有密切關係。學生就讀於高能力的學校，其學習自我概念較低。例如，資優生在一般班級中，其學業自我概念較高；資優生在資優班級中，其學業自我概念反而較低。會有這種現象的主要原因在於，資優班的團體比較中，每個都是高手，反而無法凸顯自己的優勢，導致影響其自我概念發展。

(三)教育意涵

1.團體中的「排名」會正向影響學習成效：身為「雞首」（個人在班級內的排名愈高）可幫助提升學生的學業自我概念及未來的學業發展；相反地，「牛後」（個人在班級內的排名愈落後）則不利於學業自我概念與未來學業能力。

2.同儕平均學業能力存在正面影響效果：同儕平均學業能力對於不同學業程度的學生都有正面影響，但程度愈低，同儕效應愈強。亦即，受惠於優秀同儕所帶來的程度進步幅度愈大。

(四)結語

池塘裡的大魚（亦即團體中表現相對優異的學生），在同儕比較的過程中容易逐漸積累出自信心、優越感，這些都屬於正面的情緒，也正是團體比較地位強調其正面影響的社會心理機制。因此，教師必須不斷製造機會讓學生擁有較過去優異的團體比較地位，才有助於自我概念與學習成效的提升。

觀念延伸

與本題相近的概念尚有：榮耀同化效果（reflected-glory assimilation effect）、同儕效應（peer effect）、參考架構（frame of reference）、社會比較效果（social comparison contrast effect）、學校地位（school status）。

二、家長甲說：「小明念小學時，成績也還不錯，不知為何上了國中後，人變懶了，不愛唸書，老說老師說的他聽不懂。」請從認知發展、認知學習以及動機三個面向為家長甲提供小明行為的可能原因與建議。答題時，必須先明確指出所引用理論的觀點內涵，以及根據理論提出的建議。

破題分析 本題主要重點在依題目所說，從認知發展、認知學習與動機三個方面的理論出發，分析小明學習狀況不佳的原因，最後提出可行建議。考生面對這類型題目，切勿好高騖遠，必須從自己拿手的理論下筆，尤其理論的觀點與內涵切不能出錯。最後對小明學習的建議，也應緊扣著原因的核心，提出解決之道。

答：依據題意小明上了國中後，明顯學習動機不強，且聽不懂老師上課的內容。若從認知發展、認知學習以及動機三個面向分析其原因，並提出建議，約可分述如下：

(一)小明學習狀況不佳的原因

1.認知發展尚未到達「形式運思期」：皮亞傑（J. Piaget）認知發展理論認為，國中學習階段正處於12歲至15歲間的青少年，認知結構發生重大的改變，能運用抽象符號與邏輯思考方式解

決問題。如果小明上課認真聽講卻仍聽不懂老師所言，很有可能認知發展尚停留在較低的階段。

2.後設認知與學習策略的運用不佳：認知學派對「學習」行為的觀點認為，「學習策略」與「後設認知」在認知學習上至關重要。認知學習策略重視整體學習、內在動機及理解；後設認知重視學習監控與檢視。尤其批判思考與問題解決能力的培養，更是國中時期許多科目學習的重要技巧。小明學習效果不佳，有可能跟不懂得學習策略與後設認知的運用有關。

3.學習動機必須轉成「精熟目標」導向：成就目標理論（achievement goal theory）將目標導向區分為兩種，一是精熟目標（mastery goal），認為學習目的在於個人能力之發展，努力可以提升能力；另一則是表現目標（performance goal），學習目的在於個人表現，並與他人比較。小明的學習如果只是避免失敗導向，甚至逃避成功，這樣的成就目標導向模式不容易學得好。

(二)對小明學習狀況的建議

1.降低學習任務，提升自我概念：自我概念是影響學習效果的重要因素，當學習者對學習任務具有高度動機時，學習意志才能支持意向運作。雖然皮亞傑不主張藉由學習來加速認知發展，但是透過學習任務的適度降低，確實能有效提升自我效能感與自我概念，對學習成效的提升助益甚大。

2.善用學習策略，激發內在動機：透過網際網路、多媒體教材結合於學習內容上，或是教導小明統整資訊和延展知識的技巧，以及記憶術與解題策略的提升，都可以促進小明的內在學習動機，激發其主動學習的意願與成效。

3.結合闖關獎勵，導向精熟目標：教師可以利用多元評量闖關活動，培養小明勇於冒險嘗試，不斷追求成長的動力，是提升學習動機的有效方法。加上家長與老師的配合，設定難度不高但只要努力就可達成的學習任務，讓小明在闖關成功的過程中立即得到獎勵，這種可期待且看得見的目標設定策略，可以快速提升小明的參與感與成就感。

觀念延伸

與本題相近的概念尚有：表現目標、自我調整（self-regulation）學習策略、認知發展理論、認知結構理論、發現學習論。

三、團隊合作能力是21世紀人才重要的能力，試以融合閱讀和寫作的合作學習法（cooperative integrated reading and composition）為例，說明教師進行合作學習教學時，應掌握的要素。

破題分析 從題目所述「融合閱讀和寫作的合作學習法」可知是指「合作式統整閱讀寫作法」。考生要正確判斷此方法主要是閱讀寫作教學，只是採用合作學習法進行，千萬別把答題重心放在合作學習法的介紹，如此便會偏離主題，不可不慎。

答：合作式統整閱讀寫作法（Cooperative Integrated Reading and Composition，簡稱CIRC）主要是應用於國小高年級，同時注意個人績效與團體目標，並結合同質教學小組及異質的工作小組，以統整學生讀、寫、說三方面的能力。

(一)CIRC的意涵

CIRC把焦點集中於一個基本故事上，而學生在合作小組中結合閱讀組（reading group），對問題從事深入地追蹤探索（follow-up），以達到閱讀理解、字彙、解釋及拼寫字等學習目標，並適度使用獎勵結構引起學生合作的動機。

(二)CIRC三要素

1.讀本的相關活動：教師介紹基本教材內的故事並引導學生學習。首先教師先確立一個閱讀目標，介紹生字，並於學生閱讀後討論故事。

2.閱讀理解的直接教學：教師每周利用一天指導學生特殊的閱讀理解技巧，如歸納內容要點、了解因果關係、作推論等，並設計閱讀理解作業單供學生習作。

3.語文與寫作的統整：在語文課中，教師使用經過設計安排的寫作課程。在這期間，學生以小組方式來進行語文技巧並直接引導寫作活動。本階段強調以寫作為中心，語文分析技巧只作為寫作之輔助，而非單獨分開的活動。

(三)CIRC教學程序

CIRC的教學程序包括教師授課、小組練習、個別練習、同儕預評、課後練習及測驗。過程中的重要元素有三：

1. 異質性分組：教師依據學生閱讀能力分組，以異質性的小組二人一對，互相輪流朗讀讀本，重述故事、生字練習，互相糾正檢查，再由教師進行綜合測驗，統計成績表揚。

2. 學習閱讀技巧：同時以合作小組的方式，幫助學生從書中主角、情境、問題的探討，學習更廣泛的閱讀技巧，以提昇理解力。

3. 協力編寫發表：最後經由小組的學習活動中，協力計劃、編寫文章，並且加以發表，以統整學生讀、說、寫三方面的能力。

觀念延伸

與本題相近的概念尚有：合作學習教學模式、學生小組成就區分法－STAD（Student Teams）、小組遊戲競賽法－TGT（Term-Games-Tournament Method）、小組協力個別化法－TAI（Team-Accelerated Instruction）、拼圖法（the Jigsaw Method）、團體調查法－G-I（the Group-Investigation Model）、共同學習法－LT（Learning Together Model）、菲立普六六討論法。

四、請試述下列名詞之意涵：

(一)自我設限（self-handicapping）

(二)夏季失落（summer setback）

(三)想像的觀眾（imaginary audience）

(四)感官記憶（sensory memory）

破題分析 名詞解釋最重要的是必須寫出其重要概念與操作型定義，尤其面對較為不熟悉的名詞，要旁敲側擊統整其相關概念，如此方不致離題。

答：(一)自我設限（self-handicapping）

當個人面臨一項和能力有關的任務或具威脅性的評價情境，而又預期自己會有不好的表現時，個人將會事先採取減少努力甚至放棄，以保護自我價值。像這樣為了避免損及自尊，

而就事先替自己製造障礙或尋找藉口，陷自己於不利的情境，以便能將後來的失敗或不好的表現歸因於個人能力以外的因素，即稱之為「自我跛足策略」或「自我設限策略」（self-handicapping strategy）。自我跛足的行為有許多，例如：設定遙不可及的目標、延宕（procrastination）應完成的工作、故意減少練習時間、服用抑制表現的藥物或飲用酒精…等。

(二)夏季失落（summer setback）

大部分的學生在暑假階段長時間無法接受學校正規教育，於是學生家庭社經的條件在暑期期間便扮演舉足輕重的角色，造成低社經的弱勢學童學習進展停滯，導致學童暑假過後普遍有學業成就滑落的情況，稱為「夏季失落」現象。

(三)想像的觀眾（imaginary audience）

艾爾肯（D. Elkind）提出青少年自我中心主義的四大特徵，包括：想像的觀眾、個人神話（personal fable）、假裝愚蠢（pretend stupid）、明顯偽善（obvious hypocrisy）。其中想像的觀眾指的是，感覺自己是被觀賞的對象，周遭每個人都關注著自己的言行舉止。青少年一直想像自己是演員，而有一群觀眾在注意著他們的儀表與行為，他們是觀眾注意的焦點。這種青少年的自我中心主義到了15～16歲會日漸消退，想像的觀眾會被「真實的觀眾」所取代。

(四)感官記憶（sensory memory）

環境刺激經視、聽、味、嗅、觸覺等受納器的接收，所引起的短暫（三秒鐘內）記憶，稱為「感官記憶」。感官收錄的訊息會先經過型態辨認的步驟，才能將訊息進行編碼，進入短期記憶。知覺（perception）與注意（attention）均為感官收錄的關鍵歷程。感官收錄和其他階段記憶不同處，除了時間極短外，另一特色是記憶中仍保持著刺激本身原來的形式，其作用是在提供個體抉擇是否將進一步作為重要訊息來處理。若決定給予進一步的處理，就加以注意，並予以編碼轉換成另一種形式，否則即予以放棄，形成感官收錄過的遺忘。

109年高考三級

一、 請說明什麼是「教育神經科學」（educational neuroscience）？教育神經科學的目標為何？從教育神經科學的觀點，論述其對於有效學習的啟示為何？

破題分析 本題考的是近年很夯的教育新學門「教育神經科學」（educational neuroscience），雖是新穎觀念，但從神經兩字應可猜出與大腦神經有關。因此，從認知學習與大腦訊息處理的角度切入，應可順利上手。

答： 近年以來探討認知歷程的生物學基礎成為教育研究的顯學，這門學科稱為教育神經科學（Educational Neuroscience）。其涵義目標以及對於有效學習的啟示如下：

(一)教育神經科學的涵義與目標

教育神經科學整合神經科學、生物學、認知科學和教育，主要的目標為闡明心理歷程的神經機制，也就是大腦的運作如何造就心理與學習機能，提供教學教材設計與教學策略發展的基礎，使學習成效最大化。

(二)教育神經科學對有效學習的啟示

教育神經科學藉由各種儀器的觀測，如眼動儀、腦電波儀、生理回饋儀等，瞭解大腦高層次複雜的認知歷程，如語言、閱讀、數學、幽默及情緒等。對有效學習有以下啟示：

1.學習歷程需如大腦認知般重視科際整合：教育神經科學強調將教學實際建立在所謂「堅實科學」（solid science）的研究基礎之上，並且協助教師以更靈活精明的方式進行「統整教學」。

2.學習歷程需透過認知與情意交互作用：透過大腦的研究發現，學習者經由認知與情意交互作用下得到學習結果，這種學習結果不只有「能力」，而是包含了由知識、能力與態度所構成的「素養」。

3.有效學習的本質在找出學習的意義：教師的教學重點應不只是學習內容，應該聚焦於學習意義的建構。此外，學校課程必須充滿意義且相互連貫，加上教師們運用清楚易懂的教學方法，這樣才有利於青少年學習。

4. 教學方案的設計是有效學習的關鍵：2010年，OECD出版《學習的本質》（The Nature of Learning）一書，提出有效學習是一種「CSSC學習」，它包含學習是建構產生（constructive）、自我調整的（self-regulation）、結合情境（situated）、協同合作（collaborative）四個特性。從青少年腦部發展與學習角度來看，學校教師要領導青少年通過一關又一關的「方案」考驗。

5. 每個教學方案都是跨領域的知識統整：不同的教學方案設計，就是跨越不同學科領域的知識統整。學生們從不同學科（例如，數學、物理學、化學、生物學、歷史、地理等）的觀點來探討相同的現象（例如，病毒的對抗）。

6. 結合生活情境的跨科共備成為教學主流：藉由「方案」來進行有效學習的先決條件，在於不同學科的教師對於上課內容事先要進行妥善溝通，不但要結合生活情境，而且要共同備課、協同合作，並且參與學生所規劃的教育方案，如此才能實現跨越不同學科知識統整的可能。

觀念延伸

與本題概念相近的尚有：腦神經科學、認知神經科學、學習科學、教育遊戲、認知心理學。

二、心理學家艾略克森（Eric Erikson）提出青少年的核心奮鬥為「認同與角色混淆」。試從個別化（individuation）、人我的連結（connectedness）、性與性別認同（sexual and gender identities）等三方面來說明青少年尋求認同的內涵，並說明心理暫緩期（psychological moratorium）對青少年發展及其教育上的意義。

破題分析　本題重點有二，一是青少年尋求認同，二是心理暫緩期。千萬不能將重點放在艾略克森（Eric Erikson）的理論。尤其兩個重點的比例分配要拿捏好，大概四成放在第一個重點，六成放在第二個。

答：艾略克森（Eric Erikson）認為，青少年的核心奮鬥為「認同與角色混淆」，認同成功則角色扮演無虞，認同失敗則角色扮演混淆。處

於「心理暫緩期」（psychological moratorium）的青少年尋求認同
的內涵，以及此時期對其發展及教育上的意義，說明如下：

(一)青少年尋求認同的內涵

　　青少年期的重要發展任務是「自我認同」與「角色統整」，此
時期的青少年會主動尋求、處理、評估及使用與自我相關的訊
息，並且願意試驗及修正自我認同。青少年尋求自我認同的內
涵可從以下三方面說明：

1.個別化（individuation）：正值青春期的青少年將會面對「分
離個體化」（separation-individuation）的發展任務，尋求心理
與情感、意識與想法、情緒與角色上的自我認同及獨立自主，
此時，家庭支持是協助成長與成熟的重要因素。

2.人我的連結（connectedness）：個體的自我認同概念的形塑是
一個複雜的心理歷程，受到生活中重要他人的情感連結以及人
際互動經驗的影響很大。例如父母、兄弟、同儕團體、師長等
對個體的接納與否，以及個體的社交地位、友誼發展及受歡迎
的程度，將影響其自我認同的結果。

3.性與性別認同（sexual and gender identities）：性別認同是個
體對自己性別的個人感覺，是青少年自我認同很重要的一部
分。大部分人認同其生理性別，若性別認同與生理性別不一
致，就會產生困擾或稱為性別不安（gender dysphoria）。由於
性別表現並不完全與其生理性別、性別認同或性傾向一致，因
此我們應該尊重每個人的多元性別認同，取代因僵化的性別觀
念所造成的歧視。

(二)心理暫緩期的意義與影響

　　心理暫緩期有時又稱為「心理的延期償付時期」。所謂延期償
付，指的是為使青少年接受足夠的教育訓練，做好成人角色的
準備，雖然在生理上已表現出足夠的成熟，但是在成人應有的
權力與應履行社會義務和責任均予暫緩。此時期對青少年的發
展與教育的意義如下：

1.心理暫緩期提供充足的時間：社會和心理的延緩償付，青少年
便有充足的時間通過實踐、檢驗、樹立、再檢驗的循環過程，
謹慎決定自己的人生觀、價值觀以及未來的職業，最終確立自
我同一性。

2.心理暫緩期賦予探索的機會：社會給予青少年暫緩履行成人責任和義務的緩衝時期，正好也給予青少年自我探索的機會。這些自我探索的結果包括自我評價、自我獨立、職業生涯規劃、社會角色扮演，以及戀愛與性問題的成熟態度。

3.心理暫緩期促進自我統合的實現：自我統合（self-identity; ego identity）係指青少年個體在人格發展上臻於成熟的狀態；在心理上能自主導向，在行為上能自我肯定的狀態。馬西亞（James Marcia）認為在青少年面對衝突而作出決定的過程中，會產生四種不同的認同模型，包括定向型統合、迷失型統合、未定型統合以及早閉型統合。心理暫緩期可以幫助未定型統合的青少年發展與「形成」自我。

4.學校應提供自我探索的課程與情境：學校必須鼓勵學生為增進自我學習和群體成長負起責任。學校課程的安排應提供學生一條多元探索、發現自我的途徑，增進自我潛能與自我價值的發展，探索自我觀、人性觀與生命意義。尤其課程內容與教學設計應提供引發青少年好奇心的學習情境，讓學生有時間思考、實驗和理解重要事物，有機會自我對話與瞭解，激發驚奇與創意。

觀念延伸

與本題相似的概念尚有：自我概念發展、自我認同危機、自我統合、角色混淆、自尊、自信、自我價值、自我設限。

三、「動手做」已經成為未來學習的關鍵字。請說明「動手做學習」的背後蘊含著那些教與學的理論。

破題分析　本題以「動手做學習」當關鍵字，論述其背後蘊含的教與學的相關理論。建議分成教學與學習兩個面向，各寫三個理論簡單描述，最好涵蓋教育學科各學門，但也要掌握好時間與字數。

答：「動手做」已經成為未來學習的關鍵字。「動手做開啟真學習」將「Maker」的概念教育落實於教育現場，開啟了臺灣教育的新觀點。「動手做學習」的背後蘊含的教與學的理論如下：

(一)教育哲學中的建構主義思想

　　強調知識是個體外在環境互動所建構而來的，重點在操作行動的省思。其中經驗建構理論又稱為「急進建構主義」（radical constructivism）。此類建構主義強調，知識是個人主觀經驗建構，不是用客觀方法去記憶或背誦。因此，教師必須提供一些教學活動的操作、參與或示範，讓學習者有機會能具體的獲得一些經驗去建構個人的知識。

(二)學習心理學的學習型態理論

　　雷德（Reid）認為學習型態有六種，包括視覺型（visual style）、聽覺型（auditory style）、動覺型（kinesthetic style）、觸覺型（tactile style）、團體型（group style）、個人型（individual style）。其中觸覺型的學習者以需要動手操作具體實物的學習方式最佳，例如在實驗室執行研究、編製學習教材和圖表、或作報告等。但對於需要抽象思考的理論性題材可能感到吃力。

(三)杜威進步教育運動的「從做中學」

　　杜威（Dewey）是美國「進步教育運動」的主要推手，與詹姆斯（James）同為功能主義的創始人，提倡教育無目的論、教育即生長、從做中學、生活即教育、教育即生活的理念。其中「從做中學」就是增進生活適應、生長經驗的主要教育方法，因此，教育過程才需要注重實際經驗，要從做中學習。

(四)品德教育的重要學習模式—服務學習

　　參與及行動模式是品德教育重要的模式之一。此模式強調「經驗教育」與「做中學」。藉由參觀、合作學習、體驗、角色扮演、戲劇、藝術欣賞等多元方式進行，使學生發展批判性思考、創造性思考、溝通、問題解決、設計方案等技能，並能在活動中反省與修正自我之品德。近年來風行的「服務學習」（service learning）是參與及行動之最佳示例。

(五)布魯姆（Bloom）認知學習的程序性知識

　　布魯姆（Bloom）認知教育目標重視程序性知識（procedural knowledge）的學習。程序性知識指按照一定程序理解操作，從而獲致結果的知識。其重點在於知道如何（know how）操作

並執行不同的操作訊息。例如：開車、利用九九乘法表進行運算、操作化學實驗的步驟。

(六)學習理論的自動化處理歷程

程序性的操作活動，無論是駕駛、打字、彈琴等，一旦熟練之後，就會達到自動化處理（automatic processing）的地步。自動化處理是程序性知識學習的最高境界，到達此一境界時，個人在操作過程中就不需要隨時注意去處理某些訊息。例如：初學駕車者對每一刺激帶來的訊息都需要注意應付，司機熟手則可在與人談話中輕鬆處理一連串的訊息。

觀念延伸

與本題相近的概念尚有：經驗學習、由做中學、反省思考、兒童中心思想、STEAM教育、自造者（Maker）教育。

四、請解釋什麼是「刻板印象威脅」（stereotype threat），然後列舉出一個心理學實驗來說明刻板印象威脅的現象，並說明刻板印象威脅與學習表現的關係，以及討論至少四種解除刻板印象威脅的教學方式，以使學生獲得信心，增加他們的學業表現。

破題分析 本題算是超複雜題，概念雖不難，但答題內容繁複。按照題意，本題只要清楚回答四個問題即可：(1)何謂「刻板印象威脅」？(2)實驗舉例；(3)刻板印象威脅與學習表現的關係；(4)四種解除刻板印象威脅的教學方式。由於時間有限，要四平八穩且面面俱到，四個問題都要均勻分配內容與時間。

答：(一)何謂「刻板印象威脅」？

刻板印象威脅（stereotype threat）是害怕個人在團體中落入貶抑的刻板形象，擔心別人會以所屬團體的負面刻板印象來評價他們。刻板印象威脅會影響個人在學校和職場的表現。

(二)實驗舉例

每當處在特定的能力評量情境時，由於「男生的數學比女生好」的負向刻板印象會因情境而被激發，進而導致女生在相關的數學考試表現上有明顯變差的結果。

(三)刻板印象威脅與學習表現的關係

刻板印象威脅會導致個體行為表現與自我認同程度下降，同時，刻板印象威脅效應也會影響學習成就。根據研究顯示，高性別刻板印象組的受試者在刻板印象被激起的狀況下，數學測驗的表現比低性別刻板印象組的受試者顯著較差，顯示受試者具有較強烈的性別刻板印象時，學業表現受到的性別刻板印象威脅也相對較大。

(四)四種解除刻板印象威脅的教學方式

1. 進行性別平等式的課內合作學習討論：教學活動將性別平等教育融入英文專題的設計，營造性別平等的師生互動關係，透過合作學習的運用，促進不同種族、文化、性別學生的學業成就。

2. 採用課前協作式的男女互動準備：合作學習的形式約可分為課前協作式、課內討論式、課後研討式三種。前述所述為課內討論式，除此之外，學生在課前準備過程可以採用課前協作式合作學習，根據學習的需要，在課前分工協作完成學習任務與準備工作，讓小組協作中的男女性別互動更為自然。

3. 增加「非刻板印象科目」的接觸機會：理科非屬男性莫屬，文科也非女性專長。讓男生多接觸文科的理解與欣賞，讓女生多接觸理科的實驗與操作，也是解除刻板印象威脅的教學方式之一。

4. 慎選教學內容與測驗題目：有關刻板印象威脅的研究發現，當受試者在從事難度很高的測驗題目時，刻板印象威脅的效果就很明顯。如果學校在進行相關的評量測驗時，能慎選適當難度且具代表性的題目，也就能將刻板印象威脅對考生的負向影響減到最小。

觀念延伸

與本題概念相近的議題尚有：做中學、學中做、學中量、學中覺、學徒學校。

109年地特三等

一、近來多項跨國的學習成就評比發現，臺灣學生在數理學科的成績名列前茅，然而學生對數理學科的學習動機卻較差。而教師適切的鼓勵與讚美是提升學生學習動機的有效方法之一，請說明一位老師如何正確有效的使用鼓勵與讚美？又這些鼓勵與讚美是如何來提升學生的學習動機？

破題分析　本題重點不在解釋為何臺灣學生在數理學科的成績名列前茅，然而學習動機卻較差的原因。甚至於完全不提數理學習也不影響答題觀點。本題答題重點在於如何正確有效的使用鼓勵與讚美，以及其提升學生的學習動機的機制。

答：對學生的表現予以口頭讚美、認可、鼓勵、表揚等，是一種社會性增強，對學生的學習動機與成就有正面影響。但是讚美與鼓勵也不能誤用，否則容易適得其反。因此，讚美與鼓勵有其基本原則與做法，分述如下：

(一)讚美與鼓勵的基本原則

　　1.讚美天賦或人格，容易得到反效果：如果把孩子分為兩組，對A組誇獎「你很聰明」，對B組誇讚「你表現得很好，剛才一定非常努力！」。結果A組為了保持聰明，反而不敢冒險犯錯。因此，當讚美孩子的天賦而非他的努力、策略和選擇時，反而會慢性地扼殺他的成長型思維，適得其反。

　　2.賞識型稱讚優於評價型稱讚：避免針對學生人格作評價式稱讚（evaluative praise），而應該針對其行為或作品作鑑賞式稱讚（appreciative praise），或稱賞識型稱讚。例如：你的報告寫的真好！稱讚學生的努力成果，會使學生因教師的讚美而更加努力。

　　3.讚美或鼓勵必須對事不對人：評價式稱讚具有破壞性；鑑賞式則具有生產力，必須小心使用。鑑賞性、描述式的讚美或鼓勵可以增加學習動機，但必須對事不對人。否則當外在報酬消失時，參與活動的行為或學習的動機便會消弱或停止。正確的讚美與鼓勵，可以激發哈特（Harter）的目標導向行為。

(二)讚美與鼓勵的正確做法

　　例如教師於課堂發問時，答對的學生請讚美，答錯的請鼓勵並再給予機會，成功經驗對學生學習成就有絕對的關係，不但能引發孩子成長型思維的方式，而且可以激發高度的學習動機。除此之外，讚美與鼓勵還可以如下做法：

1. 誇獎學生具體的細節或行為：誇獎學生時，一定要把具體的細節說出來，指出他哪裡做得好，哪裡做得不夠好。比如誇獎孩子作文，可以說：「這次作文用了兩個成語，有進步，下次再多用一個！」誇獎細節時，描述得越具體，誇獎越有說服力，這種方式，讓孩子更容易理解今後該往哪些方面努力。

2. 誇獎參與的勇氣、努力與選擇：誇獎學生「你真聰明！」他會產生「能力天生」的固定思維，遇到失敗會覺得是自己不夠聰明，並非不夠努力。因此，老師不需要對學生與生俱來的天賦有過多的誇獎，應該誇獎「付出的努力」，讓他感受到自己的付出被人看到，並得到了認可。只有這樣，學生才會更加重視過程，面對困難，也會認真堅持。

觀念延伸

與本題概念接近的議題尚有：學習動機、鑑賞式稱讚、評價式稱讚、三明治效應（Sandwich effect）溝通技術、和諧溝通理論。

二、何謂「教學目標」（instructional objectives）？請問安德森（Anderson）等人於2001年如何修訂布魯姆（Bloom）1956年的認知目標分類？此一修訂對教師的教學有何啟示？

破題分析 本題算是簡單題，考生只要說明何謂「教學目標」，並列表比較安德森（Anderson）等人修訂的內容與布魯姆（Bloom）版本認知目標分類的不同，最後將重心放在對教師的教學啟示，應可輕鬆拿分。

答：(一)教學目標的意涵

　　教學目標（instructional objectives）是教學歷程中所預期要達到的終點狀況，也是教師預期學生在教與學歷程之後，所要達成的目標。教學目標要根據課程標準和教材、學生學習的特點以及身心發展來訂定。

(二)認知目標的分類

　　布魯姆（B. Bloom）1956年提出教學目標分類，認為完整的教學目標應該兼顧認知、情意與技能三種不同的領域。其中認知的評量，包括記憶、理解、應用、分析、綜合、評鑑等；情意的評量，包括接受、反應、價值判斷、價值的組織與價值體系的形成等發展歷程；技能的評量，包括知覺、心向、反應、模仿、機械反應、適應與創新等歷程。這些教學目標最好能配合「行為目標」來決定評量的方式和工具。其後Anderson等人於2001年修正，下表即為布魯姆的教學目標分類及其後的修正版本。

Bloom（1956）	Anderson（2001）	
認知領域		認知歷程向度
知識 （Knowledge）	知識向度	記憶 （Remember）
理解 （Comprehension）	A.事實知識 （Factual K.）	了解 （Understand）
應用 （Application）	B.概念知識 （Conceptual K.）	應用（Apply）
分析（Analysis）	C.程序知識 （Procedural K.）	分析（Analyze）
綜合（Synthesis）	D.後設認知知識 （Metacognitive Knowledge）	評鑑（Evaluate）
評鑑（Evaluation）		創造（Creat）
（名詞語態）		（動詞語態）

(三)對教師教學的啟示

　　布魯姆與安德森等人提出的認知領域教學目標，對於教師教學目標的設定提供明確的方向。其教學啟示如下：

1.教師訂定教學目標，須明確地告訴學生：為達學生精熟學習的理想，教師在教學的過程當中，必須給學生設定一個精熟的目標，配合相關的測驗，並允許學生在任何時間，有機會達成其水準，獲得精熟的目的。

2. 重視個別化教學取向，允許學生的個別差異出現：根據行為主義與認知主義的精神，布魯姆提出的認知學習目標，是一種在班級團體教學中的個別化教學取向（不是一對一的個別教學），可以適應學生個別差異的學習特性。

3. 教學目標的最主要目的是達成學生的精熟學習：精熟學習標準為80～90%學會教材，較強調教師的教學指導功能，並認為學生學習成就的落差主要肇因於所需之學習時間不足。因此，把一個課程分為數個單元，做系統的組織，並且針對設定的目標，定期追蹤學習者的進步情況，必要時給予補救教學，都是達成精熟學習的重要關鍵。

觀念延伸

與本題概念相近的議題尚有：精熟學習理論、認知目標、情意目標、技能目標、程序知識（procedual knowledge）、後設認知知識（metacognitive knowledge）。

三、請比較發散性思考（divergent thinking）與聚斂性思考（convergent thinking）的差異？一位教師如何培養學生的發散性思考與聚斂性思考？

破題分析　本題也是簡單題，只要清楚說明並比較發散性思考與聚斂性思考的差異及其培養策略，分數應可不低。

答：(一)發散性思考與聚斂性思考的差異

1. 聚斂性思考（convergent thinking）：聚斂性思考的層次會受到舊有的知識與經驗的限制或控制，而循著獲得特定答案的方向進行，結論或答案通常只有一個，是複製性思考（reproductive thinking）的一種，採一個接著另一個，每個成分分開處理的「序列分布處理」（serial processes）方式。

2. 發散性思考（divergent thinking）：在解決問題時，發散性思考會同時想到數個可能解決的方法，根據既有的訊息產生大量、多樣化的訊息，因此，結論或答案通常不只一個。發散性思考是創造性思考（productive thinking）的一種，採所有成分整列呈現，同一時間接受處理的「平行分布處理」（paralle

processes）方式。但發散性思考並不等同於創造力，只是創造力或創造思考的潛在歷程，可用來預測創造力的表現。

(二)教師如何培養學生的發散性思考與聚斂性思考

1. 培養發散性思考的策略

(1)鼓勵多向思維，淡化標準答案：發散性思維就是要打破思維定勢，經由聯想，尋求多種不同的答案和結果。教師可以結合生活中的問題思考，不必追求唯一答案，可以尋求多種的可能性。例如，一道數學題讓孩子用幾種不同的方法來解答，或者讓孩子想出十種使熱水變冷的方法等，舉一反三，開拓思維的廣度。

(2)實施開放教學，鼓勵大膽質疑：只有學習者對學習內容充滿興趣和疑問，其思維才會處於積極主動的活躍狀態，從而產生研究的慾望，積極主動地去閱讀、學習與思考，對課程內容做出較為深刻獨到的評判。

2. 培養聚斂性思考的策略

(1)發展固定性解法，提升智力展現：聚斂性思考是對封閉性問題產生固定的解決方法，也是智力的展現。例如，聚斂性思考是給你「球、臉、太陽…等，然後想出他們的關聯？」，因此從幾個條件中分析其組成元素，再從中找尋其關聯性與共同性，此答案便是圓。這樣固定的解題模式訓練，可以提升學生的智力展現。

(2)進行有條理的統整訓練，組織解題技巧：聚斂性思考層次的問題通常都需要經過分析和整合的步驟，目標是引導到你期望的結果或解答。這種問題大部份是問：為什麼？如何？什麼方法？聚斂性思考時個人能用已有的經驗把事實統合於邏輯的或和諧的順序之中，並遵循傳統的方法與已存的知識，進行有條理又有組織的思考。

觀念延伸

與本題概念相近的議題尚有：複製性思考（reproductive thinking）、創造性思考（productive thinking）、反思性思考（reflective thinking）、批判性思考（critical thinking）。

四、請比較語意記憶（semantic memory）、程序記憶（procedural memory）以及與情節記憶（episodic memory）三種長期記憶之差別？

破題分析 本題是簡單的問答題，只要比較出語意記憶、程序記憶以及與情節記憶三種長期記憶之差別，即可拿分。建議以表格進行比較，清晰易懂，也較能吸引評審目光。

答： 長期記憶中儲存的訊息或知識，在性質上與短期記憶的暫時儲存不同，儲存在長期記憶中的訊息，大致分為三類：一為語意記憶（semantic memory），是指有關語文表達意義的記憶；二為程序記憶（procedural memory），主要是技能操作；三為情節記憶（episodic memory），是有關生活情節的實況記憶。三者比較如下表：

	語意記憶	程序記憶	情節記憶
意涵	有意義的語文表達記憶。	有關事情如何處理之記憶，包含如何完成事物的方法。	將訊息與特定時間、地點相聯結，以形成記憶。
屬性	陳述性記憶（外顯）	非陳述性記憶（內隱）	陳述性記憶（外顯）
使用	較少使用較穩定	無法察覺	較常使用常改變
舉例	例如：星期天在阿姨家阿姨跟媽媽的對話內容。	例如：如何打球、如何溜冰、開車等。	例如：你二十歲生日怎麼過？你的腦中會提取心像去回想。

觀念延伸

與本題概念相近的議題尚有：建構性記憶（constructive memory）、內隱記憶、外顯記憶、編碼特定原則、適當遷移處理理論、序位效應、初始效應、時近效應。

110年高考三級

一、請問「後設認知」（metacognition）在學習中所扮演的功能及角色為何？又教師如何培養學生的後設認知能力？

破題分析　本題先說明後設認知的內涵建議，雖然題目沒問，但有個好的開頭，再說明後設認知在學習中所扮演的功能及角色，才不會覺得突兀。最後再闡述己見，論述教師如何培養學生的後設認知能力。

答：後設認知（metacognition）是指在從事認知活動時，人對本身的認知歷程及結果，能有自我目標設定、自我監控、自我評鑑及自我修正的知能，使所從事的認知性活動能達到最有效的結果。

(一)後設認知的內涵、功能與角色

1. 後設認知的基本內涵：後設認知內涵基本上可以歸納成兩個部份：「認知的知識」及「認知的監控」。「認知的知識」強調個體對本身認知狀況的瞭解，明瞭自己認知的優缺點，以便在從事認知活動時，能善用自己的優點，避開自己的缺點；「認知的監控」強調個體在從事認知活動時，能隨時監控、調整和修正自己的認知活動，以使認知活動獲得最有效的結果。

2. 後設認知的功能與角色：後設認知的主要功能在溝通、理解、寫作、解決問題、注意、記憶、自我控制、自我指導。可用來監視、計劃、評估並管理認知功能運作的執行認知過程，在學習表現以及整個智力系統扮演重要的中介角色。

(二)教師培養後設認知能力的有效策略

1. 增加智力並了解兒童思考歷程模式：學生要獲得有效的學習，便必須了解所要學習的材料、自己的能力及特質、使用有效的方法和技巧、適當的使用時間和使用的原因及使用效果。

2. 資訊尋求過程著重思考歷程：藉交互思考模式來增進兒童解決問題，選擇與利用資料的學習能力，藉尋求資訊技能作認知策略、後設認知訓練。

3. 提供學生有計畫、有次序性的思考模式：藉學習過程的自我察覺力來促進學生知識獲得及學習表現。

4. 提升思考過程自我監控和調節的能力：就創造思考活動而言，一個人在進行創造思考活動的過程中，如能對自己的思考方式與過程進行監控和調節，便可達到最佳的學習效果。

觀念延伸

與本題相近的概念尚有：自我調節（self-regulation）、自我監控
（self-monitoring）、自我觀察（self-observation）、自我紀錄
（self-recording）。

二、請問柯爾柏格（Kohlberg）的道德發展理論為何？該理論將學生的道德
發展分成那些階段？該理論對於教師培養學生的道德有何啟示？

破題分析 本題是常考題，考生應有完全的準備。建議用引號點出理論
的重點，強迫評分委員注意到你的答題重心。另外，對三期六階段的
描述，要用表列方式說明，較為清楚易讀，如此亦有加分效果。

答：柯爾柏格（Kohlberg）在Piaget的基礎上，將道德發展做延伸，提
出「道德發展三期六段論」，強調道德發展的功能著重於「道德思
考或推理」及「道德行為」，特別是「正向社會行為」。

(一)道德發展三期六段論的意涵與階段

柯爾柏格道德推理發展理論藉著提出「道德兩難」的問題，來
評定不同年齡的人所具有不同的道德推理層次，提出其道德推
理發展理論。此理論將道德發展分成三期六階段如下表：

三個時期	年齡範圍	六個階段	道德推理
道德成規前期	約0～9歲左右	避罰服從	(1)以「對切身有利」為判斷的依據。 (2)遵守規範以避免懲罰，行為之善惡取決於具體的後果。
		相對功利	(1)以行為後果，作為對錯的依據。 (2)以個人需求決定是非對錯，一切好惡遵循禮尚往來的互惠原則。
道德成規期	約9～20歲左右	尋求認可	(1)以「人際關係」取向，在乎他人對自己的觀點。 (2)希望得到讚許，表現好男好女的從眾行為。
		順從權威	(1)以整體社會為考量，以評斷對錯。 (2)法律是絕對的權威必須受尊重。

三個時期	年齡範圍	六個階段	道德推理
道德成規後期	約20歲以後的少數成人	法制規範	(1)原則係代表人們對於適切行為的一致性認定。 (2)道德判斷決定於社會公認的人權標準，是非判斷亦基於理性思考。法律可以修改，決不盲從。
		普遍倫理	(1)依據抽象普世的道德原則。 (2)善惡決定於個人良心，並涵蓋人類尊嚴、正義、公平等抽象概念，道德推理基於邏輯思考。

(二)對於教師培養學生的道德啟示

1. 適時給予增強：教師在學生表現出道德行為時，便給予增強，例如，口頭的讚美、精神的鼓勵或加以表揚，來肯定學生的行為。

2. 提供道德行為的楷模：兒童或青少年當他們常看到或接觸到他人道德行為時，他們也較易表現出道德行為。

3. 鼓勵學生討論道德議題或兩難問題：柯爾柏格提出兒童在探討道德兩難問題時，可增進兒童的道德判斷。透過課堂的討論，亦可呈現各人不同的觀點，促進對他人道德思考的了解。

4. 加一原則：道德判斷的發展是循序漸進的，前一階段的道德發展層次是後一階段的基礎。教師在提供道德教學時應注意學生的道德發展期，教材符合兒童年齡與心理特徵。

觀念延伸

與本題相近的概念尚有：皮亞傑（Piaget）道德發展二期論、季麗根（Gilligan）的性別差異道德理論、艾森柏格（Eisenberg）利社會道德推理五階段論、班度拉（Bandura）社會學習論的道德發展、杜威（Dewey）的道德認知發展三層次論。

三、「自我效能」（Self-efficacy）是社會認知理論的核心概念。請問何為「自我效能」及其對行為動機的影響為何？又如何增進學生及教師的「自我效能」？

破題分析 本題考班杜拉的「自我效能」，算是簡單題，答題重心要放在增進學生與教師自我效能的策略與方法。但理論的介紹亦不可或缺，簡單扼要即可。

答：(一)自我效能的意涵

自我效能（Self-efficacy）是個體對於自我是否有能力達到特定目標或產出的信念，也就是人們對自身能否利用所擁有的技能去完成某項工作行為的自信程度。高自我效能的表現就是通常所謂的自信（Assertive或self-confidence）。

(二)對行為動機的影響

若有正面的自我看法，也就是自我效能較高者，較有可能在學業、社會和身體上獲得成功。除此之外，自我效能對學習行為的影響至少包含學習成就的高低、個人的決策、努力程度、面臨困難時的堅持度、遭遇失敗時的反應方式等。

(三)增進學生及教師「自我效能」的策略

1.對教師的策略

(1)建構效能本位的教師在職訓練：透過多元途徑，兼顧正式課程、非正式課程與潛在課程，規劃並實施效能本位（efficacy-based）的教師在職進修，協助教師進行自我反思與建構專業自尊。

(2)加強教師專業社群的鷹架支持：透過由教師組成的專業成長團體的溝通、對話、支持、協助與合作，培養教師對教學情境的積極知覺，同時具有轉化社會結構的知識與技能，以減少外在環境對教師教學的負面影響，維持教師發展的動力。

(3)發展教師自我效能促進方案：在強調批判思考的社會中，師資的培育不應只限於教學技術層次，宜重視教師主動覺察與監控自己的認知歷程，特別是培養教師具有自我調整的能力，以維持教學動機及熱忱，建立教師對教學能力判斷的信心，從而提升教師的整體效能。

　　2.對學生的策略

　　　(1)運用自我效能架構，增進學生成功的自我效能預期：協助低
自我效能學生訂定個體課業行為目標，改善課業學習自我效
能。執行初期可將重點置於行為控制的自我效能，也就是增
進學生的學習行為與頻率。

　　　(2)提供學習策略，活潑教學方式與氣氛：透過教學環境與方式
的改變，改善學生對學習情境以及學習成敗的控制感，進而
增進其自我效能。

　　　(3)提供正確的歸因訓練，改善學生的課業學習自我效能：訓練
學生將失敗歸因於內在、可控制的因素，降低學生歸因於低
能力產生的挫折感，並提供學生更多自主空間及自我負責的
經驗，以提高其自我效能。

觀念延伸

與本題相近的概念尚有：自信（self-confidence）、成就表現
（Performance Accomplishments）、替代的經驗（Vicarious
Experience）、言語上的說服（Verbal Persuasion）、情緒上的激發
（Emotional Arousal）。

四、請問何謂「多元文化教育」（multicultural education）？又「多元文化教育」如何實踐，以保障不同族群、社會階級、宗教背景、性別及特殊需求的學生均有平等的教育機會？

破題分析　本題應以「教育機會均等」為基礎理念，闡述「多元文化教育」的意義，並從課程面與教學面提出多元文化教育的實踐方案。

答：我國近年來外籍配偶日漸增加，來自這些家庭的學生可能受到不同
語言文化背景的影響，於是學校多元文化教育的落實，頗為重要。

　　(一)多元文化教育的意義

　　　多元文化教育（multicultural education）意旨學校提供學生各
種機會，讓學生了解各種不同族群的文化內涵，培養學生欣賞
其族群文化的積極態度，避免種族的衝突與對立的一種教育。

(二)多元文化教育的課程目標

多元文化教育主要在培養學生批判思考、價值判斷、和解決問題的能力，並進而充實知識及自我探究的能力，可透過四步驟循序完成：

1. 自我文化意識：培養學生的自我概念，使其認同自己的文化。
2. 多元文化意識：了解社會文化的多樣性，進而減低偏見及刻板印象。
3. 跨文化能力：透過群際關係的了解，培養自我多元文化的觀點。
4. 公民意識與責任：培養其社會行動力，使其付諸實行，並適應現代的民主社會。

(三)多元文化教育的教學行動方案

1. 落實平等對待學生的教學活動：教師扮演傳統的知識傳遞者角色，教學除了是積存式的教育（banking ducation）之外，也應是對話式的教育，透過師生的教學活動與討論，可以一點一滴的改變與累積。多元文化教育的內涵就是採「所有實質上的平等」態度對待學生。
2. 屏除歧視與刻板偏見的差異態度：在面對學生時，不能帶著某些偏見或歧視，將會導致態度上的差異，例如：認為外籍配偶所生之子女學習成就低、智商低。
3. 形塑尊重理解與平等接納的氣氛：多元文化教育主張教育強調師生的角色應該改變，在學校與班級營造出一種接納的氣氛，對所有的學生提供一個平等的環境，讓所有的學生有相同、平等的機會去學習。
4. 融入多元形式的族群差異探究：教師在教學上更應多探究單一族群的問題、支持雙／多族群兒童的自尊、探究所有多樣化的型式、辦理「反偏見」活動、提供融入式的多元文化課程與教學模式。

觀念延伸

與本題相近的概念尚有：文化回應教學（culturally responsive teaching）、教育行動區、國際觀與多元文化、雙語教育與多語教育、語言沉浸計畫（language immersion）。

110年地特三等

一、校園霸凌事件的研究顯示，旁觀者對事件的發生與否有影響力。往往因為「旁觀者效應」（bystander effect）而無人出面阻止霸凌的發生。請根據旁觀者介入模式（bystander intervention model）說明一個人如何決定是否對他人伸出援手。

破題分析　本題主要要考的是旁觀者效應的意涵，以及旁觀者介入模式對校園霸凌事件的影響。答題必須具體說明旁觀者介入模式對霸凌事件的處置過程與步驟，並提出其精神與處理原則。

答：人們習慣面對緊急事故發生時，採取「延緩行動」的方式，視環境周遭其他人如何反應再做決定。甚至有研究發現，遇到意外事件，在場人數越多，個體就越不會馬上出手幫助。這樣的心理效應稱為「旁觀者效應」（bystander effect）。

(一)旁觀者效應的意涵與影響

旁觀者效應是一個社會心理學用語，指的是遇到緊急情況或是突發事件時，一個人在有其他人在場時，出手幫助的機會降低，也就是援助的機率與旁觀者人數呈現負相關。換句話說，旁觀者數量越多，他們當中任何一人進行援助的機會越低。面對校園霸凌事件，旁觀者效應將使得霸凌現場出現無人進行阻止或援助的情況。

(二)旁觀者介入模式的處理步驟

旁觀者介入模式（bystander intervention model）指的是將人訓練成主動的旁觀者（active bystander），讓人能在目睹或瞭解危險情境時幫受害者脫離險境。旁觀者在決定是否對他人伸出援手的當下，可以問自己三個問題：我現在適合進行幫忙嗎？我能怎麼做？我有哪些直接和間接的幫助方法？因此，旁觀者介入模式至少經歷五個步驟：

1.注意到事件發生：旁觀者是否有注意到不尋常的事件。以校園霸凌為例，初期或許可以在霸凌者及受害者間，看見一些端倪。

2.將該事件詮釋為需要協助的緊急事件：遇到霸凌事件，必須將該事件詮釋為需要協助的緊急事件，立即向學校通報並尋求支援。

3. 承擔起介入的責任：目睹霸凌事件時，能主動提升保護與幫助受害者的行動力，以減少欺凌行為或減輕負面影響，承擔應有的責任。

4. 具備介入或提供幫助的知識：積極的旁觀者可採取很多行動來制止不幸事件，包括積極努力阻止霸凌、報告該事件、請求教師或其他成人的幫助、支持、安慰、與受害者站在一起等。

5. 實施介入決定：決定介入後，可以使用4種方法，包括直接介入、分散注意力、找人來介入、拖時間等來幫助受害者。

觀念延伸

與本題概念相關的尚有：主動的旁觀者（active bystander）、內隱旁觀者效應（Implicit bystander effect）、路西法效應（The Lucifer Effect）等。

二、陳老師擬提高班上學生學習的動機。他擬由學生的個人動機訓練、成就歸因訓練及自我效能訓練等三方面著手。請問他該如何進行？

破題分析 學習動機的考題是常考題。本題答案主要陳述個人動機訓練相關理論與具體方式，溫納成就歸因模式及自我效能模式敘說，並舉出具體訓練方式即可。

答：學習動機（motivation to learn）是引發學生認真學習的原動力，更是維持學習活動，並導引該學習活動趨向教師所設定目標的內在心理歷程。教師若想從個人動機訓練、成就歸因訓練及自我效能訓練等三方面著手，以提高學生的學習動機，其策略與方法如下：

(一)個人動機訓練

個人動機訓練涉及自我決定理論的三大要素，包括自主（自我決定性）、勝任（能力與任務難度契合度）、個人的隸屬感。當學生有自我決定的觀念時，能真正引起動機。教師可利用下列建議增加學生在課業上自我決定的能力：

1. 利用資訊的方法呈現規則和告誡，而非控制的手段。

2. 提供學生做選擇的機會。

3. 在學生組織的課外活動上給予大量的自治權。

4. 以非控制的方式評鑑學生的表現。

5. 除非迫切需要，否則減少依賴外在增強的次數。

(二)成就歸因訓練

　　成就動機（achievement motivation）指個人追求成就的內在動力，是個人去追求、去完成自己所認為重要或有價值的工作，並欲達到完美地步的一種內在推動力量。再從溫納（B.J.Wenier）的自我歸因論，如果把成功事情的歸因於內在且穩定的能力或者內在且不穩定的努力，就會提高學生的自信心，以及加強學生再次從事相同行為的動機。因此，教師可以透過以下方法加強學生的成就歸因訓練：

1. 善用教師期待技巧，讓學生從成敗經驗中學到合理歸因。
2. 對學生傳達教師的期待。
3. 將成功歸因為能力與努力及有效學習策略的結合。
4. 只有當學生完全盡力時，才可將學生的成功歸因為努力。
5. 將學生的失敗歸因為可控制及可改變的因素。
6. 當學生已經盡力仍失敗時，必須將失敗歸因為缺乏學習策略並指導其有效的學習策略。

(三)自我效能訓練

　　班杜拉（Bandura）的自我效能論認為，工作動機之強弱，決定於個人對其表現能力的評估與信念，以及對於結果可達何種程度的主觀評價。因此，教師可以運用以下方式增強學生的學習自我效能：

1. 確認學生精熟基本技能。
2. 幫助學生在困難的任務上獲得明顯的進步。
3. 透過文字和動作傳達信心。
4. 接觸成功的同儕。

觀念延伸

與本題概念相關的尚有：翻轉教室、另類教學、以網路為主的教學模式（web-based instruction, WBI）、教育轉型、行動學習等。

三、 心理學家布朗芬布連納（Urie Bronfenbrenner）提出的「生態系統觀」認為每個個體有各種的系統所環繞著。試以一個國小高年級的學生為例，說明其中的四個系統對他的影響。

破題分析　本題布朗芬布連納的「生態系統觀」除了闡述各個系統的意涵與範圍之外，更要以高年級個案的行為加以敘明並舉例四個系統對他的影響。

答：心理學家布朗芬布連納（Urie Bronfenbrenner）提出的「生態系統觀」（ecological systems theory）認為，每個個體至少有四種系統環繞著。對一個國小高年級的學生，這四個系統對他的影響如下：

(一)微系統（microsystem）：孩子參與其中的直接環境。例如：托兒所、學校、家庭、保姆、同齡團體等。以微系統對一個高年級學生的學習動機而言，如果父母的教育態度消極，或是傾向放任的教育方式，學生的學習動機必然受到負面影響。

(二)中系統（mesosystem）：指直接環境的微系統連結而成的合作關係。例如：媽媽與保姆、家庭與學校等。以中系統對一個高年級學生對人際關係的處理方式而言，倘若父親與師長的互動不當，常在學生面前言語攻擊教師或學校，就會讓學生對於學校與教師產生不敬的心態。

(三)外系統（mxosystem）：指孩童未直接參與，間接對孩童發生影響的兩個或兩個以上的外部環境互動。例如：父母工作環境、學校的教育方向、社區發展方針經濟、法律、社會媒體對孩子的間接影響。以外系統對一個高年級學生的榜樣學習而言，如果居住社區中有許多輟學的學生，學生容易與其混在一起，出現偏差行為。

(四)鉅系統（macrosystem）：指社會文化、經濟、法律、社會媒體、價值觀、信念。以鉅系統對一個高年級學生的未來影響而言，社會價值觀認為「萬般皆下品，唯有讀書高」，會造成學習成就不高的學生容易自我放棄。

觀念延伸

與本題概念相關的尚有：學校社區化、社區學校化、學校公共關係、社會系統理論、親職教養、親職教育等。

四、得天下英才而教是身為教師夢寐以求的。在教學現場老師也會想要協助學生成為一位優質的學習者。試論優質的學習者具有何特質？

破題分析 本題主要闡述優質學習者具備的特質即可，題目簡單，可從個人心裡、學習策略、學習風格或知情行意四項教學目標切入。

答：得天下英才而教是身為教師夢寐以求的。在教學現場老師也會想要協助學生成為一位優質的學習者。優質學習者應該具有以下的特質：

(一)旺盛的好奇心：優秀的學習者保持著童年的這份好奇心，對任何主題保持高度興趣，尤其是自己沒有接觸過的主題或領域。思考存在環境中萬物的意義與價值。

(二)高度的容錯力：優質的學習者通常都是容錯力高的人，他們擅長計算利益得失，容忍小錯，換取大成就；習慣於變化的環境，擅長應對各種複雜的問題，更擅長抓住規則的漏洞與模糊地帶。

(三)深刻的自省心：有高度容錯力的學習者通常也都經常反躬自省。學習是一種促進學習者反省生活與環境的過程。學習的過程誰都會犯錯，比的就是面對錯誤時的自省力。只有在面對錯誤時能夠深刻反省，把錯誤轉化為經驗的人，才能得到優質學習的果實。

(四)優越的創造力：創造力的關鍵，歸因於個體的創造力意志與信念。優質的學習者不會單純的對環境事件機械地反應，而是透過探索環境與思考問題的交互作用，成為一位積極的創造者。

(五)超凡的學習力：學習力是把知識資源轉化為知識資本的能力。優質的學習者通常都有超凡的學習力，包括懂得管理時間與資源、準時並做好學習的準備、完成獨立學習的活動並按期完成，並且使用多種技術進行學習。

觀念延伸

與本題概念相關的尚有：學習策略、教育轉型、行動學習、創新教學、團隊導向學習法、分組合作學習法等。

111年高考三級

一、根據艾里克森（E. Erikson）的心理社會發展理論（psychosocial development theory），幼兒園及中小學階段學生可能面對的發展危機為何？並說明家庭或學校如何協助不同發展階段學生發展理想的人格特質。

破題分析　本題考的是過去的常考題，近年較少出現，但千萬別忽略。艾里克森的心理社會發展理論，可以針對幼兒園及中小學階段學生可能面對的發展危機分別說明，再提出家庭或學校協助不同發展階段學生發展理想人格特質的策略即可。

答：新精神分析學派的代表人物艾里克森（E. H. Erikson）認為，人格的發展會持續一生，因遺傳決定可劃分為八個階段，包括嬰兒期、幼兒期、學齡初期、兒童期、青春期、青年期、青壯期、老年期。後天環境決定每一階段能否順利度過，稱為心理社會發展階段論（psychosocial developmental stage theory）。

(一)3～18歲階段學生面對的發展危機

幼兒園及中小學階段，依艾里克森的理論大約是3～18歲。這些階段的學生可能面對的發展危機分別敘述說明如下：

1.學齡初期（3～6歲）：積極主動vs退縮內疚

在這一時期父母若鼓勵幼兒表現出的主動行為，幼兒將擁有主動性與創造力。如果成人忽視或壓抑幼兒的主動行為和想像力，幼兒就會失去自信心，變得退縮內疚。

2.兒童期（6～12歲），勤奮進取vs自卑自貶

在學兒童若能與同學、師長發展良好的人際關係，容易養成勤奮進取的良好態度。反之，就會產生心理挫敗與自卑。

3.青春期（12～18歲）：自我統合vs角色混淆

青少年面臨新的社會要求和自我認同而感到困擾和混亂，所以，青少年期的主要任務是建立自我概念，統合角色扮演並確立人生目標，否則，將產生角色混淆的統合危機。

(二)協助不同階段學生發展理想人格的策略

艾里克森認為，在人格發展的每個階段中，若產生適應困難，就會導致「發展危機」（developmental crisis）。因此，協助

不同發展階段學生發展理想人格特質，就是家庭或學校的重要責任。其策略與方法如下：

1. 協助個體確立人生方向：每一個存在的個體都有需要滿足的動機，讓自我生命的感受獲得最大的存在意義，協助個體對自己性向、能力、興趣等自我的探索並確立未來發展方向，是人格發展的首要任務。

2. 協助個體建立自我概念：自我概念（self-concept）是指個體對自己的看法、態度、意見與價值判斷的綜合，是人格結構中的核心構念，在心理健康上扮演重要的角色。

3. 協助個體產生自我價值：協助個體對自我的價值信念、角色區辨認同有更深一層的瞭解，並進而能統整自我概念與價值，發展並擁有內在的信任感，進而悅納自己，朝向自我實現。

4. 協助個體統合各種角色：及早協助個體接觸不同的職業角色，進行價值觀探索，嘗試與體驗不同的社會角色，譬如同時身為子女、學生及同學的角色，學習人際互動技巧並在不同角色中轉換自如，以發展獨立的人生觀。

5. 提供個體全人適性教育：提供切合個別特質和需求的學習內容，以發展個人自我潛能。由於學習者的特質極具多樣性，因此學習環境與教學應符合兒童人格發展階段的需求，提供每個人全人適性教育才能有助於發展危機的解除與任務的完成。

觀念延伸

與本題概念相關的尚有：統合危機、瑪西亞自我統合四狀態、人格結構、遊戲的年紀等。

二、何謂「問題導向學習」（problem-based learning）？其重要特徵及所依據的學習理論為何？

破題分析　本題的「問題導向學習」正如其名，是以問題為基礎的教學設計，只要掌握其核心內涵與重要特徵，最後以建構論闡述其學習理論依據即可。

答：問題導向教學觀（Problem-based Teaching，簡稱PBT）始於醫學教

育，美國醫學院教授巴洛斯（Barrows）曾用在醫學院的學生訓練上，效果顯著。後來引用於教育，以PBL的課程設計方式來設計教案，可以引發學生一步一步踏實的學習。其內涵、特徵與所持理論基礎，分別說明如下：

(一)PBL的內涵與特徵

問題導向學習（Problem-based learning，PBL）係指教師在教學過程中，利用與學生生活實際相關的問題為核心，鼓勵學生進行小組討論，以培養學生主動學習、批判思考和問題解決能力。其特徵至少有以下幾點：

1.聚焦弱結構化問題：以真實世界的弱結構化、有爭議的問題為教學主題。

2.問題導向智能統整：以問題解決歷程來統整多元智能學習。

3.自我導向主動學習：以擁有感與歸屬感，引導落實自我導向的主動學習。

4.社群互動凝聚共識：以社群互動凝聚學生與教師、學校與社區的問題共識。

5.培養問題解決能力：學生在小組中共同找尋真實世界問題的解決方案。

(二)PBL的理論基礎

PBL植基於建構主義的觀點（constructivist view），認為學習是在社會環境中建構知識的過程，而不是獲取知識。問題導向學習係以問題作為核心，配合教師所設計之教學環境，提供學習者進行問題相關資料的蒐集、思考與討論等合作式學習互動，進而整合問題的相關資訊，以達解決問題之目的。

觀念延伸

與本題概念相關的尚有：馬斯垂克的七級跳步驟、顛倒教學順序、弱結構化問題、學會學習（learning to learn）等。

三、需求層次理論（hierarchy of needs）與自我決定理論（self-determination theory）均重視個體的需求，試分別說明兩者對於學生課業學習動機的解釋，並分別據以提出教師對於激發學生課業學習動機的建議至少兩項。

破題分析　本題應該分別論述需求層次論與自我決定理論與學習動機的關係，然後再提出以此二理論為基礎提升學習動機的具體方法即可。

答：(一)自我決定論與動機

自我決定是指個體深信他們是在自己命運的掌控之中，可以根據他們生活的方向來選擇。個體在目標之下，不受別人支配，只憑自己的信念所決定的行為活動，又稱為自我導向。當學生有自我決定的觀念時，能真正引起動機，也就是說當他們稍微感受到關於他們做的事和他們生活遵循的方向的自治。

(二)需求層次論與動機

需求層次理論將人類需求分為二大類七個層次的需求，並認為前四項是屬於低層次需求，後三項屬於高層次需求。教學活動必須與學生的需求配合，以提升其動機層次。

(三)激發學生課業學習動機的建議

從兩個不同的動機理論角度出發，以下是建議老師提升學生學習動機的具體作法：

1. 自我決定論

(1)參考學生自主意見規劃課程：重視學生的學習自主，提供多樣化、豐富的學習內容。納入學生最有價值、感興趣的主題，增加其參與感。

(2)精進學習探索技巧提高自決：教師應運用多樣化的教學方法，善用學生的好奇心，協助進行學習探索，藉以提升自我決定的內在動機。

2. 需求層次論

(1)了解學生的需求與困難：透過教學活動的進行，將課程教材轉化為學生可以吸收的素材，並隨時發掘學生的需求與困難，並進一步協助他們學習。

(2)根據學生能力安排學習活動：教師在作業及考試的安排，應包含困難及簡單的題目，使不同程度的學生都有體驗成功的機會。

觀念延伸

與本題概念相關的尚有：成就動機理論、成敗歸因理論、自我效能理論、Pintrich的動機理論。

四、請說明「動態評量」（dynamic assessment）的意義及其學理依據，並評論其在實務應用上的優勢及可能限制。

破題分析 動態評量的重點在於雙向互動與教師的協助，並以社會文化論說明其學理依據，最後提出其優勢與限制即可。

答：動態評量（dynamic assessment）主要是教師以「前測－介入－後測」的形式，對學生的學習歷程進行互動性與持續性的評量。其意義與學理依據，及其在實務應用的優勢與限制，分別說明如下：

(一)動態評量的意義與學理依據

動態評量是一種雙向互動的評量方向，動態評量的施測者會在學生遇到困難時提供協助，並視協助的多寡來給分。動態評量的學理基礎奠基在「社會文化認知」理論，認為個體高層次認知的發展需要透過中介者來加以促成。個體認知能力的發展透過教師與他人的支持，提升「最近發展區」。

(二)動態評量在實務應用的優勢與限制

1.動態評量的優勢：

(1)透過評估學生的潛能而非目前的表現，可以診斷學生學習錯誤的原因。

(2)透過師生互動，提供教師教學改進的訊息，以進行適當的補救教學。

(3)重視學生的潛能表現與認知歷程，評量歷程連續且互動，效果較能持續。

2.動態評量的限制：

(1)設計與實施較耗時費力且成本太高。

(2)研究題材仍有待開發。

(3)執行不易，信、效度較低。

(4)評量結果較難解釋。

觀念延伸

與本題概念相關的尚有：教師自編評量、真實評量（實作評量）、動態評量、檔案評量等。

111年地特三等

一、請問何謂「修復式正義」（restorative justice）？又如何使用修復式正義的原則與程序來處理校園的衝突？

破題分析　本題考修復式正義與教育上的運用，答題要點在於掌握修復式正義的核心概念，並將其適切地運用於校園衝突事件。答題重心必須點出修復式正義應用於校園衝突處理的優勢所在。

答：「修復式正義」（restorative justice）或稱「修復式司法」是提供與犯罪有關的當事人對話的機會，藉以表達自己感受，修復犯罪造成的傷害，並共同處理犯罪後果的過程。

(一)修復式正義的原則

修復式正義強調「社會關係」的修復，亦即，除案件當事者的權利、尊嚴應獲得尊重外，所有涉利之個人、團體與社區已損壞的關係亦得到應有的修復。其原則如下：

1.解決衝突的主權在社會：主張犯罪處理機制應該在社會，而非司法機構。

2.以社會衝突觀點看犯罪：犯罪是對個人和社會的傷害，而非違反法律。

3.修復關係而非懲罰犯罪：回復損害的「關係式正義」，而不是懲罰加害者。

4.利害關係人全程共參與：尋求加害者、被害者及社區共同參與修復過程。

5.促進社會的改造與和平：藉著對被害者的服務和道歉，達和平與福祉。

(二)修復式正義的程序

1.發現問題：發現被害者受到加害者的侵犯，以及所造成的損失。

2.回復損害：透過會議、調解、道歉、寬恕、賠償、服務等，回復犯罪傷害。

3.治療創傷：著重於被害人與加害人關係修復，讓雙方獲得治療後復歸社會。

4.進行革新：讓社會更好，進行社會革新並創建更多更好的「和平及福利」。

(三)修復式正義處理校園衝突

在學校裡面，用「修復式正義」處理校園衝突的目標，是讓衝突降級，並非直接讓衝突消失。處理過程必須把握以下重點與策略：

1. 關心如何「修補傷害」，而非「懲罰錯誤」：實踐修復式正義「修補傷害重於懲罰」的理念，讓學生積極面對自己的行為。

2. 針對加害者錯誤行為造成的傷害進行彌補：處置犯錯學生，必須尊重與包容，讓孩子自我反省並學會積極面對與承擔。

3. 老師扮演兩造關係修復與治療的促進角色：老師不再像過去扮演法官的角色，判定對錯及判決處罰方式，而是擔任校園裡的正義使者及和平天使。

4. 重視善意溝通，避免言語暴力，化解衝突：運用修復式正義的對話模式進行善意溝通，減少衝突，更能協助孩子有效解決糾紛。

觀念延伸

與本題相關的議題尚有：修復式司法、團體輔導工作技術、修復式對話、對話圈、小型調解。

二、請問「成功智力的三元理論」（Triarchic theory of successful intelligence）包含那三種成功智力？又教育工作者如何從學生的行為來評量其是否具備這些智力？

破題分析　本題是基本題，考常見的智力三元論，答題要說明其含義並舉例為佳。要將重點放在如何評量學生具有此三種智力，尤其素養導向的多元評量是其重點。

答：成功智力的三元理論（Triarchic theory of successful intelligence）是由斯騰伯格（Robert J. Sternberg）提出，主張人類智力包含組合智力、經驗智力、情境適應智力。其內涵以及如何評量學生具備三元智力的方法，說明如下：

(一)智力三元論的理論內涵

1. 組合智力（componential intelligence）：指善於記憶、辨別、分析、判斷，從而找出問題解答的能力，又稱分析能力。例如傳統智力測驗所測到的能力。

2. 經驗智力（experiential intelligence）：指善於從經驗中得到啟發領悟與解答，並從中形成個人創造性，又稱創造能力。例如愛因斯坦發現能量和質量。

3. 情境適應智力（contextual intelligence）：指因應環境需要而隨機應變的能力，又稱實踐能力。例如隨時都在改變自己適應環境的運動員。

(二) 三元智力的評量方式

1. 兼顧多元評量與素養導向形塑：智力不等於智商，教師須實施多元學習評量以瞭解學生的學習過程與成效，如實作評量、真實評量、定錨評量、歷程評量等，也應兼顧形成性評量、總結性評量，並視學生學習需求，實施診斷性評量、安置性評量。

2. 重視生態文化觀點的質性評量：生態文化觀點（cultral ecological）的質性評量，引導教師理解學生智力的評量，必須同時掌握相關環境系統（學校、家庭、朋友等）以及彼此之間的互動與學習狀況。

3. 注意學生個別差異與多元發展：依據學生個別差異及需求，彈性調整教學內容、進度和評量方式，以提升學生學習效果和引導學生適性發展。

4. 提供不同智能學生相互觀摩學習：教師採異質分組的合作學習，讓擁有不同向度智能的學生有彼此觀摩的機會，並採用變通式評量。

觀念延伸

與本題相關的概念尚有：智力測驗、智力二因論、智力多因論、智力群因論、智力結構論、智力多元論等。

三、創造力是最高層次的認知學習目標，也是學生未來成功的關鍵因素。請問創造力表現最重要的特徵為何？又教育工作者如何評估學生是否具有創造力？

破題分析　本題考創造力的表現特徵與評估方式，算是簡單題，應可穩定拿分。

答：創造力（Creativity），是創造新事物的能力，更是學生學習成功與否的關鍵因素。創造力表現的重要特徵及其評估方式如下：

(一)創造力表現的重要特徵

創造力是創造者內心一種積極、主動導向革新發明的心態；亦是個人具有的較穩定與適切的心理特徵之總和。其重要特徵有以下四個：

1.變通性：思維能隨機應變，舉一反三，能產生不同的構想，提出新觀念。

2.流暢性：反應既快又多，能夠在較短的時間內表達出較多的觀念。

3.獨特性：對事物具有不尋常的獨特見解。

4.精密性：思維更加精益求精、力求完美。

(二)評估學生具有創造力的方式

評估學生是否具有創造力，除了威廉斯創造力測驗、托倫斯思考創造力測驗等標準化創造力測驗的施測評估之外，尚有以下方式：

1.提供思考演練機會，評估思考能力：讓學生具有演練聚斂性與發散性思考的機會，並加以評估。

2.運用創造思考策略，評量想像能力：配合課程，讓學生有機會體驗各種新事物與接觸不同領域知識，表達其心得與收穫。

3.設定創造自我目標，評量合作能力：創造力的表現過程不能閉門造車，必須與人合作，老師因此要重視並評量學生問題解決歷程中尋求支援及團隊合作的能力。

觀念延伸

與本題相關的概念尚有：創造思考能力、創造力態度評量、問題解決能力、批判思考能力、探究實作能力等。

四、請問何謂「固定心態」（fixed mindset）、「成長心態」（growth mindset）？又學生持有「固定心態」或「成長心態」將會對其學習的動機與表現產生何種影響？

破題分析　本題考德威克教授的「固定心態」與「成長心態」，及對其學習動機與表現的影響。與其他三題一樣，今年的題目大都傾向簡單的理論內涵說明及其教育影響，答題策略如出一轍。

答：心理學巨擘德威克（C. Dweck）研究一個人如何看待自己成長進步的過程，以及用什麼心態面對人生中遭遇的各種困難與挑戰。研究發現，人有兩種根本的思維模式，分別是固定心態（Fixed Mindset）與成長心態（Growth Mindset）。兩種心態的內涵，及其對學習動機表現的影響，說明如下：

(一)兩種心態的內涵

1.固定心態：帶著固定心態的人覺得能力、資質、技術無非是天賦，無論多努力都不會改變分毫。

2.成長心態：抱有成長心態的人認為能力、資質、技術是不斷努力累積的結果。

(二)兩種心態對學習動機表現的影響

1.固定心態對學習動機表現的影響：「固定心態」認為成功是由天賦決定的，因此容易自我設限，不相信自己有能力成功。甚至因為太過害怕失敗，所以只做那些「一定會成功」的事，成就動機傾向於「表現目標」。

2.成長心態對學習動機表現的影響：擁有「成長心態」的人相信自己可以靠後天努力獲得成就，願意大膽接受失敗、隨時調整自己。不會用一時失敗來否定自己，而是把注意力放在可以怎麼做得更好，成就動機傾向於「精熟目標」或「學習目標」。

觀念延伸

與本題相關的概念尚有：智力內隱理論（implicit theory of intelligence）、能力實體觀（entity view）、能力增長觀（incremental view）、成就目標理論（achievement goals theory）等。

112年高考三級

一、傳統的教學評量與現代的課堂學習成果多元評量有何差異？請舉例說明至少兩種多元評量方式。

破題分析 本題考傳統評量與多元評量的異同，答題內容須鎖定兩者的比較與優劣分析，尤其多元評量的種類介紹與舉例必須恰當。

答： 傳統的教學評量雖然有計分客觀的優點，但是也有偏向靜態測量與忽略技能與情意評量的缺點。多元評量的興起就在補充傳統教學評量的不足，讓評量更具多元化。傳統評量與多元評量兩者的差異與舉例，說明如下：

(一)傳統評量與多元評量的差異

在升學主義的陰影籠罩下，傳統評量以認知為尊，促使學生只會記憶、背誦教材內容，甚少顧及技能培養與情意涵養。多元化評量強調評量內容生活化、多樣化，希望學生能夠活用課堂所學，在各種問題情境中，透過個人探究或團體合作的方式，解決問題，展現各方面的能力。

(二)兩種多元評量方式舉例說明

1.真實評量（authentic assessment）：主張教學即評量，評量即教學，教師透過觀察、對談，以及學生的作品，直接測量學生的實際操作表現，使教學與評量密切配合，稱為「真實評量」，有時也稱為「實作評量」。

2.動態評量（dynamic assessment）：教師以「前測－介入－後測」的形式，對學生的學習歷程進行互動性與持續性的評量。用以診斷學生學習錯誤的原因，提供教師教學改進的訊息，以進行適當的補救教學。

觀念延伸

與本題概念相關的尚有：教師自編評量、真實評量（實作評量）、動態評量、檔案評量等。

二、何謂動機？動機如何分類？曉華的期末考及期末報告有將近10項，他可以用那些方式促進其準備考試或撰寫報告的動機？

破題分析 本題考動機意涵、分類與促進策略，屬於簡單題，拿分容易。但千萬不能在此題耽誤太多時間，仍應該按照既定的節奏穩定答題。

答：所謂的動機（motivation），在心理學中是一種內在歷程，動機給予個體能量，引發個體的活動，維持並促使該活動朝向某一個固定目標。簡而言之，因生理或心理的需要，所引發個體從事某種行為的驅力，即是動機。有關動機的分類以及如何促進的策略，分別說明如下：

(一)動機的分類

動機的分類大致可根據自我決定理論，以動機來源的概念將動機分為外在動機和內在動機兩大類：

1. 外在動機（extrinsic motivation）：個體持續參加活動的力量是受到外來誘因（如：金錢、名利、讚美、地位、獎盃……等）的影響，當外在報酬消失時，參與活動的行為便會消弱或停止。

2. 內在動機（intrinsic motivation）：個體持續參與在一個活動，是因個體投入在活動中的愉悅與滿足感、樂趣與快樂，是一種內在主動自發的動因，參與過程或結果並沒有接受外在任何的報酬。

(二)動機促進策略

1. 提供促進能力的回饋：正面的回饋對學生而言是有效的增強物，正面回饋可提高內在動機。

2. 提供挑戰性的工作：挑戰性的活動可增進認知發展，征服挑戰可增加自我效能，提升內在動機。

3. 提供自我比較而不是與他人比較：減少學生對其他同學成就程度的知覺，如採取絕對的標準代替競爭的標準。也可以提供學生時時刻刻評估自己的表現和監控改善的機會。

觀念延伸

與本題概念相關的尚有：動機調控、成就動機、學習動機、行為主義動機理論、社會認知的動機理論、認知主義動機理論、人本主義動機理論等。

三、人本心理學取向的學習理論包括羅吉斯（Rogers）以及馬斯洛（Maslow）等理論背景，請說明此一取向的學習特徵及教師教學特質。

破題分析　本題要說明人本心理學取向學習理論的主要意涵，以及羅吉斯（Rogers）、馬斯洛（Maslow）等以學生為中心的理論要義，再列點說明學習特徵及教師教學特質即可。

答：人本心理學取向的學習理論，強調以兒童為學習中心的自然教育。
　　　代表人物包括羅吉斯（Rogers）以及馬斯洛（Maslow）等，其學習特徵及教師教學特質說明如下：
　　　(一)學習特徵
　　　　1.以學生為中心：人本主義學者Rogers和Maslow以及Combs提出「學生中心教學法」，這種教學法教師讓學生管理自己的學習和生活，教師營造一種融洽的氣氛來從事教學。
　　　　2.採用多元評量：這種教學法對於學生的校園生活不嚴苛管教，學生學習成果採多元文化評量，不會以考試成績作為學習成就的唯一標準。
　　　　3.促進自我實現：一切的教學都是以學生為中心，讓學生有成功的學習經驗，幫助學生開發潛能，使其不斷的自我成長，助其達到自我實現的境界。
　　　　4.完成全人發展：羅吉斯以自我為中心的個性理論，視學生為「全人」，崇尚個性了解，讓學生自由發展。
　　　(二)教師教學特質
　　　　1.以真實的問題為教材：以有趣、生活化或富爭議性的案例「故事」作為教學的內容，此種案例教學（case method）藉由解決真實生活問題的過程，引發學生的內在學習動機，強化主動參與的學習行為。
　　　　2.提供各種學習資源：包括遊戲、角色模擬等學習資源，以及小組討論或經驗取向的活動來補充教學內容。
　　　　3.使用自由學習契約：在自由學習中，師生雙方訂定學習契約書，允許自己設定學習目標和訂定學習計畫。
　　　　4.尊重學生自我選擇：教師無法強迫學生學習，教學以自由選擇為前提，學習的活動應由學生自己決定和選擇。

觀念延伸

與本題概念相關的尚有：人本導向教學觀、以學生為中心、全人教育、周全性教學（Pedagogy of Thoughtfulness）、情義教學、價值澄清教學法（value claification）等。

四、何謂社會情緒學習（Social Emotional Learning）？其內涵包含那五大面向？試說明針對國中學生可採用的社會情緒教學方法。

破題分析　社會情緒學習（Social Emotional Learning）是較新穎的考題方向，對於其內涵與五大面向的說明必須清楚到位，還有建議使用CASEL團體所建立的社會情緒教學方法。

答：社會情緒學習（Social Emotional Learning, SEL）指的是由自我認識開始，從自己的身體、自我概念發展的形成，接著認識、管理自己的情緒，最後再延伸到與他人互動。從中管理自己和了解他人的情緒，做出負責的行為。其內涵與五大面向，以及其運用於國中生的教學方法，分別說明如下：

(一)SEL的內涵與五大面向

社會情緒學習的重要內涵，在於學會理解辨別自己的思想、情緒和行為，同理他人與團體，並為自己的決定負責，最後在社會創造正向的關係。SEL的五大面向如下：

1. 自我覺察（Self-awareness）：能理解自己的情緒、想法和價值觀。

2. 自我管理（Self-management）：不同情況下能有效管理情緒、想法和行為。

3. 社會覺察（social awareness）：站在他人的立場思考，展現同理心。

4. 人際技巧（relationship skills）：建立健康的人際互動，與不同的群體交流。

5. 負責任的決策（Responsible Decision Making）：評估自己、他人、群體的益處和後果做出正確的決策。

(二)SEL運用於國中的教學方法

社會情緒學習是學生一生受用的功課，在國中階段的社會情緒

教學，可參考美國課業、社交與情緒學習協會（Collaborative for Academic, Social, and Emotional Learning, CASEL）提出的SAFE指標：

1. 循序漸進（Sequenced, S）：學習課程必須重視相互關聯和協調的活動，以促進技能發展。面對剛接觸情緒課程的孩子，課程設計需調整難易度，從簡單到困難，並可以用重複、堆疊的技巧，確保孩子學習。
2. 積極參與（Active, A）：主動的學習形式幫助學生掌握新的技能和態度。老師必須確保孩子在課程內、教室外對於社會情緒學習有感，並主動積極在生活中練習。
3. 專注投入（Focused, F）：學習課程必須強調發展個人和社交技能的組成。專注和投入能使社會情緒學習有更好的學習效果。
4. 直接明確（Explicit, E）：課程內容主要針對特定的社交和情感技能。老師必須能和同學明確說明學習情緒教育的好處，像是能帶來什麼樣的幫助，應用在什麼地方。

觀念延伸

與本題概念相關的尚有：社會情緒學習課程、SEL融入領域教學、情感學習、情緒教育等。

高普 | 地方 | 各類特考

名師精編課本・題題精采・上榜高分必備寶典

教育行政

1N021121	心理學概要(包括諮商與輔導)嚴選題庫	李振濤、陳培林	550元
1N321131	國考類教育行政類專業科目重點精析 (含教概、教哲、教行、比較教育、教測統)	艾育	690元
1N381131	名師壓箱秘笈－教育心理學 👑 榮登金石堂暢銷榜	舒懷	590元
1N401131	名師壓箱秘笈－教育測驗與統計(含概要)	舒懷	近期出版
1N411112	名師壓箱秘笈－教育行政學精析	舒懷	640元
1N421121	名師壓箱秘笈－教育哲學與比較教育	舒懷	790元

勞工行政

1E251101	行政法(含概要)獨家高分秘方版	林志忠	590元
2B031131	經濟學	王志成	近期出版
1F091131	勞工行政與勞工立法(含概要)	陳月娥	近期出版
1F101131	勞資關係(含概要)	陳月娥	近期出版
1F111131	就業安全制度(含概要)	陳月娥	近期出版
1N251101	社會學	陳月娥	750元

以上定價，以正式出版書籍封底之標價為準

千華數位文化股份有限公司

■新北市中和區中山路三段136巷10弄17號 ■千華公職資訊網 http://www.chienhua.com.tw
■TEL: 02-22289070 FAX: 02-22289076 ■服務專線：(02)2392-3558・2392-3559

國家圖書館出版品預行編目(CIP)資料

(高普考)名師壓箱秘笈：教育心理學/舒懷編著. -- 第
六版. -- 新北市 ：千華數位文化股份有限公司,
2023.10

面 ； 公分

ISBN 978-626-380-084-7 (平裝)

1.CST: 教育心理學

521   112017303

[高普考]　名師壓箱秘笈-教育心理學

編 著 者：舒　懷

發 行 人：廖 雪 鳳
登 記 證：行政院新聞局局版台業字第 3388 號
出 版 者：千華數位文化股份有限公司
　　　　　地址／新北市中和區中山路三段 136 巷 10 弄 17 號
　　　　　電話／ (02)2228-9070　　傳真／ (02)2228-9076
　　　　　郵撥／第 19924628 號　千華數位文化公司帳戶
　　　　　千華公職資訊網：http://www.chienhua.com.tw
　　　　　千華網路書店：http://www.chienhua.com.tw/bookstore
　　　　　網路客服信箱：chienhua@chienhua.com.tw

法律顧問：永然聯合法律事務所
編輯經理：甯開遠
主　　編：甯開遠
執行編輯：廖信凱
校　　對：千華資深編輯群
排版主任：陳春花
排　　版：陳春花

出版日期：2023 年 11 月 5 日　　第六版／第一刷

本書如有勘誤或其他補充資料，
將刊於千華公職資訊網　http://www.chienhua.com.tw
歡迎上網下載。